KB092411

데이터
드리븐
리포트

데이터 드리븐 리포트

상사와 고객을 설득하는 데이터 기반의 의사결정 with 파이썬

초판 1쇄 발행 2023년 10월 31일

지은이 이상석 / **펴낸이** 전태호
펴낸곳 한빛미디어(주) / **주소** 서울시 서대문구 연희로2길 62 한빛미디어(주) IT출판2부
전화 02-325-5544 / **팩스** 02-336-7124
등록 1999년 6월 24일 제 25100-2017-000058호 / **ISBN** 979-11-6921-157-4 93000

총괄 송경석 / **책임편집** 홍성신 / **기획** 홍현정 / **편집** 김수민
디자인 표지 윤혜원 내지 박정화 / **전산편집** 다인
영업 김형진, 장경환, 조유미 / **마케팅** 박상용, 한종진, 이행은, 김선아, 고광일, 성화정, 김한솔 / **제작** 박성우, 김정우

이 책에 대한 의견이나 오탈자 및 잘못된 내용에 대한 수정 정보는 한빛미디어(주)의 홈페이지나 아래 이메일로
알려주십시오. 잘못된 책은 구입하신 서점에서 교환해드립니다. 책값은 뒤표지에 표시되어 있습니다.

한빛미디어 홈페이지 www.hanbit.co.kr / 이메일 ask@hanbit.co.kr

Published by Hanbit Media, Inc. Printed in Korea
Copyright © 2023 이상석 & Hanbit Media, Inc.
이 책의 저작권은 이상석과 한빛미디어(주)에 있습니다.
저작권법에 의해 보호를 받는 저작물이므로 무단 복제 및 무단 전재를 금합니다.

지금 하지 않으면 할 수 없는 일이 있습니다.
책으로 펴내고 싶은 아이디어나 원고를 메일(**writer@hanbit.co.kr**)로 보내주세요.
한빛미디어(주)는 여러분의 소중한 경험과 지식을 기다리고 있습니다.

데이터 드리븐 리포트

상사와 고객을 설득하는
데이터 기반의 의사결정
with 파이썬

이상석 지음

DATA DRIVEN REPORT

[]B 한빛미디어
Hanbit Media, Inc.

추천사

이 책의 제목과 목차 구성에 매우 동의한다. 대부분의 데이터 관련 책들은 분석 자체에 관해서만 설명하는 반면, 이 책은 그 너머의 목적을 명확히 밝힌다. 비즈니스 영역에서 데이터 분석의 궁극적인 목적은 분석 결과로 이해관계자를 '설득'하는 것이다. 그들과 성공적으로 의사소통해야 프로세스가 개선되고 문제가 해결된다. 또한 이 책에서는 보고가 단순히 해야 할 업무가 아니라, 모든 분석가의 '실질적인 목표'라는 점을 분명히 한다. 그래서 분석을 위한 분석이 아닌 '보고를 위한 분석'에 역점을 둔다. 특히 3장의 각 절이 모두 '상황'으로 시작한다는 점이 맘에 든다. 실제 업무에서 충분히 발생할 수 있는 상황을 가정함으로써 데이터 분석을 더욱 생생한 설득의 도구로 만들어준다.

분석 능력에 비해 보고 능력이 떨어지는 사람이 많다. 그들은 분석과 보고를 별개라고 생각하기도 한다. 또 자신은 숫자로 결과를 도출해내는 사람이지, 분석한 결과를 현장에 적용하는 사람은 아니라고 생각하는 분석가도 많다. 그러나 이는 위험한 발상이다. 데이터는 쌓는 자, 분석하는 자, 보고하는 자, 문제를 해결하는 자가 같은 사람일수록 더 큰 힘을 발휘한다. 특히 이 책에서 잘 설명한 챗GPT의 등장 때문이라도 이들 사이의 간극은 점점 좁혀지고 있다. 그러니 데이터는 보고하고 설득하기 위해 분석하는 것이고, 분석 결과만 있고 설득으로 이어지지 않으면 데이터가 제 가치를 100% 발휘하지 못한다고 봐도 무방하다.

저자는 데이터를 기반으로 의사소통하는 데이터 드리븐 커뮤니케이션 방법까지 상세히 안내하며 데이터 분석의 목적에 기어코 도달한다. 이러한 통찰은 경영학에서 시작해 데이터 과학자의 길을 걷고 있는 저자의 이력과도 관계가 있다. 실제 미국 CDO^chief data scientist(최고 데이터 책임자)의 대부분은 경영학과 출신이고, 통계학자나 컴퓨터 공학 출신은 20% 미만이다. 이 숫자는 데이터를 어떻게 활용할지 그 쓰임을 잘 아는 사람이 데이터도 더 잘 다룬다는 것을 의미한다. 실무자에게 꼭 필요했던, 보고를 위한 데이터 분석 책을 집필해준 저자에게 무한한 감사를 드린다.

강양석_딥스킬 대표, 『데이터 리터러시』 저자

토마스 쿤은 『과학혁명의 구조』에서 과거와는 질적으로 완전히 다르게 변화하거나 도약할 때 '패러다임의 전환'이 발생한다고 했다. 이런 측면에서 오늘날 챗GPT, 바드, 달리와 같은 생성형 AI의 등장으로 우리는 진정한 패러다임의 전환 시대를 맞이했다고 할 수 있다. 사실상 이러한 변화의 상황에서는 미래를 정확하게 예측하는 것이 불가능하다. 유일한 대응책은 변화에 맞춰 학습하고 스스로 변화하는 것이다.

이 책은 '데이터'를 활용해 스스로를 변화시켜 성장하고 이 시대에서 살아남고 싶은 모든 이가 읽어야 할 도서다. 저자는 변화무쌍한 시대의 흐름을 읽고 기술을 발 빠르게 학습했다. 그리고 혁신적인 변화에 따라 우리의 사고방식과 일하고 의사소통하는 방식을 어떻게 전환해야 하는지 이 책을 통해 몸소 보여준다. 독자는 데이터를 기반으로 하는 의사결정의 중요성과 분석한 데이터를 실제 조직에 어떻게 적용하는지 알 수 있고, 나아가 비즈니스 인사이트까지 얻을 수 있을 것이다.

이중학_가천대학교 경영대학원 인사조직 HR 데이터 분석 교수

베타리더의 말

의사결정자에게 보고할 때, 보고 대상자가 원하는 방식으로 전달하지 못하면 아무리 좋은 분석이어도 단순 연구 과제에 그친다. 조직 생활을 할수록 데이터를 기반으로 하는 '보고 능력'이 중요하다는 것을 하루하루 실감하는데, 이 책이 바로 그 부분을 충족시킨다. 이 책은 비즈니스와 맞닿아 있는 신선한 사례들을 간접적으로 경험하게 해주고 실무에 적용하는 데 큰 도움을 준다. 오랫동안 찾아 헤매던 책을 만난 기분이다. 나와 같이 데이터 분석가로 커리어를 쌓기 시작한 모든 이에게 등대가 되어줄 것이다.

김수현_HR 데이터 분석가, 성균관대학교 데이터사이언스융합학과 석사 과정

데이터를 기반으로 의사결정해야 한다는 것은 누구나 알고 있지만, 아마 대부분 어떠한 방식으로 해야 할지 고민할 것이다. 이 책은 데이터 분석 사고의 폭을 넓히고 데이터를 기반으로 하는 보고 방식에 대한 명쾌한 해답을 제시한다. 또한 사례를 통해 설명하므로 쉽게 이해할 수 있고 내 업무에 어떻게 적용해야 할지 감을 잡을 수 있다. 데이터를 기반으로 의사결정하려는 분들에게 꼭 필요한 책이다.

류영표_프리랜서 개발자 및 인공지능 강사

데이터 과학과 빅데이터를 공부하면서 시중의 책들은 대부분 공학적인 관점으로 데이터에 접근한다는 점이 항상 아쉬웠다. 데이터 분석 도구와 통계 기법에 치중하기 때문에 데이터를 실제 업무에 활용하고 데이터 기반으로 의사소통하는 방식을 체득하기 어렵다. 반면 이 책은 그동안은 볼 수 없던 시각으로 데이터를 다룬다. 데이터 분석에 실무적으로 접근하고 데이터로 상대방을 설득하는 방법을 안내하여 이를 실제 비즈니스에 활용할 수 있다. 따라서 데이터 분석을 공부하는 학생뿐만 아니라 데이터 과학을 통해 업무 역량을 향상하길 원하는 직장인 모두

에게 도움이 될 것이다. 파이썬 기초 문법과 데이터 분석을 위한 라이브러리 활용 방법을 알고 있는 사람이라면 이 책을 온전히 활용할 수 있다.

오두영 _데이터 과학 전공자

이 책은 방대한 데이터 속에서 핵심 인사이트를 찾아내고 그것을 의사결정자에게 명확하게 전달하는 등 데이터 분석가에게 요구되는 역량을 향상하는 방법을 체계적으로 전달한다. 데이터 유형에 따라 적합한 분석 방법을 선정하고 분석 결과를 설득력 있는 리포트로 만드는 방법을 찾을 수 있다. 또한 이론만 설명하는 것이 아니라 다양한 예제를 통해 실질적인 기술까지 습득하도록 돕는다. 따라서 데이터에 익숙하지 않은 주니어를 포함하여 이미 관련 경험이 있는 매니저급도 자신의 역량을 한 단계 끌어올릴 수 있을 것이다. 데이터 관련 업무를 수행하는 모든 직장인에게 강력히 추천한다.

윤명식 _메가존클라우드 데이터 아키텍트

읽는 내내 공감의 연속이었다. 보고를 잘하고 싶은 나를 포함하여 데이터를 다루는 직장인이 가까이 두고 자주 펼쳐봐야 하는 책이다. 데이터 분석, 시각화에 관한 책이나 자료는 차고 넘친다. 하지만 매일 동료, 상사, 이해관계자와 부대끼며 살아가야 하는 직장인들에게 바로 도움이 되는 책은 흔치 않다. 실무자에게 가장 중요한 것은 상사 혹은 그보다 더 윗사람인 의사결정자를 설득하는 일이다. 이 책은 바로 이에 대해 생생한 경험을 바탕으로 핵심 내용만 상세히 설명한다. 데이터 분석, 시각화 코드 생성, 분석 결과를 보고서화하기 위한 챗GPT 프롬프트까지 알찬 내용만 담겨 있다. 데이터 분석 자격증을 위한 참고서로도 유용하다. 강력히 추천한다.

윤세완 _KB국민은행 피플인사이트랩 HR 데이터 분석가

이 책은 내가 왜 데이터 분석을 공부해야 하는지를 명확하게 알려주었다. 책을 읽기 전에는 '데이터 분석은 분석가들이 하는 것이고, 나는 단지 미래를 위해 배워둬야겠다'라고 생각했다. 하지만 이 책을 통해 데이터 분석을 공부하는 것이 단순히 미래를 대비하기 위함이 아닌, 현재의 나를 더욱 발전시킬 방안임을 알 수 있었다. 이 책의 장점은 저자의 경험에서 나오는 풍부한 노하우와 쉽게 따라 할 수 있는 친절한 코드를 제공한다는 점이다. 나처럼 데이터 분석을 공부해야 할지 고민하는 분들이 흥미를 느낄 수 있는 계기가 되기를 바란다.

이호준_하이데어 개발자

숫자를 다루는 일이 얼마나 골치 아픈 업무인지 해본 사람들은 다 알 것이다. 짧은 보고 시간에 맞춰 수십만 건의 데이터에서 핵심 문장 하나를 만들어내기란 여간 어려운 것이 아니다. 특히 HR 유관 직무는 데이터와 통계치를 다루기 때문에 운 좋게 숫자에 능한 상사를 만난다고 하더라도 데이터 기반의 보고를 성사하기가 매우 어렵다. 이쯤되면 골치 아프고 어려운 그 일을 왜 굳이 HR 분야에서 해야 하나 싶다. 그래서인지 HR의 데이터 드리븐 성숙도는 다른 전문 직무들보다 많이 뒤쳐져 있고 사례 공유도 활발히 이루어지지 않는 것이 현실이다. 이러한 가운데 저자는 데이터 과학자의 전문성을 기반으로 각종 고급 통계 분석, AI, 머신러닝 기법을 HR에 적용해왔다. 그리고 그렇게 축적한 전문 지식을 바탕으로 각종 사례 공유와 저술을 이어가고 있고, 이 책에 저자의 전문성과 노하우가 모두 압축되어 있다.

저자는 독자가 겪을 만한 시행착오 요소들을 마치 옆에서 지켜보고 있었다는 듯 불쑥 나타나 해결해준다. 마치 사격장에서 불안하게 소총을 만지고 주저하는 초보 소총수에게 나타나 단박에 노리쇠 전진을 시켜주는 베테랑 조교와도 같다. 이 책은 데이터 기반의 보고를 주저하는 직장인에게 자신감을 심어주고 끝내 보고할 수 있게 만들어준다. 책에서 제공하는 예제 소스를 통해 실습을 따라 하다보면 어느새 데이터 드리븐 보고를 준비하는 나를 발견할 수 있을 것이다. 회사 책장에 두고 막힐 때마다 열어보길 추천한다.

정보영_현대자동차 인재개발원 책임 매니저

이 책은 편견과 인지 편향으로 가득한 상사를 설득하기 위한 체계적인 프레임워크를 제시한다. 변화를 싫어하는 조직에서 근무하고 있어 답답한 직장인에게 특히 추천할 만한 내용을 담고 있다. 저자의 경험을 바탕으로 한 여섯 가지 실전 사례를 통해 다양한 상황에서 데이터 분석 결과를 성공적으로 활용하는 방안을 설명한다. 또한 데이터를 효과적으로 전달하는 기술과 도구도 안내하여 의사결정자와 커뮤니케이션하는 능력을 향상시킬 수 있다.

조현석_컨스택츠코리아 백엔드 개발자

데이터 사이언스 석사 과정을 단 한 권으로 요약한 책이다. 데이터를 활용하여 상사나 고객을 설득하는 과정이 궁금하다면 이 책으로 충분히 실전 연습을 할 수 있다. 데이터에 관심이 있고 데이터 분석을 할 줄 알아도, 이를 활용하는 방법 및 보고의 실체에 대해 감이 잡히지 않는다면 반드시 이 책을 읽어야 한다. 저자는 데이터를 통해 이해관계자를 설득하는 본인만의 노하우를 독자들의 눈높이에 맞추어 아낌없이 쏟아냈다. 놀라울 정도로 이 시대에 시의적절한 책이며 경영자를 포함한 모든 리더와 직장인의 책장에 꽂혀 있어야 마땅하다고 생각한다.

최철훈_SK TNS HR 파트장, 가천대학교 경영대학원 피플사이언스 석사 과정

지은이의 말

- 디지털 트랜스포메이션(digital transformation)
- 데이터 문해력(data literacy)
- 데이터 과학(data science)
- 데이터 분석(data analysis)
- 비즈니스 애널리틱스(business analytics)

이 시대를 살아가는 사람이라면 누구나 한 번쯤 이 단어들을 들어봤을 것이다. 모두 '데이터'와 관련이 있고 최종 목적이 '의사결정'과 연결된다는 것이 공통점이다.

기술이 급격하게 발전함에 따라 방대한 양의 데이터에 쉽게 접근할 수 있게 되었지만, 최선의 의사결정을 하기 위해 데이터를 가공하고 분석하는 방법을 결정하는 것은 여전히 분석하는 사람의 몫이다. 단 한 번의 의사결정으로 엄청난 액수의 돈이 오가는 회사에서는 이러한 흐름에 발 빠르게 대처하기 위해 **디지털 트랜스포메이션**이라는 화두를 꺼냈고 직원들의 **데이터 문해력**을 강조하고 있으며 **데이터 분석**과 **비즈니스 애널리틱스**, **데이터 과학** 분야의 전문가를 영입하기 시작했다.

이러한 흐름은 회사뿐만 아니라 개인의 의사결정에도 영향을 미치고 있다. 비전공자도 챗GPT와 같은 AI 도구를 이용하여 데이터를 처리하는 반복적인 업무와 간단한 코딩을 하는 등 예전에는 아주 비싼 컴퓨터로만 할 수 있던 일들이 가능해졌다.

그렇지만 아직까지도 '데이터 관련 인프라 구축과 인재 확보를 통해 회사와 개인이 만족스러운 의사결정을 하고 있는가?'라는 질문에 확실히 'Yes'라고 고개를 끄덕이기 어려운 것이 사실이다. 데이터 컨설팅 회사 뉴밴티지파트너가 시행한 조사에 따르면 데이터로 향하는 변화의 흐름이 조직의 성장과 수익 창출에 긍정적인 영향을 끼친 것은 맞지만, 아직 그 결과를 판단하기에는 이르다고 한다. 필자는 데이터 기술 분야에 엄청난 비용을 투자했음에도 결과가 좋지 않은 이유를 '데이터 드리븐 보고(리포트)' 역량의 부재 때문이라고 생각한다.

이 책에서 정의하는 '데이터 드리븐 보고'란 올바른 문제 해결을 위한 문제 정의부터 데이터 수집, 정제, 분석을 거쳐 스토리텔링과 시각화로 설득을 끌어내는 일련의 과정을 말한다. 의사결정을 할 때 감이나 경험에 기반하는 것이 아닌 데이터에 근거하는 소통 방법인 것이다. 데이터를 읽고 쓰는 능력인 데이터 문해력도 중요하지만, 의사결정자를 '설득'하는 것으로 이어지지 않으면 아무리 화려한 분석 결과물이라도 그 가치를 측정할 수 없다. 앞으로는 챗GPT보다도 뛰어난 기술이 등장하여 코딩에 대한 지식이 없는 사람도 파이썬, R과 같은 프로그래밍 언어로 데이터를 분석할 수 있게 될 것이다. 하지만 어떤 분석 도구를 쓰는지보다 중요한 것은 데이터에 어떻게 접근할지, 데이터 유형에 따라 어떤 분석 방법을 쓸지 그리고 해결하려는 문제에 대해 명확한 정의를 할 수 있는지다. 이 질문들의 대답을 찾는 능력이 데이터를 기반으로 하는 의사결정과 보고 역량에서 가장 중요한 부분이라고 할 수 있다.

'구슬이 서 말이라도 꿰어야 보배다'라는 옛말이 있다. 좋은 데이터 또는 구슬(데이터, 기술)이 많아도 의사결정자에게 가치를 전달할 수 있어야 진정한 '보배'가 된다. 단순히 데이터를 개별적으로 읽고 해석하는 역량은 의미 있는 결론이나 통찰로 이어지지 않는다. 이 책에서 소개하는 데이터 드리븐 보고 절차와 데이터 유형에 따른 분석 기법을 통해 구슬을 잘 꿰어서 조직의 효과적인 의사결정과 개인의 커리어 성장에 도움이 되길 바란다.

이상석

이 책에 대하여

이 책은 상사와 고객을 설득해야 하는 실무자가 데이터 분석 시 고민해야 하는 사항과 이를 해결하는 구체적인 과정을 실제 사례와 함께 안내한다. 올바른 문제 해결을 위해 어떻게 문제를 정의하고 데이터를 선정하며 어떤 분석 방법을 사용할 것인지 그리고 의사결정자와 어떻게 소통할 것인지에 대한 전반적인 흐름을 설명한다. 그리고 데이터 기반 의사결정이 무엇인지, 지금까지 했던 보고와 데이터 드리븐 보고의 차이가 무엇인지를 안내한다. 이 책을 통해 실무에서 어떻게 데이터에 기반해 보고하고 설득하는지 자세히 알 수 있을 것이다.

다루는 내용

- 데이터에 기반한 보고 방법
- 구글 콜랩, 파이썬, 챗GPT를 실제 보고에 활용하는 방법
- 보유한 데이터 특성에 따른 적절한 데이터 분석 기법 선정 방법
- 데이터 분석 결과물을 바탕으로 설득 대상에 따라 효과적으로 의사소통하는 방법
- 실제 분석 업무에 적용할 수 있는 단계별 실습 사례
- 선형회귀분석을 통한 고객 설득 방법
- 수치형, 범주형 데이터에 적용하는 추론과 분류예측 방법
- 텍스트 데이터에 적용하는 워드 클라우드와 토픽 모델링 방법

대상 독자

- 파이썬 기초 문법을 알고 데이터 분석을 해본 적 있는 직장인
- 상사와 고객을 설득해야 하는 데이터 분석가
- 기존의 보고 방식을 뛰어넘어 예측 가능하고 선제적인 분석 기법을 알고 싶은 사람
- '해봤는데 안 돼', '예전에 검토해봤어' 등의 이유로 상사에게 거절당한 경험이 있는 사람
- 분석 업무에 챗GPT를 활용하고 싶은 사람
- 데이터 분석 자격증과 실무를 동시에 고민하고 있는 사람

구성

- **1장 데이터 드리븐 보고**: 일상에서 데이터를 기반으로 의사결정하는 사례를 소개하고 데이터 기반 의사결정이 비즈니스에 어떻게 활용되는지 알아본다. 데이터 드리븐 보고가 비즈니스에 어떻게 적용되는지 살펴본다.

- **2장 데이터 드리븐 보고 절차**: 성공적인 데이터 드리븐 보고를 위한 ON AIR 분석 절차(목표 설정 – 데이터 선정 – 분석 방법 결정 – 해석 – 보고)를 단계별로 설명한다.

- **3장 데이터 드리븐 보고 실전 사례 with 챗GPT**: 실제 비즈니스에 활용되는 데이터셋을 통해 데이터 형식과 보고 목적이 각각 다른 여섯 가지 사례를 직접 실습한다. 사례별로 챗GPT를 활용하여 코딩에 대한 지식 없이도 파이썬 코드 작성할 수 있도록 했다.

  - 행복에 영향을 미치는 변수와 국가별 행복지수 분석하기

  - 회사의 중장기 인력구조 예측, 분석, 시각화하기

  - 마케팅 효과 분석 및 최적의 광고 플랫폼 찾기

  - 유학 컨설팅을 위한 해외 대학 합격률 분석하기

  - 당뇨병 예측모델 수립 및 사전 예방 솔루션 제공하기

  - 전 직원 대상 설문조사의 서술형 응답 분석하기

- **4장 데이터 드리븐 커뮤니케이션**: 분석 결과로 상사 혹은 고객을 설득해 원하는 결과를 얻는 것은 분석 과정만큼이나 중요하다. 데이터를 기반으로 의사소통할 때 꼭 점검해야 할 체크리스트를 안내한다.

개발 환경

구글 콜랩 기본 설정인 파이썬 3.10.12 버전(23. 9. 27 기준)으로 집필했다. 독자 여러분이 사용하는 로컬 컴퓨터의 파이썬 버전 혹은 라이브러리 설치 유무에 따라 실행 결과가 책의 내용과 다를 수 있으니 참고하길 바란다.

예제 다운로드

실습에 필요한 예제 파일은 아래 깃허브를 통해 내려받을 수 있다. 구글 콜랩에서 실행하는 과정은 3장 각 절에서 안내하는 QR 코드를 참고하여 진행할 수 있다.

- https://github.com/sangsucki/DataDrivenReport

저자 소개

지은이 **이상석**

어린 시절부터 사람에게 관심이 많던 저자는 자연스럽게 HR 분석가로 성장했다. 하지만 직관과 감, 경험으로 무장한 경영진을 설득하는 데 한계를 느꼈고 이 벽을 넘기 위해 미국 듀크 대학교에서 데이터 사이언스 석사 과정을 졸업했다. 그리고 데이터 과학자로서 공공기관에서는 최초로 HR 애널리틱스 분야에 뛰어들었다. 입사부터 퇴직까지의 HR 데이터를 데이터 레이크에 담아 채용, 승진, 이동, 평가 등을 종합적으로 분석하여 데이터 기반 HR 정책 효과성 측정 및 개선에 활용하고 있다. 또한 HR과 데이터 과학을 융합한 분야를 연구하며 기업의 HR 애널리틱스 도입 관련 자문 및 강사로도 활동 중이다. 감정 분류 모델, 인재 추천 시스템, HR 면접관 추천 시스템 등을 개발하여 특허를 출원했고 London Text Analytics, AI Summit Seoul, HR AI Forum 등의 콘퍼런스에서 발표하기도 했다. 그간 데이터에 기반한 의사소통과 보고를 하며 느낀 데이터의 힘을 나누고자 이 책을 썼다.

현) 한국전력공사 HR 애널리틱스팀 HR 데이터 과학자

현) 국가공인 데이터분석전문가(ADP)

현) 데이터마이닝학회 정회원

현) 한국경영정보학회 정회원

전) 스탠포드 대학교 UC 버클리 컴퓨터문화 연구소 연구 조교

전) 실리콘밸리 피플 애널리틱스 스타트업 데이터 과학자

전) 워싱턴 DC 미국 중소기업청 비즈니스 분석가

- 이메일: sangsucki@gmail.com
- 포트폴리오: sangsucki.github.io
- 블로그: brunch.co.kr/@datadriven
- 링크드인: linkedin.com/in/josephleess

들어가며 – 설득할 것인가 설득될 것인가

당신은 다음 중 어떤 문장에 더 설득되는가?

> A: 당신은 데이터로 의사결정하는 전 세계 직장인 중 1%가 되길 원하십니까?
> B: 요즘에 핫한 챗GPT 한번 써보실래요?

우리는 일상에서 다양한 설득의 상황에 놓인다. 심지어 지금 이 글을 쓰는 이유도 필자의 생각으로 여러분을 설득하기 위해서다. 여러분이 이 책이 아닌 다른 책을 읽을 수도 있고 독서가 아닌 다른 활동을 할 수도 있지만, 이 글을 읽는 데 기꺼이 시간을 할애한다는 것도 곧 설득이 되는 과정이라고 볼 수 있다.

잠시 챗GPT에 관해 이야기해보자. 챗봇이 단어가 아닌 문맥을 이해하는 알고리즘으로 바뀌면서 질의응답뿐 아니라 번역, 프로그래밍, 광고 문구 작성까지 광범위한 영역의 작업이 가능해졌다. 이러한 세상에 없던 기술로 챗GPT는 5일 만에 100만 명, 40일 만에 1천만 명의 사용자를 확보했다. 넷플릭스는 3.5년, 페이스북은 10개월이 걸려서 100만 명의 이용자를 확보했다는 사실과 비교해보면 챗GPT의 대단한 열기를 체감할 수 있다. 그리고 이 책을 선택한 사람이라면 챗GPT가 단순히 '멋진 기술'이라고 생각하는 데에서 그치지 않고 한 번쯤은 자신의 업무에 활용하는 방법을 고민해봤을 거라 생각한다. 챗GPT 같은 AI 기술이 쏟아지는 이 세상에서 앞으로는 새로운 기술을 활용하는 사람과 그렇지 않은 사람의 결과물은 비교 자체가 불가능해질 것이다.

그렇다면 '기술을 잘 활용하는 직장인'은 어떤 사람일까? 우리는 대부분 의사결정을 하기 위해 정보를 수집하고 이 과정에서 기술을 활용한다. 정보 수집은 챗GPT를 활용하는 것처럼 기술에 의존할 수 있지만, 의사결정은 각종 데이터로 이뤄진 정보를 해석하는 사람의 능력에 따라 그 결과가 달라진다. 이렇게 데이터를 읽고 쓰는 능력이 바로 데이터 문해력이다. 데이터 문해력은 직장인이 가져야 할 중요한 역량이지만, 과연 데이터 문해력만으로 충분한지 질문해볼 필요가 있다. 데이터를 읽고 쓸 수 있어도 고객을 이해시키거나 상사를 설득하는 데까지 연결되지 못하면 수익 혹은 새로운 가치를 창출하기 어렵기 때문이다.

직장인의 의사결정 상황은 대부분 자신을 설득하기보다는 상사 혹은 고객을 설득하는 경우다. 데이터 문해력을 바탕으로 다양한 데이터를 논리적으로 결합한 결과로 스토리텔링하여 고객의 의사결정을 돕는 것을 마케팅이라고 하고, 상사의 의사결정을 돕는 것을 보고라고 한다. 여러분이 회사에서 흔히 하는 프레젠테이션에 비유하자면, 다양한 데이터로 분석하는 것이 데이터 문해력, 그 결과를 어떤 순서로 배치하고 어떤 메시지를 줄지 고민하는 것이 스토리텔링이다. 그래서 데이터 드리븐 보고는 데이터 문해력과 스토리텔링의 조합으로 이뤄진 예술적인 행위라고 할 수 있다. 그리고 '기술을 잘 활용하는 직장인'이란 데이터 문해력을 바탕으로 기술을 활용해 정보를 수집하고 분석한 후 스토리텔링으로 보고할 수 있는 직장인이다.

A: 당신은 데이터로 의사결정하는 전 세계 직장인 중 1%가 되길 원하십니까?
B: 요즘에 핫한 챗GPT 한번 써보실래요?

앞서 한 질문에서 여러분은 대부분 A를 선택했을 것이다. **그 이유는 A에 데이터 문해력과 스토리텔링이 조합된 데이터 드리븐 보고 기술이 적용되었기 때문이다.**

필자는 HR 데이터 과학자로 근무하면서 경영진이나 의사결정자, 실무자와 일주일에 평균 5번 이상 회의했다. 1년을 52주로 계산하면 260번, 5년만 해도 1300번의 회의를 거친 것이다. 그리고 회의와 보고에 필요한 데이터를 분석하며 틈틈이 기록한 사례와 분석 결과물을 이 책에 정리했다. 또한 직장인에게 꼭 필요한 데이터 문해력과 함께 데이터 기반의 설득과 의사결정이 이뤄지는 과정에 관한 고민을 담았다.

'내가 하는 일은 데이터 분석과 아무 관련이 없는데?'라고 반문할 수도 있다. 그러나 데이터는 이제 모두의 언어가 됐다. 영어 점수가 취업하기 위한 기본 요건이었던 것처럼 이제는 데이터를 읽고 쓰는 능력, 즉 데이터 문해력이 기본 자질이 되었다. 당신의 일이 데이터 분석과 아무런 관계가 없다고 생각했다면, 데이터에 기반해서 의사결정자와 소통해야 하는 상황이 없었는지 생각해보자. 데이터에 근거해 보고하는 문제 해결 능력을 갖춘다면 여러분의 커리어는 자연스럽게 확장되고 전문성을 높일 수 있을 것이다. 그리고 이 책은 여러분이 회사를 능동적으로 생산성 있게 다닐 것인지, 수동적으로 끌려다닐 것인지를 결정할 중요한 모멘텀이 될 것이다.

"AI는 당신을 대체하지 않는다. AI를 사용하는 사람이 당신을 대체할 것이다."

– 산티아고 발다라마

데이터를 근거로 하여 의사결정하는 역량은 당신이 AI를 어떻게 활용할지 안내해줄 것이다. 지금 하는 일에 더욱 전문성을 가진 '프로 직장인'으로 전환하고 싶다면, 데이터 기반으로 설득력을 얻고 싶다면, 직장에서 지속 가능한 원동력을 얻고 싶다면 이 책과 함께하길 바란다.

목차

1장
데이터 드리븐 보고

2장

**데이터 드리븐 보고
절차**

목차

목차

1장

데이터 드리븐 보고

데이터가 중요하다는 것은 디지털 트랜스포메이션 시대를 살아가는 사람이라면 누구나 알고 있는 사실이다. 그런데 데이터를 직장에서 유의미하게 활용하려면 어떻게 해야 할까? 여러분이 다음 항목에 해당하는 보고를 하고 있다면 데이터를 충분히 잘 활용하고 있는 것일까?

- 숫자 혹은 지표가 포함된 보고
- 나의 직관과 경험을 완전히 배제한 보고
- 어렵고 화려한 분석 도구를 사용한 보고

이 세 가지 중 하나라도 하고 있다면 데이터에 기반한 의사결정을 하기 위해 노력했다고 할 수 있다. 하지만 과연 이 방식만으로 효과적인 의사결정을 할 수 있을까?

이번 장에서는 데이터 기반의 의사결정data-driven decision-making(DDDM)을 효과적으로 이끌어가기 위한 데이터 드리븐 보고(리포트)에 대해 알아본다. 먼저 데이터 드리븐 보고가 일상에 어떻게 적용되는지 살펴보고, 비즈니스에서 어떻게 가치를 창출하는지, 실제 기업에서 어떻게 활용하고 있는지 단계적으로 알아본다. 그리고 데이터 드리븐 보고의 정확한 의미를 이해하면서 실전에 바로 활용할 수 있는 데이터 드리븐 보고 원칙을 살펴본다.

1.1 일상의 보고 상황

전무에게 마케팅 전략을 보고하기 직전이라고 가정해보자. 상사로부터 중요한 의사결정을 받아야 하는 보고인 만큼 며칠 밤을 지새워 새로운 마케팅 전략의 목적과 세부 계획에 대한 수십 페이지의 보고서를 만들었다. 고민했던 내용들을 빠짐없이 써 내려갔더니 왠지 꽉 차 보이고 설득력도 있어 보인다. 다음 내용은 전무에게 보고하는 상황이다.

나   안녕하세요, 전무님. 이번 OO 상품 관련 신규 마케팅 전략을 보고드리겠습니다.

전무   오, 그렇지 않아도 어떻게 준비되고 있나 궁금했어요. 말씀해주시죠.

나   채널 A, B에만 집중했던 기존 전략과 차별화하기 위해 이번에는 획기적으로 채널 C에 전폭 집중하려 합니다.

전무   채널 C 방식은 전에 해봤던 것 같은데 아닌가요?

나   아, 그런가요? 그런 이야기는 못 들었습니다.

전무   내가 차장이었을 때, 그러니까 5년 전에 했던 것 같은데… 이렇게 했을 때 비용 대비 효과가 있을까요? 경험상 생각보다 효과가 없었던 것으로 기억합니다만….

나   그래도 요즘 MZ세대에게는 채널 C의 효과가 가장 좋다고 합니다. 5년 전과는 확실히 다른 결과를 전망합니다.

전무   MZ세대에게 효과가 좋은 것이 장기적으로 우리 회사의 브랜드에 도움이 되는 건가요? 그리고 5년 전과 다른 결과를 전망할 수 있다는 건 어떤 근거로 말하는 건가요?

나   …

전무   음. 이건 검토가 좀 더 필요할 것 같네요.

혹시 여러분도 회사에서 이런 상황을 경험한 적이 있는가? 완전히 동일한 상황은 아니더라도 진땀이 날 것만 같은 이 상황을 충분히 상상할 수 있을 것이다. 어떤 아이디어를 제안하거나 설득하기 위해 보고했는데 정리되지 않고 추가로 보고할 게 더 많아진 느낌이 들었다거나 설상가상으로 의사결정자로부터 꼭 받아내야 했던 결정도 끌어내지 못한 상황 말이다. 만약 이런 보고가 팀원들과 함께 며칠 밤 영혼을 갈아 넣어 준비한 것이었다면 더욱 안타까운 상황이다.

> "파는 것이 인간이다(To sell is Human)." - 다니엘 핑크

우리는 물건을 팔기도 하지만 내 생각과 시간을 팔기도 한다. 그리고 그것들을 '잘' 팔기 위해 만나는 사람을 설득하는 상황이 필요하다. 즉 잘 판다는 것은 상대방을 잘 설득한다는 것이다. 잘 설득하려면 내가 가진 팩트fact 주머니 조합으로 상대방의 팩트 주머니 조합을 논리적으로 반박하면서 내가 원하는 방향으로 대화를 이끌어가야 한다.

하지만 팩트에도 개인의 경험이나 감에 기초하는 것이 많다. 그렇기 때문에 이런 경험과 감은 편견prejudice[1]과 인지 편향cognitive bias[2]이라고 하는 불공평하고 일방적인 생각으로 이어질 수 있다. 편견과 인지 편향은 둘 다 제한된 정보를 기반으로 어떤 사람이나 그룹에 대해 빠른 판단을 내리는 뇌에서 비롯되기 때문에 서로 관련이 있다. 특히 인지 편향은 두뇌가 복잡한 정보를 단순화하고 빠른 결정을 내리게 하는 데 사용하는 정신적 지름길이다. 그러나 이러한 지름길은 때때로 불공평하고 부정확한 판단으로 이어질 수 있다.

전무와의 대화를 다시 한번 보며 각 대사에 어떤 편견과 편향이 녹아 있는지 살펴보자.

나　안녕하세요, 전무님. 이번 OO 상품 관련 신규 마케팅 전략을 보고드리겠습니다.

전무　오, 그래요. 그렇지 않아도 어떻게 준비되고 있나 궁금했어요. 말씀해주시죠.

나　채널 A, B에만 집중했던 기존 전략과 차별화하기 위해 이번에는 획기적으로 채널 C에 전폭 집중하려 합니다.

　　→ 친혁신 편향(혁신을 지지하는 사람이 혁신의 중요성을 과대평가하고 반대로 단점은 과소 평가하는 경향)

전무　채널 C 방식은 전에 해봤던 것 같은데 아닌가요?

나　아, 그런가요? 그런 이야기는 못 들었습니다.

전무　내가 차장이었을 때, 그러니까 5년 전에 했던 것 같은데… 이렇게 했을 때 비용 대비 효과가 있을까요? 경험상 생각보다 효과가 없었던 것으로 기억합니다만….

나　그래도 요즘 MZ세대에게는 채널 C의 효과가 가장 좋다고 합니다. 5년 전과는 확실히 다른 결과를 전망합니다.

　　→ 편승 효과 또는 밴드웨건 효과(어떤 선택이 대중적으로 유행하고 있다는 정보의 선택에 더욱 힘을 실어주는 효과)

---

1 개인이나 집단에 대한 선입견이나 판단
2 판단과 의사결정에 영향을 미칠 수 있는 사고의 체계적 오류

전무　MZ세대에게 효과가 좋은 것이 장기적으로 우리 회사의 브랜드에 도움이 되는 건가요? 그리고 5년 전과 다른 결과를 전망할 수 있다는 건 어떤 근거로 말하는 건가요?

> → 확증 편향(가설의 진위를 가리거나 문제를 해결할 때 자신의 신념과 일치하는 정보만 취하고 상반되는 정보는 무시하는 무의식적 사고 성향)

나　…

전무　음, 이건 검토가 좀 더 필요할 것 같네요.

두 인물은 다양한 편향으로 감에 의한 보고와 의사결정을 하고 있다. 이처럼 나보다 많은 경험을 가진 의사결정자를 직관이나 감으로 설득해서 내가 원하는 방향으로 끌어낼 성공률은 0%에 가깝다. 그리고 본인의 경험과 직관을 신뢰하는 상사와 같은 방식으로 논쟁을 시작하는 순간, 한국 특유의 '무례함' 프레임에 갇혀 얻는 것보다 잃는 것이 오히려 더 많아질 수 있다. 그렇다면 이런 편향을 인식하면서 상사를 설득할 수 있는 방법은 무엇이 있을까?

데이터를 기반으로 하는 보고는 데이터가 직접 말하게 한다는 점에서 설득에 유리하다. 일상에서 하는 대화에 편향이 있다는 것을 인정하되, 각각 가진 특정한 편향에 맞춰 대화를 이어가면 설득에 유리하다. 예를 들어 대화의 상대가 확증 편향confirmation bias[3]을 가지고 있다는 것을 알고 있다면 먼저 자신의 주장을 뒷받침하는 정보를 제시하여 상대방이 그것을 더 잘 받아들이도록 할 수 있다. 마찬가지로 가용성 편향availability bias[4]이 있는 사람의 경우 생생하고 기억에 남는 예시를 사용하여 주장을 더욱 설득력 있게 만들 수 있다. 이렇게 사람들의 편견이 작용하는 방식을 이해하면서 데이터를 활용하면 성공 가능성이 더 높은 방식으로 주장을 제시할 수 있다.

---

3 자신의 기존 신념을 확인하는 방식으로 정보를 해석하는 경향
4 쉽게 사용할 수 있는 정보의 중요성을 과대평가하는 경향

1.2 데이터 드리븐 의사결정이란

스마트폰으로 실시간 검색이 가능한 시대에 살고 있는 우리는 소위 '팩트 체크'를 하기 위해 네이버나 구글 등의 포털 사이트에서 다양하게 검색한다. 예를 들어 이런 것들이다.

- 집을 나서기 전에 일기예보를 확인하여 적절한 옷차림과 이동 수단을 계획한다.
- 이동하기 전에 목적지의 올바른 위치와 방향을 확인한다.
- 정보가 정확하고 편견이 없는지 확인하기 위해 여러 뉴스 기사를 확인한다.
- 식중독 위험을 피하기 위해 식품의 유통기한을 확인한다.

그리고 사실이 확인되어야 비로소 나의 의사결정과 행동으로 연결한다. 이것이 바로 데이터 드리븐 의사결정의 예시다. 우리는 모든 경험과 정보를 소유할 수 없기 때문에 인간의 제한된 합리성$^{bounded\ rationality}$으로 의사결정할 수밖에 없다. 결국 편향은 누구에게나 존재한다.

"데이터가 없으면 당신은 단지 의견을 가진 평범한 사람에 불과하다." – 에드워즈 데밍

데이터 드리븐 의사결정은 개인의 경험이나 직관이 아닌 객관적인 데이터를 기반으로 하는 의사결정이며 우리 삶에 필수적이다. 우리는 제품을 구매하거나 사실을 분석하거나 장단점을 따져보는 다양한 상황에서 종종 해석하기 어렵고 혼란스러운 방대한 양의 데이터를 접한다. 데이터에 기반한 의사결정은 정보에 입각한 결정을 내리기 위해 데이터를 분석하고 평가함으로써 편향과 주관적인 의견의 영향을 최소화하여 더 나은 결과로 이어질 수 있게 돕는다.

1.2.1 일상부터 비즈니스 의사결정까지

우리는 하루에도 몇 번씩 의사결정을 한다. 하와이 여행을 가기 위한 항공권을 예매한다고 가정해보자. 6월의 항공권은 150만 원, 7월은 250만 원 정도다. 6월과 7월 중 언제든 휴가를 갈 수 있다면 당연히 100만 원이 저렴한 6월 티켓을 선택할 것이다. 하지만 세부적인 조건을 살펴보면 고려해야 할 내용이 많아진다. 150만 원인 A사 티켓은 환불이 안 되고 짐을 실으려면 추가 비용을 내야한다. 반면 250만 원인 B사는 일주일 전까지 전액 환불이 가능하고 짐도 추가

비용 없이 두 개까지 실을 수 있다. 심지어 마일리지까지 적립해줘서 이후 여행에 활용할 수 있다. 이렇듯 단순히 금액 비교만으로 결정하는 것이 아니라 다양한 조건과 변수를 고려해야 하므로 의사결정 과정이 복잡해진다.

이번에는 A와 B 중 어디에 주식 투자를 할 것인지 고민하는 상황이다. 항공권을 예매하는 경우보다 더 많은 조건이 있고, 실제로 어떤 변수가 주가에 영향을 미치는지 알기 쉽지 않다. 심지어 주어진 변수를 조정하여 새로운 변수에 영향을 준다고 가정한다면 모든 변수를 고려해 완벽한 의사결정을 내리는 것은 불가능에 가깝다.

투자 품목	시장	단기 주가 동향(추세)	ROE[5]	PER[6]	배당 수익률
A	국내	하락	7%	20배	10%
B	해외	상승	10%	240배	7%

표 1-1 투자 품목 비교

데이터 드리븐 의사결정은 바로 이때 빛을 발한다. 수백 개의 변수 중 시장의 어떤 요소가 주가에 가장 큰 영향을 미치는지(추론), 다음 분기에 주가가 어떻게 바뀔지(예측), 주가의 흐름을 시계열로 어떻게 표현할지(시계열분석) 등을 목적에 맞게 활용할 수 있기 때문이다. 데이터를 활용하는 개인의 목적은 결국 만족을 극대화하고 불만족을 줄이는 것인데, 데이터 덕분에 개인의 직관이나 감 그리고 경험에 의해 판단한 투자 손실(불만족)을 대폭 줄이고 수익(만족)을 극대화할 수 있다. 기업의 관점에서 보면 만족은 수익이고 불만족은 리스크다. 어떤 기업의 펀드매니저가 데이터 드리븐을 활용하여 리스크를 줄이고 수익을 극대화한다면 그는 매우 인정받을 것이다.

정의하는 용어에 따라 기업마다 다를 수 있지만, 데이터에 기반한 의사결정의 중요성에 대해서는 기업의 주요 부서에서 공통으로 활발하게 논의되고 있고 [그림 1-1]처럼 이와 관련된 다양한 직함의 전문가가 존재한다. 이처럼 데이터 드리븐 의사결정 방식은 전문가로의 성장 경로가 되어가고 있으며 일상뿐만 아니라 비즈니스에서의 의사결정에도 매우 유용하다.

---

5 ROE(return on equity, 자기자본수익률): 투입한 자기자본 대비 얼마나 많은 수익을 가져오는지를 나타내는 지표

6 PER(price earnings ratio, 주가수익비율): 주식의 현재 가격을 주당 순이익으로 나눈 값

전문가	근무하는 부서	프로젝트
• 그로스해킹	마케팅 부서	데이터 기반 마케팅 성장
• 비즈니스 애널리틱스 • 비즈니스 인텔리전스	전략/기획, 디지털 트랜스포메이션 관련 부서	데이터 기반 비즈니스 분석
• HR 애널리틱스 • 피플 애널리틱스	인사/조직/노무 관련 부서	데이터 기반 HR 의사결정 지원
• 시티즌 데이터 사이언티스트	전 분야	데이터 기반 문제 해결

그림 1-1 데이터 드리븐 분야별 전문가 종류

1.2.2 데이터 드리븐 흐름

요즘 어디서나 언급되는 빅데이터를 알아보자. 빅데이터의 속성은 Volume(큰 규모), Velocity(빠른 속도), Variety(데이터의 다양성)이며, 이를 3V라고 한다. 쉽게 말해 데이터의 크기가 커지고 데이터 연산 처리가 빨라졌으며 기존의 수치형 데이터 이외에 텍스트나 이미지 등 다양한 형식의 데이터도 다룰 수 있게 되면서 빅데이터라는 개념이 등장한 것이다. 학자에 따라 4V, 5V 등 다른 속성을 추가하기도 하지만 일반적으로 3V에 대해서는 이견이 없다. 그리고 이 3V는 데이터 드리븐의 큰 흐름과 동일하다.

그림 1-2 빅데이터의 3V

자동차 공장에서 불량품 제조율을 1% 낮추기 위해 자동차 공정 프로세스를 분석하여 개선점을 찾는다고 가정해보자. 과거에는 부품의 불량이 어떤 공정에서 얼마나 많이 발생했는지(What), 원인이 무엇인지(Why)를 고민했다. 현재는 부품 제조 기계에 붙어 있는 센서를 통해 각 부품의 제조 상황이 실시간으로 저장되고, 예전보다 많고(volume) 다양한(variety) 데이터 수집과 빠른 컴퓨팅 처리 기술(velocity)로 과거보다 세밀하고 정확한 분석이 가능해졌다. 특히 원인에 대한 분석뿐 아니라 과거에 축적된 데이터를 통해 기계 노화에 따른 불량률 증가 시점도 예측 가능하다.

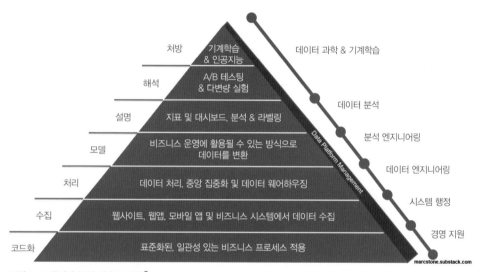

그림 1-3 데이터 분석 성숙도 모델[7]

즉 과거에는 고려하지 않았던 데이터가 현재는 의사결정에 반영되면서 복잡성이 높아졌다. 글로벌 기업들은 이 복잡성을 관리하고 분석할 수 있는 데이터 드리븐 능력을 앞으로의 시장을 선점하기 위한 가장 중요한 요인으로 보고, 데이터 드리븐 의사결정을 하기 위한 트랜스포메이션을 위해 수조 달러를 투자해왔다.[8]

데이터 드리븐 속도를 높이기 위해 조직 내부 인력에도 변화가 생기고 있다. 과거에는 데이터 분석을 컨설팅 업체에 맡겼다면 지금은 점점 인소싱하는 추세다. 에베레스트 리서치 그룹은 최근 IT 서비스와 관련해 기존에 외주를 주었던 업무를 다시 내부에서 처리하는 일이 많아지고

---

7 https://marcstone.substack.com/p/from-analytics-to-growth-how-modern
8 https://hbr.org/2019/03/digital-transformation-is-not-about-technology

있다고 말했다.[9] 뿐만 아니라 다른 부서의 데이터를 연결하는 통합 데이터 분석을 위한 분석 전문 담당 부서도 생기는 추세라고 한다. [그림 1-1]에서 살펴봤듯이 도메인에 따라 해당 분석 전문가를 부르는 명칭도 많이 생겨났고 그만큼 데이터 드리븐 흐름의 변화를 느낄 수 있다. 한국데이터산업진흥원에서 발간된 향후 5년 내 데이터 직무 필요 인력 조사(그림 1-4)에 따르면, 2022년 대비 향후 5년 내 데이터 직무 필요 인력은 2배 이상 증가할 것으로 예상된다.

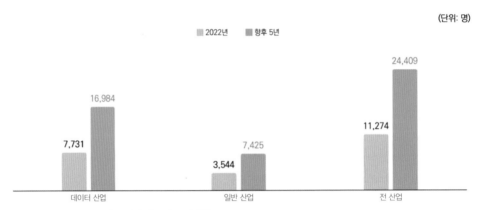

그림 1-4 향후 5년 내 국내 데이터 직무 필요 인력[10]

앞으로는 개인의 데이터 드리븐 역량이 조직 내 디지털 트랜스포메이션의 핵심이 될 것으로 보인다.

9 https://www.ciokorea.com/news/156642
10 2022년 데이터산업 백서, 한국데이터산업진흥원

1.2.3 데이터 드리븐 효과

그렇다면 비즈니스에 데이터 드리븐 방식을 도입함으로써 기업은 어떤 이득을 얻었을까?

종류	회사명	데이터 드리븐 효과	정량화
비용 절감	UPS	최적화된 배송 경로 설계	1천 만 갤런 연료 절감 및 10만 미터톤의 이산화탄소 배출량 감소[11]
수익 증가	넷플릭스	데이터기반 추천으로 사용자 참여 증가	연간 매출 10억 달러 증가[12]
고객 만족도 향상	아마존	고객 데이터 기반 개인화 상품 추천	클릭률 600% 증가, 평균 주문 금액 26% 증가[13]
효율성 향상	루프트한자	550개 이상의 자회사에 일관된 분석 보고 시스템 도입	효율성 30% 향상[14]

표 1-2 데이터 드리븐 방식을 도입한 기업별 효과

- **비용 절감**: 기업은 데이터를 분석하여 비효율성을 식별하고 프로세스를 최적화함으로써 비용을 절감할 수 있다. UPS는 최적화된 배송 경로를 설계하여 1천만 갤런의 연료를 절감하고 10만 미터톤의 이산화탄소 배출량을 감소시켰다.

- **수익 증가**: 기업은 고객 행동과 시장 동향을 분석하여 새로운 성장 기회를 파악하고 가격 책정 전략을 최적화할 수 있다. 예를 들어 넷플릭스는 데이터를 사용하여 추천을 개인화하고 사용자 참여를 개선하여 구독 수익과 유지율을 높였고 연간 매출 10억 달러가 증가했다.

- **고객 만족도 향상**: 기업은 고객 피드백과 행동을 분석함으로써 문제점을 식별하고 고객 경험을 개선하기 위한 솔루션을 개발할 수 있다. 예를 들어 아마존은 데이터를 사용하여 권장 사항을 개인화하고 빠르고 안정적인 배송을 제공하여 클릭률과 평균 주문 금액을 대폭 향상했다.

- **효율성 향상**: 기업은 프로세스를 자동화하고 데이터를 실시간으로 분석함으로써 더 빠르고 정확한 의사결정을 내리고 전반적인 생산성을 향상할 수 있다. 예를 들어 루프트한자 그룹은 550개 이상의 자회사에 일관된 분석 보고 시스템을 도입하여 불필요한 데이터 정제와 커뮤니케이션을 감소시켰고 이에 따라 효율성이 30% 증가했다.

이처럼 기업은 데이터 분석을 통해 비효율성을 해소하고 프로세스 최적화와 개인화된 고객 경험을 제공할 수 있다.

---

11 https://www.informs.org/Impact/O.R.-Analytics-Success-Stories/Optimizing-Delivery-Routes

12 https://d3.harvard.edu/platform-digit/submission/netflix-your-data-your-show-your-experience

13 https://aws.amazon.com/ko/machine-learning/ml-use-cases/personalization

14 https://www.tableau.com/ko-kr/learn/articles/data-driven-decision-making

1.3 데이터 드리븐 보고란

"엄청난 주장에는 엄청난 근거가 필요하다." – 칼 세이건

데이터 드리븐 의사결정 방식은 비즈니스 커뮤니케이션에 가장 많이 활용된다. 특히 상사를 설득할 때 또는 타 부서와 협업할 때 단순히 구두로 하는 소통보다는 보고서를 통한 의사소통이 훨씬 효과적이다. **데이터 드리븐 보고는 비즈니스에서 데이터 드리븐 방식으로 의사결정하기 위해 보고하는 절차와 커뮤니케이션을 말한다.**

1.3.1 데이터 드리븐 보고에 관한 오해들

'데이터 드리븐 보고와 내 보고서의 차이점은 무엇일까?'

'나도 지금까지 데이터를 활용해서 보고서를 작성해왔던 것 같은데, 그럼 나도 데이터 드리븐 보고를 하고 있던 건가?'

다음 중 데이터 드리븐 보고에 해당한다고 생각하는 항목에 체크해보자.

- ☐ 숫자가 들어가면 모두 데이터 드리븐 보고다.
- ☐ 나의 직관과 경험을 완전히 배제해야 데이터 드리븐 보고다.
- ☐ 어렵고 화려한 분석 도구를 쓰면 데이터 드리븐 보고다.
- ☐ 분석 기술을 통달하면 데이터 드리븐 보고다.

데이터를 기반으로 하는 보고에 필수적으로 들어가야 하는 항목을 살펴보자.

- **숫자** 숫자가 들어가면 모두 데이터 드리븐 보고다.

  숫자가 들어가면 신뢰도는 높아질 수 있지만, 숫자가 있다고 해서 무조건 데이터 드리븐 보고인 것은 아니다. 숫자만 빼곡한 표가 과연 의사결정자에게 의미 있는 인사이트를 줄 수 있을까? 예일대 교수이자 데이터 시각화 전문가인 에드워드 터프티는 '다른 무엇보다도 데이터를 보여줘라'라고 말했다. 즉 데이터가 스스로 말하도록 하여 데이터에 대한 이해를 방해하거나 가릴 수 있는 요소를 최소화하라는 의미다. 이렇게 하면 의사결정자가 데이터를 분석하고, 결론을 도출하고, 정보에 입각한 의사결정을 내리는 데 더 유리하다.

- **직관** 나의 직관과 경험을 완전히 배제해야 데이터 드리븐 보고다.

  직관과 경험은 데이터 드리븐 과정의 각 단계를 대폭 줄일 수 있는 아주 효율적인 기술이다. 세계적인 전략 컨설팅 회사 BCG의 창립자 브루스 핸더슨은 '비즈니스의 최종 선택은 항상 직관적이다. 그렇지 않다면 모든 문제 해결은 수학자의 몫이 되었을 것이다'라고 말했다. 또 직관이 무의식적으로 작동하는 방식에 대한 게리 클레인의 연구는 의사결정에서 경험과 직관의 가치를 조명한다. 예를 들어 소방관은 과거의 경험을 바탕으로 신속하게 패턴을 파악하고 효과적인 화재 진압 솔루션을 찾는다. 직관은 '과거의 수많은 경험을 현재의 의사결정 및 행동에 연결하는 체계적 방법'으로 정의되며 효과적인 의사결정의 필수 요소다. 데이터 기반 보고는 의사결정에서 그 위치를 차지하지만 직관과 경험의 가치를 완전히 배제해서는 안 된다.[15]

- **분석 도구** 어렵고 화려한 분석 도구를 쓰면 데이터 드리븐 보고다.

  복잡한 수학식을 사용하고 화려한 시각화가 가능한 분석 도구는 복잡한 문제를 화려하게 풀어내는 것처럼 보이는 것이 사실이다. 하지만 복잡한 분석과 모델은 설명이 어려울 뿐만 아니라 짧은 시간 내에 의사결정을 내려야 하는 의사결정자에게 추가 설명을 해야 한다. 즉 의사결정자가 한 번에 이해할 수 있는 분석 결과 보고가 가장 훌륭한 보고다. 이와 관련한 자세한 내용은 4장에서 다룬다.

- **도메인 지식** 분석 기술을 통달하면 데이터 드리븐 보고다.

  분석 기술이 아무리 뛰어나도 해석하는 데이터에 대한 전문 지식, 즉 도메인 지식이 없으면 분석 결과를 실용적으로 사용하기 힘들다. 예를 들어 토익 점수를 분석했는데, 고급 통계와 회귀분석을 사용한 분석 결과 '높은 토익 점수를 받으려면 Listening과 Reading 능력이 필요하다'는 결론을 냈다면 분석의 정확도는 당연히 높게 나오겠지만, 실무자 혹은 그 결과를 요청한 고객에게는 너무나 당연한 얘기이기 때문에 어떠한 인사이트도 제공할 수 없다.

숫자, 직관, 분석 도구, 도메인 지식은 데이터 드리븐 보고의 필요조건이다. 여러분은 이미 네 가지 요소 중 하나를 활용하거나 네 가지 요소를 모두 적절하게 활용하여 데이터 드리븐 보고를 하고 있을 수도 있다. 보고는 논리적인 근거로 상대방을 설득하는 일련의 과정이다. 그리고 **데이터 드리븐 보고는 문제 해결을 위해 통계나 수학 등의 숫자를 활용해 적절한 분석 전략을 수립하고 의사결정자와 커뮤니케이션하는 것이다. 또 관련 분야의 도메인 지식, 수치 분석(수학+통계), 분석 도구, 커뮤니케이션(스토리텔링)이 어우러진 하나의 예술 작품이라 할 수 있다.**

1.3.2 데이터 드리븐 보고의 여섯 가지 유형

데이터 드리븐 보고를 위한 필수 역량은 수학, 통계, 코딩이 아니라 데이터로 생각하는 습관과 내가 가진 데이터로 주어진 문제를 분석 및 시각화하는 방법을 아는 것이다. 이 역량을 데이터 문해력$^{\text{data literacy}}$이라

---

15 https://www.lgbr.co.kr/report/view.do?idx=18063

고 부른다. 데이터 문해력 수준에 따라 같은 데이터로 뽑아낼 수 있는 인사이트가 달라진다.

이 책에서 다루는 데이터 드리븐 보고의 형식은 복잡도가 간단한 순서부터 크게 여섯 가지(기초 통계, 시각화, 가설검정, 회귀분석, 예측분류, 토픽 모델링)로 나뉜다. 여섯 가지 항목을 단계적으로 적용할 필요 없이 내가 보유한 데이터와 해결해야 할 질문에 따라 적절하게 선택하는 것을 추천한다.

1) 기초 통계

기초 통계는 데이터를 분석하기 위해 평균, 중앙값, 최빈값 등을 사용하여 데이터를 해석하는 방식이다. 데이터를 요약, 설명하고 패턴과 관계를 식별하는 데 자주 사용된다. 기업은 기초 통계를 사용하여 연령, 성별, 소득과 같은 고객 인구 통계를 분석하여 제품 또는 서비스의 목표 시장을 식별할 수 있다.

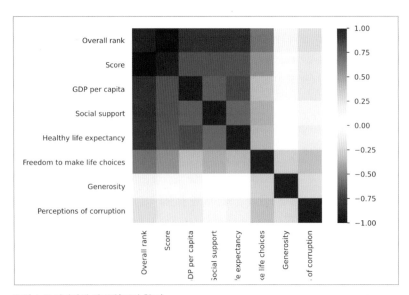

그림 1-5 상관관계 히트맵(3.1절 참고)

2) 시각화

시각화는 데이터를 그래프, 차트, 인포그래픽과 같이 시각적으로 표현하는 과정이다. 의사결정자가 대량의 데이터를 빠르게 이해하고 해석하여 보다 효과적으로 데이터 기반 의사결정을 내릴 수 있도록 도와준다. 예를 들어 기업 내 직원들의 연도별 인력구조 분석을 통해 과거, 현재,

미래를 비교하여 세대별, 성별로 분석한 결과를 제시하고 이를 토대로 추후 인력 채용과 인재 육성의 방향성을 제안할 수 있다.

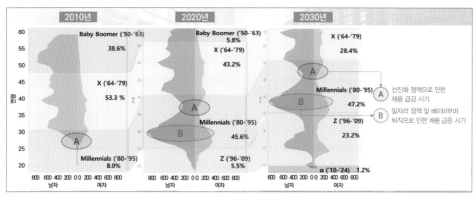

그림 1-6 시각화(3.2절 참고)

3) 가설검정

두 개 이상의 그룹 간에 유의미한 차이가 있는지 확인할 때 주로 사용한다. 이 형식은 기업이 마케팅 캠페인, 제품 출시 또는 고객 만족도 조사의 효과를 평가하는 데 필수다. 예를 들어 가설검정으로 서로 다른 플랫폼(유튜브, 인스타그램, 페이스북)별 평균 고객 확보에 차이가 있는지를 확인하고 효과적인 플랫폼을 식별할 수 있다.

	Youtube	Instagram	Facebook
Youtube	1.0	0.00	0.00
Instagram	0.0	1.00	0.54
Facebook	0.0	0.54	1.00

그림 1-7 가설검정(3.3절 참고)

4) 선형회귀분석

회귀분석은 변수 간의 상관관계를 넘어, 구체적으로 변수들이 어떤 영향을 주는지 정량화할 때 사용한다. 특히 과거 성과를 기반으로 결과를 예측하는 데 필수적이다. 예를 들어 재무 부서는 과거 데이터를 기반으로 다음 분기의 매출을 예측하기 위해 선형회귀분석을 사용할 수 있다.

OLS Regression Results

Dep. Variable:	ChanceOfAdmit	R-squared:	0.803
Model:	OLS	Adj. R-squared:	0.800
Method:	Least Squares	F-statistic:	228.9
Date:	Thu, 09 Mar 2023	Prob (F-statistic):	3.12e-134
Time:	06:14:45	Log-Likelihood:	537.37
No. Observations:	400	AIC:	-1059.
Df Residuals:	392	BIC:	-1027.
Df Model:	7		
Covariance Type:	nonrobust		

	coef	std err	t	P>|t|	[0.025	0.975]
const	-1.2594	0.125	-10.097	0.000	-1.505	-1.014
GREScore	0.0017	0.001	2.906	0.004	0.001	0.003
TOEFLScore	0.0029	0.001	2.680	0.008	0.001	0.005
UniversityRating	0.0057	0.005	1.198	0.232	-0.004	0.015
SOP	-0.0033	0.006	-0.594	0.553	-0.014	0.008
LOR	0.0224	0.006	4.034	0.000	0.011	0.033
CGPA	0.1189	0.012	9.734	0.000	0.095	0.143
Research	0.0245	0.008	3.081	0.002	0.009	0.040

Omnibus:	87.895	Durbin-Watson:	0.759
Prob(Omnibus):	0.000	Jarque-Bera (JB):	181.191
Skew:	-1.159	Prob(JB):	4.52e-40
Kurtosis:	5.344	Cond. No.	1.31e+04

Notes:
[1] Standard Errors assume that the covariance matrix of the errors is correctly specified.
[2] The condition number is large, 1.31e+04. This might indicate that there are
strong multicollinearity or other numerical problems.

그림 1-8 회귀분석(3.4절 참고)

5) 분류예측

분류예측은 예측하고자 하는 변수가 수치형이 아니라 범주형(Yes/No, 합격/불합격 등)일 때 사용한다. 예를 들어 신용카드 회사는 분류예측을 활용하여 사기 거래를 식별한다거나 인사 부서에서는 퇴사율을 예측하는 것도 분류예측에 해당된다.

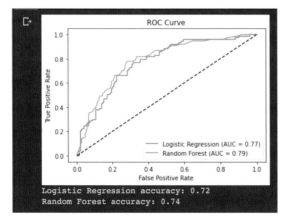

그림 1-9 분류예측(3.5절 참고)

6) 토픽 모델링

토픽 모델링은 텍스트와 같은 대규모 비정형 데이터셋을 분석하거나 고객 피드백 또는 소셜 미디어 게시물의 패턴과 추세를 식별하는 데 사용된다. 예를 들어 매일 발행되는 뉴스 기사를 수집하여 특정 회사의 이슈나 키워드를 파악하기 위해 토픽 모델링을 사용하기도 한다.

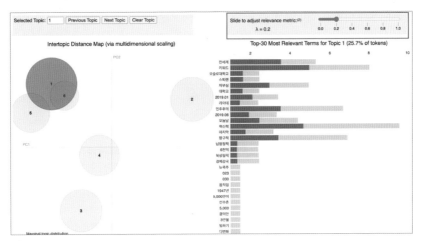

그림 1-10 토픽 모델링(3.6절 참고)

1.3.3 데이터 드리븐 보고가 나와 무슨 관계가 있을까?

당신은 다음 질문에 어떤 대답을 할 것인가?

> "당신은 회사를 다니고 있는가, 다녀지고 있는가?"

질문을 바꿔보자.

> "당신은 회사에서 당면한 문제들을 적극적으로 해결해가며 쌓인 커리어가 당신을 더욱 발전시켜 전문가로 만들어주길 원하는가 아니면 주어진 일을 해결해 나가는 것에 급급하면서 당신의 자리를 지키는 것에 최선을 다하는 사람이 되고 싶은가?"

하루 24시간 중 수면하는 8시간을 제외하고 회사와 관련 있는 시간이 10시간(근무 8시간 + 출/퇴근 2시간) 정도라고 하면, 하루 중 62.5%를 직장에서 보내는 것이다. 당신이 회사에서 커리어와 역량을 장기적으로 향상하고 싶다면, 직장 이외의 37.5% 시간보다는 직장에서의 62.5%를 선택하는 것이 합리적인 '데이터 드리븐 의사결정'이다.

> "저도 당연히 그렇게 하고 싶죠. 그런데 제 업무는 딱히 전문성이 있거나 역량을 향상시킬 수 있는 직무가 아닌데요?"

취업 플랫폼 잡코리아가 시행한 설문에서 '프로 직장인은 몇 년 차부터 가능하다고 생각하는가' 라는 질문에 '5년 차부터'가 40%의 응답률로 1위에 선정됐다. 그리고 본인이 프로 직장인이라고 응답한 사람들은 그 이유를 업무 처리 능력, 즉 '문제 해결 능력'이 뛰어나기 때문이라고 답했다.

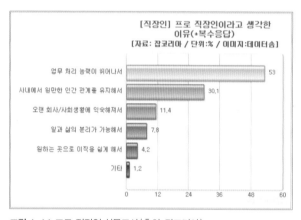

그림 1-11 프로 직장인 설문조사 (출처: 잡코리아)

잡코리아가 실시한 직장인 사춘기(직춘기) 증후군 관련 설문에서는 10명 중 9명이 직춘기를 겪어본 적이 있다고 답했고, 이 중에서 사원/대리급 응답률이 70% 이상으로 과장/부장 직급보다 훨씬 높았다. 그리고 직춘기를 경험한 이유는 '회사에서 내 비전이나 성장 가능성이 없다고 느껴서', '내가 하는 일이 의미가 없다고 느껴서', '일에 보람을 느끼지 못해서'가 응답자의 절반을 넘는 비율을 차지했다. [그림 1-12]의 항목 중 여섯 개 이상이면 직춘기에 해당한다.

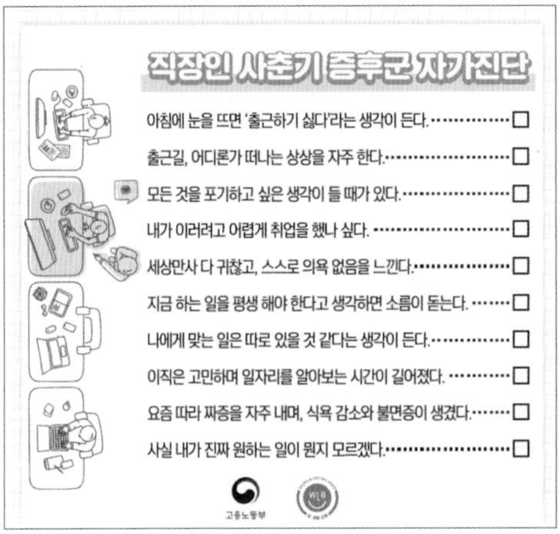

그림 1-12 직장인 사춘기 증후군 테스트

첫 번째 설문에서 프로 직장인이 5년 차부터라고 하는데, 두 번째 설문에서 5년 차 정도인 대리 급이 직춘기를 겪는다고 답한 것은 아이러니한 결과다. 업무 능력이 갖춰진 프로 직장인이 직 춘기를 겪는 이유는 무엇일까? 결국 프로 직장인으로서 도메인 지식으로 해결할 수 있는 업무 처리 능력(문제 해결 능력)은 생겼지만, 이후에 계속되는 반복적인 업무에 권태를 느끼면서도 변화할 필요성을 느끼지 못하는 것이다.

세계경제포럼에서 'Future of jobs Report'를 통해 발표한 2015년과 2023~2027년에 요구되 는 10가지 기술을 비교해보자. 최상위권에 위치한 기술은 각각 복잡한 문제 해결(Complex Problem Solving) 능력과 분석적 사고(Analytical Thinking) 능력인데, 2015년 1위였던 복 잡한 문제 해결 능력이 분석적 사고를 통해 가능하다는 관점에서 최근 더욱 구체화된 스킬이 주 목받게 됐다고 할 수 있다.

Top 10 skills

in 2023-2027	in 2015
1. Analytical Thinking	1. Complex Problem Solving
2. Creative Thinking	2. Coordinating with Others
3. AI and Big Data	3. People Management
4. Leadership and Social Influence	4. Critical Thinking
5. Resilience, Flexibility and Agility	5. Negotiation
6. Curiosity and Lifelong Learning	6. Quality Control
7. Technological Literacy	7. Service Orientation
8. Design and User Experience	8. Judgment and Decision Making
9. Motivation and Self-Awareness	9. Active Listening
10. Empathy and Active Listening	10. Creativity

Source: Future of Jobs Report, World Economic Forum

그림 1-13 Top 10 스킬[16]

내 직무에서 가지는 전문성보다 내가 처한 복잡한 상황의 문제를 해결할 수 있는 능력이 나만의 차별성이라는 것이다. 실제로 필자 역시 면접관으로 데이터 분석가 채용 면접을 볼 때, 지원자가 처한 상황에서 어떻게 문제를 정의하고 어떤 분석을 했으며 어떤 방식으로 이해관계자들과 커뮤니케이션해서 문제를 해결했는지에 중점을 둔다.

문제 해결 능력을 차별화하는 것이 결국 여러분 스스로를 차별화하는 것이고 그것은 결국 데이터 드리븐 보고의 요소와 연결된다. 1.3.1절에서 데이터 드리븐 보고의 네 가지 필요조건이 숫자, 직관, 분석 도구, 도메인 지식이라고 언급했다. 5년 차 이상 근무한 프로 직장인이 직춘기를 겪는 이유는 네 가지 요소 중 '도메인 지식'에만 안주하기 때문이다. 결국 데이터 드리븐 보고를 통해 문제 해결 능력을 키워나가야 비로소 커리어를 성장시킬 수 있고, 회사에 '다녀지는' 당신이 아니라 회사를 주체적으로 '다니는' 당신이 될 것이다.

"현재 당신이 하는 일을 평생 할 수 있을 거란 희망을 갖고 있는가?"

세계경제포럼에서 발표한 2023~2027년 직업 전망을 살펴보자. 가장 빠르게 사라지는 직업으로 은행 직원, 우편 접수원, 점원, 티켓 판매원 등이 언급된다. 단순 반복적인 일은 점점 기계가 대체하고 있다는 것을 보여준다. 반대로 가장 빠르게 성장하는 직업은 비즈니스 분석가, 핀테크 엔지니어, 데이터 분석가, 데이터 과학자와 같이 모두 문제 해결 능력을 요구한다.

---

16 https://www.weforum.org/agenda/2023/04/future-jobs-2023-fastest-growing-decline/

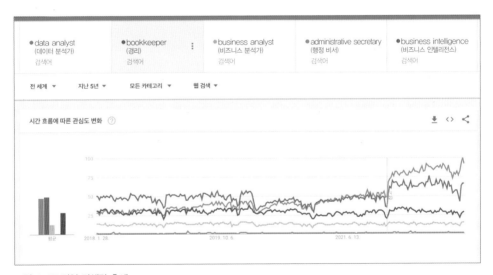

Fastest growing vs. fastest declining jobs

Top 10 fastest growing jobs		Top 10 fastest declining jobs	
1.	AI and Machine Learning Specialists	1.	Bank Tellers and Related Clerks
2.	Sustainability Specialists	2.	Postal Service Clerks
3.	Business Intelligence Analysts	3.	Cashiers and ticket Clerks
4.	Information Security Analysts	4.	Data Entry Clerks
5.	Fintech Engineers	5.	Administrative and Executive Secretaries
6.	Data Analysts and Scientists	6.	Material-Recording and Stock-Keeping Clerks
7.	Robotics Engineers	7.	Accounting, Bookkeeping and Payroll Clerks
8.	Electrotechnology Engineers	8.	Legislators and Officials
9.	Agricultural Equipment Operators	9.	Statistical, Finance and Insurance Clerks
10.	Digital Transformation Specialists	10.	Door-To-Door Sales Workers, News and Street Vendors, and Related Workers

Source
World Economic Forum, Future of Jobs Report 2023.

Note
The jobs which survey respondents expect to grow most quickly from 2023 to 2027 as a fraction of present employment figures

그림 1-14 직업 전망

최근 5년간 검색 결과를 봐도 감소할 것이라고 전망한 직업들의 검색량이 적은 것을 볼 수 있다.

그림 1-15 직업 검색량 추세

또한 전 세계 모든 채용 공고가 올라오는 링크드인에서는 데이터 분석 관련 타이틀만 4900개가 검색된다. 이 중 데이터 분석가는 같은 명칭이더라도 직무 기술서에 대한 정의가 회사별로 다양하고, 심지어 회사 내부에서도 정의를 다르게 하는 경우도 많다. 하지만 데이터 드리븐 보고의 네 가지 요소는 어느 직무 기술서에도 빠지지 않는다. 당신이 어떤 직무이든 문제 해결 능력을 키우기 위해 데이터 기반으로 의사결정하는 역량을 향상시키고 결과물을 포트폴리오로 정리한다면 꾸준히 성장할 것이다.

자격요건

- 1년 이상의 앱 데이터 분석 경험이 있으며 데이터를 통해 실제로 프로덕트를 개선한 임팩트를 낸 경험이 있으신 분
- 데이터를 다루고 시각화 하는데 있어서 필요한 python, sql 역량을 가지신 분
- 프로덕트를 분석할 때 어떻게 데이터를 구조화하고 그 구조 안에서 분석할지를 아시는 분
- 데이터를 기반으로 다양한 가설을 세우기 위해 프로덕트를 어떻게 분석해야 할지 아시는 분
- 실험 결과를 비롯한 데이터 기반 인사이트를 누구나 이해할 수 있도록 쉽게 커뮤니케이션 할 수 있는 분

우대사항

- A/B 테스트와 인과 추론에 대한 통계적 이해를 가지신 분
- Bigquery를 다양하게 다뤄보신 분

그림 1-16 D사 데이터 분석가 자격요건

자격요건

- 객관적 데이터 분석 및 성과/운영에 대한 실무 지식이 있으신 분
- Python, SQL, R, Excel 등을 활용한 데이터 추출 및 분석이 가능하신 분
- 가공된 데이터를 시각화하는데 능숙하신 분
- 데이터 분석 결과를 기반으로 의미 있는 인사이트 도출과 실질적인 성과를 만들어본 경험이 있는 분
- 논리적 추론 결과를 바탕으로 사업과 고객 측면에서 효과적으로 소통할 수 있는 분
- 데이터의 의미를 명료하게 정리하고 상대방에게 쉽게 이해시킬 수 있는 커뮤니케이션 능력이 있으신 분
- 다양한 부서와 협업하며, 이해와 존중을 바탕으로 한 유연한 커뮤니케이션에 능숙한 분
- 프로젝트 별 데드라인을 철저하게 지키시는 분

우대사항

- 데이터 분석가로서의 업무 경험이 있으신 분
- 영업 관리자로서의 업무 경험이 있으신 분
- 통계, 수학, 컴퓨터 공학 등 데이터 관련 전공, 자격증 또는 그에 준하는 지식이 있으신 분
- 프로젝트에 대한 강한 책임감과 정확하고 원만한 커뮤니케이션 스킬을 보유하신 분
- 이커머스 운영 경험 / 세일즈 경력이 있으신 분
- 영어 또는 이탈리아어 의사소통이 가능하신 분
- 비즈니스 또는 서비스에 필요한 대시보드를 구현해 본 경험이 있는 분
- 협업을 위해 경청하는 태도와 타인의 새로운 사고방식에 열려 있는 분
- 성장과 변화를 추구하는 분
- 패션 이커머스 비즈니스에서 근무 경험 있거나 비전이 있으신 분
- 패션에 대한 열정과 사랑이 있으신 분
- 독창적인 사고와 창의성을 갖추신 분

그림 1-17 G사 비즈니스 분석가 자격요건

내가 데이터 드리븐 보고를 함으로써 얻은 이점 세 가지는 다음과 같다.

학습을 통한 성장

데이터에 기반해 보고하기 위해서는 문제 해결을 위해 기술과 지식을 꾸준히 학습해야 하기 때문에 경력 성장에 도움이 된다. 다양한 데이터에 대한 도메인 지식뿐 아니라 분석 경험이 쌓이면 통찰력을 얻고 성과를 최적화하는 방법을 배울 수 있다. 이 책을 보는 독자 대부분은 개인의 성장으로 즐거움을 찾는 사람일 것이라 생각한다. 필자 역시 직장 생활이 곧 'full of learning'이면 좋겠다. 나를 공장 부품처럼 사용하며 업무 시간을 보내기보다 내 자신의 성장이 회사의 성장과 연결되는 방법이 무엇일지 항상 고민했다. 결국 새로운 기술이나 이론을 가장 빨리 습득하는 방법은 내가 닥친 현실에 적용해보는 것이었고, 지금은 그 사이클을 이용해 성장과 학습이라는 두 마리 토끼를 모두 잡고 있다.

전문가 네트워크의 확장

해당 분야의 다른 사람들과 협력할 수 있는 기회를 제공함으로써 전문 네트워크를 확장하는 데 도움이 된다. 필자는 HR 분야에서 7년 동안 일하며 데이터 드리븐 보고 방식으로 포트폴리오를 만들었고 커리어를 쌓았다. 또한 국내외 다양한 컨퍼런스 및 학회에서 실무 데이터와 HR 이론을 접목한 논문을 발표한 이력도 있다. 이를 통해 다른 분야 전문가들과 교류하며 그 범위를 확대하고 있다.

질문하는 법과 스토리텔링 스킬 향상

데이터를 중심으로 의사결정하려면 비판적 사고와 문제에 대한 개선 방향을 지속적으로 고민하게 된다. 또한 다양한 배경지식을 가진 이해관계자들의 입맛에 맞게 설득하는 과정에서 스토리텔링 스킬을 자연스럽게 갖추게 된다. 이 두 가지는 오늘날 급변하고 복잡한 환경에서의 필수 스킬이다. 요즘 챗GPT가 여러 문제를 해결해주고 있지만, 결국 좋은 질문을 해야 좋은 답을 주기 때문에 '어떤 질문'을 하는지가 가장 중요하다. 이 질문들을 스토리로 만드는 것이 핵심이다.

지속 가능한 커리어 성장과 나를 차별화하기 위해 데이터 드리븐 보고 역량을 키우길 바란다.

1.4 데이터 드리븐 보고 5원칙

"통계로 거짓말하기는 쉬워도, 통계 없이 진실을 말하기는 어렵다." – 안드레예스 둥켈스

1.4.1 설명 가능해야 한다

여러분이 채용 담당자라고 가정해보자. 우수 성과자들의 과거 채용 데이터를 분석하여 우수 성과자를 예측할 수 있는 채용 모델을 만들고자 한다. 최신 기술이 가미된 딥러닝 신경망 기술로 99%의 정확도를 가진 모델 A를 만들었다. 단, 정확도가 높은 반면 어떤 변수들이 이 모델에 영향을 줬는지 설명하지 못하는 블랙박스 모델black box model[17]이다. 반대로 모델 B는 화려한 신경망 기술로 만든 모델은 아니지만, 전통적인 머신러닝 모델로 정확도가 80% 정도다. 단, 우리의 채용 데이터 각 변수들의 영향력을 측정하고 설명할 수 있다. 이때 의사결정자로서 당신은 어떤 모델을 사용할 것인가?

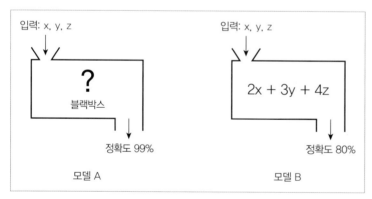

그림 1-18 모델 A와 모델 B 비교

---

17 딥러닝의 블랙박스 모델은 입력이 여러 계층의 처리를 거쳐 출력을 생성하는 복잡한 시스템을 말하며 내부에서 어떻게 연산이 되는지 이해되지 않아 블랙박스라고 불린다. 모델이 어떻게 결과에 도달했는지 해석하기가 어렵고 이로 인해 편견, 윤리 및 책임에 대한 우려가 제기된다.

실제로 아마존에 이런 사례가 있었다. 2014년 아마존 머신러닝팀은 신규 입사자의 이력서를 점수로 환산해주는 알고리즘을 개발했다. 예를 들어 지원자 100명이 이력서를 넣으면 점수가 높은 순서대로 다섯 명을 선별해서 알려주는 방식이었다. 이런 혁신적인 이력서 자동화 방식에 채용 담당자들은 환호했다. 하지만 2015년 아마존은 중요한 사실을 깨달았다. AI 채용 방식은 성중립적이지 않았는데, 그 이유는 바로 '훈련된 데이터' 때문이었다. 테크 기업 특성상 과거 10년간 지원자 대부분이 남자였던 것이다. 그래서 이력서 내 여성 관련 단어가 나오거나 '여성 체스 클럽 회장', '여대'라는 단어가 나오면 알고리즘에서 자동으로 페널티를 받게 했다. 성별 외에도 인종, 나이처럼 공정성을 저해하는 AI 알고리즘의 상태를 '편향성이 존재한다'고 한다. 우리가 알지 못하는 편향성 이외의 요소가 분명히 존재할 거라는 여론이 확산되면서 아마존은 이 채용 알고리즘을 완전히 포기했고, CEO인 제프 베조스는 비난의 화살을 피할 수 없었다.

그림 1-19 아마존 채용 편향성

이 사건 이후로 AI의 투명성transparency과 설명가능성explainability의 중요성이 세계적으로 확산됐다. 또한 2022년과 2023년에는 '설명가능한 AIexplainable AI'가 화두다. 예측의 정확도도 중요하지만, 데이터를 기반으로 하는 보고에서는 모델이 어떻게 작동하는지 설명 가능해야 의사결정자의 리스크를 최소화할 수 있다.

2016년 노스포인트사가 개발한, 피고인에 대해 재범 가능성을 예측하는 딥러닝 알고리즘 컴퍼스COMPAS에 대한 우려가 제기됐다. 법정에서 개인의 위험성을 예측하고 형량을 선고할 때 백인과 흑인에 대해 차별적인 판단을 한다는 것이다. 컴퍼스는 피고에게 1(가장 낮은 위험)에서 10(가장 높은 위험)까지의 위험 점수를 할당하고 이 정보를 판사에게 선고 및 가석방 결정에 도움이 되도록 제공한다. 미국에서 널리 사용되어 왔지만 그 공정성과 편향성에 대한 우려가 제기됐다. 이 문제를 검토하기 위해 연구자들은 컴퍼스의 예측 결과와 플로리다 법원에서 선고된 7천 명 이상의 피고인의 실제 재범률을 분석했다. 분석 결과 흑인이 백인에 비해 더 높은 위험 점수를 받고 재범 가능성이 더 높은 것으로 판단됐다. 이 블랙박스 모델의 공정성과 편향성에 대한 의문이 지속되면서 법정에서 사용해도 되는지에 대한 정당성 논란이 지금까지 이어지고 있다.

이런 이유로 데이터 드리븐 보고에서는 블랙박스가 있는 딥러닝 방식을 선호하지 않는다. 말 그대로 블랙박스이기 때문에 데이터가 입력 값, 훈련 데이터로 쓰이긴 하지만 데이터로 근거를 삼을 수는 없기 때문이다. 물론 분석 목적에 따라 딥러닝이 활발히 사용되는 곳도 있다. 이미지 인식, 텍스트 분석처럼 예측모델의 정확도를 향상시키기 위한 목적이라면 충분히 가능하다.

설명 가능해야 하는 것은 딥러닝 모델뿐만이 아니다. 보고할 때는 어려운 용어보다는 직관적으로 해석 가능한 용어가 좋다. 도메인 지식, 통계, 컴퓨터에 대한 지식이 없는 사람에게도 말할 수 있는 단어라면 적절한 용어를 선택한 것이다. **데이터 드리븐 보고는 설명 가능해야 한다.**

1.4.2 데이터 드리븐 보고는 중립적이지 않다

> "데이터 드리븐이 인간의 편견은 완전히 제거되고 항상 올바르고 중립적인 의사결정이라고 생각하는가?"

정답은 'No'이다. 데이터 자체는 중립이지만, 문제 해결을 위한 여러분의 논리적 흐름은 중립일 수 없다. 그래도 데이터 중립을 지키는 분석가가 되겠다고 한다면 억지로 설득할 생각은 없다. 하지만 데이터 분석에도 개인의 편견이 들어간다는 것을 인지해야 편견을 최소화하고 중립적인 데이터 드리븐 보고를 할 수 있다.

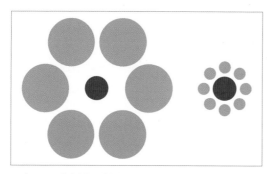

그림 1-20 에빙하우스 착시

왼쪽과 오른쪽의 주황색 원 중 어떤 것이 더 커 보이는가? 당연히 오른쪽 원이 더 커 보인다. 하지만 실제로는 동일하다. 에빙하우스 착시라는 이름을 가진 [그림 1-20]은 같은 크기의 원이라도 주변의 그림에 따라 원의 크기가 다르게 보일 수 있다는 것을 보여준다. 데이터도 마찬가지다. 중립적인 성격의 데이터(가운데 원)는 결국 이것을 어떤 맥락(주변의 회색 원들)에서 해석하느냐에 따라 다르게 보인다는 것이다.

> "저 사람은 보고 싶은 것만 보고 듣고 싶은 것만 들어."

데이터 기반의 보고를 할 때도 똑같다. 데이터를 근거로 보고하는 사람은 모두 자신의 주장을 강화하거나 상대방을 설득하기 위해 논리적 근거로 데이터를 활용한다. 보고자는 수많은 데이터 중 나에게 가장 필요한 데이터를 선택한다.

같은 데이터를 쓰더라도 시각화 방식을 조금만 바꾸면 의사결정자에게 반대의 의미를 전달할 수 있다. 데이터로 거짓을 말하라는 것이 아니다. 데이터 시각화 분야의 세계적인 권위자 알베르토 카이로는 『숫자는 거짓말을 한다』(웅진지식하우스, 2020)에서 어떻게 읽는지에 따라 숫자도 글자만큼 주관적이라고 말한다. 즉 우리가 데이터 기반의 보고를 잘하기 위해서는 데이터로 정보를 제공하는 신문 기사나 기타 보고 자료를 보고 그대로 수용하는 것이 아니라 비판적으로 사고할 줄 알아야 한다는 뜻이다.

다음 대표적인 세 가지 예시를 통해 목적에 따라 데이터를 각각 어떻게 해석하는지 살펴보자.

1) y축 조작

왼쪽과 오른쪽 그래프의 차이가 느껴지는가? 사용한 데이터는 똑같지만, y축 범위를 다르게 설정한 것이 큰 차이를 만든다. 이 데이터가 여러분의 매 학기 시험 점수라면 어떤 그래프를 부모님께 보여드리겠는가? 이 데이터가 여러분의 스마트폰 사용 시간이라면 어떤 그래프를 배우자에게 보여주겠는가?

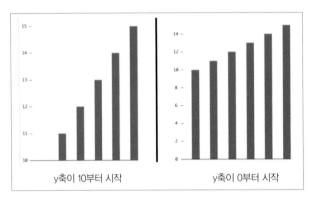

그림 1-21 y축 조작

2) 상관관계 vs 인과관계

〈스토브리그〉라는 드라마에 데이터를 기반으로 소통하는 아주 멋진 예시가 나온다.

(야구팀을 우승시키기 위한 전략 회의 중)

운영진 순수 실력으로 지는 경기 말고, 멀리서 이동하느라 지는 경기를 좀 줄여야겠습니다.

이사 그럴 줄 알고 제가 이동 거리와 팀별 우승 횟수의 상관관계를 가지고 왔습니다. 저기 보시죠. 이동 거리가 먼 구단들이 역대 우승 횟수 1위, 3위, 4위를 차지하고 있네요.

감으로 말하는 운영진과 데이터를 근거로 말하는 이사. 둘 중 누구에게 더 신뢰가 느껴지는가? 우리는 여기서 상관관계와 인과관계의 차이를 구별해야 한다. 상관관계는 서로 간에 관계가 있을 때 사용하는 단어이며, 통계학적으로는 1 혹은 −1에 가까울수록 상관관계가 높고 0에 가까울수록 상관관계가 낮다고 표현한다. 쉽게 말해 '키가 크면 몸무게가 늘어난다', '부유한 가정의 자녀들이 공부를 잘한다'가 상관관계라고 할 수 있다.

그렇다면 인과관계는 무엇일까? 말 그대로 원인과 결과다. '부유한 가정의 자녀들이 공부를 잘한다'라는 현상을 관찰했다고 가정하자. 과연 단순히 돈이 많아서 공부를 잘하는 것인지, 돈이 많아서 학원을 많이 다니기 때문에 공부를 잘하는 것인지, 돈이 많은 집은 부모님의 머리가 좋기 때문에 아이들도 그 유전으로 공부를 잘하는 것인지 혹은 공부를 잘하니까 돈이 많은 것인지 등 돈 이외에 공부를 잘하게 만든 다양한 원인이 존재할 수 있다. 통계학 혹은 사회과학에서는 인과 추론이라는 과목이 별도로 있을 정도로 인과관계를 밝히는 것에 대한 방법론이 다양하게 존재한다.

그렇다면 상관관계와 인과관계는 어떤 관계가 있을까? 예를 들어 '수면 시간이 짧은 사람들이 수면 시간이 긴 사람들보다 성적이 좋다'는 현상을 보고 '수면 시간'과 '성적'의 상관관계가 음 (−)의 방향으로 꽤 크게 나올 수도 있다. 하지만 상관관계가 인과관계로 연결되어 '수면 시간이 적으면 성적이 좋다'고 해석할 수는 없다. 수면 시간이 적다는 것은 수면 시간을 줄인 만큼 학습 시간을 늘린 것일 수도 있고, 학습 시간 중에서도 몰입하는 시간을 많이 가진 학생들의 성적이 좋은 것일 수도 있다. 즉 상관관계는 인과관계의 가능성을 슬쩍 보는 수준이지만, 상관관계가 곧 인과관계라고 단정할 수는 없다. 그러므로 상관관계 결과만을 보고 우리의 의사결정과 직접 연결하는 것은 섣부른 판단일 수 있다.

이제 여러분은 확실한 분별력이 생겼을 것이다. 운영진과 이사의 대사를 다시 읽어보자. 이동 거리가 높은 팀과 우승 횟수가 상관관계를 가지는 것은 인과관계를 의미하는 것이 아니므로 더 자세하게 분석할 필요가 있다. 예를 들어 '이동 거리가 먼 구단에 훌륭한 선수가 많고 백업 요원도 두텁게 보유하고 있기 때문에 우승을 많이 했다'라는 제3의 이유가 있을 수도 있고, '상관관계를 측정한 기간 동안 우연히 이동 거리가 먼 구단들이 우승을 많이 했다'는 등 분석 기간과 범위에 문제가 있을 수도 있다.

3) 평균의 함정

이어지는 〈스토브리그〉 대화를 살펴보자. 운영진과 이사가 상관관계에 대한 이야기를 하자 백승수 단장은 다른 말로 반박한다.

백승수 단장   1985년 노스캐롤라이나 대학교 지리학과 졸업생들 평균 초봉이 10만 달러입니다. 그러니까 지금 환율 기준으로 1억 1천만 원이 넘는 거죠. 왜 그렇게 높은 줄 아세요? 그 졸업생 중에 마이클 조던이 포함돼 있기 때문입니다. 평균의 함정에 속지 마십시오. 도대체 언제 적 우승 통계 얘기를 지금까지 하십니까?

대표   (박수를 치며)이야~ 허허허….

백승수 단장은 정확하게 평균의 함정을 지적한다. 그러면서 이사가 말한 상관관계의 오류를 분석 범위의 문제로 꼬집어낸다. 이 얘기에 대표는 박수를 치면서 데이터 해석에 대해 깨달은 눈치다.

다시 한번 강조하자면 데이터는 거짓을 말하지 않는다. 데이터를 해석하고 자료를 만드는 사람의 의도, 논리적 흐름 그리고 그만의 스토리가 반영되어 데이터를 다르게 판단할 뿐이다. 데이터 드리븐 보고에는 분석가의 주관이 개입될 수밖에 없기 때문에 비판적인 시각이 필요하다.

우리는 반드시 '데이터 윤리'에 대한 올바른 태도를 지녀야 한다. 데이터 윤리 가치관을 스스로 명확하게 정립하지 않으면, 아무리 훌륭한 데이터 분석 기술을 사용해도 보고 목적만을 위해 공공 데이터를 사용하게 되고 그로 인해 사생활 침해와 불평등 또는 차별을 조장하는 등의 결과로 이어질 것이다.

1.4.3 문제를 정의할 수 있어야 한다

사내 데이터 분석 관련 보고서를 작성하는 동료 혹은 상사로부터 가끔씩 이런 메시지를 받을 때가 있다.

> "예전에 썼던 분석 보고서 포맷 좀 보내줘."

> "데이터는 있는데 어떻게 분석해야 할지 모르겠다. 분석 좀 해줘."

> "예쁜 그래프를 그리려면 어떻게 해야 되지?"

이런 연락에는 대부분 다음과 같은 질문만 역으로 던져도 한동안 정적이 흐르며 그들이 본질적인 고민을 하도록 돕는다.

> "분석 보고서의 목표(목적)가 무엇인가요? 증명하고자 하는 가설이 존재하나요?"

우리는 '문제 해결'을 위해 보고한다는 사실을 잊어서는 안 된다. 문제를 해결하려면 문제를 정의할 수 있어야 한다. 미국의 사회학자 피터 드러커는 '측정할 수 없다면 관리할 수 없다'고 했다. 즉 **데이터 드리븐 보고는 측정하고자 하는 것이 명확해야 한다.**

만약 당신이 사장이고 어떤 부서가 가장 훌륭한지 성과를 평가하여 급여를 차등해서 주려고 한다면 어떻게 할 것인가? 우선 지표가 필요한데, 사내 평가를 위한 가장 대표적인 지표는 KPI[key] performance indicator다. '훌륭한 부서를 어떻게 정의할 것인가?'에 대한 질문에는 숫자로 답할 수 있어야 한다. 만약 당신이 '고생 많이 하잖아'에 대한 가치가 높다면 컴퓨터가 켜져 있는 평균 시간을 지표로 삼을 수도 있고, '매출을 많이 올린 팀이 훌륭한 팀이지'라고 생각한다면 매출 실적을 지표로 삼을 수도 있다.

인사 담당자인 당신이 훌륭한 부서의 특징을 세 가지로 분석해서 사장에게 보고한다고 가정해보자. 매출 실적을 훌륭한 부서의 지표로 삼고 데이터로 증명을 한 것을 멋지게 들고 사장에게 간다.

> **나**   사장님, 데이터 기반으로 훌륭한 부서 특징에 대해 분석해봤는데, 총 세 가지 특징이 있었습니다.

> **사장**   말 끊어서 미안한데 '훌륭한 부서'는 어떻게 정한 것이죠?

> **나**   훌륭한 부서는 '매출 실적'을 기준으로 정했습니다. 회사의 가장 큰 이익을 주는 부서가 훌륭한 부서라 생각했습니다.

> **사장**   그건 '이익을 주는' 부서이지 '훌륭한' 부서는 아니지 않나요? 훌륭한 부서는 매출 실적도 좋고, 조직 문화도 좋아야 훌륭한 부서 아닐까요? 매일 야근하면서 이익을 내는 부서라면 지속 가능하지 않을 거라 생각합니다.

> **나**   아, 그건 미처 고려하지 못했습니다. 다시 검토하겠습니다.

물론 사장이 말한 '좋은 조직 문화'의 지표를 어떻게 정할 것인가 역시 어느 회사나 고민할 문제다. 하지만 여기서 말하고 싶은 것은 사람마다 설정하는 지표가 다르기 때문에 문제 해결을 요청한 의사결정자의 의중도 중요하다는 점이다. 정의가 모호하다면 논리적인 근거로 지표를 설정하는 것 또한 중요하다. **데이터 드리븐 보고는 '문제 해결'을 위해 한다는 사실을 잊어서는 안 된다.**

1.4.4 MVP부터 시작하라

『린 스타트업』(인사이트, 2012)의 저자 에릭 리스는 '검증되지 않은 제품을 처음부터 끝까지 개발해 출시하는 방법은 불필요한 제품의 탄생 원인이다'라고 하면서 최소 기능 제품minimum viable product(MVP)의 필요성을 강조한다. 스타트업의 성공을 위한 필수 전략으로 여겨지는 MVP는 데이터를 기반으로 의사결정할 때도 꼭 필요하다. 스타트업의 **MVP 목적은 제품을 통해 문제를 해결하려는 문제와 가설을 명확히 하는 것**인데, 이것이 데이터 드리븐 보고에도 똑같이 적용되기 때문이다. 보고를 통해 문제를 해결하고자 하는 사람은 대부분 내가 아니라 상사 또는 고객이다. MVP를 통해 상사가 해결하고자 하는 문제 정의를 명확히 한다면 향후 최종 결과물의 실행 가능성을 테스트해보고, 상사의 피드백을 받으면서 실패를 최소화시킬 수 있다. 즉 MVP 방법으로 상사와 당신 모두 윈윈할 수 있다.

그렇다면 데이터 드리븐 보고에서의 MVP는 무엇을 의미하는 걸까?

미시분석에서 거시분석으로

작은 부분을 먼저 분석하고 큰 부분으로 확장해가는 것, 즉 쪼개서 보는 것이다. 문제를 해결할 때는 대부분 큰 부분이 먼저 던져지고 작은 부분은 실무자가 찾아가야 한다. 예를 들어 '우리 회사 광고 비용으로 매년 10억 원을 지출하는데 과연 효과가 있는가?'에 대한 문제를 해결할 때 '광고 지출'이라는 것은 큰 개념이므로 쪼갤 필요가 있다. 광고는 상품별로 분류할 수도 있고 유튜브, TV, 웹 배너 등의 채널별로 분류할 수도 있다. 광고 지출에 대한 정의를 세웠다면 해당 광고의 효과를 매출 실적으로 정할 것인지 혹은 광고 채널에 따른 전환율로 정할 것인지도 결정해야 한다. 상사와 커뮤니케이션하는 과정 중 문제 해결의 단서가 될 것으로 판단되는 논리적인 기준을 한 가지 정한 다음 그 주제를 MVP로 먼저 분석해본다.

이 사례에서 MVP는 유튜브 광고 지출에 대한 전환율을 먼저 보고하는 일이다. 보고를 하고 나면 의사결정자가 보고싶어 하는 주제와 방향성을 구체화할 수 있다. MVP를 선보고한 다음 최종 목적지인 광고 지출이라는 큰 그림을 향해 나아가면 업무 효율은 높이고 시행착오는 줄여줄 것이다.

특정 시점에서 시계열분석으로

올해 여러분의 임금 상승률은 몇 %인가? 회사의 임금 상승률은 충분히 만족할 만한가?

> "임금 상승률이 뭐가 중요합니까, 물가가 그만큼 올랐는데!"

임금 상승률의 절댓값을 경제 용어로 '명목임금 상승률'이라 부르고 물가 대비 명목임금 상승률을 '실질임금 상승률'이라고 부른다. 즉 명목임금이 아무리 상승하더라도 실질임금이 상승하지 않으면 '내 월급 빼고 다 오르네'라는 말이 나오는 것이다.

Year	A	B	C
2019	2.1	2.3	2.0
2020	2.5	2.7	3.2
2021	4.1	4.5	3.8
2022	3.8	2.4	2.7

횡단면 데이터
(cross-sectional data)
한 시점에 여러 변수에 대한
자료 수집

시계열 데이터
(time series data)
시간의 흐름에 따라 한 변수에 대한 자료 수집

그림 1-22 실질임금 상승률 비교

[그림 1-22]와 같이 회사 A, B, C의 실질임금 상승률을 2019년 기준으로 비교해보았다. 그 결과 A가 타사 대비 실질임금 상승률에 경쟁력이 있다는 것은 찾지 못했지만, 특정 기간 내 실질임금 상승률 비교라는 MVP를 얻었다면 이제는 시계열로 볼 차례다. [그림 1-23]에 회사 A, B, C의 실질임금 상승률을 가상 시계열 데이터로 표현했다.

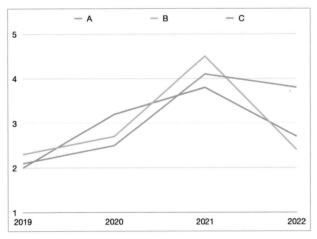

그림 1-23 실질임금 상승률 그래프

2019년에는 비슷한 상승세를 보이다가 2021년 이후 B, C 그래프가 급격히 하락하고 있는 것을 볼 수 있다. 즉 2019년 한 해로만 비교했을 때는 B와 C의 지표가 높아 보이지만, 기간을 길게 보면 전반적인 추세가 실제로는 B, C의 지표가 낮아지는 것을 알 수 있다. 이 정보를 통해 장기적으로 회사 A에 대한 직원들의 급여 만족도가 상대적으로 클 것임을 예상할 수 있다.

앞서 〈스토브리그〉의 대사로 상관관계와 인과관계 차이를 설명했다. 상관관계라고 해서 모든 것이 인과분석은 아니지만, 두 변수 간의 관계가 상관관계를 보인다는 것은 인관관계의 가능성을 발견했다는 것이다. 여기서 각각의 변수가 충분히 인과관계가 있을 가능성이 있는지 해석할 수 있는 도메인 지식이 굉장히 중요하다. 의미가 있다고 판단되면 추가적인 분석을 통해 인과관계를 증명할 수 있고, 각 변수가 어떤 영향을 끼치는지도 숫자로 표현할 수 있다.

결국 MVP의 핵심은 문제 해결하는 과정을 계속해서 의사결정자에게 공유하면서 올바른 방향으로 가고 있는지를 검증해가는 것이다. 성과를 계속 보여주면서 일정을 공유하고 피드백을 계속 받자. 상사의 가려운 곳을 긁어주는 것이 곧 실무자로서 평가받는 기준이 되기 때문에 이러한 커뮤니케이션은 아주 중요하다. MVP를 통해 최종 결과물의 실행 가능성을 테스트해보고, 상사의 피드백을 받으면서 실패를 최소화할 수 있다.

1.4.5 추론과 예측을 구분하라

글로벌 경영 컨설팅 업체인 KPMG에서 1천 명의 경영진을 대상으로 AI에 대한 생각을 조사[18]한 적이 있는데, 74%의 응답자가 'AI 사용이 현실보다 과장되었다'라고 답했다고 한다. 실제로 일부 전문가나 경영진은 AI의 성능이 과장되었음을 강조하며 이 사실을 유의할 것을 경고해왔다. 데이터 과학을 공부한 필자에게도 많은 실무자와 경영진들이 AI로 뭔가를 해보자고 그럴싸하게 말하지만, 결국 원하는 것이 무엇인지 정확하지 않기 때문에 그 성과가 기대에 미치지 못했다.

그들의 고민을 분류하면 예측, 추론, RPA$^{robotic\ process\ automation}$로 나뉜다. RPA는 프로세스를 자동화하는 것이므로 데이터 드리븐 보고에서는 크게 추론과 예측으로 나누겠다. 다음 [그림 1-24]를 반드시 기억하자. 상사나 의사결정자가 여러분에게 AI로 무언가를 하자고 요청했다면 반드시 이 예측 또는 추론, 두 가지 중 하나일 것이다.

---

18 'Generative AI: From buzz to business value' KPMG, 2023

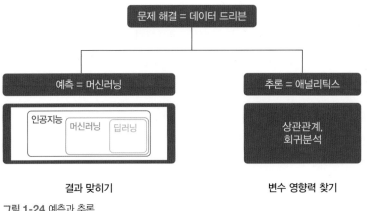

그림 1-24 예측과 추론

AI를 활용하자고 하는 사람의 대부분은 그것으로 무엇을 할지 정확하게 모르는 경우가 많기 때문에 여러분이 실무자로서 명확한 구분을 해주면서 어떤 문제를 해결하고 싶은지 질문해야 한다. 엄밀히 말하면 AI는 추론보다는 예측 영역에 주로 활용된다. AI는 마치 기계가 인간이 가진 지적 능력을 가진 것처럼 성능을 나타내는 것을 말하고, 인공지능이라는 큰 주제 안에 머신러닝이 있다. 머신러닝은 학습 데이터를 통해 기계가 패턴을 발견해서 예측 성능을 향상시키는 것이다. 딥러닝은 머신러닝의 하위 범주에 속하는데, 패턴 방식이 아주 복잡한 것을 기계가 인공신경망이라는 사람의 뇌와 아주 흡사한 방식으로 학습하여 예측 성능을 향상시키는 방식이다.

여러분은 [그림 1-25]의 x0~x5 규칙들을 보고 X_new가 0이 될지 1일 될지 예측할 수 있는가? x0과 x2, x4의 규칙은 1이고, x1, x3, x5의 규칙은 0이 된다고 했을 때 X_new의 정답은 0일까 1일까?

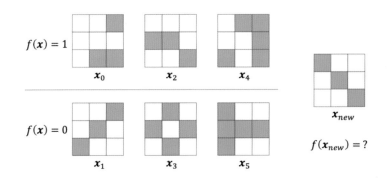

그림 1-25 그림 규칙성

x0, x2, x4의 오른쪽 아래 부분은 세 개의 그림 모두 초록색이고 x1, x3, x5의 오른쪽 아래 부분은 모두 흰색이다. 새로운 그림은 오른쪽 아래 부분이 초록색이기 때문에 정답이 1이라고 주장할 수도 있고, 반대로 x1, x3, x5는 대칭 형태이고 x0, x2, x4는 대칭을 이루지 않는데 새로운 그림은 대칭을 이루므로 정답이 0이라고 주장할 수도 있다.

그래서 결론적으로 정답은 무엇일까? 사실 데이터가 더 있어야 정확한 답을 구할 수 있다. 이 퀴즈를 낸 이유는 기계가 어떤 방식으로 데이터를 학습하고 결과를 판단하는지를 예시로 들기 위함이었다. 이렇게 데이터에서 규칙을 찾아내어 새로운 데이터를 예측하는 방식을 머신러닝이라고 하며, 이 중에서도 특히 인간이 계산하기도 힘든 복잡한 패턴을 인공 신경망으로 학습하는 것을 딥러닝이라고 부른다.

이제 예측이 무엇인지 알겠다면 추론에 대해 알아보자. '내가 투자한 B사의 주식이 내일 어떻게 될까?'라는 질문에 대한 답이 예측이라면 '어떤 요소가 B사의 주식에 영향을 주는가?'에 대한 답은 추론이 된다. 보통 추론을 애널리틱스[analytics] 혹은 분석 영역에 포함시킨다.

데이터 X + 추론 → 감

데이터 O + 추론 → 애널리틱스

그림 1-26 감과 애널리틱스

그렇다면 추론이 되면 예측을 할 수 있을까? 각 변수의 영향력이 파악되니 자연스럽게 예측으로 연결할 수 있다. 하지만 예측이 되면 추론을 할 수 있을까? 항상 그런 것은 아니다. 왜냐하면 딥러닝 방식으로는 설명 가능하지 않은 블랙박스로 문제를 해결하는 경우가 있어서, 정확한 영향도로 산정은 안 되지만 예측 정확도가 높아 예측에만 사용하는 경우도 있기 때문이다.

정리하자면, 데이터 드리븐 보고는 새로운 데이터에 대한 결과를 '예측'하는 경우와 가설을 세워놓고 그것을 검증 또는 결과에 대한 변수들의 상관관계와 인과관계를 밝혀내기 위해 '추론'하는 두 가지 방식으로 나뉜다.

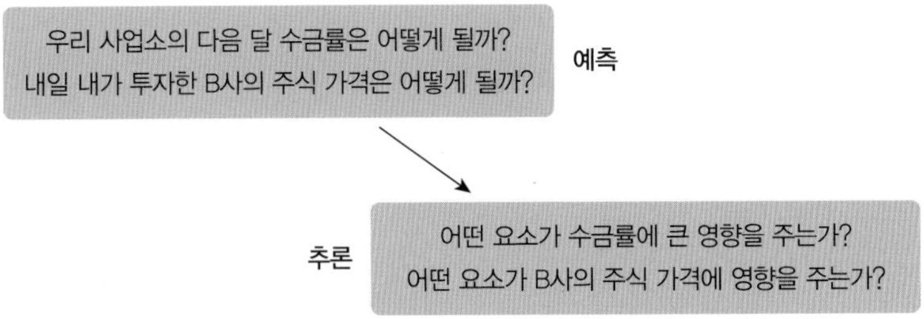

그림 1-27 수금률과 주식 가격

지금까지 데이터 드리븐 보고가 일상과 비즈니스에서 어떻게 가치를 만들어내는지 그리고 나의 성장과 어떤 관계가 있는지 알아봤다. 당신의 상사 혹은 고객의 문제를 해결하고 비즈니스 임팩트를 가져오기 위해서는, 어쩌면 화려한 AI 기술 혹은 딥러닝 알고리즘을 개발하는 것보다 데이터 드리븐 보고가 효과적일 수 있다. 이제부터 본격적으로 데이터 드리븐 보고의 구체적인 절차와 실전 예제를 살펴보자.

2장

데이터 드리븐 보고 절차

단순히 데이터를 분석하는 것만으로는 효과적인 데이터 드리븐 보고로 이어질 수 없다. 데이터 분석 이전에는 데이터 분석의 목적을 설정하여 그에 맞는 데이터를 선정하고, 데이터 분석 이후에는 분석 결과를 이해하고 이를 바탕으로 의사결정자를 설득하는 것으로 연결할 수 있어야 진정한 가치를 창출할 수 있다.

1장에서 데이터 드리븐 보고의 중요성을 알아봤다면, 지금부터는 본격적으로 데이터 드리븐 보고 절차를 알아보자. 2장에서는 데이터 드리븐 보고의 전략적인 단계를 살펴보고 분석을 시작하기 전에 알아야 할 기본 용어와 개념을 이해한다. 이어서 목표 설정부터 데이터 선정, 분석 방법의 결정, 해석 및 검증까지 차례대로 살펴본다. 마지막으로 보고 대상자에 따른 보고 방식을 제시하고 분석 결과를 실제 업무에 적용하는 방법을 안내한다. 이를 통해 분석가나 실무자뿐만 아니라 의사결정자까지 데이터에 기반하여 신뢰도가 높은 의사결정을 내릴 수 있다.

2장 실습 코드

https://github.com/sangsucki/DataDrivenReport/blob/main/Chapter2.ipynb

2.1 데이터 드리븐 보고 전략

모든 데이터 드리븐 보고는 기본적으로 다음과 같은 절차를 따른다. 목표(가설)를 설정하고 필요한 데이터를 선정하고 적절한 분석 방법을 결정한 후 해석 및 검증 그리고 보고하는 일련의 과정을 ON AIR 분석 절차라고 이름 붙였다. 이때 모든 과정에서 보고 대상자(의사결정자)와 지속적으로 커뮤니케이션해야 한다는 사실을 잊어서는 안 된다.

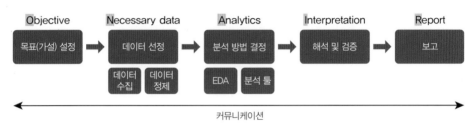

그림 2-1 ON AIR 분석 절차

- **시각화 테크**: 데이터 수집 – EDA[1] – 정제 – 시각화
- **추론 테크**: 데이터 수집 – EDA – 정제 – 분석 도구 선정 – 추론
- **예측 테크**: 데이터 수집 – EDA – 정제 – 데이터 분리 – 모델링 – 평가

데이터 분석은 요리와 같다. 상사 혹은 고객의 요구가 무엇인지 파악하고 무슨 재료(데이터)가 있는지, 썩은 재료나 빠진 재료는 없는지 확인한 다음, 재료를 다듬고 고객의 취향에 맞는 요리(해석 및 검증)를 접시(보고서)에 올려서 가져다주는 것이다. ON AIR 데이터 드리븐 보고 전략 수립은 요리하기 전 레시피를 참고하는 것과 같다. 연구 논문에서도 비슷한 절차를 따른다(그림 2-2).

그렇다면 논문과 데이터 드리븐 보고서의 차이점은 무엇일까? 바로 커뮤니케이션 대상의 차이다. 논문 대상은 같은 분야에서 연구하는 학자들이고, 데이터 드리븐 보고의 대상은 당신이 진행한 분석 관련 실무자 혹은 통계적 지식이 부족할 수 있는 상사나 고객과 같은 의사결정자다. ON AIR 분석 절차와 형식을 좀 더 엄격하게 따라가기만 해도 여러분의 데이터 드리븐 보고가 연구 보고서로 바뀔 수 있고, 현장에서만 얻을 수 있는 데이터의 특별함 때문에 오히려 학계에서 충분히 경쟁력을 가질 수 있다.

....

1 EDA는 exploratory data analysis의 약어로 탐색적 데이터 분석을 뜻한다.

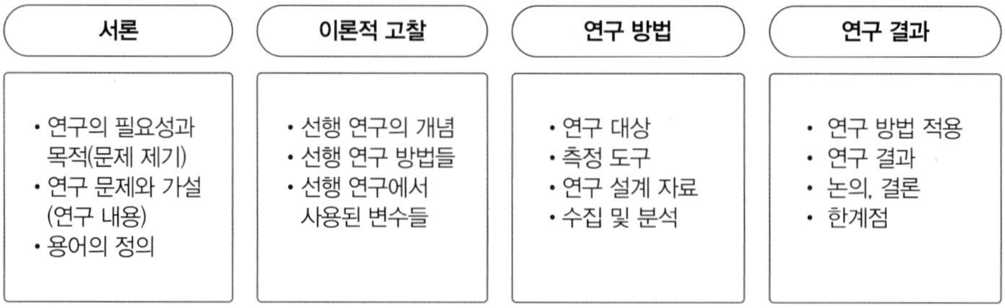

서론	이론적 고찰	연구 방법	연구 결과
• 연구의 필요성과 목적(문제 제기) • 연구 문제와 가설 (연구 내용) • 용어의 정의	• 선행 연구의 개념 • 선행 연구 방법들 • 선행 연구에서 사용된 변수들	• 연구 대상 • 측정 도구 • 연구 설계 자료 • 수집 및 분석	• 연구 방법 적용 • 연구 결과 • 논의, 결론 • 한계점

그림 2-2 연구 논문 절차

2.2 분석 전 알아야 하는 용어

이 절의 내용만 확실히 파악해도 여러분은 데이터 드리븐 보고의 절반을 안다고 할 수 있다. 분석 관련 책이나 머신러닝, 통계 관련 책을 읽을 때 용어 때문에 많은 혼동을 느껴봤을 것이다. 사실은 정확히 모르는 용어인데 이미 알고 있다고 생각할 수도 있고, 이미 아는 용어인데 분야별로 실제 사용하는 용어가 서로 달라 어렵게 느껴질 때도 있다. 용어를 정확히 알고 있어야 실무에 적용할 포인트를 찾을 수 있다.

2.2.1 독립변수와 종속변수

"독립변수는 원인, 종속변수는 결과다."

독립변수와 종속변수는 추론과 예측 두 가지 상황에서 모두 아주 활발히 사용되는 용어다. 예측 상황으로 예를 들면, 내가 투자한 A사의 주식이 내일 어떻게 변할지 예측하려고 한다. 여기서 예측하려는 값은 주식 가격이다. 예측하려는 최종 결과물을 종속변수(머신러닝에서는 target, output, 흔히 y라고 부른다)라고 부른다. 여기서는 종속변수가 주식 가격이다. 그렇다면 이 종속변수에 영향을 주는 원인은 장부가치, 시장가치, 순이익, 현금의 흐름 등 다양할 것이다. 이런 원인들을 독립변수(머신러닝에서는 feature, input, 흔히 x라고 부른다)라고 한다.

반면 추론 상황은 상관관계를 넘어 인과관계를 밝히기 위한 것이라는 점을 기억하며 독립변수와 종속변수가 추론에서 어떻게 쓰일지 생각해보자. '소득 수준이 높고 학원을 많이 다닐수록 성적이 오를 것이다'라는 가설을 검증하길 원한다면 여기서 독립변수와 종속변수는 각각 무엇일까? 종속변수는 성적이고 독립변수는 소득 수준과 다니는 학원의 개수 정도가 되겠다.

독립변수 x와 종속변수 y는 항상 세트로 다닌다. 원인이 있으면 결과는 당연히 따라오는 거라고 기억하자.

2.2.2 테이블, 행과 열

테이블의 행^{row}과 열^{column}에 대해서는 이미 알고 있겠지만, 독립변수와 종속변수를 이해한 상태로 다시 한번 살펴볼 필요가 있다. 표^{table}는 데이터셋^{dataset}이라고도 부른다. [그림 2-3]의 각 행을 보면 한 학생에 대한 독립변수(소득 수준, 학원 개수)와 종속변수(성적) 값이 세트로 들어가 있는 것을 볼 수 있는데, 테이블의 행은 한 사람에 대한 기록이라는 뜻으로 한 사람에 대한 일부 정보라는 뜻으로 표본^{sample}이라고도 한다. 한편 '성적' 열을 보면 성적이 수치로 나와 있는데, 사람들의 공통적인 속성이나 특징이라는 뜻으로 특성^{attribute} 또는 변수^{variable}라고 부르기도 한다.

테이블 = 데이터셋

학생 ID	소득 수준	성적	학원 개수
1	10	90	5
2	8	80	3
3	4	100	2
4	5	80	1

행
row
observed value
record
example
case

열(타깃)
label(정답이 문자/카테고리/이진형일 때)
class(정답이 문자/카테고리/이진형일 때)

그림 2-3 테이블 설명

2.2.3 데이터 분리

데이터의 분리^{splitting data}는 주로 예측 상황(구체적으로는 지도학습)에 주로 사용된다. 데이터 분리는 왜 필요할까?

여러분이 고3 수험생이라고 가정하자. 수능 점수를 올리기 위해 여러 문제집을 풀 것이다. 문제집을 한 권 사서 풀고 똑같은 문제집을 다시 풀면 어떤 점수가 나올까? 당연히 처음 풀었을 때보다 점수(정확도)가 오를 것이다. 그런데 실제 수능은 내가 풀었던 문제집의 문제가 나오지 않는다. 비슷한 유형은 있더라도 절대로 똑같이 나오지 않는다.

데이터 분리도 마찬가지다. 우리가 문제집을 사서 푸는 것을 훈련 데이터$^{training\ data}$라고 하고, 수능시험을 테스트 데이터$^{test\ data}$라고 한다. 훈련 데이터와 테스트 데이터는 달라야 하기 때문에 기존에 갖고 있는 데이터셋을 훈련시키기 전 분리하여 훈련 데이터만 기계학습$^{machine\ learning}$을 시키고 테스트 데이터는 학습에서 제외한다. 보통 8:2, 7:3으로 분리하지만 정확한 기준은 없으며 데이터 크기와 유형에 따라 달라진다. 경험적으로는 훈련 데이터를 가능한 많이 갖고 가면서 검증 데이터와 테스트 데이터를 보통 7:2:1 정도로 나누는 편이다. 그러면 훈련 데이터와 테스트 데이터 중 어떤 정확도를 보고 예측모델을 평가할까? 당연히 테스트 데이터다. 문제집 100권을 푼 점수보다 수능 한 번에 대한 평가로 대학을 가는 것과 똑같은 이치다.

 참고 검증 데이터

데이터를 분리할 때 데이터는 크게 훈련 데이터와 테스트 데이터로 구분하지만, 최종 테스트 데이터 이전에 훈련 데이터가 잘 학습됐는지 확인하기 위해 검증 데이터(validation data)를 별도로 만들기도 한다. 수능 전에 보는 모의고사 정도로 생각하면 된다. 물론 이렇게 하려면 데이터를 6:2:2처럼 더 잘게 쪼개야 하기 때문에 데이터가 많을 때 사용하는 것이 좋다.

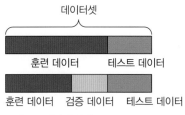

데이터셋

훈련 데이터   테스트 데이터

훈련 데이터   검증 데이터   테스트 데이터

그림 2-4 데이터 분리

만약 분리할 만큼의 데이터가 충분하지 않다면 어떻게 해야 할까? 훈련 데이터 전체를 학습시키기에는 좋은 예측모델이란 것을 검증하기 어려울 것이다. 이럴 때 쓰는 방법이 교차검증(cross-validation) 방법이고 대표적으로 K-폴드(K-fold) 교차검증 방법이 있다. 말 그대로 k개의 그룹(fold)으로 나눠서 돌아가면서 테스트 데이터의 역할을 하게 만드는 것이다.

[그림 2-5]의 경우 데이터셋을 총 다섯 개 그룹으로 나눈 다음 첫 번째 그룹을 테스트 데이터로 하고 나머지 그룹들은 모두 훈련 데이터로 정하고 학습시켜 테스트 데이터의 정확도를 확인한다(정확도1). 그리고 두 번째 그룹을 테스트 데이터로 하고 첫 번째 그룹을 포함한 나머지 그룹들이 훈련 데이터가 되어 학습하고 테스트 데이터 정확도를 확인한다(정확도2). 이런 식으로 다섯 번 측정한 정확도의 평균을 계산하는 방식이 교차검증 방식이다.

테스트 데이터	훈련 데이터	훈련 데이터	훈련 데이터	훈련 데이터	정확도 1
훈련 데이터	테스트 데이터	훈련 데이터	훈련 데이터	훈련 데이터	정확도 2
훈련 데이터	훈련 데이터	테스트 데이터	훈련 데이터	훈련 데이터	정확도 3
훈련 데이터	훈련 데이터	훈련 데이터	테스트 데이터	훈련 데이터	정확도 4
훈련 데이터	훈련 데이터	훈련 데이터	훈련 데이터	테스트 데이터	정확도 5

정확도 = 정확도 1 + 정확도 2 + 정확도 3 + ⋯ + 정확도 5

그림 2-5 K-폴드 방식

이 방식은 모든 데이터를 훈련 데이터와 테스트 데이터로 쓸 수 있다는 점에서 데이터가 적을 때 적합하지만, 모든 데이터를 여러 번 학습하고 테스트하는 과정 때문에 시간이 조금 걸린다는 단점이 있다.

2.2.4 모델링

분석모델, 예측모델 같은 단어를 많이 들어봤을 것이다. 모델이란 숫자로 현실을 반영한다는 뜻이다.

'훈남'이란 단어를 생각해보자. 이제 여러분의 머릿속에 떠오른 그 훈남을 숫자로 표현해보자. 훈남은 잘생겼는가? 그렇다. 이제 현실의 훈남을 식으로 만들어보자.

훈남 = 출중한 외모

훈남을 외모로만 정의한다는 것에 고개가 조금 갸우뚱하지 않는가? 현실적인 훈남을 위해서는 어떤 요소를 추가해야 할까?

훈남 = 출중한 외모 + 패션 센스

완전하지는 않겠지만 어느 정도 훈남을 구성하는 요소에 가중치를 줘보자. 패션보다는 외모가 더 중요하다고 생각한다면 다음과 같은 식이 나올 것이다.

훈남 = 0.7 × 출중한 외모 + 0.3 × 패션 센스

생각해보니 키도 중요한 것 같다. 각 변수의 비율은 또 다르게 정해보자.

훈남 = a×출중한 외모 + b×패션 센스 + c×키 + …

자, 금세 훈남에 대한 모델을 완성했다. 훈남에 대한 모델링^{modeling}을 했다고도 표현할 수 있다. 이제 각 변수, 즉 외모와 패션 센스와 키를 입력하면 자동으로 훈남에 대한 수치가 나온다. 물론 훈남에 대한 정의는 사람마다 다르기 때문에 훈남 모델은 만든 사람에 따라 달라질 것이다. 학자들이 각자의 분야에서 현실을 적절하게 반영하기 위한 모델링을 위해 변수를 선택하고 관련된 논문을 쓰는 이유도 이 때문이다.

추론할 때도 예측할 때도 우리는 모델링을 한다. **해당 데이터셋의 독립변수들이 종속변수를 가장 잘 설명할 수 있도록 만들어주는 것이 모델링의 목적이다.**

2.3 분석 목표 설정

2.3.1 분석 목표(가설)를 확실하게 정의하라

분석하라는 지시를 받고 표만 멍하게 바라보면서 도대체 어디서부터 시작해야 할지 막막해했던 적이 있는가? 몇 시간 동안 이런저런 분석을 했는데 막상 정리하려고 하니 지금까지 뭘 했는지 알 수 없어서 허무했던 적이 있는가? 상사에게 보고하기 위해 며칠 밤새워 준비했는데 내가 힘을 쏟아 준비한 내용보다 아주 사소한 것만 구체적으로 물어본다든지 보고의 방향성에 대한 문제점을 지적하여 뒤 페이지는 보고도 못 한 채 쫓겨나듯 나온 경험이 있는가?

미로찾기에서 어떤 경로를 선택하느냐에 따라 우리가 나가는 출구가 달라지는 것처럼 데이터를 어떤 관점에서 보느냐에 따라 도출할 수 있는 결론에도 무수히 많은 경우의 수가 있다. 어떤 출구로 나갈지 확실한 목표가 있다면 출구에서부터 거꾸로 찾아온다거나 출구와 가까운 쪽으로 방향을 바꿔서 시간을 줄일 수 있다. 마찬가지로 **분석 목적이 무엇인지 확실히 아는 것은 곧 출구를 아는 것과 같다.**

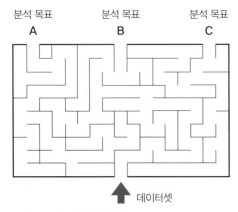

그림 2-6 목표 설정 미로찾기

그렇다면 우리의 분석 목적은 무엇인가? 현재 내가 풀고자 하는 문제 혹은 질문을 데이터로 해결하는 것이다. 데이터 과학자 면접 당시 다음과 같은 질문을 받은 적이 있다.

    "데이터 분석할 때 어떤 단계가 가장 중요한가요?"

필자는 잠깐의 주저함도 없이 가설 설정, 즉 분석 목표를 설정하는 단계라고 답했다. 분석 목표가 분명해야 전체 분석 시간을 효율적으로 활용할 수 있고 명확한 분석 범위를 설정할 수 있다는 것이 그 이유였다.

과학자 아인슈타인은 '문제가 무엇인지를 정의하는 데 55분을 쓰고 해결책을 찾는 데는 단 5분만 쓰겠다'고 말했다. 문제를 정의하는 데 55분을 쓰지 않으면 해결하는 데 3~4시간이 걸릴 수도 있다는 것을 첨언하고 싶다.

"잘못된 문제를 정확하게 푸는 것보다
정확하게 정의된 문제를 대략 풀어내는 것이 낫다." -존 튜키

여러분에게 과제를 던지는 상사는 문제에 대한 인식은 있지만, 그 문제에 데이터로 어떻게 접근할지는 여러분의 몫이다. 여러분이 그들의 문제를 어떻게 디자인하느냐에 따라 업무 범위가 정해지고 명확한 결과물을 가지고 합의할 수 있다. 그러면 해결하고자 하는 문제에만 집중할 수 있고, 불필요하게 화려하거나 어려운 보고서를 쓰려고 노력하지 않아도 된다. 모든 정답은 이미 상사나 고객에게 있다.

2.3.2 의사결정자에게 최대한 많이 질문하라

훌륭한 분석은 좋은 질문에서 시작한다. 나의 문제를 해결하기 위한 분석이라면 나에게 직접 질문하는 방식으로 분석 목표를 선정하면 되지만, 우리가 보통 분석 보고서를 작성할 때는 상사(의사결정자)에게 보고하기 위한 경우가 대부분이다. 상사의 궁금한 점과 가려운 부분을 긁어주지 못하면 아무리 화려한 통계적 모델과 머신러닝 기술을 사용하더라도 그 보고서는 목적을 상실하게 된다. 그러므로 상사의 목적이 무엇인지를 정확하게 아는 것이 데이터 분석 보고의 핵심이라고 할 수 있다.

그러기 위해서는 분석을 시작하기 전 상사와의 미팅에서 최대한 많은 질문을 해야 한다. 미팅 없는 지시가 내려왔다면 당신이 직접 미팅을 요청해서라도 질문하며 목적을 도출해내야 한다. 실제로 상사도 어떤 결과를 원하는지 모르고 분석을 요구하는 경우가 많다. 질문을 하며 그들

이 암묵적으로 갖고 있는 생각들을 끌어내는 것도 분석가로서 중요한 역량이다. 결국 이렇게 이해관계자가 원하는 결과를 구체화해야 최종 결과 보고서가 나왔을 때 나의 성과를 측정할 수 있고 정확하게 평가받을 수 있다. 다음은 좋은 질문의 예시다.

- 지금 해결하고 싶은 문제는 어떤 것인가요?
- 어떤 데이터를 갖고 있고 그 데이터의 특징들은 무엇인가요?
- 우리가 가진 데이터가 풀고 싶은 문제와 어떤 관련이 있나요?
- 방금 말씀하신 OO를 구체적으로 말씀해주시겠어요?(예. 고성과자라고 말씀하셨는데, 당신이 생각하는 고성과자의 정의는 무엇인가요? 데이터에서는 어떻게 표현될 수 있을까요?)

인사 부서의 교육 담당자(HRD)가 분석 관련 자문을 요청한 적이 있다. 상사가 분석 보고를 요청했지만, 어떻게 시작해야 될지 막막하다고 얘기하던 그에게 몇 가지 질문을 하여 분석 목적을 명확히 하고 관련 데이터에 대해 조언할 수 있었다. 만약 기존에 보유하고 있던 데이터로 분석했다면 문제 해결을 위한 데이터가 부족하기 때문에 정해진 시간에 상사가 원하는 결과를 주는 것이 힘들었을 것이다.

나	그래서 지금 해결하고 싶은 문제가 무엇인가요?
<u>HRD 담당자</u>	우수한 강사가 교육생들에게 좋은 평점을 받고 있는지 궁금합니다.
나	우수한 강사를 어떻게 정의하고 계신가요?
<u>HRD 담당자</u>	강의도 잘하고, 교육생들의 역량도 향상시키고, 교육생들도 좋아하는 강사요.
나	방금 말씀하신 '강의도 잘하고 교육생 역량도 향상시키고 교육생들이 강사를 좋아하는' 부분에 관한 데이터가 있나요?
<u>HRD 담당자</u>	교육이 끝나면 받는 교육생 만족도로 우수 강사를 평가하고 있지요.
나	그렇다면 그 평가는 어떻게 이루어지나요?
<u>HRD 담당자</u>	1~10점으로 받고 강의 직후에 이뤄집니다.
나	상사가 정의하는 '우수한 강사'와 지금 말씀하신 교육생 만족도로 평가하는 '우수 강사'는 같은 개념인가요?
<u>HRD 담당자</u>	강의도 잘하고, 교육생들도 좋아하는 측면에서는 같지만, 교육생 역량을 향상시켰냐는 측면에서는 아닌 것 같습니다. 생각해보니 상사가 궁금해하는 우수 강사는 교육생 역량 향상 부분에 가장 초점이 맞춰진 것 같습니다.

나	맞습니다. 만약 교육생 역량 향상 부분에 초점을 맞춘다면 교육 이후 역량이 향상됐다는 데이터를 추가로 수집해야 합니다.
HRD 담당자	상사와 제가 '우수 강사'라는 동일한 용어를 썼지만, 서로 다른 맥락으로 이해하고 있었군요.

HRD 담당자는 '우수한' 강사에 대한 명확한 기준 없이 분석을 시작하려 했다. 이런 경우 첫 단추부터 잘못 끼우고 시작하기 때문에 그 어떤 결과를 가져가더라도 상사가 궁금해하는 내용을 해결하지 못할 수 있다. **첫 단추를 잘 끼우기 위해서는 상사와의 명확한 커뮤니케이션이 필요하고, 추상화된 상사의 질문을 구체화해야 한다.** 그래야 상사 입맛에 맞는 보고에 가까워질 수 있다.

2.4 계획서 작성

분석 목표가 정해졌으면 분석 계획서를 작성한다. 분석 계획서를 작성하는 가장 중요한 첫 번째 이유는 **의사결정자와의 합의**다. 해결하고자 하는 문제에 대한 접근 방식과 보는 관점, 그에 따른 해결 방식은 다양할 수밖에 없다. 분석 계획서에 명확하게 문제를 정의하고, 어떤 데이터를 수집할지, 일정은 언제가 될지 등 분석의 범위를 명시하고 의사결정자에게 합의를 받아두어야 분석 과제가 끝난 후 계획서와 비교해 분석 목적을 달성했는지 평가도 가능한 것이다.

두 번째 이유는 **데이터 수집에 대한 명분 확보**다. 데이터는 다양한 연관 부서에서 가져와야 하는 정보이고, 그것은 곧 각 부서의 협의를 받아야 한다는 뜻이다. 대부분의 부서는 데이터 공유를 꺼려한다. 이유로는 첫째, 그 데이터가 어떤 새로운 문제를 야기해서 우리 부서에 새로운 과제를 던질지 모르기 때문이고 둘째, 데이터 정제가 제대로 되어 있지 않고 셋째, 그냥 찜찜하기 때문이다(이게 가장 크게 작용하기도 한다). 어차피 진행할 일이라면 수평적인 입장에서의 요청보다는 의사결정자의 동의를 보여주어 탑다운식으로 진행하는 편이 수월하다.

다시 말해 **분석 계획서는 분석의 전체 뼈대를 구성하고 상사와의 커뮤니케이션이 원활하게 됐는지, 최종 결과물은 어떠한지에 대한 상사의 동의를 얻는 과정이다.** 뿐만 아니라 협업이 필요한 부서에 데이터 공유를 요청할 때 이 분석 계획서가 결정적인 역할을 하기 때문에 매우 중요하다. 어느 정도 높은 레벨의 상사에게 결재를 받았는지에 따라 협업의 속도가 결정되기도 한다.

데이터 분석 과제 계획서		
1	과제명	연구의 최종 목표와 연구 내용을 알 수 있도록 함축적으로 기재
2	과제 목표	과제의 필요성, 개발 방법, 목표, 기대 성과를 하나의 문장으로 요약
3	KPI(성과물)	정량적, 객관적으로 측정 가능하고 연구 핵심 성과 및 질적 요소를 최대한 반영한 활용 관점의 정량 지표로 설정
4	과제 분야	경영/ICT/안전/신사업 등 회사의 상황에 맞춰 작성
5	수행 기간	과제 수행 기간 기재
6	수행 예산	과제 진행 위한 총 예산에 대한 항목 구분하여 기재
7	키워드	과제와 연관된 키워드 세 개 이상 기재
8	분석 필요성	데이터 분석 과제 관련 현황(문제점)과 필요성 기술
9	주요 내용	데이터 분석 과제의 주요 연구 내용을 기술, 과제 흐름을 나타내는 분석 개념도 가능하면 표시

10	주요 분석 데이터	No	데이터 이름	추출 기간	데이터 수집량(건)	출처
		1				
		2				
11	기대 성과	과제의 성공적 수행에 따른 기대 성과를 정량적/정성적 성과로 구분하여 기술				
12	과제 책임자					
13	보안성 검토	보안 필요: 유/ 무		공개 범위: 공개/제한 공개/비공개		
14	관련 부서 합의	수행 부서:		부서장:		

표 2-1 데이터 분석 계획서 샘플

2.4.1 분석 계획서의 필수 요소

데이터 분석 계획서 예시로 [표 2-1]을 제시했지만, 활동하는 분야나 조직 문화에 따라 분석 계획서 형태는 다를 수 있다. 하지만 분석 계획서에 필수적으로 들어가야 할 요소는 다음 내용으로 동일하다. 이를 통해 여러분의 분석 계획서에 빠진 요소가 없는지 확인해보자.

범위 설정하기

한정된 시간 내 주어진 데이터에 관한 모든 주제를 분석할 수는 없다. 분석 범위를 설정하면 프로젝트의 시급성을 확인할 뿐 아니라 보고 기간에 따라 분석의 깊이 및 속도를 결정할 수 있다. 어떤 범위까지의 데이터를 모을 것인지, 몇 년간의 데이터인지, 대상은 어디까지인지 명시하자. 또한 얼마나 자주 보고할 것인지 정해야 된다. 가능하면 정기적으로 보고하는 것이 좋다. 당신의 과제에 그만큼 관심이 있다는 것이고 피드백을 받을수록 당신의 결과물과 상사가 기대하는 값의 오차를 줄일 수 있다. 또한 어떤 부분에서 어려움이 있는지 공유함으로써 일정도 유연하게 조정할 수 있다.

가설/목표 설정하기

'당신이 원하는 결과는 ~인가요?'를 확정하는 단계다. 원하는 결과는 총 세 가지로 나뉜다. 추론은 'A 하면 B 할 것이다'라는 한 문장을 검증하겠다는 것이고, 예측은 'OO 예측'처럼 목표를 명확하게 보여주면 된다. 추론과 예측 둘 다 아닌 경우도 있다. 즉 본인의 직관을 데이터로 검증하고 싶은 경우다. 이런 경우 별도의 분석 도구가 아니라 간단한 시각화를 통해 보여주면 그것만으로 인사이트를 갖고 해석할 수 있다. 예를 들어 추론의 경우 '키가 큰 사람은 잘생겼다'를 가설로 설정하고 그것을 데이터로 분석해서 참인지 거짓인지 알려주면 되는 것이다. 예측의 경우 '키의 변화에 따른 외모 예측모델'을 만든다고 하면, 사람의 키를 입력했을 때 외모가 출중한 정도가 결괏값으로 나오게 만들면 되는 것이다. 혹은 추론과 예측 둘 다 아니라면 키와 외모의 관계를 시각화하여 보여줄 수도 있다. 훌륭한 분석가는 상대방이 보고싶어 하는 것을 한 문장으로 정리할 수 있는 사람이다.

어떤 데이터를 사용할 것인지 정의하기

가설에서 설정한 종속변수(y), 독립변수(x)를 어떤 데이터에서 가져올지 설명한다. 설정한 가설에 대한 종속변수와 독립변수가 정확하게 일치하는 데이터가 있는 경우도 있지만, 주어진 데이터로 가설을 직접적으로 설명하기 어려운 경우도 있다. 그럴 경우 분석가의 도메인 지식에 기초해 창의적으로 데이터를 가공해서 새로운 지표를 정의할 필요도 있다. 예를 들어 미국의 OpenTable이라는 식당 예약 업체는 단순히 예약한 고객을 종속변수로 정의한 것이 아니라 재사용 빈도가 많은 고객을 종속변수로 정의했고, 그 고객들의 독립변수를 분석하여 타깃 마케팅을 실시해 큰 성과를 거두었다. 이는 분석가의 도메인 지식으로 가치 있는 고객을 재정의한 성공적인 사례이고, 이런 능력이 다른 분석가와 차별화되는 부분이다.

분석 도구 선정하기

분석 도구의 선택은 데이터 유형, 분석의 가설 또는 목표, 통찰력을 얻고자 하는 복잡성 수준에 따라 달라진다. 일반적으로 사용되는 방식으로는 파이썬과 R의 통계 라이브러리, 태블로 또는 파워BI와 같은 데이터 시각화 툴이 있다. 자신의 지식과 경험은 물론 프로젝트 요구 사항에 따라 적절한 도구를 선택해야 한다. 또한 사용할 가장 적합한 분석 도구를 결정할 때 최종 보고자의 기술 전문성 수준을 고려하는 것도 필요하다.

기대효과(정량/정성) 정의하기

정량적 기대효과는 판매 수익, 고객 유지율 또는 웹사이트 트래픽의 변화와 같은 수치 또는 통계분석을 통해 측정되는 것이다. 정성적 효과는 고객 만족도, 브랜드 인지도 또는 직원 몰입과 같은 요인을 통해 측정될 수 있다. 프로젝트의 성공을 적절하게 측정하고 데이터 기반 의사결정을 내리기 위해서는 이해관계자에게 분석의 예상 효과를 명확하게 정의하고 전달하는 것이 아주 중요하다.

분석 계획서는 전체 분석 절차의 나침반이다.

2.5 데이터 선정

2.5.1 데이터 수집

문제가 정해졌으면 데이터를 수집해야 한다. 어떤 데이터를 수집할지 정했다면 실제로 그 데이터가 어디에 있는지, 수집이 추가적으로 필요한 데이터가 무엇인지 혹은 파생변수(기존 데이터를 조작해서 새로운 변수 만드는 것)가 필요한지를 고민해야 한다.

데이터 형식

데이터는 크게 정형 데이터structured data와 비정형 데이터unstructured data 그리고 반정형 데이터semi structured data로 나뉜다. 우리에게 가장 익숙한 데이터 형태는 엑셀이다. [그림 2-8]과 같은 표가 있을 때 첫 번째 열에는 학생 ID가 들어가고, 두 번째 열에는 소득수준을 넣겠다고 규칙을 성해둔 것을 정형 데이터라고 한다. 분석을 하기 위해서는 여러 테이블을 병합해서 사용하는 경우가 많은데, 이 때 각 테이블을 연결해주는 키key 열이 존재해야 한다.

테이블 = 데이터셋

학생 ID	소득 수준	성적	학원 개수
1	10	90	5
2	8	80	3
3	4	100	2
4	5	80	1

행
row
observed value
record
example
case

열(타깃)
label(정답이 문자/카테고리/이진형일 때)
class(정답이 문자/카테고리/이진형일 때)

그림 2-8 테이블 설명

테이블과 테이블이 연결되어 있는 것을 관계형 데이터베이스라고 하는데, 이 관계형 데이터베이스 구조를 시각화해놓은 것을 ER 다이어그램[2]이라고 한다. [그림 2-9]에서 파란색 사각형은 테이블을 뜻하고 각 테이블의 상단에 위치한 이름이 테이블명, 테이블명 아래에 있는 나머지 단어들이 테이블 내 열 이름이다. 열 이름 옆에 열쇠 모양으로 붙어있는 열(주황색)이 키

---

2 ER 다이어그램은 entity relationship digram의 약어로 ERD라고도 한다. 데이터베이스 구조를 한눈에 알아보기 위해 쓰인다.

열이고, 키 열을 기준으로 다른 여러 테이블과 연결된 전체 구조를 보는 것이 ER 다이어그램이다. 이처럼 ER 다이어그램은 수집한 데이터의 전체 현황을 한눈에 볼 수 있기 때문에 데이터를 이해 및 분석하는 데 아주 유용하다. 데이터 분석가의 역량 중 SQL이 빠지지 않는 이유가 바로 이것이다. SQL은 관계형 데이터베이스에서 데이터를 읽고, 쓰고, 관리하는 데 사용되는 프로그래밍 언어다. SQL을 통해 테이블에 연결된 데이터를 쉽게 가져올 수 있다. 물론 분석팀 내부에 데이터 엔지니어링 담당자와 분석 담당자가 별도로 존재하면 가장 효율적이다.

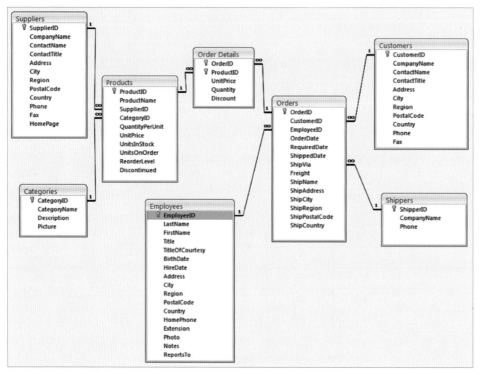

그림 2-9 ER 다이어그램

비정형 데이터는 별도의 형식 없이 저장되어 있는 파일인데, 우리가 보통 사용하는 데이터는 텍스트, 음성, 영상, 파일(pdf, doc 등) 같은 것들이다. 당연히 비정형 데이터는 규칙이 있는 데이터베이스에 속하지 않기 때문에 비관계형 데이터베이스라고도 부른다.

반정형 데이터는 구조화된 데이터는 아니지만, 어느 정도 구조를 갖고 있는 데이터를 말한다. HTML이나 JSON 형식으로 존재하는데, 데이터를 추출하는 크롤링을 할 때 자주 쓰이는 형식이다.

```
1   {
2       "EMPLOYEES": {
3           "SALES": {
4               "648229": {
5                   "NAME" : "Olivia Johnson"
6                   "DOB" : "1989-08-08"
7               },
8               "648666": {
9                   "NAME" : "Frank Mueller"
10                  "DOB" : "1985-05-11"
11                  "MISC" : "On paternal leave from 2019-01-01 until 2020-01-01"
12              }
13          }
14      }
15  }
```

그림 2-10 반정형 데이터 형식

보통 여러분이 익숙한 엑셀의 확장자는 xls/xlsx인데, 만약 여러분이 모든 분석을 엑셀로 하는 것이 목적이라면 엑셀에서 xls/xlsx 파일을 고집해도 되지만, 확장자가 xls/xlsx인 파일은 엑셀이 아닌 다른 응용 프로그램과의 호환성이 떨어진다. 다양한 형태의 데이터를 분석하길 원한다면 엑셀 이외 포맷의 데이터도 수집할 수 있도록 시야를 넓혀야 한다.

다양한 데이터 유형을 소개한다. 다음의 데이터 타입은 상대적인 호환성이 높고 외부에서 데이터를 가져올 때 자주 볼 수 있는 파일들이다.

- **CSV(comma separated value)**: CSV 파일은 행과 열이 있는 표와 같다. 각 행의 값은 쉼표로 구분된다. → 정형 데이터

- **TSV(tab separated value)**: TSV 파일은 테이블과 같지만 쉼표 대신 각 행의 값이 탭(tab) 키로 구분된다. → 정형 데이터

- **TXT**: TXT 파일은 특별한 형식이나 구조가 없는 일반 텍스트다. 우리가 쓰는 메모장에서 작성되어 저장된 형식이다. → 비정형 데이터

- **JSON(JavaScript object notation)**: JSON 파일은 컴퓨터가 쉽게 읽을 수 있는 데이터를 만든 방식인데, 서로 다른 프로그램 간에 데이터를 보내는 데 자주 사용된다. key 값과 value 값으로 나누어져 있다. → 반정형 데이터

- **HTML(hypertext markup language)**: HTML 파일은 웹페이지를 만들기 위해 반드시 필요한 형식이다. 텍스트, 이미지 및 링크와 같이 화면에 표시할 내용을 웹브라우저에 알려주는 방식이다. → 반정형 데이터

데이터 병합

관계형 데이터베이스는 키 값을 중심으로 다른 테이블과 연결되는데, 엑셀의 vlookup 기능이라고 보면 된다. 보통 데이터 병합은 한 테이블 내에서 ①독립변수와 종속변수를 한 세트로 만들기 위해 ②독립변수를 추가하기 위해 진행한다. ①의 경우 채널에 따른 판매자 수익을 분석하고자 할 때, 판매자 id라는 키 값을 기준으로 '수익 테이블'과 '채널 테이블'이 별도로 있을 때가 되겠고, ②의 경우 채널에 따라 어떤 상품이 판매자 수익에 영향을 줬는지 분석하고자 할 때 ①의 테이블에 '판매 상품 테이블'을 더 추가해야 한다.

2.5.2 EDA & 데이터 정제

본격적인 분석에 앞서 데이터에 대한 전반적인 이해를 하기 위한 과정을 탐색적 데이터 분석이라고 하며, 일반적으로 EDA^{exploratory data analysis}라는 표현으로 더 많이 사용한다. 많은 데이터 분석가가 주어진 데이터를 가지고 어떤 화려한 분석 기술을 이용하여 어떻게 시각화해서 보여줄지 고민하지만, 데이터에 대한 충분한 이해가 없다면 속 없는 빈 강정 같은 분석이 될 것이다. EDA는 주어진 데이터를 활용해서 기술통계 및 간단한 그래프를 그려보며 내가 세운 가설 혹은 앞으로 세울 가설에 대한 윤곽을 정해가는 절차다. EDA를 하면서도 데이터를 추가로 정제해야 되는 부분이 툭툭 튀어나오기 때문에 데이터 정제와 EDA는 거의 동시에 이루어진다고 생각하자.

아무리 뛰어난 요리사라도 상한 고기로 요리하면 신선한 재료로 요리하는 그저 그런 요리사보다 더 좋은 성과를 내긴 어렵다. 실제로 데이터 분석의 80%가 데이터 정제에 쓰이는 만큼 분석가에게 데이터 정제란 원하는 결과에 다가가기 위해 가장 중요한 절차다. 엑셀이든 파이썬이든 R이든 여러분이 편한 도구를 사용하면 된다. 하지만 가장 중요한 것은 데이터 정제를 통해 분석 도구에 맞는 데이터를 준비하는 것이다. **데이터에서 어떤 걸 중요하게 볼지는 개인마다 기준이 다르겠지만, 어떤 순서로 EDA와 데이터 정제를 할지 패턴을 정해두면 분석 시 시간을 많이 절약할 수 있다.**

그림 2-11 EDA & 데이터 정제 절차

데이터 확인

1) 데이터 불러오기

실제 데이터인 자동차 가격 데이디[3] 예제로 EDA를 진행해보자. 먼저 데이터를 불러온다. 콜랩에서 데이터를 불러오는 자세한 방법은 부록 A.3.1절을 참조하면 된다.

콜랩에서 다음 코드를 실행하여 깃에 있는 파일 경로를 콜랩과 연동시킨다.

```
!git clone https://github.com/sangsucki/DataDrivenReport.git
```

해당 깃 경로를 콜랩과 연동하면 [그림 2-12]에서 좌측 폴더 아이콘을 클릭했을 때 [그림 2-13]처럼 DataDrivenReport 이름의 폴더가 생기는 것을 볼 수 있다.

그림 2-12 깃 경로와 콜랩 연동

---

3 https://www.kaggle.com/datasets/CooperUnion/cardataset

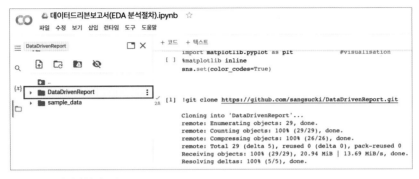

그림 2-13 데이터 불러오기

다음 그림의 car.csv에서 마우스 오른쪽 클릭한 후 '경로 복사'한 다음, pd.read_csv("경로")
에서 "경로" 부분에 붙여넣기한다. 판다스를 처음 들어본 독자는 부록 A.2절을 참고하길 바
란다.

그림 2-14 경로 붙여넣기

```
import pandas as pd

df = pd.read_csv("/content/DataDrivenReport/car.csv")
# To display the top 5 rows(첫 번째 5개 행 읽기)
df.head(5)
```

import pandas라고 써도 되지만 import pandas as pd라고 쓰는 이유는 판다스라는 라이
브러리는 표(테이블)로 구성된 데이터를 다룰 때 자주 불러와야 하므로, pandas라는 단어를

여러 번 쓰기보다 'pd'라는 약어로 쓰기 위해 편의상 지정해둔 것이다.

```python
import pandas as pd

df = pd.read_csv("/content/DataDrivenReport/car.csv")
# To display the top 5 rows
df.head(5)
```

	Make	Model	Year	Engine Fuel Type	Engine HP	Engine Cylinders	Transmission Type	Driven_Wheels	Number of Doors	Market Category	Vehicle Size	Vehicle Style	highway MPG	city mpg	Popularity	MSRP
0	BMW	1 Series M	2011	premium unleaded (required)	335.0	6.0	MANUAL	rear wheel drive	2.0	Factory Tuner,Luxury,High-Performance	Compact	Coupe	26	19	3916	46135
1	BMW	1 Series	2011	premium unleaded (required)	300.0	6.0	MANUAL	rear wheel drive	2.0	Luxury,Performance	Compact	Convertible	28	19	3916	40650
2	BMW	1 Series	2011	premium unleaded (required)	300.0	6.0	MANUAL	rear wheel drive	2.0	Luxury,High-Performance	Compact	Coupe	28	20	3916	36350
3	BMW	1 Series	2011	premium unleaded (required)	230.0	6.0	MANUAL	rear wheel drive	2.0	Luxury,Performance	Compact	Coupe	28	18	3916	29450
4	BMW	1 Series	2011	premium unleaded (required)	230.0	6.0	MANUAL	rear wheel drive	2.0	Luxury	Compact	Convertible	28	18	3916	34500

그림 2-15 데이터 로드

2) 데이터 사전 이해하기

데이터 확보 시 가장 먼저 확인해야 하는 사항은 각 변수(열)에 어떤 것이 있는지 확인하는 것이다. 일반적으로 데이터에는 데이터 사전data dictionary이 함께 제공된다. 데이터 사전은 데이터가 어디에서 왔는지, 어떻게 수집되었는지, 변수가 어떻게 정의되는지를 이해하는 데 결정적인 역할을 한다. 데이터 사전은 최종 분석 결과에서 인사이트의 깊이와 제안의 실용성까지도 영향을 줄 만큼 중요하다. 데이터에 대한 충분한 이해 없이 숫자만 보게 되면 숫자 그 이면에 있는 정보들을 놓칠 수 있다. 데이터 오류나 이상치, 결측치 처리를 판단할 때도 아주 중요한 역할을 하기 때문에 데이터 분석가로서 데이터 사전을 이해하는 것은 필수다.

데이터에 대해 충분히 이해하다는 것은 데이터의 도메인 지식을 확보해서 데이터로 표시된 숫자들이 각각 어떤 의미인지를 이해한다는 것이다.

> The data come from the Kaggle dataset Car Features and MSRP of Kaggle. It describes almost 12 000 car models sold in the USA between 1990 and 2018 with the market price (new or used) and some features. This study aims at performing some data manipulations and define a statistical model to predict the price of a car.

그림 2-16 데이터 설명[4]

---

4 https://www.kaggle.com/code/bryanb/simple-and-quick-eda#Conclusion

[그림 2-16]의 내용을 간단히 정리하자면 '이 데이터는 1990년에서 2018년 사이에 미국에서 판매된 약 1만 2천 개의 자동차 모델에 대한 시장 가격(신차 또는 중고)과 여러 특징을 설명한다'는 뜻이다. 각 열(변수)에 해당하는 내용은 다음과 같다.

- **make**: 제조사
- **model**: 자동차 모델명
- **year**: 자동차 연식
- **engine fuel type**: 연료 유형
- **engine hp**: 엔진 마력
- **engine cylinders**: 엔진 실린더(단위: 기통)
- **transmission type**: 변속기 유형
- **driven-wheels**: 구동 휠

- **number of doors**: 도어 수
- **market category**: 시장 카테고리
- **vehicle size**: 차량 크기
- **vehicle style**: 차량 유형
- **highway mpg**: 고속도로 연비
- **city mpg**: 도시 연비
- **popularity**: 인기도
- **msrp**: 제조사 권장 소비자 가격

세부적인 내용을 보지 않고 데이터 사전만 보더라도 어떤 데이터가 있는지 개략적으로 알 수 있다. 데이터 정의는 보통 데이터베이스에서 영어로 할당하기 때문에 한글보다는 영어 설명에 익숙해지는 것이 장기적으로 편하다.

3) 데이터 유형 확인하기

[그림 2-17]처럼 데이터프레임 df라는 변수 뒤에 dtypes를 입력하면 해당 데이터의 열별 데이터 타입을 볼 수 있다.

- **object**: 문자열 또는 혼합된 데이터 타입을 가지고 있는 열
- **int**: 정수 데이터 타입을 가지고 있는 열
- **float**: 부동 소수점 숫자 데이터 타입을 가지고 있는 열

```
df.dtypes

Make                object
Model               object
Year                 int64
Engine Fuel Type    object
Engine HP          float64
Engine Cylinders   float64
Transmission Type   object
Driven_Wheels       object
Number of Doors    float64
Market Category     object
Vehicle Size        object
Vehicle Style       object
highway MPG          int64
city mpg             int64
Popularity           int64
MSRP                 int64
dtype: object
```

그림 2-17 데이터 유형

object 데이터 타입은 문자열, 숫자, 날짜 등 다양한 데이터 유형을 포함할 수 있다. 이러한 열은 일반적으로 텍스트나 카테고리컬 데이터를 저장하는 데 사용된다. int 데이터 유형은 정수 데이터만을 저장할 수 있다. 이러한 열은 주로 카운트, 인덱스 또는 순서 데이터를 저장하는 데 사용된다. float 데이터 유형은 부동 소수점 숫자 데이터를 저장하는 데 사용된다. 이러한 열은 주로 실수 값과 관련된 데이터를 저장하는 데 사용된다.

> **참고**
>
> **데이터 종류**
>
> 데이터는 크게 범주형과 수치형 데이터로 나누어진다. 범주형 데이터는 순서 혹은 그룹으로 분류된 데이터로 명목형과 순서형으로 세부 구분되고, 수치형 데이터는 숫자 그 자체로 의미 있는 데이터로 이산형과 연속형으로 구분된다.
>
> | 대분류 | 소분류 | 설명 | 예시 |
> |---|---|---|---|
> | 숫자 | 이산형(discrete) | 숫자로 표현되지만 소수점으로는 표현되지 않는 데이터 | • 학생 수
• 사고 건수
• 주차장에 있는 차량 수 |
> | | 연속형(continuous) | 숫자로 표현되면서 소수점으로도 표현되는 데이터 | • 키
• 몸무게
• 시간 |
> | 텍스트 | 명목형(nominal) | 가능한 값이 두 개인 이진 데이터를 포함하여 순서를 정할 수 없고 셀 수 있는 데이터 | • 혈액형(A/B/O/AB)
• 성별(남성/여성) |
> | | 순서형(ordinal) | 순서가 명확한 데이터 | • 리커트 척도(5점/7점)
• 설문조사(매우 좋음/좋음/보통/나쁨/매우 나쁨) |
>
> **그림 2-18** 데이터 유형

데이터 정제

1) 사용하지 않는 열 삭제하기

분석 목적이 명확하다면 사용하지 않는 열을 삭제해두는 것이 분석할 때 도움이 된다. 엔진 연료 유형(Engine Fuel Type), 시장 카테고리(Market Category), 차량 스타일(Vehicle Style), 인기도(Popularity), 도어 수(Number of Doors), 차량 크기(Vehicle Size)와 같은 열은 현재 분석에 의미가 없다고 가정하고 삭제해보자.

drop이 열을 삭제하는 명령어이고 뒤에는 삭제하려는 열 이름들을 리스트 방식으로 넣으면 된다. axis=1은 열 방향을 의미하고 axis=0은 행 방향을 의미한다.

```
df = df.drop(['Engine Fuel Type', 'Market Category', 'Vehicle Style',
'Popularity', 'Number of Doors', 'Vehicle Size'], axis=1)
df.head(5)
```

```
df = df.drop(['Engine Fuel Type', 'Market Category', 'Vehicle Style', 'Popularity', 'Number of Doors', 'Vehicle Size'], axis=1)
df.head(5)
```

	Make	Model	Year	Engine HP	Engine Cylinders	Transmission Type	Driven_Wheels	highway MPG	city mpg	MSRP
0	BMW	1 Series M	2011	335.0	6.0	MANUAL	rear wheel drive	26	19	46135
1	BMW	1 Series	2011	300.0	6.0	MANUAL	rear wheel drive	28	19	40650
2	BMW	1 Series	2011	300.0	6.0	MANUAL	rear wheel drive	28	20	36350
3	BMW	1 Series	2011	230.0	6.0	MANUAL	rear wheel drive	28	18	29450
4	BMW	1 Series	2011	230.0	6.0	MANUAL	rear wheel drive	28	18	34500

그림 2-19 데이터 정제

2) 열 이름 변경하기

가능하면 열 이름 사이에 공백이 없도록 정리해준다. 열 이름에 공백이 있으면 파이썬에서 인식 오류가 발생할 수 있고, 한글인 경우 특히 그렇다. 공백이 꼭 필요하면 Engine_Cylinders 처럼 '_'를 추가하는 방식을 추천한다.

rename이 열 이름을 변경하는 명령어이고 여러 열 이름을 바꾸기 위해서는 '기존 열 이름' : '새로운 열 이름'과 같은 방식으로 작성한다.

```
df = df.rename(columns={"Engine HP": "HP", "Engine Cylinders": "Cylinders",
"Transmission Type": "Transmission", "Driven_Wheels": "Drive Mode","highway MPG":
"MPG-H", "city mpg": "MPG-C", "MSRP": "Price" })
df.head(5)
```

```
df = df.rename(columns={"Engine HP": "HP", "Engine Cylinders": "Cylinders", "Transmission Type": "Transmission", "Driven_Wheels": "Drive Mode","highway MP
df.head(5)
```

	Make	Model	Year	HP	Cylinders	Transmission	Drive Mode	MPG-H	MPG-C	Price
0	BMW	1 Series M	2011	335.0	6.0	MANUAL	rear wheel drive	26	19	46135
1	BMW	1 Series	2011	300.0	6.0	MANUAL	rear wheel drive	28	19	40650
2	BMW	1 Series	2011	300.0	6.0	MANUAL	rear wheel drive	28	20	36350
3	BMW	1 Series	2011	230.0	6.0	MANUAL	rear wheel drive	28	18	29450
4	BMW	1 Series	2011	230.0	6.0	MANUAL	rear wheel drive	28	18	34500

그림 2-20 열 이름 변경

3) 중복 행 삭제하기

shape은 데이터셋의 행과 열의 크기를 한눈에 볼 수 있게 해준다.

```
df.shape
```

```
df.shape
(11914, 10)
```

그림 2-21 행 확인

주어진 데이터셋의 경우 11914의 행과 10개의 열로 구성된 것을 볼 수 있다. 여기서 중복된 행을 확인하고 삭제해보자.

```
duplicate_rows_df = df[df.duplicated()]
print("number of duplicate rows: ", duplicate_rows_df.shape)
```

첫 번째 줄에서 df[df.duplicated()]는 판다스 데이터프레임 df의 .duplicated() 함수를 사용하여 중복 행을 식별한다. 이 함수는 각 행이 중복인지 여부를 (True/False) 방식으로 반환한다. 이 결과를 데이터프레임 df에 대한 인덱스로 전달하면 중복 행만 선택할 수 있다. 이것을 duplicate_rows_df라는 새 데이터프레임에 할당한다.

두 번째 줄에서 duplicate_rows_df.shape은 데이터프레임 duplicate_rows_df의 .shape 속성을 사용하여 데이터프레임의 행과 열의 개수를 가져온다. **print("number of duplicate rows: ", duplicate_rows_df.shape)**는 데이터프레임 df의 중복 행 수를 출력한다. print 문에서 괄호 안에 "문자", 할당한 변수(이 경우 duplicate_rows_df.shape)를 입력하면 문자와 변수에 대한 결과를 동시에 볼 수 있다.

```
duplicate_rows_df = df[df.duplicated()]
print("number of duplicate rows: ", duplicate_rows_df.shape)

number of duplicate rows:  (989, 10)
```

그림 2-22 중복된 행 확인

이 방식으로 duplicated 함수를 썼을 때 모든 행의 값이 동일한 중복된 행을 확인해보면 989 개의 행을 발견한 것을 알 수 있다. drop_duplicates 함수로 989개의 행을 삭제한다.

```
df = df.drop_duplicates()
df.head(5)
```

```
df = df.drop_duplicates()
df.head(5)
```

	Make	Model	Year	HP	Cylinders	Transmission	Drive Mode	MPG-H	MPG-C	Price
0	BMW	1 Series M	2011	335.0	6.0	MANUAL	rear wheel drive	26	19	46135
1	BMW	1 Series	2011	300.0	6.0	MANUAL	rear wheel drive	28	19	40650
2	BMW	1 Series	2011	300.0	6.0	MANUAL	rear wheel drive	28	20	36350
3	BMW	1 Series	2011	230.0	6.0	MANUAL	rear wheel drive	28	18	29450
4	BMW	1 Series	2011	230.0	6.0	MANUAL	rear wheel drive	28	18	34500

그림 2-23 중복된 행 확인

count 함수로 중복된 함수를 지운 후 현재 열 이름별로 몇 개의 값을 갖고 있는지 볼 수 있다.

```
df.count()
```

```
df.count()

Make            10925
Model           10925
Year            10925
HP              10856
Cylinders       10895
Transmission    10925
Drive Mode      10925
MPG-H           10925
MPG-C           10925
Price           10925
dtype: int64
```

그림 2-24 중복된 행 삭제 후 결과

기존 11914개의 행에서 989개가 삭제된 10925개의 행을 확인할 수 있다.

4) 결측치 처리하기

중복된 행 처리의 마지막 결과에서 HP와 Cylinder 열은 다른 열에 비해 값의 숫자가 다른 것을 보아 결측치가 있는 것처럼 보인다. 이때 결측치가 속한 행을 어떻게 처리할 것인지는 데이터를 가장 잘 이해하는 실무자의 도메인 지식과 경험에 따라 결정하는 것이 가장 좋지만, 일반적으로 다음과 같은 방법을 사용한다.

- **해당 행 삭제**: 결측치를 포함하는 열이 데이터를 이해하는 데 결정적인 영향을 주기 때문에 결측이 있을 경우 해당 행을 삭제할 수 있다. 표본이 줄어드는 문제가 발생할 수 있기 때문에 데이터가 충분히 많을 경우를 고려한다.
- **해당 열 삭제**: 결측치가 특정 열에 너무 많이 발생할 경우에는 해당 열을 삭제할 수 있다.
- **단순대치법**: 수치형인 경우 0 혹은 평균이나 중앙값으로 대체하고, 범주형인 경우 그룹별 최빈값을 사용한다. 결측치가 포함된 데이터를 분석할 때 결측치를 제거하지 않고 사용할 수 있기 때문에 가장 많이 사용하는 방법이다. 반대로 데이터의 정확도가 떨어질 수 있다는 단점도 있다.
- **하나의 행 중 결측치가 여러 개인 경우**: 결측치가 한 행에서 n개 이상이면 삭제하는 기준을 만들 수 있다.
- **KNN 보간법**: 결측치가 있는 데이터 포인트와 가장 가까운 이웃들을 사용하여 결측치를 추정한다.

주어진 데이터셋의 경우 1만 개의 값에 비해 결측치가 거의 100개(1%)에 가깝기 때문에 이는 무시할 수 있는 작은 숫자이므로 해당 값을 삭제했다.

isnull 함수는 전체 데이터셋에서 null이 있는지 없는지 여부를 확인해주고, 뒤에 열별로 sum 함수가 몇 개 있는지 계산해준다.

```
print(df.isnull().sum())

Make             0
Model            0
Year             0
HP              69
Cylinders       30
Transmission     0
Drive Mode       0
MPG-H            0
MPG-C            0
Price            0
dtype: int64
```

그림 2-25 결측치 확인

결측치가 얼마나 되는지 확인했고 삭제할 행을 정했다면, dropna 함수로 null을 삭제한다. 그리고 다시 계산했을 때 전체 행의 개수가 일치하는 것을 볼 수 있다.

```
▶  df = df.dropna()     # Dropping the missing values.
   df.count()

↳  Make             10827
   Model            10827
   Year             10827
   HP               10827
   Cylinders        10827
   Transmission     10827
   Drive Mode       10827
   MPG-H            10827
   MPG-C            10827
   Price            10827
   dtype: int64
```

그림 2-26 결측치 삭제 후 결과

5) 이상치 처리하기

이상치는 매우 높거나 매우 낮게 나오는 값들을 말한다. 예를 들어 키라는 열에 대부분
150~200cm 사이의 값이 있는데, 입력값 오류로 9999cm가 나왔다거나 100cm로 입력되어
있을 경우 일반 통계(평균, 표준편차 등)나 모델을 만들 때 정확도를 매우 떨어뜨린다. 따라서
이상치를 제거하는 것이 좋다. 보통 박스 플롯box plot을 사용하는 시각화를 통해 이상치를 확인
한다.

```
import seaborn as sns                    #visualisation
import matplotlib.pyplot as plt          #visualisation
```

- **sns로 씨본(seaborn) 가져오기**: 통계 데이터 시각화를 위해 널리 사용되는 씨본 라이브러리를 가져온다.
- **import matplotlib.pyplot as plt**: 파이썬에서 데이터 시각화를 만들기 위한 라이브러리인 matplotlib. pyplot 라이브러리를 가져온다.

sns.boxplot(x=해당 열)을 입력하면 다음과 같은 박스 플롯을 그릴 수 있다.

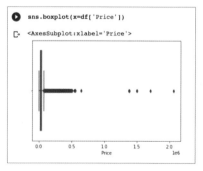

그림 2-27 가격(Price)의 박스 플롯

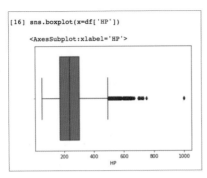

그림 2-28 엔진 마력(HP)의 박스 플롯

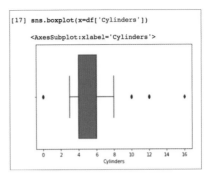

그림 2-29 실린더 개수(Cylinders)의 박스 플롯

 박스 플롯

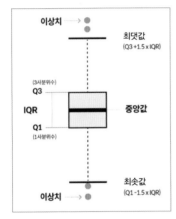

그림 2-30 박스 플롯

박스 플롯은 주로 데이터의 분포와 이상치를 시각적으로 파악할 때 사용되는 그래프다. 박스 플롯은 크게 최솟값(minimum), 제1사분위수(Q1, 25th percentile), 중앙값(median), 제3사분위수(Q3, 75th percentile), 최댓값(maximum)으로 나눌 수 있다. 박스 플롯은 이 값들을 그래프 상에 상자 형태로 나타내며, 이러한 상자를 통해 데이터 분포를 파악할 수 있다. 상자의 위쪽 끝은 Q3 값, 아래쪽 끝은 Q1 값이다. 상자 내부의 가운데 선은 중앙값을 나타낸다. [그림 2-27]의 박스 플롯은 [그림 2-30]과 달리 가로형으로 표현된 것을 볼 수 있는데, 씨본에서 sns.boxplot(x=칼럼명)으로 작성할 경우 가로형으로 시각화되고 sns.boxplot(y=칼럼명)으로 작성할 경우 세로형으로 시각화된다.

박스 플롯의 위와 아래에 그려진 선을 상자 밖으로 뻗어나가는 부분은 상자의 위와 아래에서 1.5배 이상 벗어난 값을 이상치로 간주한다. 상자의 크기가 작고 이상치의 수가 많으면 데이터가 퍼져 있는 분포를 가질 가능성이 크며, 상자의 크기가 크고 이상치의 수가 적으면 데이터가 밀집된 분포를 가질 가능성이 크다고 할 수 있다.

Q3 값과 Q1 값의 차이를 IQR(interquartile range)이라고 한다. 박스 플롯에서 이상치가 Q1 − 1.5 × IQR 이하의 값이나 Q3 + 1.5 × IQR 이상의 값으로 정의된다고 보면 다음 코드와 같이 파이썬으로 표현할 수 있다.

```
Q1 = df.quantile(0.25, numeric_only=True)
Q3 = df.quantile(0.75, numeric_only=True)
    df, IQR = df.align(IQR, axis=1)
IQR = Q3 - Q1
df = df[~((df < (Q1 - 1.5 * IQR)) |(df > (Q3 + 1.5 * IQR))).any(axis=1)]
df.shape
```

- **Q1 = df.quantile(0.25, numeric_only=True)**: quantile() 함수를 사용하여 데이터프레임 df의 첫 번째 사분위수(Q1)를 계산한다. Q1은 데이터의 25번째 백분위수를 나타낸다. numeric_only=True는 테이블 내에서 수치 데이터를 가진 열로 한정하는 파라미터다.

- **Q3 = df.quantile(0.75, numeric_only=True)**: quantile() 메서드를 사용하여 데이터프레임 df의 세 번째 사분위수(Q3)를 계산한다. Q3은 데이터의 75번째 백분위수를 나타낸다.

- **IQR = Q3 − Q1**: Q3에서 Q1을 빼서 데이터프레임 df의 사분위수 범위(IQR)를 계산한다.

- **df, IQR = df.align(IQR, axis=1)**: align 함수는 df 변수와 IQR 변수의 열(axis=1)을 따라 정렬하여 이후 발생하는 연산 열 간의 오류를 방지한다.

- **df = df[~((df 〈 (Q1 − 1.5 × IQR)) |(df 〉 (Q3 + 1.5 × IQR))).any(axis=1)]**: 데이터프레임 df의 이상치를 찾기 위해서 (Q1 − 1.5 × IQR)보다 작거나 (Q3 + 1.5 × IQR)보다 큰 값을 (True/False) 형태로 확인한다. axis=1.any() 함수는 이상치를 포함하는 행(True인 값)을 찾을 때 사용되는데 물결표 연산자(~)는 True인 것이 아닌 값, 즉 이상치가 아닌 값만 가져오게 되고 결과 데이터프레임은 df에 다시 할당된다.

- **df.shape**: 이상치를 제거한 후 데이터프레임의 행과 열 수를 나타내는 데이터프레임 df의 행과 열의 개수를 출력한다.

```
Q1 = df.quantile(0.25, numeric_only=True)
Q3 = df.quantile(0.75, numeric_only=True)
IQR = Q3 - Q1
print(IQR)
df, IQR = df.align(IQR, axis=1)
df = df[~((df < (Q1 - 1.5 * IQR)) |(df > (Q3 + 1.5 * IQR))).any(axis=1)]
df.shape

Year           9.0
HP           130.0
Cylinders      2.0
MPG-H          8.0
MPG-C          6.0
Price      21327.5
dtype: float64
(9191, 10)
```

그림 2-31 이상치 제거

[그림 2-31] 결과에서 가장 마지막 줄을 보면 9191개의 행이 남은 것을 볼 수 있는데, 총 10925개 중 1734개의 행이 이상치였던 것을 알 수 있다. 이 방법으로 제거하더라도 제거되지 않은 이상치가 있을 수 있지만 이렇게 일괄적으로 제거하는 방법을 알아두면 편리하다. 이상치 처리 방법도 단순히 해당 행을 삭제하는 방법 외에 0 혹은 평균이나 중앙값으로 대체하는 단순 대치법이나 KNN 보간법 등이 있다.

변수 분포 확인

1) 종속변수 분포 확인하기

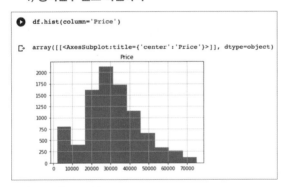

그림 2-32 히스토그램

- **df.hist()**: 판다스 데이터프레임 df의 .hist() 함수를 사용하여 데이터프레임의 모든 열에 대한 히스토그램을 생성한다.
- **column='Price'**: 히스토그램을 생성할 열을 지정한다. 여기서는 Price 열을 선택했다.

종속변수의 분포를 확인하는 것은 EDA의 기본이다. 특히 예측모델을 만들 때는 종속변수 분포를 보고 몇 가지 조치가 필요할 수 있다.

- **변환(transformation)**: 종속변수에 로그, 제곱근 등의 변환을 적용하여 분포를 정규 분포에 가깝게 만들 수 있다. 이 방식을 통해 모델의 예측력을 높일 수 있다.
- **적절한 모델 선택**: 종속변수의 분포가 비대칭이면 일반적인 선형회귀모델보다는 로지스틱회귀 모델, 의사결정나무 등의 비선형 모델을 고려할 수 있다. 비선형 모델들은 종속변수의 비대칭성을 처리할 수 있으며, 모델의 예측력을 향상시킬 수 있다.
- **샘플링 방법 변경**: 종속변수가 이진변수(binary), 즉 두 가지 종류(예. 합격/불합격, 남자/여자)로 나뉘는 상황에서 어느 한쪽의 변수만 일방적으로 많은 경우가 종종 발생한다. 이를 해결하기 위해서는 데이터를 추가 수집하거나 불균형 데이터 문제를 처리할 수 있는 언더샘플링 또는 오버샘플링 기법을 적용할 수 있다.

 참고 언더샘플링과 오버샘플링

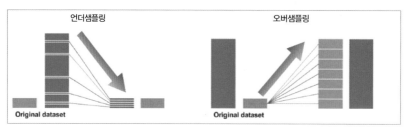

그림 2-33 언더샘플링과 오버샘플링

언더샘플링(undersampling)과 오버샘플링(oversampling)은 데이터셋에서 클래스(범주) 간 데이터 수에 불균형이 있을 때 사용하는 기법이다.

언더샘플링은 다수 클래스 데이터를 제거하여 데이터셋을 균형 잡힌 형태로 만드는 방법이다. 예를 들어 암 환자 데이터셋에서 정상인 데이터를 다수 클래스로 보유하고 있을 때, 일부 정상인 데이터를 제거하여 암 환자 데이터와 데이터 비율을 맞춰줄 수 있다. 데이터셋의 크기가 크거나 다수 클래스 데이터의 손실이 크게 영향을 주지 않을 때 사용된다.

오버샘플링은 소수 클래스 데이터를 복제하거나 인공적으로 생성하여 데이터셋을 균형 잡힌 형태로 만드는 방법이다. 앞선 예시에서 소수 클래스인 암 환자 데이터를 복제하여 데이터셋을 균형 잡힌 형태로 만들 수 있다. 데이터셋의 크기가 작거나 다수 클래스 데이터의 손실이 큰 문제가 발생할 때 사용된다.

언더샘플링과 오버샘플링은 머신러닝 모델의 성능 향상을 위해 사용한다. 데이터셋에서 클래스 간 데이터 수의 불균형이 심하면 학습된 모델은 다수 클래스에 대한 예측력이 높아져 소수 클래스를 정확하게 예측하지 못하는 경우가 발생할 수 있다. 따라서 언더샘플링과 오버샘플링을 사용하여 데이터셋을 균형 잡힌 형태로 만들어주면 모델의 성능 향상을 기대할 수 있다.

2) 단일 독립변수 분포 확인하기

히스토그램은 일정 구간에서 변수의 발생 빈도를 보여주기 때문에 단일 독립변수의 형태를 볼 때 적절하다. 주어진 데이터셋의 경우 주로 10개의 자동차 제조 회사가 있지만, 어떤 자동차 회사가 가장 많은 자동차를 보유하고 있는지 아는 것이 중요할 수 있다. 다음 히스토그램으로 각 회사에서 제조한 총 자동차의 수를 간단히 알 수 있다.

```
df.Make.value_counts().nlargest(40).plot(kind='bar', figsize=(10,5))
plt.title("Number of cars by make")
plt.ylabel('Number of cars')
plt.xlabel('Make');
plt.show()
```

데이터프레임 df에서 Make 변수의 값들을 카운트하고, 그 중 가장 빈도가 높은 상위 40개를 추출하여 바 플롯(kind='bar')으로 시각화했다.

- **df.Make.value_counts()**: Make 변수의 값들을 카운트한다.
- **nlargest(40)**: 가장 빈도가 높은 상위 40개의 값을 추출한다.
- **plot(kind='bar', figsize=(10,5))**: kind='bar'는 바 플롯을 의미하며, figsize는 그래프의 크기를(가로, 세로)로 지정한다.
- **plt.show( )**: 그래프를 출력한다.

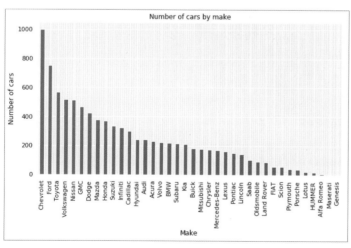

그림 2-34 독립변수 히스토그램

3) 종속변수와 독립변수 관계 확인하기

일반적으로 산점도^{scatter plot}를 사용하여 두 변수 간의 상관관계를 찾는다. 여기에서는 마력과 가격 사이에 분산형 차트를 그려볼 수 있다.

```python
fig , ax = plt.subplots(figsize=(10,6))
ax.scatter(df['HP'], df['Price'])
ax.set_xlabel('HP')
ax.set_ylabel('Price')
plt.show()
```

- **fig, ax = plt.subplots(figsize=(10,6))**: 새로운 그래프와 x축, y축을 생성하고 크기를 (10,6)으로 지정한다.
- **ax.scatter(df['HP'], df['Price'])**: HP 변수와 Price 변수 간의 산점도를 그린다.
- **ax.set_xlabel('HP')**: x축 레이블을 'HP'로 지정한다.
- **ax.set_ylabel('Price')**: y축 레이블을 'Price'로 지정한다.
- **plt.show()**: 그래프를 출력한다.

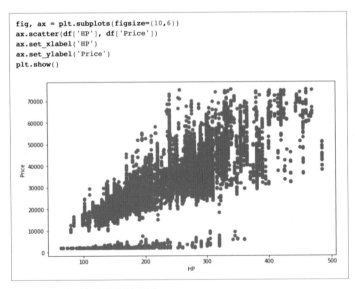

그림 2-35 종속변수와 독립변수 관계

여러 변수 간의 관계를 찾는 가장 좋은 방법 중 하나는 히트맵^{heatmap}을 사용하는 것이다. 히트맵은 상관관계의 크기를 색상으로 나타내며, 대각선을 기준으로 대칭으로 나타난다.

```
plt.figure(figsize=(10,5))
c= df.corr(numeric_only=True)
sns.heatmap(c,cmap="BrBG",annot=True)
c
```

- **plt.figure(figsize=(10,5))**: 새로운 그래프를 생성하고, 크기를 (10,5)로 지정한다.
- **c = df.corr(numeric_only=True)**: 데이터프레임의 수치형 데이터 열 중에서 각 변수 간의 상관관계를 구한다.
- **sns.heatmap(c, cmap="BrBG", annot=True)**: 상관관계 행렬을 heatmap으로 시각화한다. cmap으로 색상 맵을 지정할 수 있으며, annot은 heatmap 위의 값 표시 여부를 결정한다.

다음 히트맵에서 종속변수인 가격(Price) 변수는 주로 마력(HP), 엔진 크기(Cylinders) 및 연식(year)에 따라 달라지는 것을 알 수 있다.

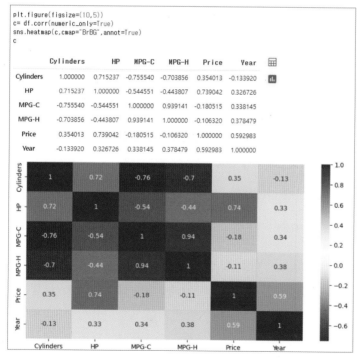

그림 2-36 히트맵

2.6 분석 방법 결정 및 해석/검증

지금까지 분석 목표를 정하고 데이터를 선정했다. 이번 절에서는 주어진 데이터에 따른 분석 방법과 그에 따른 해석 및 검증을 함께 다룬다.

아무리 멋진 분석 결과를 가져왔다고 하더라도 분석한 내용을 모두 설명하기에는 우리에게 주어진 보고 시간이 한정적이다. 그리고 보고를 받는 사람 또한 요점만 간단히 듣길 원한다. 그러므로 명확한 메시지를 줄 수 있는 것 위주로 뽑는다. 데이터 드리븐 보고를 화려하거나 복잡한 분석이라고 생각할 수도 있지만, 실제로는 분석 목표와 주어진 데이터에 따라 간단한 시각화만으로 끝나는 경우도 많다. 상관관계가 높게 나온 데이터 중 인과관계를 검증하거나 영향력 또는 특정 변수를 예측할 필요가 있다면 추론분석 혹은 예측분석 단계로 넘어간다.

예를 들어 '최근 의대를 지망하는 고3 수험생들이 늘어나고 있고, 강남 8학군 학생들의 의대 합격 비율이 높다'라는 신문 기사를 접했다고 가정하자. 당신은 '강남 8학군 학생들의 수능 점수가 다른 지역 학생들의 점수보다 뛰어난 이유는 학원을 많이 다녀서일까?'라는 질문을 가지고 데이터 분석을 시작한다. 먼저 강남 8학군 학생들과 다른 지역 학생들의 수능 점수와 평균 학원 개수에 대한 기초 통계를 봤더니, 강남 8학군 학생들의 평균 점수가 다른 지역 학생들의 점수보다 높아 보인다(기술통계). 하지만 여기서 또 질문이 생긴다. 과연 학원 개수가 증가하면 수능 점수도 향상하는가(상관관계 분석)? 분석 결과 상관관계가 크진 않았지만, 2022년도 이전과 이후 두 그룹으로 나누면 2022년도 이전까지는 강남 8학군 학생들의 학원 개수가 증가할수록 수능 점수도 증가하는 것을 보였다(EDA). 2022년도 이전과 이후 그룹을 나눠서 강남 8학군 학생과 다른 지역 학생들의 수능점수를 차트로 보여주었다(시각화). 하지만 우연히 나타난 결과일 수 있으므로 가설검정을 통해 '학원 개수가 증가할수록 수능 점수가 높아진다'라는 가설의 진위를 테스트했다(가설검정). 가설검정을 통해 우연히 발생한 것이 아니라는 결과를 얻었고, 그렇다면 학원 개수가 한 개 더 증가할수록 대체 수능 점수에 얼마나 영향을 줬는지 궁금해졌다(단순회귀분석). 또한 학원 개수뿐 아니라 당연히 다른 요소도 수능 점수에 영향을 줄 것 같았고, 그중 하나로 수면 시간을 떠올려 학원 개수와 함께 수면 시간의 영향력도 분석해 보았다(다중회귀분석). 꼬리에 꼬리를 무는 추가 질문은 '결국 학원 개수와 수면 시간이 어느 정도 되어야 의대에 합격할 수 있는가'다. 합격 여부를 예측하는 모델을 만들어보았다(예측모델). 마지막으로 강남 8학군 학생들이 공부하면서 어떤 것에 가장 관심이 많고, 의대를 목표로 하는 이유가 무엇인지에 대한 설문조사 결과를 주제별로 자동 분류해보았다(토픽 모델링).

이렇게 내가 궁금한 질문에 따라 적합한 분석 방법을 [그림 2-37]처럼 적용해볼 수 있다.

강남 8학군 학생들의 수능 점수와 평균 학원 개수	→ 기술통계
학원 개수와 수능 점수는 연관이 있는가?	→ 상관분석
그룹별로 쪼개서 볼 필요가 있지 않은가?	→ EDA
눈으로 비교해볼까?	→ 시각화
우연히 나타난 거 아니야?	→ 가설검정
어느 정도 영향을 준 거야?	→ 단순회귀분석
학원 개수 이외에 수면 시간도 영향이 있지 않을까?	→ 다중회귀분석
누가 의대에 합격할까?	→ 예측모델
강남 8학군 학생들의 관심사 서술형 설문조사 결과 주제별 구분	→ 토픽 모델링

그림 2-37 주제별 분석 방법 종류

2.6.1 기본 통계

기술통계

기술통계는 데이터의 주요 특성과 패턴을 이해하는 데 도움이 되는 데이터에 대한 간결한 요약을 제공하므로 사용자가 쉽게 이해할 수 있도록 돕는 중요한 역할을 한다. 기술통계는 데이터의 중심 경향과 변동성 및 분포를 분석하여 이상치를 식별하고, 데이터 품질을 결정하고, 기본 모집단에 대한 가설을 수립하는 데 도움이 된다. 이를 통해 의사결정자는 데이터의 핵심 특징을 빠르게 파악하고 분석에서 얻은 인사이트를 바탕으로 정보에 입각한 의사결정을 내릴 수 있다.

레드 와인 품질 관련 데이터셋을 가져와서 기술통계를 연습해보자.

```
import pandas as pd
import numpy as np
import seaborn as sns
import matplotlib.pyplot as plt

%matplotlib inline
```

```
df = pd.read_csv('https://archive.ics.uci.edu/ml/machine-learning-databases/wine-
quality/winequality-red.csv', sep=';')

# Calculate descriptive statistics for each column
stats = df.describe().round(2)

# Add additional statistics for each column
stats.loc['range'] = stats.loc['max'] - stats.loc['min']
stats.loc['var'] = df.var().round(2)
stats.loc['skew'] = df.skew().round(2)
stats.loc['kurtosis'] = df.kurtosis().round(2)

# Print the results
print(stats)
```

- **import numpy as np**: 행렬이나 다차원 배열을 쉽게 처리할 수 있도록 지원하는 라이브러리다. 보통 np
  로 축약해서 사용한다.

- **df = pd.read_csv('https://archive.ics.uci.edu/ml/machine-learning-databases/
  wine-quality/winequality-red.csv', sep=';')**: pandas read_csv() 함수를 사용하여 웹으로부
  터 csv 파일을 읽는다. 해당 파일은 레드 와인 품질의 데이터셋을 가리키고 sep은 csv 파일의 값이 세미콜
  론(;)으로 구분되도록 지정하는 데 사용된다.

- **stats = df.describe().round(2)**: 판다스 데이터프레임의 .describe() 함수를 사용하여 데이터프레
  임 df의 각 열에 대한 기술통계를 계산한다. 결과 데이터프레임은 소수점 이하 두 자리로 반올림되고 stats라
  는 새 데이터프레임에 할당된다.

- **stats.loc['range'] = stats.loc['max'] - stats.loc['min']**: 범위(range: 최댓값과 최솟값의 차이)
  를 계산한다. 각 열에서 해당하는 범위(range)의 값을 구하는데, loc[] 함수를 사용하여 stats 데이터프레
  임에 새 행을 만들고 각 열의 min 값에서 max 값을 뺀 값을 저장한다.

- **stats.loc['var'] = df.var().round(2)**: 데이터프레임 df의 각 열에 대한 분산을 계산한다. 데이터프레
  임의 .var() 함수를 사용해서 결괏값은 소수점 둘째 자리에서 반올림된다. 분산 값은 .loc[] 함수를 사용하여
  stats 데이터프레임에 새 행으로 추가된다.

- **stats.loc['skew'] = df.skew().round(2)**: 데이터프레임 df의 각 열에 대한 왜도를 계산한다. 데이터
  프레임의 .skew() 함수를 사용하고 결괏값은 소수점 둘째 자리에서 반올림된다. 왜도값은 .loc[] 함수를 사
  용하여 stats 데이터프레임에 새 행으로 추가된다.

- **stats.loc['kurtosis'] = df.kurtosis().round(2)**: 데이터프레임 df의 각 열에 대한 첨도를 계산한다.
  데이터프레임의 .kurtosis() 함수를 사용하고 결괏값은 소수점 둘째 자리에서 반올림된다. 첨도값은 .loc[]
  메서드를 사용하여 stats 데이터프레임에 새 행으로 추가된다.

- **print(stats)**: 원래 데이터프레임 df의 각 열에 대한 기본 설명 통계, 범위, 분산, 왜도 및 첨도를 포함하는 결과 데이터프레임 stats를 보여준다.

	fixed acidity	volatile acidity	citric acid	residual sugar
count	1599.00	1599.00	1599.00	1599.00
mean	8.32	0.53	0.27	2.54
std	1.74	0.18	0.19	1.41
min	4.60	0.12	0.00	0.90
25%	7.10	0.39	0.09	1.90
50%	7.90	0.52	0.26	2.20
75%	9.20	0.64	0.42	2.60
max	15.90	1.58	1.00	15.50
range	11.30	1.46	1.00	14.60
var	3.03	0.03	0.04	1.99
skew	0.98	0.67	0.32	4.54
kurtosis	1.13	1.23	-0.79	28.62

그림 2-38 기술통계

 참고 기술통계의 기본 용어

1. 중앙 경향성 측정
- **합계(count)**: 열에 있는 모든 값의 개수
- **평균(mean)**: 열에 있는 값의 산술 평균
- **중앙값(median)**: 값을 큰 순서대로 정렬했을 때 열의 중간 값(50%)
- **모드(mode)**: 열에 있는 값에서 가장 자주 발생하는 값
- **사분위수(quartile)**: 데이터 집합을 네 개의 동일한 부분으로 나눈 값. 사분위수는 Q1(25%), Q2(중앙값, 50%) 및 Q3(75%)로 구성

2. 분산 측정값
- **분산(variance)**: 열에 있는 값이 평균과 얼마나 다른지 측정하는 값. 각 값과 평균 간의 제곱 차이의 평균으로 계산
- **표준편차(standard deviation)**: 분산의 제곱근. 데이터의 일반적인 변동량
- **최솟값(min)**: 열에 있는 값에서 가장 작은 값
- **최댓값(max)**: 열에 있는 값에서 가장 큰 값
- **범위(range)**: 열에 있는 값의 최댓값과 최솟값 사이의 차이

3. 왜곡도 측정값
- **왜도(skewness)**: 열에서 값 분포의 비대칭성을 측정하는 값. 양수 기울기는 데이터가 오른쪽으로 기울어져 있음을 나타내고(오른쪽 꼬리가 더 길어짐), 음수 기울기는 데이터가 왼쪽으로 기울어져 있음을 표현(왼쪽 꼬리가 더 길어짐)
- **첨도(kurtosis)**: 열에서 값 분포의 최고점을 측정하는 척도. 양수 첨도값은 데이터가 정규 분포보다 첨도가 높음을 나타내고, 음수 첨도값은 데이터가 정규 분포보다 첨도가 낮음을 나타냄

상관관계

상관관계는 한 변수와 다른 변수가 어느 정도 관련성을 갖고 같이 변화하는지를 수치로 보고싶을 때 사용한다. 각 변수가 수치형 데이터일 때 적용할 수 있다. corr() 함수를 사용하여 상관관계 행렬을 계산한다. 데이터프레임의 모든 열 쌍 간의 쌍별 상관관계를 보여주는 행렬이다. 다음으로 씨본 라이브러리의 heatmap() 함수를 사용하여 히트맵을 생성한다. 히트맵은 상관관계 행렬의 시각화이며 각 셀은 두 변수 간의 상관관계를 나타낸다. annot=True 매개변수는 각 셀에 상관관계의 수치 값을 추가하고, cmap='coolwarm' 매개변수는 히트맵의 색 구성표를 파란색-빨간색으로 설정하며, 파란색은 음의 상관관계를 나타내고 빨간색은 양의 상관관계를 나타낸다. 마지막으로 plt.figure(figsize=(12, 10)) 명령은 차트의 크기를 12x10인치로 설정하고 plt.show()는 히트맵을 화면에 표시한다. 이를 통해 와인 품질 데이터셋의 여러 속성 간의 상관관계를 시각화하고 어떤 속성이 서로 더 강하거나 약한 관계를 갖는지에 대한 인사이트를 얻을 수 있다.

```
# Compute the correlation matrix
corr = df.corr()

# Generate a heatmap to visualize the correlation matrix
plt.figure(figsize=(12, 10))
sns.heatmap(corr, annot=True, cmap='coolwarm')
plt.show()
```

히트맵을 분석하면 데이터 집합의 다양한 특징 간의 관계에 대한 인사이트를 얻을 수 있다. 색깔이 진한 쪽이 상관관계가 강하다고 볼 수 있다. [그림 2-39]에서 알코올 함량(alcohol)은 와인의 품질(quality)과 강한 양의 상관관계가 있는 반면, 휘발성 산도(volatile acidity)는 와인의 품질과 강한 음의 상관관계가 있음을 알 수 있다. 이는 알코올 함량과 휘발성 산도가 와인의 품질을 예측할 때 고려해야 할 중요한 요소임을 시사한다.

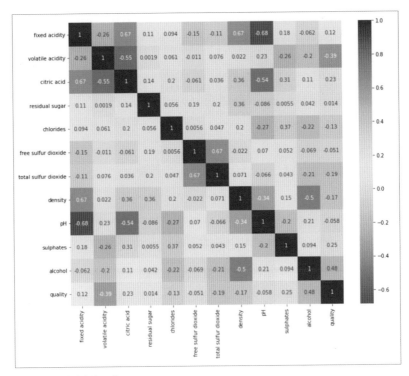

그림 2-39 상관관계 그래프

> **참고**
>
> ### 상관관계와 인과관계

상관관계는 두 가지가 어떤 식으로든 서로 연관되어 있는 것을 말한다. 예를 들어 학생의 키와 신발 사이즈 사이에 관계가 있는지 알아보고 싶다고 가정해보자. 학생 그룹의 키와 신발 사이즈를 측정한 결과, 학생의 키가 커질수록 신발 사이즈도 커지는 경향이 있었다. 이것은 양의 상관관계의 예로, 한 가지가 증가하면 다른 것도 증가하는 것이다.

그러나 두 가지에 상관관계가 있다고 해서 한 가지가 다른 한 가지를 유발한다는 의미는 아니다. 예를 들어 한 해변의 마을에서 아이스크림 판매량과 상어 공격 횟수 사이에 상관관계를 발견했다고 가정해보자. 아이스크림 판매량이 증가하면 상어가 공격하는 횟수도 증가하는 경향이 있는 것으로 보인다. 하지만 아이스크림이 상어 공격의 원인이라고 단정할 수는 없다. 더운 날에는 아이스크림을 사서 수영을 하러 해변에 가는 사람이 많아져 상어 공격이 늘어날 수 있다는 등 충분히 다른 요인이 있을 수 있다.

반면 인과관계는 한 가지가 실제로 다른 것을 유발한다는 것을 의미한다. 예를 들어 흡연은 폐암을 유발한다는 것이 과학적으로 입증됐다는 것은 확실한 인과관계를 말해준다.

요약하면 상관관계는 두 가지 사실이 어떤 식으로든 서로 관련되어 있다는 것을 의미하고 인과관계는 한 가지가 실제로 다른 것을 유발한다는 것을 의미한다. 두 사실이 관련 있다고 해서 한 가지가 다른 것을 유발한다는 의미는 아니기 때문에 상관관계와 인과관계를 구별하는 것이 중요하다.

2.6.2 가설검정

2.3절에서 설정한 분석 목표(가설)를 2.5.2절 혹은 2.6.1절을 통해 주어진 데이터에 적용해보고, 과연 우연히 발생한 것인지 확인하는 과정이 가설검정이다.

아침 식사를 하는 학생이 그렇지 않은 학생보다 시험 성적이 더 좋은지 알고 싶다고 가정해보자. '아침 식사를 하는 학생은 그렇지 않은 학생보다 시험 성적이 더 좋을 것이다'라는 가설을 세울 수 있다. 가설을 테스트하기 위해 학생들에게 아침 식사 여부를 묻고 시험 점수를 살펴봄으로써 데이터를 수집한다. 그런 다음 가설검정을 통해 가설을 뒷받침하는 증거가 있는지 확인한다. 아침 식사를 하는 학생이 실제로 시험 성적이 더 좋다는 사실을 발견하면 이 정보를 사용하여 의사결정을 내릴 수 있다. 예를 들어 학업 성취도를 높이기 위해 학교가 모든 학생에게 아침 식사를 제공하는 것을 권장할 수 있다.

귀무가설과 대립가설

'아침 식사를 하는 학생은 그렇지 않은 학생보다 시험 성적이 더 좋을 것이다'의 가설검정 시 필수적인 것이 바로 귀무가설과 대립가설이다. 우리가 증명하려는 가설을 대립가설(H_1)이라고 하고 이 대립가설이 증명되지 않았을 때 원래 상태나 현재 믿어지는 가설로 돌아가는 가설을 귀무가설(H_0)이라고 한다. 이 가설검정에서 증명하고 싶은 가설, 즉 대립가설은 '아침 식사를 하는 학생은 그렇지 않은 학생보다 시험 성적이 더 좋을 것이다'이고 귀무가설은 '아침 식사를 하는 학생과 그렇지 않은 학생의 시험 성적은 차이가 없을 것이다'가 된다.

유의 수준

가설 테스트에서 유의 수준을 설정하는 것은 가설을 증명하는 데 필요한 증거의 양을 결정하는 것과 같다. 나와 친구 중 누가 농구를 더 잘하는지 알고싶어 1 대 1 게임을 한다고 가정해보자. 30점 내기를 했지만 서로 간에 10점 이상 차이가 나면 그 순간 게임이 종료되고 점수가 높은 사람이 이기는 것으로 한다. 만약 여기서 9점 이하로 내가 이긴 경우, 친구는 너무 접전이었기 때문에 우연히 졌다고 생각할 가능성이 있다. 하지만 10점 이상으로 이겼다면 친구는 더 이상 나의 농구 실력을 반박하기 어려울 것이다.

마찬가지로 가설 테스트에서 분석가는 분석을 수행하기 전에 유의 수준을 결정한다. 유의 수준은 일반적으로 0.05로 설정되는데, 이는 분석가가 5%의 틀릴 확률로 귀무가설을 거부할 수 있을 만큼 강력한 증거를 찾아야 한다는 것을 의미한다.

즉 가설검정에서 증거의 척도인 p-값이 0.05 미만이면 연구자는 귀무가설을 거부하고 연구 가설을 뒷받침하는 강력한 증거가 있다고 결론을 내릴 수 있다. 그러나 p-값이 0.05보다 크면 연구자는 귀무가설을 거부할 수 없으며 연구 가설을 뒷받침할 증거가 충분하지 않다는 결론을 내려야 한다.

p-값 계산

가설 테스트에서 p-값을 계산하는 것은 중요하다. 표본(샘플)에서 얻은 결과가 단순히 우연에 의한 것인지 아니면 두 그룹 간에 실제 차이가 있는지 판단하는 데 도움이 된다.

여학생과 남학생의 평균 키가 다른지 테스트하고 싶다고 가정해보자. 여학생과 남학생 각각 50명의 샘플을 수집하여 키를 측정한다. 각 그룹의 평균 키를 계산한 결과 여학생의 평균 키는 165cm이고 남학생의 평균 키는 176cm라는 것을 알 수 있었다.

p-값을 계산하기 위해 t-검정$^{t-test}$이라는 통계적 방법을 사용한다. t-검정은 여학생과 남학생의 평균 키가 우연히 차이가 날 확률을 알려주는데 여기서 유의 수준을 0.05로 설정하겠다. t-검정을 계산한 결과 p-값이 0.03이라고 가정해보자. 0.03의 의미는 여학생과 남학생의 키 차이가 무작위적인 우연에 의한 것일 확률이 3%에 불과하다는 것을 의미한다. 즉 그 차이가 우연일 가능성은 매우 낮으며 두 그룹 사이에 실제로 차이가 있다고 더 확신할 수 있다. p-값이 0.10이라면 우리가 보는 차이가 무작위적인 우연에 의한 것일 확률이 10%라는 것을 의미한다. 즉 p-값을 계산하면 표본에서 얻은 결과가 신뢰할 수 있는지, 더 큰 모집단에 대한 결론을 도출할 수 있는지 여부를 판단하는 데 도움이 된다.

결과 분석

두통약이 실제로 두통 환자에게 도움이 되는지 테스트하고 싶다고 가정해보자. 두통이 있는 일부 사람들에게는 약을, 일부 사람들에게는 가짜 약을 투여하여 데이터를 수집한다. 각 그룹에서 두통이 사라진 사람의 수를 측정하고 수집한 데이터를 사용하여 p-값을 계산한다. 유의 수준을 0.05라고 가정하고 p-값이 0.05보다 작으면 이 약이 실제로 두통에 도움이 된다는 결론을 내릴 수 있고, 두통이 있는 사람들을 돕기 위해 이 약을 사용할 수 있다. 하지만 p-값이 0.05보다 큰 약의 효과 여부를 확신할 수 없으므로 더 많은 테스트가 필요할 수 있다.

따라서 p-값과 유의 수준은 데이터 드리븐 보고에 결정적인 역할을 하고 의사결정자가 선택하는 데 큰 도움을 준다.

가설검정 방법

가설검정 방법은 통계학에서 주어진 데이터가 어떠한 가설을 지지하는지 평가하는 기법이다. 이 방법을 통해 과학자, 연구자, 분석가들은 해결하고자 하는 가설에 대한 타당성을 검증할 수 있다. 가설검정은 보통 귀무가설null hypothesis과 대립가설alternative hypothesis을 설정하고, 수집한 데이터를 통해 귀무가설이 기각될지 아니면 받아들여질지를 결정한다.

분석 방법	데이터 형식
일표본 t-검정	하나의 변수에 대한 측정값
이표본 t-검정	두 개의 변수에 대한 측정값
대응표본 t-검정	두 개의 관련된 변수에 대한 측정값
카이제곱검정	두 개 이상의 범주형 변수에 대한 도수 분포
분산분석검정	하나의 연속형 변수와 하나 이상의 범주형 변수에 대한 측정값
회귀분석	두 개 이상의 연속형 변수에 대한 측정값

그림 2-40 가설검정 방법

일표본 t-검정(one sample t-test)

일표본 t-검정은 표본 평균을 알려진 모집단 평균과 비교하는 데 사용되는 통계검정 방법이다. 표본 평균과 모집단 평균 사이에 유의미한 차이가 있는지 판단하는 데 사용한다.

특정 학교 학생의 평균 키가 전국 학생의 평균 키와 유의미한 차이가 있는지 알고 싶다고 가정해보자. 일표본 t-검정을 사용하여 표본 평균(특정 학교 학생의 키)을 모집단 평균(전국 학생의 평균 키)과 비교할 수 있다. 파이썬을 활용하면 간단히 검정할 수 있다. 특정 학교 학생의 키를 나타내는 20개의 관찰 데이터 집합이 있고, 전국 학생의 평균 키가 175cm라는 가설을 테스트하려고 한다. 이를 위해 일표본 t-검정을 사용한다.

먼저 필요한 라이브러리를 가져온다.

```
import pandas as pd
import numpy as np
from scipy.stats import ttest_1samp
```

다음으로 특정 학교에 재학 중인 학생 20명의 키가 포함된 데이터를 가져온다.

```
heights = [165, 170, 175, 180, 165, 170, 165, 175, 170, 175, 180, 180, 165, 170,
170, 170, 175, 170, 175, 180]
```

넘파이를 사용하여 np.mean을 활용해 샘플 평균을 계산할 수 있다.

```
sample_mean = np.mean(heights)
print("Sample mean:", sample_mean)
```

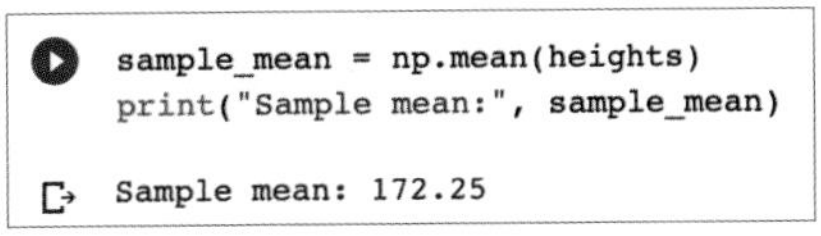

```
sample_mean = np.mean(heights)
print("Sample mean:", sample_mean)

Sample mean: 172.25
```

그림 2-41 키 샘플 평균

특정 학교에 재학 중인 학생 20명의 평균이 172.25cm라는 것을 알 수 있다. 그렇다면 전국 학생의 평균 키가 175cm라고 가정해보자. 표본 평균이 모집단 평균과 유의하게 다른지 확인하기 위해 일표본 t-검정을 수행한다.

```
t_statistic, p_value = ttest_1samp(heights, 175)

print("t-statistic:", t_statistic)
print("p-value:", p_value)
```

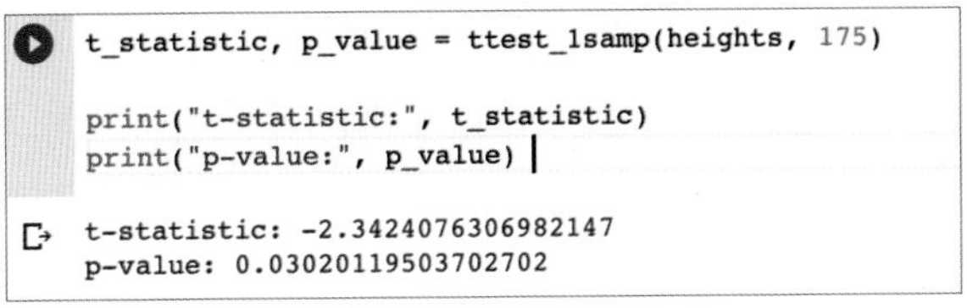

```
t_statistic, p_value = ttest_1samp(heights, 175)

print("t-statistic:", t_statistic)
print("p-value:", p_value)

t-statistic: -2.3424076306982147
p-value: 0.03020119503702702
```

그림 2-42 일표본 t-검정 결과

t-검정통계량은 −2.34, p-값은 0.03이 나왔다. t-검정통계량은 표본 평균과 모집단 평균의 차이를 표준 오차 단위로 측정한 값이다. p-값은 귀무가설(특정 학교 학생의 평균 키가 전국 학생의 평균 키와 차이가 없다)이 참이라고 가정할 때 관찰한 값보다 극단적이거나 더 극단적인 t-검정통계량을 얻을 확률이다. 이 예시에서 p-값이 0.05(일반적으로 사용되는 유의 수준)보다 작으므로 귀무가설을 기각하고 특정 학교 학생의 평균 키가 전국 학생의 평균 키와 유의미하게 다르다는 결론을 내릴 수 있다.

이표본 t-검정(two sample t-test)

이번에는 두 학생 그룹인 A그룹과 B그룹의 평균 키를 비교한다고 가정해보자. 넘파이의 random 모듈을 사용하여 두 그룹을 만들어보자.

```python
import numpy as np
np.random.seed(14)

# Generate heights for Group A and Group B
group_a_heights = np.random.normal(160, 10, 30)
group_b_heights = np.random.normal(170, 8, 25)
```

평균 160cm, 표준편차 10cm인 그룹 A에 대해 30개의 키 데이터를 랜덤으로 생성하고 평균 170cm, 표준편차 8cm인 그룹 B에 대해 25개의 키 데이터를 랜덤으로 생성한 다음 이 두 그룹의 평균 키에 통계적으로 유의미한 차이가 있는지 확인하려고 한다. np.random.seed(숫자)는 무작위로 나오는 숫자의 결과를 특정한 값으로 고정해주는 역할이다. 다른 사람들도 무작위로 숫자로 뽑았을 때 같은 결과를 보게 하는 데 도움을 준다. 이를 위해 이표본 t-검정을 사용한다.

```python
from scipy.stats import ttest_ind

# Perform two-sample t-test
t_stat, p_val = ttest_ind(group_a_heights, group_b_heights)

# Print the results
print("T-statistic:", t_stat)
print("P-value:", p_val)
```

scipy.stats 모듈의 ttest_ind 함수는 그룹 A와 그룹 B의 데이터에 대해 이표본 t-검정을 수행한다. t-검정통계량은 두 그룹의 평균 차이를 나타내고 평균 차이의 표준 오차로 표준화된다. t-검정통계량이 0보다 크면 그룹 B가 그룹 A보다 평균이 더 높음을 나타내고 0보다 작으면 그 반대를 나타낸다.

p-값은 귀무가설(두 그룹 평균 사이에 차이가 없다는 가설)이 참이라고 가정할 때 계산된 것과 같은 극단적인 t-검정통계량이 관찰될 확률을 나타낸다. p-값이 작으면(일반적으로 0.05 미만) 관찰된 평균 차이가 우연에 의한 것일 가능성이 낮다는 것을 나타내며 귀무가설을 기각한다.

```python
from scipy.stats import ttest_ind

# Perform two-sample t-test
t_stat, p_val = ttest_ind(group_a_heights,
group_b_heights)

# Print the results
print("T-statistic:", t_stat)
print("P-value:", p_val)

T-statistic: -3.069892982872516
P-value: 0.0033731880990274534
```

그림 2-43 이표본 t-검정 결과

이 예시에서는 t-검정통계량이 -3.07이고 p-값이 0.0034가 나왔다. 이는 그룹 B의 평균 키가 그룹 A의 평균 키보다 유의 수준 0.05에서 유의미하게 높다는 것을 의미한다. 따라서 두 그룹의 키에 통계적으로 유의미한 차이가 있다는 결론을 내릴 수 있다.

대응표본 t-검정(paired sample t-test)

새로운 교육 프로그램이 특정 업무에서 직원의 성과를 향상시킨다는 가설을 테스트하고 싶다고 가정해보자. 교육 프로그램 전후에 직원 10명의 성과를 측정하고 점수에 유의미한 차이가 있는지 확인하고자 한다. 이를 위해 대응표본 t-검정을 사용할 수 있다.

먼저 필요한 라이브러리를 가져온다.

```python
import numpy as np
from scipy.stats import ttest_rel
```

두 개의 점수 배열이 있는데, 하나는 훈련 프로그램 전의 점수를 나타내고 다른 하나는 훈련 프로그램 후의 점수를 나타낸다.

```
before_scores = np.array([62, 75, 85, 79, 67, 74, 80, 60, 65, 72])
after_scores = np.array([72, 78, 91, 85, 70, 80, 88, 65, 70, 82])
```

그런 다음 scipy.stats 라이브러리의 ttest_rel() 함수를 사용하여 대응표본 t-검정을 수행한다.

```
t_statistic, p_value = ttest_rel(before_scores, after_scores)
print("t-statistic:", t_statistic)
print(f"p-값:{p_value:0.5f}")
```

ttest_rel() 함수는 두 개의 변수를 필요로 하는데, 이 예제에서는 훈련 프로그램 전의 점수 배열(before_scores)과 훈련 프로그램 후의 점수 배열(after_scores)을 입력한 후 실행한다.

print(f"p-값:{p_value:0.5f}")에서 print 다음에 나오는 f는 f-string 포맷이라고 하는데, 중괄호({}) 안의 변수를 내가 원하는 방식으로 출력할 때 쓰인다. p_value:0.5f에서 0.5f는 p_value 변수를 소수점 아래 다섯 자리로 포매팅하여 출력하라는 의미다.

t-검정통계량은 쌍을 이룬 관측값 간의 평균 차이가 0에서 얼마나 떨어져 있는지를 나타내는 표준 오차 측정값이다. p-값은 귀무가설(즉 쌍을 이룬 관측값 간의 평균 차이가 0과 같다는 가설)이 참이라고 가정할 때 t-검정통계량이 관측된 것보다 극단적이거나 더 극단적인 것으로 관찰될 확률이다.

```
t_statistic, p_value = ttest_rel(before_scores, after_scores)

print("t-statistic:", t_statistic)
print(f"p-값:{p_value:0.5f}")

t-statistic: -7.8881570460237285
p-값:0.00002
```

그림 2-44 대응표본 t-검정 결과

t-검정통계량은 -7.88, p-값은 0.05 미만이므로 귀무가설을 기각하고 교육 프로그램 전후에 직원의 성과에 유의미한 차이가 있다는 결론을 내릴 수 있다.

카이제곱검정(chi-squared test)

새로운 광고 캠페인이 A 제품에 대한 고객의 선호도에 영향을 미친다는 가설을 테스트하고 싶다고 가정해보자. 광고 캠페인 전후에 100명의 고객을 대상으로 설문조사를 실시하여 제품 선호 여부를 조사하면서, A 제품을 선호하는 고객의 비율에 유의미한 차이가 있는지 확인하고자 한다. 이를 위해 카이제곱검정을 사용한다.

먼저 필요한 라이브러리를 가져온다.

```
import numpy as np
from scipy.stats import chi2_contingency
```

두 변수가 모두 범주형인 상황에서는 두 변수의 범주들이 교차하는 칸마다 각 변수의 범주를 동시에 갖는 관측값의 수를 분할표^{contingency table}로 만든다. 이 예시에는 '선호'와 '선호하지 않음'이라는 두 가지 범주와 '이전'과 '이후'라는 두 가지 시점이 있다. 각 시점에 각 범주에 속하는 고객의 수를 계산한다.

```
before = np.array([35, 65])
after = np.array([55, 45])
observed = np.array([before, after])
```

데이터가 준비됐으면 scipy.stats 라이브러리의 chi2_contingency() 함수를 사용하여 카이제곱검정을 수행한다.

```
chi2_statistic, p_value, dof, expected = chi2_contingency(observed)
print("chi-제곱 통계:", chi2_statistic)
print("p-값:", p_value)
```

chi2_contingency() 함수는 하나의 변수를 받는데, 여기서는 분할표에 관한 변수를 입력하고 실행한다. 카이제곱검정은 관찰된 빈도가 귀무가설(광고 캠페인 전후에 A 제품을 선호하는 고객의 비율에 차이가 없다는 가설) 아래에 예상 빈도로부터 얼마나 벗어나는지를 측정한 값이다. p-값은 귀무가설이 참이라고 가정할 때 카이제곱 통계가 관찰된 것보다 극단적이거나 더 극단적인 것으로 관찰될 확률이다.

```
chi2_statistic, p_value, dof, expected = chi2_contingency(observed)

print("chi-제곱 통계:", chi2_statistic)
print("p-값:", p_value)

chi-제곱 통계: 7.292929292929292
p-값: 0.006922651100971638
```

그림 2-45 카이제곱검정 결과

p-값이 0.05 미만(95% 신뢰 수준 가정)이므로 귀무가설을 기각하고 광고 캠페인 전후에 제품을 선호하는 고객의 비율에 유의미한 차이가 있다는 결론을 내릴 수 있다.

분산분석검정(ANOVA)

키우고 있는 식물이 a, b, c 세 그룹으로 나뉘어 있다고 가정해보자. 각 그룹에 있는 식물의 평균 높이에 차이가 있는지 알고 싶다. 세 개 이상의 그룹 평균 간에 유의미한 차이가 있는지 확인하는 데 사용하는 검정 방식이 분산분석$^{analysis\ of\ variance}$(ANOVA)검정이다.

분산분석검정을 수행하려면 먼저 각 그룹에서 각 식물의 키를 측정한다. 그런 다음 각 그룹에 있는 식물의 평균 높이를 계산하고 모든 식물의 키 변화를 계산한다. 다음으로 F-검정통계량$^{F-Statistic}$이라는 것을 계산하여 높이 변화 중 얼마나 많은 부분이 그룹 간의 차이로 인한 것인지, 그리고 얼마나 많은 부분이 그룹 내의 차이로 인한 것인지를 알 수 있다. F-검정통계량이 충분히 크면 그룹의 평균에 유의미한 차이가 있다는 결론을 내릴 수 있다. 이는 그룹 간의 키 차이가 우연에 의한 것이 아니라는 것을 의미한다.

```
import scipy.stats as stats

# define the data
group_a = [10, 12, 13, 14, 15]
group_b = [12, 13, 14, 15, 16]
group_c = [14, 15, 16, 17, 18]

# perform the ANOVA test
```

```
f_statistic, p_value = stats.f_oneway(group_a, group_b, group_c)

# print the results
print("F statistic:", f_statistic)
print("P-value:", p_value)
```

데이터에 대한 분산분석검정을 수행하기 위해 scipy.stats 모듈의 f_oneway 함수를 사용한다. p-값이 선택한 유의 수준(일반적으로 0.05)보다 작으면 귀무가설을 기각하고 두 그룹의 평균에 유의미한 차이가 있다고 결론을 내린다. p-값이 선택한 유의 수준보다 크면 귀무가설을 기각하지 않고, 그룹 평균에 유의한 차이가 있다고 결론을 내릴 증거가 충분하지 않다고 결론을 내린다.

```
# perform the ANOVA test
f_statistic, p_value = stats.f_oneway(group_a, group_b, group_c)

# print the results
print("F statistic:", f_statistic)
print("P-value:", p_value)

F statistic: 4.5057471264367805
P-value: 0.034701307888476286
```

그림 2-46 분산분석검정 결과

평균에 유의미한 차이가 있기 때문에 귀무가설 '식물의 평균 키에 차이가 없다'를 기각하고 대립가설 '식물의 평균 키에 차이가 있다'를 받아들인다.

 참고

상황별 가설검정 방법

분석 목표(가설)와 데이터의 상태에 따라 어떤 통계적 기법을 사용해야 하는지 결정된다. 2.6.2절에서는 정규성 분포(normality test)를 만족한다고 가정하고 진행했으나, 분석 목표가 동일하더라도 데이터가 정규성 분포를 만족하는지, 그렇지 않은지에 따라 가설검정의 종류가 달라지기 때문에 상황에 맞게 활용할 수 있도록 다음 [표 2-2]를 꼭 참고하길 바란다.

분석 목표(가설검정 주제)	모수적 방법(정규성)	비모수적 방법(정규성 아님)
독립된 두 집단의 평균 비교	t-검정	윌콕슨 검정
짝지은 두 집단의 평균 비교	대응표본 t-검정	윌콕슨 부호 순위 검정
세 집단 이상 평균 비교	분산분석검정	크루스칼 왈리스 검정
두 변수 간 상관관계	피어슨 상관계수	스피어만 상관계수, 켄달타우 계수
독립변수와 연속형 종속변수와 관계	회귀분석	
독립변수와 이진 종속변수와의 관계	로지스틱회귀 분석	
두 집단 이상의 빈도 비교	카이제곱검정	피셔 정확 검정
시간에 따른 이벤트 발생 위험도 산출	생명표(life table), 카플란 마이어 분석	

표 2-2 상황별 가설검정 방법 파이썬 코드

2.6.3 선형회귀분석

선형회귀[linear regression]분석은 다른 머신러닝 모델에 비해 상대적으로 학습이 빠르고 설명력이 좋기 때문에 가장 쉽게 데이터 분석에 활용할 수 있다. 데이터 타입이 연속형 숫자이면서 종속변수와 독립변수로 명확하게 구분되어 있다면 적용 가능하다.

선형회귀분석 방법 안에서도 다양한 방식이 있지만, 여기서는 가장 많이 쓰이면서 기본이 되는 OLS[ordinary least squares] 선형회귀분석을 소개한다.

단순선형회귀(simple linear regression)

19세기 후반 영국의 통계학자 프랜시스 갤턴은 자녀의 키가 부모의 평균 키로 회귀하는 경향이 있음을 관찰했다.[5] 즉 키가 매우 큰 부모를 둔 자녀는 일반적으로 자신도 키가 크지만 부모만큼 키가 크지 않을 수 있고, 마찬가지로 키가 매우 작은 부모를 둔 자녀는 일반적으로 자신도 키가 작지만 부모만큼 키가 작지는 않다는 사실을 발견했다.

---

5 'Regression towards mediocrity in hereditary stature' Francis Galton, 1886

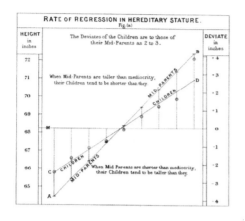

부모와 자식 간 키의 상관관계

키가 특출나게 큰 부모의 자식은 대개 키가 크지만
부모보다는 대부분 작고,
키가 특출나게 작은 부모의 자식은 대개 키가 작지만
부모보다는 대부분 크다.

사람들의 키가 평균으로 회귀한다.

그림 2-47 갤턴의 평균으로의 회귀

갤턴은 이러한 현상을 '평균으로의 회귀'라고 불렀고, 통계학에서 '회귀'라는 용어는 시간이 지남에 따라 데이터가 평균값을 향해 이동하는 경향을 설명하기 위해 계속 사용됐다. 따라서 선형회귀는 주어진 데이터에 **가장 잘 맞는 선을 찾는 것**이다. 이 선은 우리가 보고 있는 두 변수 사이의 관계에 대한 최선의 추측이라고 생각할 수 있다. '회귀'라는 단어는 다른 변수를 기반으로 한 변수의 값을 예측하려고 하기 때문에 사용되며 데이터는 평균을 향해 회귀하는 경향이 있다.

일주일에 학원을 가는 횟수와 수능 성적 사이에 관계가 있는지 알고 싶다고 가정해보자. 선형회귀를 사용하기 위해 일주일에 학원을 가는 횟수와 수능 성적에 대한 데이터를 수집한다. 그런 다음 해당 데이터를 그래프에 그려본다. 공부하는 시간은 x축에, 시험 성적이 y축에 표시된다. 모든 점의 중간을 통과하는 직선을 그려본다. 이 선은 일주일에 학원을 다니는 횟수와 수능 성적 사이의 관계를 나타낸다. 이 선을 사용하여 공부하는 시간을 기준으로 향후 시험에서 얼마나 잘할 수 있을지 예측할 수 있다. 데이터에 가장 잘 맞는 선(선형 모양)을 찾기 때문에 이를 선형회귀라고 한다.

데이터에 가장 잘 맞는 선을 찾는 방법을 설명하고자 한다. 어떤 선을 그어야 [그림 2-48]에 있는 모든 점을 대표할 수 있을까? [그림 2-49]처럼 여러 방법으로 선을 그을 수도 있지만, 어떤 선이 모든 점을 대표하는 가장 좋은 선인지 어떻게 측정할 수 있을까?

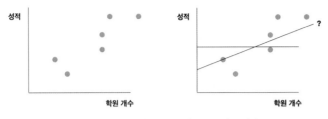

그림 2-48 학원 개수와 성적 간의 관계   **그림 2-49** 선 그리기-1

[그림 2-50]처럼 선을 그어보고 떨어진 점들의 y축(성적) 차이를 계산한다. 이것을 잔차 residuals라고 한다. 잔차를 계산한 후 제곱한 다음 더해준다. 잔차를 제곱하는 이유는 음수와 양수에 관계없이 오차를 축적하여 다른 선들과 비교하기 위함이다. [그림 2-51]처럼 선의 기울기를 다양하게 바꿔주면서 각각의 잔차 제곱을 계산해준다.

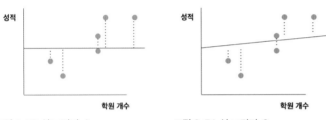

그림 2-50 선 그리기-2   **그림 2-51** 선 그리기-3

잔차는 선의 기울기에 따라 달라진다. 여기서 잔차가 높은 것을 골라야 할까? 낮은 것을 골라야 할까? 당연히 낮은 것을 골라야 선과 점들 사이의 오차가 가장 낮다고 할 수 있다. 이것을 최소제곱법이라고 한다. 잔차를 제곱해서 더한 다음 가장 작은 값을 구한다고 이해하면 된다.

선 기울기	잔차^2
	350
	330
	300
	345

그림 2-52 선 기울기와 잔차

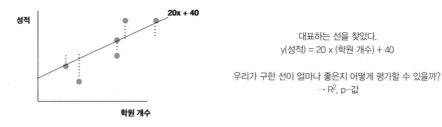

대표하는 선을 찾았다.
y(성적) = 20 x (학원 개수) + 40

우리가 구한 선이 얼마나 좋은지 어떻게 평가할 수 있을까?
→ R^2, p-값

그림 2-53 최소제곱법을 활용한 선 그리기

다중선형회귀(multiple linear regression)

성적은 단지 다니는 학원 개수로만 결정되지 않는다. 성적에 영향을 끼칠 수 있는 요인은 부모의 학벌 또는 재산, 개인의 지능, 사는 지역 등 굉장히 다양하다. 이런 다양한 원인을 고려하는 것이 바로 다중회귀분석이다.

성적을 종속변수로 하고 학원을 일주일에 몇 번 다니는지와 수면 시간을 추가해서 독립변수라고 해보자. 하루에 4시간을 자고 일주일에 3개 학원을 다닌 학생의 성적이 80점이면 다음과 같이 점이 찍힐 것이다.

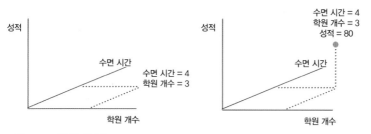

그림 2-54 다중회귀분석-1

다른 학생들을 추가로 샘플링해봤더니 [그림 2-55]와 같은 점이 찍혔다.

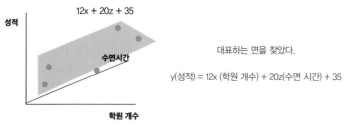

대표하는 면을 찾았다.

y(성적) = 12x (학원 개수) + 20z(수면 시간) + 35

그림 2-55 다중회귀분석-2

[그림 2-56]의 왼쪽 그래프를 보자. 단순회귀분석은 x축 하나와 y축 하나인 2차원의 그림에서 점과의 거리가 최소 오차가 나오게 1차원의 선을 찾으면 되는 것이었다. 이번에는 오른쪽 그림을 보자. 다중회귀분석은 x축이 추가로 더 생긴다. 즉 x축이 2개인 상황에서 y축이 1개, 즉 3차원의 그래프에서 점과의 거리가 최소인 2차원의 평면을 찾게 된다.

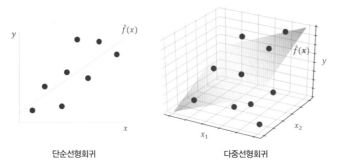

단순선형회귀   다중선형회귀

그림 2-56 다중회귀분석-3

분석 실습 및 해설

그림 단순회귀분석과 다중회귀분석의 차이를 실습으로 비교해보자. 먼저 단순회귀분석을 실행해보자. 시험 점수(exam_score)를 종속변수로 학원 개수(num_tutors)를 독립변수 하나로 넣어보자. statsmodels 라이브러리를 이용하여 선형회귀분석 모델을 만드는 코드다. 이 모델은 시험 점수라는 종속변수와 학원 개수라는 독립변수 사이의 관계를 분석한다.

```python
import statsmodels.formula.api as smf

# Create a DataFrame with the dependent variable and independent variables
data = {'exam_score': [85, 72, 90, 65, 78, 87, 92, 80, 75, 84],
        'num_tutors': [1, 2, 3, 1, 2, 3, 1, 2, 3, 1],
        'family_wealth': [50000, 75000, 100000, 30000, 50000, 70000, 100000, 80000,
60000, 90000]}
df = pd.DataFrame(data)

# Fit a simple linear regression model
model = smf.ols('exam_score ~ num_tutors', data=df).fit()

# Print the model summary
print(model.summary())
```

'smf.ols'는 최소제곱법$^{ordinary\ least\ squares}$이라는 선형회귀분석 방법을 사용한다.

- 'exam_score ~ num_tutors'는 종속변수 'exam_score'를 독립변수 'num_tutors'로 설명하는 모델을 만든다.
- 'data=df'는 데이터프레임(df)에서 변수들을 불러온다는 의미다.
- 'fit( )'는 모델을 fitting하는 함수이며 이를 통해 모델이 데이터에 적합하도록 계수를 추정한다.

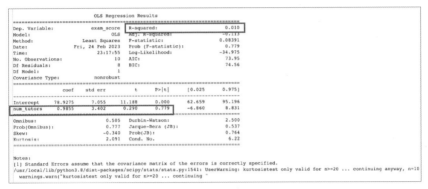

그림 2-57 단순회귀분석 결과

시험 점수가 종속변수, 학원 개수 하나를 독립변수로 넣은 모델의 결정계수 값은 1%, 학원 개수(num_tutors)의 계수는 0.9855이고, p-값이 0.05보다 훨씬 큰 0.779이다. 즉 학원 개수(num_tutors)와 시험 점수(exam_score) 간의 관계가 통계적으로 유의미하지 않다는 것을 나타낸다.

 참고

어떤 모델이 좋은지 어떻게 알지?

회귀분석 결과 시 눈여겨볼 것은 다음 세 가지다.

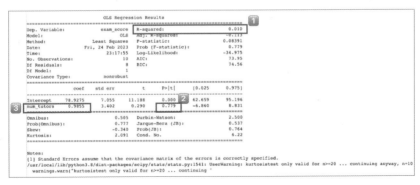

그림 2-58 회귀분석 결과 해석

1. 결정계수

결정계수(R-squared)는 회귀모델이 얼마나 데이터를 잘 설명하는지 나타내는 값이다. 0부터 1사이의 값을 가지며, 1에 가까울수록 해당 모델이 데이터를 잘 설명한다고 할 수 있다. 예를 들어 어떤 회귀모델의 결정계수 값이 0.8이라면 이 모델이 데이터를 80% 정도 설명한다는 것을 의미한다.

그런데 만약 회귀모델에 너무 많은 독립변수를 추가한다면 결정계수 값은 높아지지만 실제로는 그만큼 모델의 복잡도가 증가하여 예측 능력이 떨어지는 문제가 생길 수 있다. 이런 문제를 해결하기 위해 R-squared 아래에 adjusted R-squared라는 지표가 소개되는데, 이 값은 데이터 샘플 수와 독립변수의 수를 고려하여 계산하는 방식이다. 불필요한 독립변수가 많이 포함되어 있으면 adjusted R-squared 값도 떨어지는 방식이다(3.4.7절 참고).

정리하자면 R-squared와 adjusted R-squared 모두 회귀모델의 예측 능력을 나타내는 값이지만, adjusted R-squared는 불필요한 변수를 고려하여 보다 신뢰성 있는 값을 제공한다.

2. p-값

회귀분석 결과에서 p-값은 통계적 유의성을 나타내는 값이다. p-값이 작을수록 회귀분석에서 독립변수와 종속변수 간의 관계가 통계적으로 유의하다는 것을 의미한다. 일반적으로 p-값이 0.05보다 작을 경우 통계적으로 유의미한 결과라고 판단할 수 있다.

예를 들어 회귀분석 결과에서 num_tutors의 p-값이 0.02라면 이는 num_tutors와 exam_score 간의 관계가 통계적으로 유의미하다는 것을 나타낸다. 따라서 이 결과를 토대로 num_tutors가 exam_score에 영향을 미친다는 결론을 내릴 수 있다.

3. 회귀계수

회귀분석에서는 종속변수와 독립변수 사이의 관계를 수식으로 나타내는데, 이때 사용되는 계수들을 회귀계수라고 한다. 회귀계수는 해당 변수가 종속변수에 어떤 영향을 미치는지를 나타내며 부호와 크기를 확인해야 한다. 예를 들어 어떤 회귀모델에서 x라는 변수의 회귀계수가 양수이면 x가 증가할수록 종속변수 y도 증가한다는 것을 나타낸다.

두 번째 모델은 시험 점수(exam_score)와 학원 개수(num_tutors)와 재산(family_wealth)과의 관계를 보기 위한 분석을 해봤다.

```
# Fit a multiple linear regression model
model = smf.ols('exam_score ~ num_tutors + family_wealth', data=df).fit()

# Print the model summary
print(model.summary())
```

```
                        OLS Regression Results
==============================================================================
Dep. Variable:              exam_score   R-squared:                       0.532
Model:                             OLS   Adj. R-squared:                  0.398
Method:                  Least Squares   F-statistic:                     3.972
Date:                Fri, 24 Feb 2023   Prob (F-statistic):             0.0703
Time:                        23:17:02   Log-Likelihood:                -31.235
No. Observations:                  10   AIC:                             68.47
Df Residuals:                       7   BIC:                             69.38
Df Model:                           2
Covariance Type:            nonrobust
==============================================================================
                 coef    std err          t      P>|t|      [0.025      0.975]
------------------------------------------------------------------------------
Intercept      62.2891      7.903      7.881      0.000      43.601      80.978
num_tutors     -0.1988      2.538     -0.078      0.940      -6.200       5.802
family_wealth   0.0003    9.6e-05      2.791      0.027    4.09e-05       0.000
==============================================================================
Omnibus:                        0.001   Durbin-Watson:                   2.271
Prob(Omnibus):                  1.000   Jarque-Bera (JB):                0.204
Skew:                          -0.002   Prob(JB):                        0.903
Kurtosis:                       2.300   Cond. No.                     2.84e+05
==============================================================================

Notes:
[1] Standard Errors assume that the covariance matrix of the errors is correctly specified.
[2] The condition number is large, 2.84e+05. This might indicate that there are
strong multicollinearity or other numerical problems.
/usr/local/lib/python3.8/dist-packages/scipy/stats/stats.py:1541: UserWarning: kurtosistest only valid for n>=20 ... continuing anyway, n=10
  warnings.warn("kurtosistest only valid for n>=20 ... continuing "
```

그림 2-59 회귀분석 결과 해석

종속변수를 시험 점수로, 독립변수를 학원 개수(num_tutors)와 재산(family_wealth)으로 넣은 모델의 R-squared 값은 53.2%(Adj. R-squared는 39.8%)이고 학원 개수(num_tutors)의 계수는 −0.1988이지만, p-값이 유의 수준 0.05보다 훨씬 큰 0.94이기 때문에 학원 개수(num_tutors)와 시험 점수(exam_score) 간의 관계가 통계적으로 유의미하다고 볼 수 없다. 반면 재산의 계수는 0.0003이고, p-값이 유의 수준 0.05보다 작은 0.027이므로 재산과 시험 점수 간의 관계는 통계적으로 유의미하다고 볼 수 있다. 즉 재산이 한 단위 증가 시 시험 점수는 0.0003점 올라간다고 이해할 수 있다.

지금까지 선형회귀분석에 대해 정리했다. 선형회귀는 독립변수와 종속변수 간 관계를 찾는 데 도움이 되며, 예를 들어 키와 몸무게에 대한 데이터가 있다고 할 때 키와 몸무게 사이의 관계에 가장 잘 맞는 직선을 만드는 분석이다.

참고 **콜랩에서 R도 실행할 수 있다고?**

다음 링크에 접속 후 [그림 2-60]과 같이 '런타임' 〉 '런타임 유형 변경'을 선택한다.

- https://colab.research.google.com/notebook#create=true&language=r

Runtime type에서 'R'을 확인했다면 현재 콜랩에서는 파이썬이 아닌 R 환경으로 구동되고 있다고 이해하면 된다. 기존 콜랩 화면과 달리 런타임 유형에 R이 나오는 것을 확인할 수 있다.

그림 2-60 콜랩에서 R 접속

그림 2-61 런타임 유형 변경

2.6.4 분류예측모델

선형회귀분석은 유용하지만 종속변수 데이터가 연속형 데이터인 경우에만 쓸 수 있다는 점에서의 한계가 있다. 종속변수가 합격/불합격 여부처럼 이진형 변수인 경우에는 선형회귀를 적용할 수 없다는 뜻이다.

로지스틱회귀

2.6.3절에서 활용했던 시험 점수의 예시를 조금 변형해서 종속변수가 시험 점수가 아니라 SKY 대학에 합격할지 불합격할지 여부를 예측하려고 한다면 어떻게 해야 할까? 연속형 점수가 아닌 이진형 혹은 카테고리형 숫자를 종속변수로 선택할 때는 다른 접근이 필요한데 이 책에서는 로지스틱회귀logistic regression를 소개한다.

로지스틱회귀는 어떤 사람이 시험에 합격할지 불합격할지와 같이 두 가지 이상의 가능성 있는 결과를 예측하는 데 관심이 있다. 이를 위해 시그모이드sigmoid 함수[6]라는 특수 함수를 사용한다. 선형회귀는 0에서 1의 범위를 벗어난 값을 제공할 수 있기 때문에 확률의 계산이 불가능하지만 시그모이드 함수는 항상 0과 1 사이의 값을 제공하기 때문에 어떤 일이 일어날 확률(예. 이번 시험에 합격할 확률)을 받아 예측에 사용할 수 있는 숫자로 변환할 수 있다. 따라서 시그모이드 함수를 사용하면 예 또는 아니오(예. 비가 오거나 비가 오지 않는다)와 같이 두 가지 결과만 있는 상황의 예측이 가능하다.

---

6 음의 무한대부터 양의 무한대까지의 값을 가지는 입력변수를 0부터 1사의 값을 가지는 출력변수로 변환하는 함수

예를 들면 어떤 사람이 공부한 시간을 기준으로 시험에 합격할지 불합격할지 예측하고 싶다고 하자. 로지스틱회귀를 사용하여 공부한 시간을 고려하여 시험에 합격할 확률을 예측하는 모델을 만들 수 있다. 예측된 확률이 특정 임계값 이상이면 그 사람이 시험에 합격할 가능성이 높고, 임계값 미만이면 불합격할 가능성이 높다고 말할 수 있다.

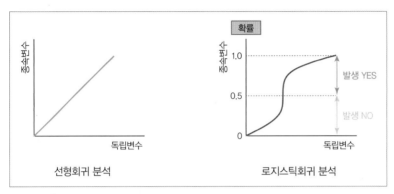

그림 2-62 선형회귀, 로지스틱회귀 분석 비교

데이터 분리

예측을 할 때는 데이터를 훈련 데이터와 테스트 데이터로 나눠준다(2.2.3절 참고).

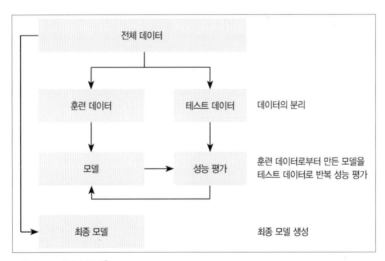

그림 2-63 데이터 분리[7]

---

7 https://thebook.io/006723/0345

2.2.3절에서 수능시험을 보는 수험생의 예를 들었던 것처럼, 데이터 분리의 가장 큰 목적은 학습한 모델의 성능을 정확하게 확인하기 위함이다. 시중의 문제집으로만 컴퓨터를 학습시키고, 학습시킨 컴퓨터로 모의고사와 수능문제를 평가함으로써 학습한 컴퓨터의 성능을 보는 것이다. 데이터 분리 후 문제집(훈련 데이터)에서는 문제(독립변수)와 답(종속변수)을 함께 학습시키지만, 모의고사(검증 데이터) 혹은 수능문제(테스트 데이터)에서는 문제(독립변수)만 공개하고, 답(종속변수)을 공개하지 않고 기계에 답을 요청한다. 이렇게 답을 요청하는 행위를 예측이라고 부르고, 예측값이 정답과 일치하는지 일치하지 않는지에 따라 정확도를 평가하게 된다. 10개 중 7개가 정답이고, 3개가 오답이면 70%의 정확도가 되는 것이다.

모델 정확도 측정

여러분은 의사이고 병원에 암 진단 AI 기계를 도입하려고 한다는 가정을 해보자. 암 진단 AI기계는 훈련 데이터를 학습시킨 방법을 통해 정확도가 99%가 되는 엄청난 기계라고 한다. 당신은 이 정확도만 믿고 기계를 사용할 수 있는가?

여기서 [그림 2-64]를 활용해 암 진단을 예측하는 정확도를 계산해보면 전체 암 진단을 시행한 대상이 1281(1000+20+8+1)개이고, 암이 걸린 사람을 암이 걸렸다고 예측한 건이 20건, 암에 걸리지 않은 사람을 암이 걸리지 않았다고 예측한 건이 1천 건으로 총 1020건을 정확하게 예측했다고 할 수 있다. 즉 이 모델의 정확도는 99.1%(=(20+1000) / (1000+20+8+1))이다. 앞에서 말한 것처럼 99%의 예측 정확도를 가진 모델로 보인다. 여러분은 이 정확도에 만족할 수 있는가?

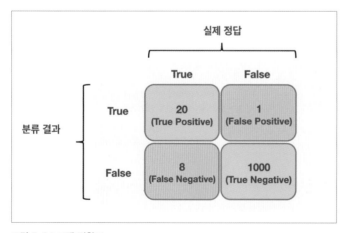

그림 2-64 모델 정확도

조금 더 자세히 살펴보면 실제 암이 걸린 사람을 기계가 암이라고 예측해서 맞출 확률은 71%(=20/(20+8))이고, 실제 암이 걸리지 않은 사람을 기계가 암이 아니라고 예측해서 맞출 확률은 거의 100%(=1000/(1000+1))에 가깝다. 현실적으로 생각해보면 실제로 암이 걸리는 경우보다 안 걸리는 경우가 다수이기 때문에 기계는 학습한 데이터가 암이 걸리지 않은 경우에 대한 데이터로 훨씬 더 많은 학습을 했을 것이다. 전체 정확도는 90%라고 할 수 있어도 어떤 관점에서 보느냐에 따라 정확도는 달라진다. 정확도가 90%가 넘는 모델을 사용할지 판단할 때는 어떻게 정확도를 측정했는지에 대한 부분을 면밀히 확인하는 습관을 가져야 한다. [그림 2-64]와 같은 그림을 혼동행렬confusion matrix이라고 하는데, 예측모델에서 종속변수가 이진(Yes or No, 0 or 1)일 경우 주로 사용되는 행렬이다.

추가로 ROC 곡선은 어떤 모델classifier이 좋은 성능을 보이는지 판단할 때 비교하기 위해 사용하는 차트다. 모델의 판단 기준을 연속적으로 바꾸면서 측정했을 때 FPRfalse positive rate[8]과 TPRtrue positive rate[9]의 변화를 나타낸 것으로 (0,0)과 (1,1)을 잇는 곡선이다. 이때 좌상단으로 가장 많이 치우친 그래프를 갖는 모델이 가장 높은 성능을 보인다고 할 수 있다.

이때 AUC는 ROC 곡선의 밑 면적을 말한다. 즉 성능 평가에 있어서 수치적인 기준이 될 수 있는 값으로, 1에 가까울수록 그래프가 좌상단에 근접하게 되므로 좋은 모델이라고 할 수 있다.

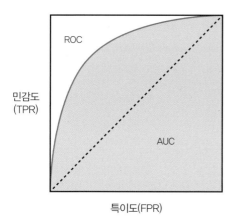

그림 2-65 ROC와 AUC

....

8 모델이 양성으로 예측한 것 중 실제 음성인 데이터 수
9 모델이 양성으로 예측한 것 중 실제 양성인 데이터 수

참고 혼동행렬

다음은 혼동행렬(confusion matrix)을 보여주는 표로 TP(True Positive), TN(True Negative), FP(False Positive), FN(False Negative) 등을 나타낸 것이다.

	Actual Positive	Actual Negative
Predicted Positive	True Positive(TP)	False Positive(FP)
Predicted Negative	False Negative(FN)	True Negative(TN)

표 2-3 혼동행렬

- **Actual Positive**: 실제 양성인 데이터 수
- **Actual Negative**: 실제 음성인 데이터 수
- **Predicted Positive**: 모델이 양성으로 예측한 데이터 수
- **Predicted Negative**: 모델이 음성으로 예측한 데이터 수
- **True Positive(TP)**: 모델이 양성으로 예측한 것 중 실제 양성인 데이터 수
- **False Positive(FP)**: 모델이 양성으로 예측한 것 중 실제 음성인 데이터 수
- **False Negative(FN)**: 모델이 음성으로 예측한 것 중 실제 양성인 데이터 수
- **True Negative(TN)**: 모델이 음성으로 예측한 것 중 실제 음성인 데이터 수

위 표를 활용하여 정확도 이외에 민감도, 특이도, 정밀도, 재현율을 계산할 수 있다.

민감도(sensitivity)	(TP / TP + FN) 양성 중 맞춘 양성의 수
특이도(specificity)	(TN / FP + TN) 음성 중 맞춘 음성의 수
정밀도(precision)	(TP / TP + FP) 모델이 양성으로 예측한 것 중 실제 양성인 데이터 비율
재현율(recall)	(TP / TP + FN) 실제 양성인 데이터 중 모델이 양성으로 예측한 비율
정확도(accuracy)	(TP + TN / TP + FN + FP + TN) 전체 개수 중에서 양성과 음성을 맞춘 수

그림 2-66 예측모델 성능 지표

이 혼동행렬은 예측모델 사용 유무에 대한 의사결정 관점에서도 적용할 수 있는데, 앞선 사례처럼 암이 걸린 사람을 예측하는 모델일 경우에는 실제로 암이 걸린 사람을 암이 걸리지 않았다고 예측하는 리스크가 암이 안 걸린 사람을 암이 걸렸다고 예측하는 리스크보다 훨씬 크기 때문에(1종 오류가 2종 오류보다 리스크가 클 때) [그림 2-64]에서 이대로는 의사결정자 입장에서 사용하지 않을 가능성이 크다. 하지만 이 예측모델이 개와 고양이를 구별하는 이미지 예측모델일 경우에는 각각에 대한 1종 오류와 2종 오류에 대한 리스크에 대한 부분이 크게 의미가 없으므로 의사결정자 입장에서 모델을 사용하면서 데이터를 추가로 모집하면서 예측모델의 정확도를 향상시키려 할 수도 있다. 이런 부분을 고려하고 정확도를 조정해서 측정하는 방법이 F1 score다.

- f1 score = 2 × (precision × recall) / (precision + recall)

 참고

1종 오류와 2종 오류

1종 오류와 2종 오류는 가설검정에서 발생하는 오류다.

	실제로 참 (귀무가설이 맞음)	실제로 거짓 (귀무가설이 틀림)
판단: 귀무가설 채택	옳은 결정	2종 오류
판단: 귀무가설 기각	1종 오류	옳은 결정

그림 2-67 1종 오류와 2종 오류

학생들의 평균 키가 170cm이라는 가설을 세웠을 때, 이 가설이 맞는지 검정하기 위해 샘플을 추출하여 통계적 검정을 진행한다. 이때 1종 오류와 2종 오류가 발생할 수 있는 사례를 살펴보자.

1종 오류는 귀무가설이 참인데도 기각하는 오류를 말한다. 즉 실제로는 학생들의 평균 키가 170cm인데도 검정 결과에서는 그렇지 않다고 잘못 판단하는 것이다. 이 오류는 유의 수준(alpha)과 관련이 있다. 만약 유의 수준이 0.05로 설정되어 있다면 이는 100번 검정 중 5번은 1종 오류가 발생할 수 있는 가능성이 있다는 것이다.

2종 오류는 귀무가설이 거짓인데도 채택하는 오류를 말한다. 즉 실제로는 학생들의 평균 키가 170cm가 아닌데도 검정 결과에서는 그렇다고 판단하지 못하는 것이다. 이 오류는 검정력과 관련이 있다. 검정력은 표본 크기, 효과 크기 등 여러 요인에 영향을 받는다. 결국 1종 오류와 2종 오류는 모두 오류이므로 이를 최소화하기 위해 적절한 유의 수준과 검정력을 설정해주어야 한다.

예측 실습 및 해설

이제 예제로 돌아와서 시험성적이 아닌 대학 합격을 종속변수로 했을 때 공부한 시간과 수면 시간이 어떤 관련이 있는지 살펴보자.

```python
import numpy as np
import pandas as pd
from sklearn.linear_model import LogisticRegression
from sklearn.metrics import accuracy_score, roc_curve, roc_auc_score, confusion_matrix
from sklearn.model_selection import train_test_split
```

먼저 로지스틱회귀 분석에 필요한 라이브러리와 모듈을 먼저 가져온다. 수치 계산을 위한 넘파이, 데이터프레임을 위한 판다스, 로지스틱회귀 모델 구축을 위한 사이킷런의 Logistic Regression 및 모델 평가를 위한 accuracy_score, roc_curve, roc_auc_score 등을 가져온다. 마지막 줄의 train_test_split 함수는 데이터셋을 교육 및 테스트 세트로 분할하는 데 사용되고, accuracy_score 및 confusion_matrix 함수는 모델의 성능 정확도 지표를 계산하는 데 사용되며, roc_curve 및 roc_auc_score 함수는 ROC 곡선과 곡선 아래 영역(AUC) 점수를 각각 계산하는 데 사용된다.

```python
# create a dataset with two variables
np.random.seed(42)
time_studied = np.random.randint(0, 10, 1000)
avg_sleep_hours = np.random.uniform(4, 10, 1000)
passing = np.random.binomial(1, 1 / (1 + np.exp(-time_studied + 2 * avg_sleep_hours - 10)))  # sigmoid function
df = pd.DataFrame({'time_studied': time_studied, 'avg_sleep_hours': avg_sleep_hours, 'passing': passing})
```

예제 데이터를 직접 만들어 볼 텐데 공부 시간(time_studied)과 평균 수면 시간(avg_sleep_hours) 및 합격 여부(pass)라는 세 가지 변수가 포함된 데이터셋을 먼저 만든다. np.random.seed(42)는 넘파이 라이브러리에서 난수 생성기를 만드는 것이고, 다른 사람들도 무작위로 숫자를 뽑았을 때 42라는 값을 넣으면 같은 난수 결과를 보게 한다. 공부 시간(time_studied)과 평균 수면 시간(avg_sleep_hours)을 각각 1천 개씩 무작위로 생성하고 합격 여부(passing)는 시그모이드 함수를 활용하여 1과 0으로 구분해서 생성했다. 그런 다음 데이터셋은 세 개의 변수를 열로 사용하여 Pandas DataFrame으로 구성된다.

```
# split the dataset into training and testing sets
X = df[['time_studied', 'avg_sleep_hours']]
y = df['passing']
X_train, X_test, y_train, y_test = train_test_split(X, y, test_size=0.3, random_
state=42)
```

이제 데이터셋을 훈련 세트와 테스트 세트의 두 부분으로 분할한다. 독립변수(features)는 공부 시간(time_studied)과 평균 수면 시간(avg_sleep_hours)을 포함하는 x에 저장되고 종속변수(target)는 합격 여부(passing)인 y에 저장된다.

train_test_split( ) 함수는 데이터셋을 트레이닝 세트(x_train 및 y_train)와 테스트 세트(x_test 및 y_test)로 무작위로 나누는 데 사용된다. test_size 매개변수는 0.3으로 설정된다. 즉 데이터의 30%는 테스트에 사용되고 나머지 70%는 훈련에 사용된다는 뜻이다. random_state 매개변수는 무작위 분할이 재현 가능하도록 42로 설정된다.

```
# fit logistic regression models with one and two variables
model1 = LogisticRegression()
model1.fit(X_train[['time_studied']], y_train)

model2 = LogisticRegression()
model2.fit(X_train, y_train)
```

이제 두 가지 다른 로지스틱회귀 모델을 만들어 보고 비교해보자.

첫 번째 모델(model1)은 공부 시간(time_studied)이라는 하나의 독립변수로 단순회귀모형을 만든다. 이때 훈련 데이터인 x_train과 y_train을 로지스틱회귀 모델에 맞추기 위해 fit( ) 함수를 사용한다. 이중 대괄호([ ])를 사용하여 x_train의 'time_studied' 열만 사용하도록 지정한다.

두 번째 모델(model2)은 두 독립변수인 공부 시간(time_studied)과 평균 수면 시간(avg_sleep_hours)으로 적합시킨다. 다시 fit( ) 함수를 사용하여 로지스틱회귀 모델을 훈련 데이터인 x_train과 y_train에 맞춘다.

```
# predict whether a person will pass or fail based on time studied and avg_sleep_
hours
y_pred1 = model1.predict(X_test[['time_studied']])
y_pred2 = model2.predict(X_test)
```

이제 훈련된 로지스틱회귀 모델을 사용하여 테스트 데이터를 예측해본다. 첫 번째 모델(model1)은 공부 시간(time_studied)만 사용하여 결과(합격 또는 실패)를 예측하고 두 번째 모델(model2)은 공부 시간(time_studied)과 평균 수면 시간(avg_sleep_hours)을 모두 사용하여 결과를 예측한다. 예측값은 y_pred1 및 y_pred2 변수에 저장된다.

```
# calculate accuracy and confusion matrix
accuracy1 = accuracy_score(y_test, y_pred1)
accuracy2 = accuracy_score(y_test, y_pred2)
```

이제 학습한 로지스틱회귀 모델의 정확도를 계산한다. y_test에는 테스트 세트의 실제 정답이 있고, y_pred1 과 y_pred2에는 모델에서 만든 예측값들이 있다. accuracy1에는 테스트 세트의 실제 정답과 공부 시간만으로 만든 모델의 예측값을 비교한 정확도가 계산되어 나오고, accuracy2에는 테스트 세트의 실제 정답과 공부 시간과 평균 수면 시간으로 만든 모델의 예측값을 비교한 정확도가 계산되어 나온다.

```
cm1 = confusion_matrix(y_test, y_pred1)
cm2 = confusion_matrix(y_test, y_pred2)
```

정확도를 구했던 방식과 똑같이 혼동행렬을 작성한다.

```
# calculate ROC curve and AUC score
fpr1, tpr1, thresholds1 = roc_curve(y_test, model1.predict_proba(X_test[['time_
studied']])[:, 1])
fpr2, tpr2, thresholds2 = roc_curve(y_test, model2.predict_proba(X_test)[:, 1])

auc1 = roc_auc_score(y_test, model1.predict_proba(X_test[['time_studied']])[:, 1])
auc2 = roc_auc_score(y_test, model2.predict_proba(X_test)[:, 1])
```

- roc_curve(y_test, model1.predict_proba(X_test[['time_studied']])[:, 1]): time_studied 변수만 예측 변수로 사용하여 로지스틱회귀 모델에 대한 ROC 곡선을 계산한다. FPR, TPR 이 계산된 값을 fpr1과 tpr1 변수에 각각 저장한다.

- roc_curve(y_test, model2.predict_proba(X_test)[:, 1]): time_studied와 avg_sleep_hours를 예측 변수로 사용하여 로지스틱회귀 모델의 ROC 곡선을 계산한다. FPR, TPR이 계산된 값을 fpr2와 tpr2 변수에 각각 저장한다.

- roc_auc_score(y_test, model1.predict_proba(X_test[['time_studied']])[:, 1]): time_studied만 예측변수로 사용한 1번 모델의 ROC 곡선 아래 영역을 계산한다.

- roc_auc_score(y_test, model2.predict_proba(X_test)[:, 1]): time_studied와 avg_sleep_hours를 모두 예측변수로 사용한 2번 모델의 ROC 곡선 아래 영역을 계산한다. 모델의 predict_proba() 메서드는 해당 변수의 각 클래스(합격/불합격)에 대한 확률 추정치를 계산한다. 따라서 model2.predict_proba(X_test)는 두 개의 열이 있는 배열을 반환한다. 여기서 첫 번째 열에는 클래스 0(불합격)에 대한 확률 추정치에 대한 값이고, 두 번째 열에는 클래스 1(합격)에 대한 확률이 포함된다. [:, 1] 인덱싱은 클래스 1(합격)에 대한 확률 추정값을 계산하는 두 번째 열을 선택하는 데 사용된다. 이는 ROC 곡선 분석에서 TPR과 FPR 사이의 균형을 결정하기 위해 합격 클래스에 대한 예측 확률이 필요하기 때문이다.

따라서 model2.predict_proba(X_test)[:, 1]은 합격 클래스의 예측 확률을 얻는 데 사용되며, ROC 곡선 아래 면적을 계산하기 위해 roc_auc_score() 함수에 대한 입력으로 사용된다. AUC는 모델이 합격 클래스와 불합격 클래스를 얼마나 잘 구별할 수 있는지에 대한 척도다.

```
print('Model with time studied only:')
print('Accuracy:', accuracy1)
print('Confusion Matrix:', cm1)
print('AUC:', auc1)

print('Model with time studied and avg_sleep_hours:')
print('Accuracy:', accuracy2)
print('Confusion Matrix:', cm2)
print('AUC:', auc2)
```

이제 1번 모델과 2번 모델의 성능을 평가하고 공부한 시간과 평균 수면 시간을 기반으로 SKY 대학 합격과 불합격을 예측하는 데 어떤 모델이 더 나은지 비교해보자.

```
⊑→   Model with time studied only:
     Accuracy: 0.7266666666666667
     Confusion Matrix: [[ 83  48]
      [ 34 135]]
     AUC: 0.7884050770134152
     Model with time studied and avg_sleep_hours:
     Accuracy: 0.8933333333333333
     Confusion Matrix: [[118  13]
      [ 19 150]]
     AUC: 0.9595736031437735
```

그림 2-68 정확도와 혼동행렬

로지스틱회귀 예측을 적용했을 때 공부한 시간으로만 합격 여부에 대한 정확도를 예측했을 때 72.7%(Accuracy: 0.727)를 보여주지만, 공부한 시간과 수면 시간의 조합으로 합격 여부에 대한 정확도를 예측했을 때 약 89%(Accuracy: 0.89)의 정확도를 보여준다. 혼동행렬을 봐도 행렬의 TP(좌표 0,0)와 TN(좌표1,1)의 절댓값이 모델 2가 모델 1에 비해 훨씬 더 큰 값을 가진 것을 알 수 있다.

이때 우리가 시각화로 정확도를 비교해서 보여줄 수 있는 것이 바로 ROC 곡선이다. ROC 곡선의 장점은 우리가 기존에 사용하던 예측모델에 비해 우리가 새롭게 적용한 모델이 얼마나 개선됐는지 시각적으로 비교가 가능하다는 것이다.

```python
import matplotlib.pyplot as plt
from sklearn.metrics import roc_curve, auc

# ROC curve for the model with only "study_hours"
roc_auc1 = auc(fpr1, tpr1)

plt.plot(fpr1, tpr1, label='Model 1 ROC curve (area = %0.2f)' % roc_auc1)

# ROC curve for the model with "study_hours" and "sleep_hours"
roc_auc2 = auc(fpr2, tpr2)

plt.plot(fpr2, tpr2, label='Model 2 ROC curve (area = %0.2f)' % roc_auc2)
```

차트를 그릴 때 필수 라이브러리인 matplolib.pyplot와 sklearn.metrics의 ROC curve 및 auc를 가져온다. auc 함수를 통해 모델의 AUC 값을 계산하고, plt.plot 함수를 통해 x축은 FPR, y축은 TPR을 지정한다. label='Model 1 ROC curve (area = %0.2f)' % roc_auc1 의 경우 %0.2f는 ROC 곡선 그래프의 범례에 roc_auc1 변숫값을 소수 둘째 자리까지 반올림 하라는 명령어다.

```
# Random guess line
plt.plot([0, 1], [0, 1], linestyle='--', lw=2, color='r', label='Random guess')
```

마지막으로 무작위로 예측했을 때 선을 그려서 모델 성능에 대한 기준선을 제공해준다. 무작위 추측보다 성능이 좋은 모델은 이 기준선보다 위에 위치해야 한다. plt.plot() 함수로 x축은 0 부터 1까지 ([0,1]), y축도 0부터 1까지 ([0, 1])로 지정한다.

linestyle 인수는 점선(--)으로 선의 스타일을 지정하고 lw는 선 너비를 2로 설정한다. color 인수는 선의 색상을 빨간색(r)으로 설정한다. 마지막으로 label 인수는 해당 선에 대한 범례를 제공하고 이 경우에 Random Guess(무작위 추측)라고 이름 붙였다.

```
plt.xlim([0.0, 1.0])
plt.ylim([0.0, 1.05])
plt.xlabel('False Positive Rate')
plt.ylabel('True Positive Rate')
plt.title('Receiver Operating Characteristic (ROC) Curve')
plt.legend(loc="lower right")
plt.show()
```

그래프 전체의 x축과 y축을 각각 0부터 1까지로 지정해주고(여기서 y축을 1.05로 한 이유는 ROC 곡선이 1을 만족할 경우 ROC 곡선이 표현되지 않을 수도 있기 때문에 약간의 여백을 준 것이다) x축 이름(xlable)과 y축 이름(ylabel) 그리고 그래프(title), 범례의 위치 (legend(loc="lower right"))를 오른쪽 아래로 지정해준다. 가장 마지막에는 plt.show()로 전체 그래프 설정된 것들을 실행한다.

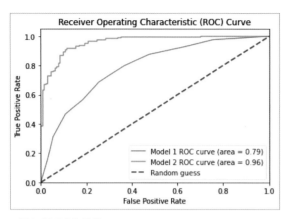

그림 2-69 ROC 곡선

- **[x축] FPR(false positive rate)**: 0인 케이스에 대해 1로 틀리게 예측하는 비율(1−특이도(specificity)), 정상에 대해 암이라고 진단
- **[y축] TPR(true positive rate)**: 1인 케이스에 대해 1로 바르게 예측하는 비율(sensitivity), 암 환자에 대해 암이라고 진단

[그림 2-69]를 보면 Model 2(수면 시간과 공부 시간을 함께 고려한 모델)이 Model 1(공부 시간만 고려한 모델)보다 AUC가 더 높은 것을 알 수 있고, 수면 시간과 공부 시간을 함께 고려한 모델이 공부 시간만 고려한 모델보다 예측 정확도가 높다는 것을 보여준다.

모델링이 곧 예측이다

'선형회귀는 분석용이고 로지스틱회귀는 예측용인가?'라고 질문할 수 있다. 정답은 둘 다 분석도, 예측도 가능하다. 회귀분석을 통해 각 변수의 영향력(계수)을 알 수 있다는 것은 주어진 데이터에서 가장 적합한 직선을 그었다는 것이다. 가장 적합한 직선이라는 것은 해당 변수에 어떤 값을 넣더라도 종속변수 결과가 나온다는 뜻이다. 해당 모델에서 적합한 계수를 찾는 것이 분석이라면 주어진 데이터에 없는 새로운 독립변수를 넣었을 때 새로운 종속변수를 만들어내는 것이 예측의 영역이라고 할 수 있다. 즉 선형회귀든 로지스틱회귀든 둘 다 분석도 가능하고 예측도 가능하다.

랜덤포레스트

로지스틱회귀 모델 다음으로 예측하는 데 가장 많이 활용되는 머신러닝 모델 중 하나가 랜덤포레스트^(random forest)다. 랜덤포레스트는 의사결정나무^(decision tree)를 여러 개 합쳐서 만든 알고리즘이다. 의사결정나무는 우리가 일상에서 결정하는 방식을 모형으로 표현한 것이다.

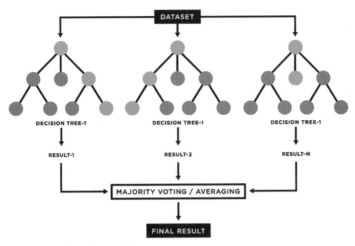

그림 2-70 랜덤포레스트 도식[10]

예를 들어 의사결정나무 가장 위에 '주말에 무엇을 하고 싶나요?'라는 질문을 쓰고 아래에 두 개의 가지를 그린다. 하나는 '집콕', 다른 하나는 '외출'이라고 쓴다. '집콕' 아래에는 'TV 보기' 혹은 'LOL하기'를, '외출' 아래에는 '친구와 놀기' 혹은 '공원에서 강아지와 산책'을 작성할 수 있다. 가지가 확장될 때마다 우리가 결정하는 옵션이 단계별로 있고, 의사결정나무의 가지를 따라가면 가능한 모든 옵션을 보고 가장 적합한 옵션을 선택할 수 있다. 즉 의사결정나무는 큰 문제를 작고 단순한 부분으로 분해하여 상황에 가장 적합한 옵션을 판단하도록 도와주는 방식이다.

하나의 의사결정나무만 사용하면 예측 결과를 얻을 수는 있지만, 아주 확실한 의사결정으로만 치우쳐 결과가 나올 수 있기 때문에 상황에 따라서는 특정 예측 결과만 얻을 수 있다는 단점도 있다(과적합overfitting할 가능성이 크다고도 한다). 랜덤포레스트는 이러한 문제를 해결하기 위해 여러 개의 의사결정나무를 사용하고 그 중에서 가장 좋은 예측 결과를 선택하는 방식으로 동작한다. 이때 각 의사결정나무를 만들 때 일부 데이터를 랜덤하게 선택하고 일부 특성만 사용하는 등의 방법으로 다양한 의사결정나무를 만든다(과적합할 가능성을 줄인다고도 한다). 이렇게 만들어진 여러 개의 의사결정나무를 조합하여 예측 결과를 도출한다.

의사결정나무에서 랜덤포레스트가 된 이유를 생각해보면 이해하는 데 도움이 될 것이다. 랜덤포레스트는 선형회귀와 분류 문제를 모두 처리할 수 있는 다재다능하고 강력한 머신러닝 알고

10 https://www.tibco.com/reference-center/what-is-a-random-forest

리즘이기 때문에 데이터 기반 보고에 아주 유용하다. 또한 랜덤포레스트는 분석과 예측 과정에서 독립변수의 상대적 중요도를 비교할 수 있다는 점에서 비즈니스에 많이 활용된다.

```python
from sklearn.ensemble import RandomForestClassifier

model3 = RandomForestClassifier(n_estimators=100, max_depth=5, random_state=42)
model3.fit(X_train, y_train)
predictions = model3.predict(X_test)
accuracy = accuracy_score(y_test, predictions)
fpr3, tpr3, thresholds3 = roc_curve(y_test, model3.predict_proba(X_test)[:, 1])

print('Accuracy:', accuracy)
```

- 먼저 사이킷런 라이브러리를 사용하여 랜덤포레스트 분류기 모델(RandomForestClassifier())을 학습시키고 성능을 평가한다. 모델은 n_estimators=100(랜덤포레스트에 포함될 의사결정 트리의 수), max_depth=5(각 의사결정 트리의 최대 깊이) 및 random_state=42(무작위 시드 값)로 설정했다.

- model3.fit(X_train, y_train) 메서드는 학습 데이터셋(X_train, y_train)에서 모델을 학습하는 데 사용된다.

- model3.predict() 메서드를 사용하여 테스트 데이터셋(X_test)에 대한 예측을 하는 데 사용되며 모델의 정확도는 실제 레이블(y_test)과 함께 accuracy_score() 메서드를 사용하여 평가한다.

- ROC 곡선에 대한 오탐률(fpr3), 진탐률(tpr3) 및 임계값(thresholds3)을 계산한다. model3.predict_proba(X_test) 메서드는 각 클래스에 대한 확률을 반환한다. 양수 클래스의 확률에 관심이 있으므로 [:, 1]로 인덱싱한다.

```python
from sklearn.ensemble import RandomForestClassifier

model3 = RandomForestClassifier(n_estimators=100, max_depth=5, random_state=42)
model3.fit(X_train, y_train)
predictions = model3.predict(X_test)
accuracy = accuracy_score(y_test, predictions)
fpr3, tpr3, thresholds3 = roc_curve(y_test, model3.predict_proba(X_test)[:, 1])

print('Accuracy:', accuracy)


Accuracy: 0.8933333333333333
```

그림 2-71 랜덤포레스트 시연

랜덤포레스트 예측 결과는 0.89다. 앞에서 두 가지 로지스틱 예측모델과 랜덤포레스트 모델의 ROC 곡선을 비교해보자. AUC는 Model 2와 Random Forest의 크기가 거의 동일한 것을 볼 수 있다. 즉 주어진 데이터에서 로지스틱 예측모델 2번과 랜덤포레스트는 거의 동일한 성능을 보여주고 있다.

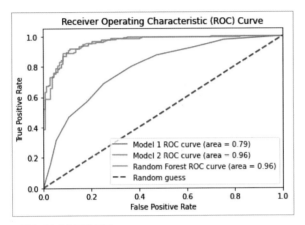

그림 2-72 3개 모델 비교

2.7 보고 대상자에 따른 보고 방식

보고란 상대방을 설득할 목적으로 정보를 제공하면서 작성한 문서라고 할 수 있다. 좋은 보고는 왜(Why)가 명확해야 하고 무엇(What)이 문제이며 어떻게(How) 솔루션을 이끌어내는지의 구성이 적절해야 한다. **데이터 드리븐 보고는 이 세 가지를 데이터 중심으로 스토리텔링하는 것이다. 즉 데이터 드리븐 보고란 본인의 경험 중심이나 직관, 감에 의존하지 않고 데이터에 기반해 결론을 이끌어내는 보고를 말한다.**

이 절에서는 정형화된 문서 서식보다는 꼭 들어가야 할 콘텐츠가 무엇인지, 보고 대상에 따라 어떻게 접근해야 할지를 살펴본다. 주어진 상황과 조직 문화에 따라 보고 방식이 달라지기 때문에 '이렇게 하면 무조건 통한다'라는 획일적인 보고 방식보다는 데이터 기반의 효과적인 커뮤니케이션을 하기 위해 고민해야 할 사항을 실무자와 의사결정자 두 가지 입장으로 나눠서 생각해보자.

2.7.1 실무자용 보고

실무자용 보고서에 포함해야 하는 필수 항목은 다음과 같다.

1) 요약
- 보고의 조사 결과, 인사이트 및 권장 사항에 대한 간략한 요약
- 주요 지표 및 통계 하이라이트

2) 소개
- 해결하고자 하는 문제 또는 질문의 배경과 맥락
- 분석의 목적, 문제 정의

3) 데이터 수집 및 준비
- 데이터 소스 및 수집 방법에 대한 설명
- 수행한 데이터 준비 단계에 대한 설명(예: 데이터 정제, 병합, 변환)

4) 데이터 분석 및 인사이트

- 시각화 및 표를 포함한 주요 발견 사항 및 결과 프레젠테이션

- 결과 해석

- 추세, 패턴 및 관계 식별

5) 제안/추천

- 분석을 통해 얻은 인사이트를 기반으로 실행 가능한 제안 사항 제공

- 영향력 및 실현 가능성에 기반한 제안의 우선 순위 지정

6) 실행 계획

- 권장 사항을 구현하기 위한 계획에 대한 설명

- 타임라인 및 마일스톤

7) 결론

- 주요 결과, 인사이트 및 권장 사항 요약

- 데이터 수집 및 분석 프로세스에 대한 향후 연구 또는 개선 가능성

8) 부록

- 보고의 주요 결과와 결론을 뒷받침하는 보충 정보 또는 추가 분석(필요시)

2.7.2 의사결정자용 보고

의사결정자 혹은 상사에게 보고하는 근본적인 목적은 문제 해결이다. 복잡하고 화려한 분석 내용보다는 설득하거나 제안하려고 하는 논리 중 핵심적인 것만 뽑아서 스토리텔링하는 것이 중요하다. 의사결정자에게 보고하기 전 확인해야 할 사항은 다음과 같다.

- **의사결정자 파악**: 의사결정자의 니즈가 무엇인지, 어떤 관심사가 있는지, 배경지식이 어느 정도 있는지를 고려해야 한다.

- **핵심 인사이트 제공**: 분석에서 가장 중요한 결과를 파악하고 발견한 인사이트가 의사결정에 어떻게 도움이 되는지 설명한다.

- **시각 자료 제공**: 그래프, 차트, 다이어그램과 같은 시각 자료는 복잡한 데이터를 더 이해하기 쉽고 기억하기 쉽게 만드는 데 도움이 될 수 있다. 시각 자료를 사용하여 요점을 강조하고 의사결정자가 주요 결과를 빠르게

파악할 수 있도록 한다.

- **쉬운 언어 사용**: 기술 전문 용어를 피하고 평이한 언어를 사용하여 결과를 전달한다. 의사결정자에게 생소할 수 있는 용어는 별도로 정리할 필요가 있다.
- **맥락 제공**: 과거 추세나 업계 벤치마크 등 분석에 대한 맥락을 제공한다. 이렇게 하면 의사결정자가 분석 결과의 중요성을 더 잘 이해할 수 있다.
- **예상 질문 준비**: 의사결정자가 물어볼 질문을 예상하고 이에 답할 준비를 한다.
- **실행 가능한 제안**: 데이터를 기반으로 어떤 조치를 취해야 하는지 명확하게 한다.

OREO 전략은 간단하지만 명확하게 데이터 드리븐 보고를 할 수 있는 방법이다. OREO는 opinion, reason, evidence(example), opinion을 뜻하며, 보고를 논리적으로 구성하는 데 도움이 되고 실무 분석가가 제시하는 주장을 데이터 기반으로 전달할 수 있다. 한 기업이 새로운 유형의 사탕을 판매하기 위해 제품 라인을 확장하려고 하는 상황에서 OREO 전략을 사용한다고 가정해보면 다음과 같이 정리할 수 있다.

- **의견(opinion)**: 새로운 종류의 사탕을 포함하도록 제품 라인을 확장하는 것이 좋다고 생각합니다.
- **이유(reason)**: 시장조사에 따르면 타깃 고객층에서 이러한 유형의 사탕에 대한 수요가 있는 것으로 나타났습니다.
- **증거(evidence)**: 타깃 고객층 100명을 대상으로 설문조사한 결과 75%가 이 유형의 사탕을 구매할 의향이 있다고 답했습니다.
- **의견(opinion)**: 따라서 타깃 고객층에서 새로운 유형의 캔디에 대한 수요가 있으므로 제품 라인을 확장하여 새로운 유형의 캔디를 추가하는 것이 좋은 비즈니스 결정이 될 것이라고 생각합니다.

그림 2-73 OREO 전략[11]

------

11 https://diverselanguagelearning.wordpress.com/2016/03/30/oreo-persuasive-writing

실무자용 분석 보고 중 4번 '데이터 분석 및 인사이트'에서 논리적으로 필요한 부분만 가져오면 의사결정자용 보고(OREO 전략)의 '이유'와 '증거'가 되고, 5번 '제안/추천'은 의사결정자용 보고에서 '의견' 부분으로 연결된다. 이렇듯 OREA 전략은 데이터를 기반으로 주장에 신뢰성을 높이기 때문에 상사에게 효과적으로 보고할 수 있다.

지금까지 데이터 드리븐 보고가 단순한 데이터 분석을 넘어 체계적이고 전략적인 프로세스라는 것을 알아봤다. 명확한 목표 설정부터 적절한 데이터 선정 그리고 신뢰성 있는 분석 방법까지, 각 단계에서의 주의점과 핵심 요소를 상세하게 살펴봤다. 이 과정을 통해 실질적인 의사결정에 긍정적인 영향을 미칠 수 있도록 분석 결과를 전략적으로 구성하는 방법을 배웠다.

2장에서 익힌 내용을 실무에 적용하면 데이터를 단순히 '보는' 것에서 '이해하고 활용하는' 단계로 나아갈 수 있을 것이다. 이로써 데이터를 기반으로 한 강력한 의사결정이 가능해지므로 분석가, 매니저, 실무자뿐만 아니라 의사결정자 모두에게 유익하다. 데이터를 최대한 활용하여 의미 있는 결과를 창출하는 방법을 알았으니, 이제 실전 예제인 3장으로 넘어가보자.

3장

데이터 드리븐 보고
실전 사례 with 챗GPT

데이터 기반 의사결정 분야의 저명한 글로벌 리더인 피얀카 자인의 저서 『Behind Every Good Decision』에 따르면 분석의 80%는 기본 통계와 시각화 같은 간단한 방식으로 이뤄지고 20% 정도만 고도화된 분석 도구를 사용한다고 한다. 이번 장에서도 3.1절부터 3.3절까지는 일반 통계와 가설검정을 다루고, 고도화된 분석 도구들은 3.4절과 3.5절에서 다룬다. 3.6절의 텍스트 데이터 분석은 기존 정량적인 데이터를 넘어 정성적인 텍스트 데이터 기반 보고를 어떻게 하는지에 대한 방향성을 제시한다.

그림 3-1 80:20의 법칙

3장은 실제 현장의 절차를 그대로 따라가면서 데이터 드리븐 보고를 진행하는 것을 목표로 했다. 또한 최근 각 분야에서 중요한 이슈로 다뤄지는 상황을 가정해 데이터를 선정했다(과거 데이터를 이용했으나 실습에는 전혀 지장이 없으며, 최신 데이터로 업데이트된 경우에도 이 책에서 사용한 코드로 동일하게 적용할 수 있다). 현업에서 데이터 분석을 하고 있는 실무자뿐 아니라 데이터 분석 인터뷰 또는 분석 자격증을 준비하면서 실제 비즈니스 적용 방법이 궁금한 예비 실무자에게도 도움이 될 것이다.

아울러 3장의 각 절에 나오는 [상황]과 [데이터 선정하기]를 먼저 읽어보고, 나라면 이 문제에 어떻게 접근할지 고민해보는 것을 추천한다. 실제로 보고서를 작성해보거나 분석을 해봐도 좋다. 먼저 충분히 고민한 이후에 책을 읽을수록 당신의 분석 수준을 향상시킬 수 있을 것이다.

참고로 3장에서는 최소한의 데이터 정제만 필요한 데이터셋을 준비했다. 이 책은 분석을 통한 보고가 목적이지 데이터 정제 방법을 다루는 것이 아니기 때문이다.

3.1 데이터와 친해지자: EDA & 기술통계

| 사례 | 데이터 분석가 | 행복에 영향을 미치는 변수와 국가별 행복지수 분석하기 |

요약
- 가장 기본적인 통계와 시각화를 통해 데이터 기반으로 설득해보자.
- EDA는 탐색적 데이터 분석 기법으로 주어진 데이터를 이해하는 과정이다.

깃허브 링크[1]

EDA$^{exploratory\ data\ analysis}$란 데이터의 특성을 파악하고 이상치^{outlier}를 찾아내며 변수 간의 관계를 이해하는 등의 전반적인 과정을 말한다. 쉽게 말하자면 새로운 장난감을 샀을 때 그것을 여러 방면으로 살펴보고 어떻게 작동하는지 이해하려는 과정과 비슷하다. 주로 모델링을 하기 전 단계로 많이 사용되지만 EDA 자체로도 기본적인 분석과 시각화 및 보고가 가능하다. 실제로 EDA는 다음과 같은 상황에서도 활용한다.

- **데이터를 처음 받았을 때**: EDA는 데이터의 기본적인 특성을 이해하는 데 도움이 된다. 데이터의 분포, 변수 간의 관계, 이상치 등을 파악하기에 유용하다.
- **모델링 전**: EDA는 모델링 전에 데이터를 더 잘 이해하고 필요한 데이터 전처리를 결정하는 데 도움이 된다. 예를 들어 EDA를 통해 변수 간의 상관관계를 파악하면 이를 통해 다중공선성 문제를 방지할 수 있다.
- **모델링 후**: EDA는 모델의 결과를 해석하고 모델이 잘 맞는지 또는 개선이 필요한 부분이 있는지를 확인할 때도 사용할 수 있다.

적용 가능한 비즈니스 주제

- **판매 데이터 분석**: 판매 데이터를 분석하여 고객에게 가장 인기 있는 제품이나 서비스, 가장 매출이 높은 지역, 가장 효과적인 마케팅 캠페인, 가장 수익성이 높은 고객 세그먼트를 파악하는 데 사용할 수 있다.
- **고객 행동 분석**: 고객 행동 데이터를 분석하여 고객이 웹사이트와 상호 작용하는 방식, 가장 인기 있는 페이지 또는 기능, 가장 자주 구매하는 제품 또는 서비스, 가장 충성도가 높은 고객 세그먼트를 파악하는 데 사용할 수 있다.
- **직원 성과 분석**: 직원 성과 데이터를 분석하여 생산성이 가장 높은 직원, 이직률이 가장 높은 부서, 가장 효과적인 기술 또는 교육 프로그램, 가장 수요가 많은 직무를 파악하는 데 사용할 수 있다.

---

1 https://github.com/sangsucki/DataDrivenReport/blob/main/Chapter3-1(EDA%26Descriptive_statistics).ipynb

- **재무 분석**: 재무 데이터를 분석하여 매출 및 비용 추세를 파악하고 잠재적인 비용 절감 가능성을 파악하며 향후 재무 성과를 예측하는 데 사용할 수 있다.
- **공급망 분석**: 공급망 데이터를 분석하여 재고 수준, 공급 업체 성과, 배송 시간을 파악하고 공급망의 잠재적인 병목 현상이나 비효율성을 파악하는 데 사용할 수 있다.

3.1.1 상황

당신은 UN 사무국에서 행복지표를 담당하는 분석가다. 연례적으로 작성하는 세계행복보고서에 들어갈 내용을 논의하고자 상사가 당신을 불렀다.

상사 데이터 기반으로 행복지표를 어떻게 측정할 수 있을까 고민하고 있습니다. 특히 행복과 다양한 변수 간 관계를 살펴보고 싶어요. 행복과 어떤 변수가 관련이 있는지 자세히 설명해주시겠어요?

나 물론이죠. 행복과 관련 가능성이 있는 변수에는 여러 가지가 있습니다. 예를 들어 경제적 안정성, 정치적 안정성, 기대수명, 문화적 요인 등입니다.

상사 흥미롭네요. 전 세계 여러 지역에서 행복 수준이 어떻게 다른지 궁금합니다. 데이터 기반으로 분석하려면 어떻게 해야 되나요?

나 데이터 기반 보고를 사용하여 전 세계 여러 지역의 행복도 분포를 조사할 수 있습니다. 행복 수준 및 행복과 관련 가능성이 있는 기타 변수에 대한 데이터를 수집하고 분석하여 패턴과 추세를 파악하고, 데이터를 이해하는 데 도움이 되도록 시각화할 수 있습니다.

상사 훌륭한 접근 방식이네요. 이 데이터를 수집하려면 어떻게 해야 하나요?

나 여러 나라 사람들의 주관적 행복도를 측정하는 세계행복보고서나 행복과 관련된 다양한 변수 데이터를 수집하는 UN 산하 유니세프 혹은 세계은행 등 사용할 수 있는 몇 가지 기존 데이터 소스가 있습니다. 또한 필요에 따라 설문조사를 실시하거나 다른 출처로부터 데이터를 수집할 수도 있습니다.

상사 그렇군요. 행복과 관련된 변수를 파악하고 행복이 전 세계 여러 지역에 어떻게 분포되어 있는지 이해함으로써 우리는 행복도를 높이기 위한 정책 입안자와 조직에 유용한 통찰력을 제공할 것 같군요. 데이터가 새로운 인사이트를 발견해내고 세상을 이해하는 데에도 도움이 되네요.

나 맞습니다. 어렵지 않은 분석으로도 충분히 의미 있는 정보를 제공할 수 있습니다.

3.1.2 분석 목표 파악하기

상사가 알고싶어 하는 것이 무엇인지 정리되는가? 상사는 다음 두 가지 사항에 대한 결과를 묻고 있다.

- 행복이 어떤 변수와 관련이 있는지
- 전 세계 지역에 따라 행복지수가 어떻게 분포가 되어 있는지

종속변수는 행복지수 혹은 행복을 측정한 지표가 될 것이고 독립변수는 행복에 영향을 미칠 가능성이 있는 변수가 된다. 위 두 가지 질문에 대한 보고는 '기본 통계'와 '시각화'를 통해 충분히 가능하다.

3.1.3 분석 계획 세우기

분석 목표를 고려할 때 해당 분석은 다음 ON AIR 분석 절차에서 별도의 분석 도구 없이 EDA로 하는 시각화만으로 진행 가능하다.

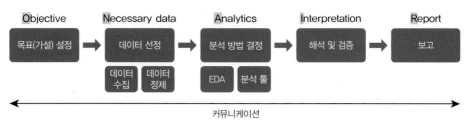

그림 3-2 ON AIR 분석 절차

3.1.4 데이터 선정하기

분석을 위한 데이터로 캐글에 있는 '세계행복보고서' 관련 자료[2]를 찾아보자. 데이터 수집과 정제 과정을 최소화하기 위해 이미 준비된 데이터를 쓰지만, 현실 데이터는 이보다 더욱 복잡하고 병합하거나 변환해야 하는 경우가 많다. 이 경우 복잡한 데이터를 어떻게 정제할지 고민하기 전에 데이터 분석을 하는 목표가 무엇인지에 집중하고, 그 목표와 연관된 데이터에는 어떤

---

2 https://www.kaggle.com/datasets/unsdsn/world-happiness

것이 필요한지, 현재 보유한 데이터는 무엇인지 집중하는 것이 우선이다. 이 내용은 2.1절의 ON AIR 분석 절차에서 첫 번째 단계인 목표 설정에 해당하며 2.3절에 자세히 설명해두었다.

그림 3-3 세계행복보고서

세계행복보고서에 대한 데이터 분석에 들어가기 앞서 주어진 데이터를 이해하는 것이 가장 첫 번째 단계다. [그림 3-3]의 'About Dataset' 부분에는 해당 데이터가 어떻게 수집됐는지 나오고 어떤 칼럼으로 이루어져 있는지 나오는데, 번역하면 다음과 같다.

> 세계행복보고서는 전 세계 행복 현황에 대한 획기적인 조사 결과입니다. 이 보고서는 정부, 조직 및 시민 사회가 정책 결정에 행복지표를 점점 더 많이 사용함에 따라 전 세계적으로 인정받고 있습니다. 경제학, 심리학, 설문조사 분석, 국가 통계, 보건, 공공 정책 등 다양한 분야의 선도적인 전문가들이 행복도 측정이 국가의 발전을 평가하는 데 어떻게 효과적으로 사용될 수 있는지 설명합니다. 이 보고서는 오늘날 세계의 행복 상태를 검토하고 새로운 행복 관련 분석 결과가 개인 및 국가별 행복의 차이를 어떻게 설명하는지 보여줍니다.
>
> 경제적 생산, 사회적 지원, 기대수명, 자유, 부패 부재, 관대함과 같은 여섯 가지 요소가 각 국가의 삶의 평가를 세계 최하위 국가 평균과 동일한 가치를 지닌 가상의 국가인 디스토피아보다 높게 만드는 데 기여하는 정도를 추정합니다. 각 국가에 대해 보고된 총점에는 영향을 미치지 않지만 일부 국가가 다른 국가보다 높은 순위를 차지하는 이유를 설명합니다.

이 설명을 통해 이 보고서는 국가별 행복의 차이에 대해 설명하기 위해 여섯 가지 요소(경제적 생산, 사회적 지원, 기대수명, 자유, 부패 부재, 관대함)들의 지표를 제공한다는 것을 알 수 있다. 'About Dataset'에서 스크롤을 내려보면 [그림 3-4]처럼 열에 대한 설명이 나온다.

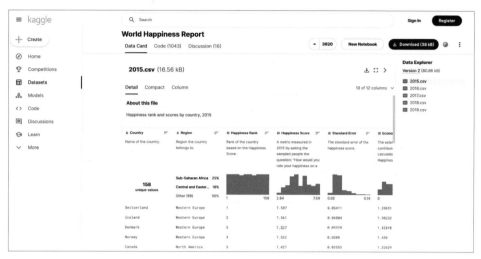

그림 3-4 세계행복보고서 열들

그리고 데이터에 대한 자세한 설명이 있는 데이터 사전은 다음 그림과 같다.

	Overall rank	Country or region	Score	GDP per capita	Social support	Healthy life expectancy	Freedom to make life choices	Generosity	Perceptions of corruption
0	1	Finland	7.769	1.340	1.587	0.986	0.596	0.153	0.393
1	2	Denmark	7.600	1.383	1.573	0.996	0.592	0.252	0.410
2	3	Norway	7.554	1.488	1.582	1.028	0.603	0.271	0.341
3	4	Iceland	7.494	1.380	1.624	1.026	0.591	0.354	0.118
4	5	Netherlands	7.488	1.396	1.522	0.999	0.557	0.322	0.298

그림 3-5 세계행복보고서 데이터

- **Score(종속변수)**: 행복도 점수는 갤럽 세계 여론조사의 데이터를 사용한다. 점수는 설문조사에서 질문한 주요 삶의 평가 질문에 대한 답변을 기반으로 한다. 최고의 삶을 10, 최악의 삶을 0으로 표시함으로써 응답자에게 현재 자신의 삶을 평가하도록 요청한다. 이 점수는 2013~2016년 표본으로 얻은 데이터다.
- **Overall rank**: 행복도 점수 순위
- **Country or region**: 국가
- **GDP per capita**: 국민의 평균 소득 수준
- **Family – Social support**: 가족, 사회적 지원(당신의 삶에 문제가 생겼을 때 무슨 일이든 도와줄 수 있는 가족이나 친구가 있는가)
- **Life expectancy**: 기대수명(국민들이 건강한 상태로 얼마나 오래 살 수 있는가)
- **Freedom**: 자유(삶에서 충분한 자유를 누릴 수 있는가)

- **Generosity**: 관대함(기부 문화: 지난 달에 기부를 한 적이 있는가)
- **Trust government corruption**: 부패 부재(당신 국가의 정부 및 기업에 부패가 만연하다고 생각하는가)

3.1.5 EDA 수행하기

EDA의 기본적인 분석 과정은 다음과 같다.

데이터 불러오기 → 데이터 훑어보기·데이터 타입 확인 → 결측치 처리 → 이상치 처리 → 종속변수 분포 확인 → 종속변수와 독립변수 관계 → 상관관계 분석

1) 데이터 불러오기

3장과 관련된 실습용 데이터는 아래 깃허브에서 찾을 수 있다.

- https://github.com/sangsucki/DataDrivenReport

git clone이라는 코드를 활용하면 별도의 다운로드 없이 콜랩에서 분석이 바로 가능하다.

```
!git clone https://github.com/sangsucki/DataDrivenReport.git
```

그림 3-6 데이터 불러오기

우리가 분석할 세계행복보고서 데이터는 DataDrvienReport 폴더 안에 있는 happiness.csv 파일이다. 해당 데이터를 pd.read_csv로 불러와보자.

```
import pandas as pd
df = pd.read_csv('/content/DataDrivenReport/happiness.csv')
df.head()
```

```
import pandas as pd
df = pd.read_csv('/content/DataDrivenReport/happiness.csv')
df.head()
```

	Overall rank	Country or region	Score	GDP per capita	Social support	Healthy life expectancy	Freedom to make life choices	Generosity	Perceptions of corruption
0	1	Finland	7.769	1.340	1.587	0.986	0.596	0.153	0.393
1	2	Denmark	7.600	1.383	1.573	0.996	0.592	0.252	0.410
2	3	Norway	7.554	1.488	1.582	1.028	0.603	0.271	0.341
3	4	Iceland	7.494	1.380	1.624	1.026	0.591	0.354	0.118
4	5	Netherlands	7.488	1.396	1.522	0.999	0.557	0.322	0.298

그림 3-7 데이터 불러오기

프로파일링 라이브러리

다음 단계인 데이터 훑어보기 진행을 위해 부록 A.3.3절의 프로파일링 라이브러리를 활용해보자.

```
import ydata_profiling
from ydata_profiling import ProfileReport



pr = ProfileReport(df)
pr
```

다음 그림의 우측 중앙에 각 섹션이 있는데, EDA할 때 단계별 해당 섹션을 클릭하면 원하는 내용을 볼 수 있다.

```
pr = ProfileReport(df)
pr
```

Summarize dataset: 100%   82/82 [00:30<00:00, 4.48it/s, Completed]

Generate report structure: 100%   1/1 [00:07<00:00, 7.26s/it]

Render HTML: 100%   1/1 [00:01<00:00, 1.49s/it]

Pandas Profiling Report

Overview Variables Interactions Correlations Missing values Sample

Overview

그림 3-8 프로파일링 라이브러리

2) 데이터 훑어보기 · 데이터 타입 확인

[그림 3-8]에 빨간색 네모로 표시된 섹션에서 가장 오른쪽에 위치한 'Sample'을 클릭하면 파이썬에서 Head(데이터셋의 처음 n개의 행 보기)와 Tail(데이터셋의 마지막 n개의 행 보기)의 기능을 별도의 코드 없이 수행할 수 있다.

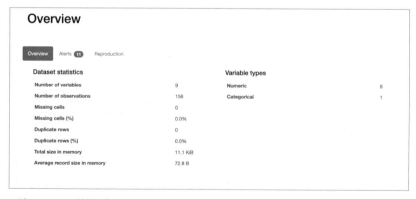

Sample

First rows Last rows

	Overall rank	Country or region	Score	GDP per capita	Social support	Healthy life expectancy	Freedom to make life choices	Generosity	Perceptic
0	1	Finland	7.769	1.340	1.587	0.986	0.596	0.153	0.393
1	2	Denmark	7.600	1.383	1.573	0.996	0.592	0.252	0.410
2	3	Norway	7.554	1.488	1.582	1.028	0.603	0.271	0.341
3	4	Iceland	7.494	1.380	1.624	1.026	0.591	0.354	0.118
4	5	Netherlands	7.488	1.396	1.522	0.999	0.557	0.322	0.298
5	6	Switzerland	7.480	1.452	1.526	1.052	0.572	0.263	0.343
6	7	Sweden	7.343	1.387	1.487	1.009	0.574	0.267	0.373
7	8	New Zealand	7.307	1.303	1.557	1.026	0.585	0.330	0.380
8	9	Canada	7.278	1.365	1.505	1.039	0.584	0.285	0.308
9	10	Austria	7.246	1.376	1.475	1.016	0.532	0.244	0.226

그림 3-9 프로파일링 샘플

데이터 타입 확인

프로파일링 라이브러리 실행 후 스크롤을 아래로 내리면 [그림 3-10]과 같이 해당 데이터프레임에 대한 개략적인 정보를 볼 수 있다.

- **Number of variable(변수 개수)**: 9개(열)
- **Number of observation(관측값 개수)**: 156개(행)
- **Missing cells(누락된 셀)**: 0개
- **Duplicate rows(중복된 행)**: 0개
- **Numeric columns(수치형 열)**: 8개
- **Categorial columns(카테고리형 열)**: 1개

Overview

Overview Alerts 11 Reproduction

Dataset statistics

Number of variables	9
Number of observations	156
Missing cells	0
Missing cells (%)	0.0%
Duplicate rows	0
Duplicate rows (%)	0.0%
Total size in memory	11.1 KiB
Average record size in memory	72.8 B

Variable types

Numeric	8
Categorical	1

그림 3-10 프로파일링 개요

주의사항

'Alerts' 메뉴를 클릭하면 다음 그림과 같이 나타나는 것을 볼 수 있다.

그림 3-11 주의사항

Alerts는 잠재적인 데이터 품질 문제(변수 간 높은 상관관계, 왜도, 0값, 결측치 등)에 어떤 것들이 있는지를 자동으로 알려주는 편리한 기능이다. 예를 들어 주의사항에서 두 번째 행을 보면 행복 순위(Overall rank)가 행복지수(Score) 및 그 외 4개 변수와 상관관계가 높게 나타난다고 한다. 행복 순위가 높으면 행복지수가 높은 것은 필연적이기 때문에 양의 상관관계가 높을 수밖에 없다. 이런 주의사항은 현재 주어진 데이터에서는 활용도가 크지 않아 고려하지 않을 수 있지만, 행복 순위와 상관관계가 높은 다른 독립변수들이 무엇인지 확인해보고 데이터 분석 시 참고할 필요가 있다. EDA에서 미처 보지 못한 인사이트를 주의사항에서 발견할지도 모른다.

> **참고**
>
> **카디널리티가 높다**
>
> 주의사항의 첫 번째 행을 보면 Country or region has a high cardinality(국가/지역 열의 카디널리티가 높다)라고 설명한다. Country or region 열에서 국가/지역별로 행복지표를 구분하고 있는 것을 볼 수 있는데, 카디널리티가 높다(high cardinality)는 의미는 유일한 값(distinct value)의 분포가 많다 또는 중복된 값이 적다로 설명할 수 있다. 실제로 Country or region 열을 보면 균일 분포(uniformly distributed), 즉 모든 값이 나올 확률이 똑같은 분포이면서 중복된 값이 하나도 없는 유일한 값의 집합이라는 것을 알 수 있다. 쉽게 생각하면 모든 값이 유일하기 때문에 당연히 모든 값이 나올 확률이 똑같고, 이것을 카디널리티가 높다고 표현한다.

3) 결측치 처리

'Missing values' 섹션을 클릭한다. 변수별 결측치 여부를 확인할 수 있다. 현재 주어진 데이터에서는 열별로 결측치 없이 데이터가 완전히 채워져 있는 것을 알 수 있다.

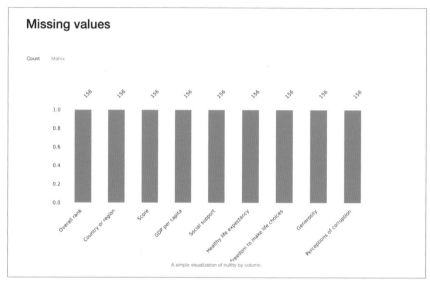

그림 3-12 결측치 처리

4) 이상치 처리

2장에서 언급한 IQR 방식 외에 df.describe() 명령어는 이상치를 약식으로 간단하게 판단할 수 있는 방법이다. std(표준편차)가 3 이상 차이 나면 이상치를 의심할 수 있지만, Overall rank를 제외하고는 std가 높은 열이 없어 보인다. Overall rank는 순위 열이기 때문에 무시한다.

```
df.describe()
```

	Overall rank	Score	GDP per capita	Social support	Healthy life expectancy	Freedom to make life choices	Generosity	Perceptions of corruption
count	156.000000	156.000000	156.000000	156.000000	156.000000	156.000000	156.000000	156.000000
mean	78.500000	5.407096	0.905147	1.208814	0.725244	0.392571	0.184846	0.110603
std	45.177428	1.113120	0.398389	0.299191	0.242124	0.143289	0.095254	0.094538
min	1.000000	2.853000	0.000000	0.000000	0.000000	0.000000	0.000000	0.000000
25%	39.750000	4.544500	0.602750	1.055750	0.547750	0.308000	0.108750	0.047000
50%	78.500000	5.379500	0.960000	1.271500	0.789000	0.417000	0.177500	0.085500
75%	117.250000	6.184500	1.232500	1.452500	0.881750	0.507250	0.248250	0.141250
max	156.000000	7.769000	1.684000	1.624000	1.141000	0.631000	0.566000	0.453000

그림 3-13 이상치 처리

5) 종속변수 분포 확인

Overview 바로 아래에 Variables라는 표가 있는데, 여기서 'Select Columns'와 종속변수인 'Score'를 선택한다.

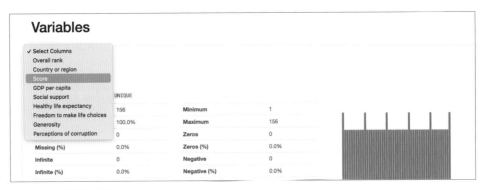

그림 3-14 종속변수 선택

[그림 3-15]는 종속변수 분포에 대한 그림이다.

- **Distinct(중복되지 않는 값의 개수)**: 155개
- **Mean(평균)**: 5.41
- **Minimum(최솟값)**: 2.853
- **Maximum(최댓값)**: 7.769
- **Zeros(0의 개수)**: 0개
- **Negative(음수의 개수)**: 0개
- **그래프**: 히스토그램으로 표현

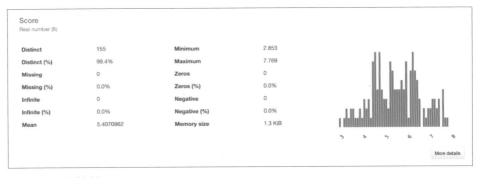

그림 3-15 종속변수 분포

참고 More Details 버튼 → 사분위 표현과 기술통계

프로파일링 기능에서 'More details' 버튼을 클릭하면 각 열에 대한 세부적인 내용을 자세히 볼 수 있다. 어떤 내용이 포함되어 있는지 살펴보자.

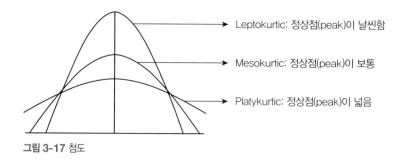

Statistics	Histogram	Common values	Extreme values			More details

Quantile statistics		Descriptive statistics	
Minimum	2.853	Standard deviation	1.1131199
5-th percentile	3.4815	Coefficient of variation (CV)	0.20586278
Q1	4.5445	Kurtosis	-0.60837535
median	5.3795	Mean	5.4070962
Q3	6.1845	Median Absolute Deviation (MAD)	0.819
95-th percentile	7.28525	Skewness	0.011449949
Maximum	7.769	Sum	843.507
Range	4.916	Variance	1.2390358
Interquartile range (IQR)	1.64	Monotonicity	Decreasing

그림 3-16 More details 메뉴

- **Standard deviation**: 표준편차
- **Coefficient of variation(CV)**: 변동계수라고 하며 표준편차를 평균으로 나눈 값이다. 절대적인 수치를 나타내는 표준편차는 서로 다른 평균값을 가지는 샘플들을 비교할 때는 적합하지 않다. 예를 들어 100점 만점인 언어 영역의 표준편차와 50점 만점인 사회탐구 영역 표준편차를 계산하면, 점수 척도 차이가 있어서 비교하는 데 명확하지 않다. 이런 평균값의 차이로 인해 달라지는 표준편차를 조정한 것이 바로 변동계수다.
- **Kurtosis(첨도)**: 그래프 분포에 존재하는 특이치의 척도다. 첨도가 높으면 데이터가 두꺼운 꼬리나 이상치를 가진다는 것을 의미한다. [그림 3-17]의 Mesokurtic 부분이 정규 분포와 유사한 첨도 통계량을 가지고 있다. 분포의 극단값이 정규 분포 특성과 유사하다는 뜻이다. 표준 정규 분포는 수치가 3인 첨도를 갖는다.

Leptokurtic: 정상점(peak)이 날씬함

Mesokurtic: 정상점(peak)이 보통

Platykurtic: 정상점(peak)이 넓음

그림 3-17 첨도

- **Skewness(왜도)**: 정규 분포를 기준으로 얼마나 왜곡돼 있는지, 데이터 분포 대칭성이 얼마나 결핍되었는지를 측정한다. 극단적인 편차 또는 이상치가 많을수록 큰 값을 나타내지만 세부적으로 경험에 근거한 법칙은 다음과 같다.
  - 왜도가 −0.5~0.5일 경우 데이터는 상당히 대칭적이다.
  - 왜도가 −1~−0.5이거나 0.5~1일 경우 데이터는 적당히 치우쳐 있다.
  - 왜도가 −1보다 작거나 1보다 클 경우 데이터는 상당히 치우쳐 있다.

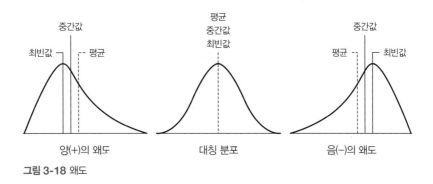

그림 3-18 왜도

- **Median Absolute Deviation(MAD)**: 중앙값 절대편차. 표준화 점수는 평균과 표준편차에 의존하므로 산출 과정에 이상치의 영향을 받는 문제가 있다. 이런 표준화 점수의 문제를 보완하기 위해 중앙값 절대편차를 이용하여 산출한다. 우리에게 익숙한 표준편차는 각 데이터에서 평균을 빼고 제곱한 후 모두 더한 뒤 제곱근을 씌워 전체 데이터 개수로 나누는 방식이지만, 중앙값 절대편차는 각 데이터에서 중앙값을 빼고 절댓값을 씌우고 모두 더한 뒤 전체 데이터 개수로 나누는 방식이다. 즉 표준편차와 다른 점은 크게 두 가지다. 평균 대신 중앙값을 기준으로 한다는 점과 편차를 제곱하지 않고 절대값으로 구한다는 점이다.
- **Monotonicity**: 한 변수가 증가할 때 다른 변수가 증가하는 정도를 말한다. 선형 방적식은 y=2x에서 x가 1만큼 증가할 때 y가 2만큼 증가하는 방식이라면, Monotonicity는 양(+)의 관계이지만 비례해서 증가하는 것은 아니다. 세 가지 방식(decreasing/increasing/not monotonic)으로 표현된다.

6) 종속변수와 독립변수 관계

'Interactions' 섹션에서는 종속변수와 독립변수 관계를 시각적으로 볼 수 있는데, 특히 x축과 y축을 변수별로 바꿔가면서 산점도^{scatter plot}로 볼 수 있다는 것이 장점이다. [그림 3-19]의 빨간색으로 표시된 부분에서 위가 x축, 아래가 y축이 된다. [그림 3-19]부터 [그림 3-24]까지는 y축에 종속변수 Score를 두고 x축에는 다양한 독립변수를 바꿔가면서 어떤 독립변수가 행복도에 영향을 끼치는지 살펴본다.

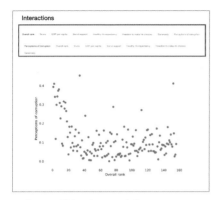

그림 3-19 행복도와 GDP 관계

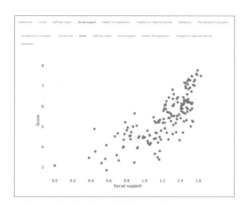

그림 3-20 행복도와 사회적 지원 관계

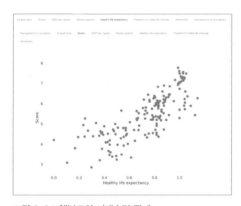

그림 3-21 행복도와 기대수명 관계

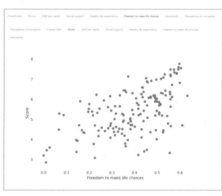

그림 3-22 행복도와 자유도 관계

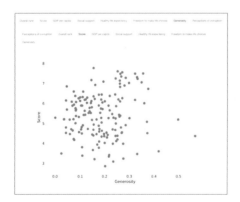

그림 3-23 행복도와 관대함 관계

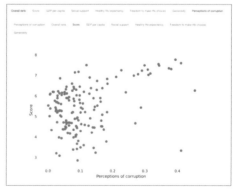

그림 3-24 행복도와 부패지수 관계

종속변수 행복지수와 독립변수 여섯 개 각각의 산점도를 살펴봤다. GDP, 사회적 지원, 기대수명이 상승함에 따라 행복지수도 함께 상승하는 경향이 보인다. 이와 같은 경향을 수치로 확인해보는 것이 바로 상관관계 분석이다.

7) 상관관계 분석

'Correlations' 섹션에서 상관관계^{correlation}를 시각화해서 볼 수 있다. 파란색에 가까울수록 양의 상관관계가 강해지고 빨간색에 가까울수록 음의 상관관계가 강해진다는 의미이다. 예를 들어 Score(행복지수)가 높아질수록 Overall Rank(행복 순위)의 절댓값은 낮아지기 때문에(순위가 높아진다는 의미는 순위의 절댓값이 낮아진다는 의미다) 음의 상관관계, 즉 빨간색이 진해진다. 반대로 GDP(국내총생산), Social Support(사회적 지지), Healthy life expectancy(기대수명)이 높을수록 행복 점수도 함께 높아지는, 즉 양의 상관관계가 높아지는(파란색이 진해지는) 것을 알 수 있다. 이 결과는 종속변수와 독립변수 관계를 위에서 산점도로 살펴본 것과 동일하다.

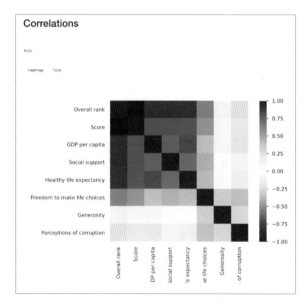

그림 3-25 상관관계

8) 상관관계 한눈에 보기

씨본 페어플롯$^{seaborn\ pairplot}$은 변수 간 산점도와 추세선을 한눈에 보여주고 동시에 각 변수의 분포를 히스토그램으로 보여주는 유용한 기능이다.

```
import seaborn as sns

fig = sns.pairplot(df,height=5,corner=True,kind="reg")
fig.savefig("./out.png")
```

```
import seaborn as sns

fig = sns.pairplot(df,height=5,corner=True,kind="reg")
fig.savefig("./out.png")
```

그림 3-26 여러 상관관계

여기서도 GDP, 사회적 지원, 기대수명이 상승하면서 종속변수 Score인 행복지수가 함께 상
승하는 것을 확인할 수 있다.

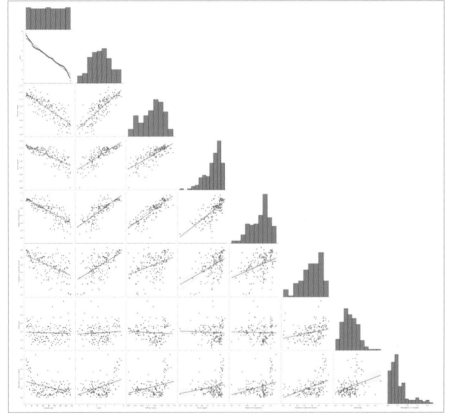

그림 3-27 여러 상관관계 표

9) 지도에 시각화

다음 코드는 플로틀리^{plotly} 라이브러리를 이용하여 세계 각 국가의 행복지수를 지도로 시각화하는 코드다.

```python
import plotly.graph_objs as go
from plotly.offline import iplot
map_happy = dict(type = 'choropleth',
            locations = df['Country or region'],
            locationmode = 'country names',
            z = df['Score'],
            text = df['Country or region'],
            colorbar = {'title':'Happiness score'})

layout = dict(title = 'Happiness Score across the World',
            geo = dict(showframe = False, projection = {'type':
'equirectangular'}))

choromap3 = go.Figure(data = [map_happy], layout=layout)
iplot(choromap3)
```

- plotly.graph_objs 모듈의 choropleth 타입(특정 구역에 대한 통계 데이터를 시각화하는 데에 적절한 방식)으로 지도를 생성하며 df 데이터프레임의 Country or region 열을 locations 변수명으로 설정한다. locationmode를 'country names'로 설정하면 해당 나라에 대한 위치를 지도에 표시해준다.

- score 열을 z값으로 지정한다. 이렇게 지정된 값을 기반으로 각 지역 색상이 결정된다. 색상이 진할수록 해당 지역의 행복지수가 높은 것을 나타낸다.

- text는 지도 위에 각 지역명을 표시하고 colorbar 속성은 지도 오른쪽에 색상 스케일을 표시하며 title 속성으로 스케일의 제목을 지정한다.

- layout 변수를 이용하여 전체적인 레이아웃을 지정할 수 있다. title 속성은 그래프의 제목을 설정하며 geo 속성은 지도 특성을 설정한다. showframe 속성은 지도 테두리를 표시 여부를 결정하며 projection 속성은 지도의 투영 방법(3D인 지구 형태를 2D로 바꾸는 방법)을 결정한다. 해당 코드에서는 equirectangular 투영 방법을 사용했다.

- go.Figure 함수를 사용하여 map_happy 변수를 지도로 생성하고, layout 변수를 적용한다. iplot 함수를 사용하여 지도를 출력한다. iplot 함수는 주피터 노트북과 같은 대화형 환경에서 그래프를 출력할 수 있도록 지원하는 함수다.

[그림 3-28]을 보면 아시아와 아프리카는 대체로 행복지수가 낮고 미주 지역과 유럽, 오세아니아는 상대적으로 행복지수가 높다는 것을 알 수 있다.

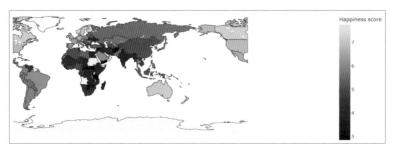

그림 3-28 전 세계 행복지수 표

3.1.6 해석하기

일반 통계와 시각화로 얻을 수 있는 결론은 다음과 같다.

- 행복지수는 GDP, 사회적 지원과 기대수명과 높은 관련이 있다.
- 행복지수는 관대함(기부하는 문화) 변수와는 관계가 없다.
- 높은 GDP를 가지면 높은 기대수명과 사회적 지원을 보인다(상관관계가 높다). → 부자 나라일수록 행복할 것이고 그에 따라 더 오래 살고 사회적 지원이 더 많을 것으로 보인다.
- 아시아와 아프리카 나라들은 행복지수가 낮고 미주 지역과 유럽, 오세아니아 나라들은 상대적으로 행복지수가 높은 양상을 보인다.

3.1.7 보고하기

판다스 프로파일링으로 간단한 EDA와 시각화 결과를 만들어봤다. 데이터 드리븐 보고를 실무자용과 의사결정자용으로 구분하여 다음과 같이 정리했다.

실무자용 보고

소개

- 연간 세계행복보고서 발행을 위해 세계은행과 유니세프에서 제공받은 데이터를 활용했다. 경제적 생산, 사회적 지원, 기대수명 등의 요소를 기준으로 행복 수준에 따라 국가별 순위를 매겼다. 이 보고는 2019년 기준이며 행복에 영향을 미치는 요인 탐색과 세계 지역별 행복지수 분포를 제공하는 것을 목표로 한다.

데이터

- 분석은 캐글에서 얻은 2019 세계행복보고서 데이터셋을 활용했다. 이 데이터셋은 156개 국가의 행복지수 및 행복에 영향을 미칠 가능성이 있는 다양한 요인(GDP, 사회적 지원, 기대수명, 자유도, 관대함, 부패지수 등)에 대한 정보를 포함한다. 데이터는 기술통계 및 시각화를 사용하여 분석했다(데이터 정제가 필요했을 경우 여기에 추가한다).

분석 결과

- 2019 세계행복보고서에 따르면 핀란드가 가장 행복한 국가로 선정되었으며 덴마크, 노르웨이, 아이슬란드, 네덜란드가 그 뒤를 이었다. 가장 행복하지 않은 국가는 남수단, 중앙아프리카공화국, 아프가니스탄, 탄자니아, 르완다였다.

- 1인당 GDP, 사회적 지원, 건강한 기대수명이 행복에 크게 기여하는 세 가지 요소다. 상관관계 행렬에서도 이 세 가지 요소와 행복지수 사이에 강한 양의 상관관계가 있음을 알 수 있다.

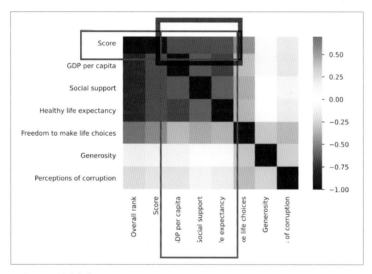

그림 3-29 상관관계 보고

세계 지역별 행복지수는 아시아와 아프리카 나라들은 상대적으로 낮은 행복지수를 갖고 있고, 미주 지역과 유럽 나라, 오세아니아 나라들은 상대적으로 행복지수가 높은 것으로 보인다.

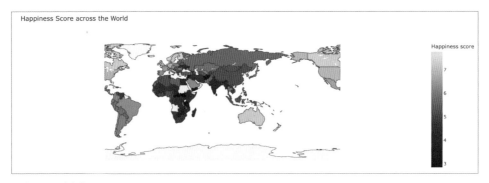

그림 3-30 시각화 보고

결론

- 2019 세계행복보고서 데이터셋을 분석한 결과, 1인당 GDP, 사회적 지원, 건강한 기대수명 등의 요인이 국가의 행복 수준을 결정하는 데 중요한 역할을 하는 것으로 나타났다. 반면 자유, 관대함, 부패에 대한 인식과 같은 요소는 행복 수준을 결정하는 데 상대적으로 적은 역할을 하는 것으로 보인다. 정부와 정책 입안자는 각 요인이 국민의 행복지수를 높이는 데 구체적으로 어떤 영향을 끼치는지 확인할 필요가 있고 이러한 요소들을 개선하는 데 집중해야 한다. 이것은 나라별 특성이 반영되지 않은 포괄적인 분석이기 때문에 나라별 특성에 따른 요소가 국민의 행복에 영향을 미치는 정도는 다를 수 있다.

의사결정자용 보고

의사결정자용 보고 작성 시 처음 분석을 시작했던 의사결정자의 의도와 목적을 기억하고 그에 대한 답변에 집중하길 바란다. 2.7.2절에서 언급했던 OREO 전략을 사용한다.

의견

- 2019 세계행복보고서 데이터 분석 결과, 행복에 가장 큰 영향을 미치는 요소는 1인당 GDP, 사회적 지원, 건강한 기대수명이며, 정부와 정책 입안자는 이러한 요소를 개선하는 데 집중해야 한다.

이유

- 상관관계 분석에서 1인당 GDP, 사회적 지원, 건강한 기대수명과 행복지수 사이에 강한 양의 상관관계가 있는 것으로 나타났기 때문이다.

증거 · 설명 · 예시

- 핀란드가 가장 행복한 국가로 선정되었으며 가장 행복하지 않은 국가는 남수단, 중앙아프리카공화국, 아프가니스탄, 탄자니아, 르완다이다. 또한 아시아와 아프리카 나라들의 행복지수는 상대적으로 낮고, 미주 지역과 유럽, 오세아니아 나라들은 상대적으로 높은 행복지수를 갖고 있는 것으로 나타났다.

다시 의견

- 이러한 결과는 1인당 GDP, 사회적 지원, 건강한 기대수명이 국민의 행복지수를 높이는 데 구체적으로 어떤 영향을 끼치는지 확인할 필요가 있고, 이러한 요인들을 개선하는 데 집중해야 한다는 것을 보여준다. 그러나 나라별 특성에 따라 각 요소들이 국민들의 행복에 영향을 미치는 정도는 다를 수 있기 때문에 이러한 분석 시행 시 나라별 특성을 고려해야 한다.

3.1.8 챗GPT 활용하여 EDA 수행하기

3.1.4절과 3.1.5절을 챗GPT로 수행해보자. 프롬프트 작성을 통해 별도의 수정 없이 필요한 코드를 실행할 수 있다. 관련 코드는 다음 QR 코드를 참고하면 된다.

프롬프트 및 결과[3]

1) 데이터 읽기

구글 콜랩에서 테이블을 읽어보자(3.1.5절의 데이터 불러오기 단계 참고). 데이터는 EDA에 사용했던 내용을 그대로 활용한다.

```
!git clone https://github.com/sangsucki/DataDrivenReport.git
```

```
# Git에서 파일 연동하기
!git clone https://github.com/sangsucki/DataDrivenReport.git

Cloning into 'DataDrivenReport'...
remote: Enumerating objects: 29, done.
remote: Counting objects: 100% (29/29), done.
remote: Compressing objects: 100% (26/26), done.
remote: Total 29 (delta 5), reused 0 (delta 0), pack-reused 0
Unpacking objects: 100% (29/29), 20.94 MiB | 8.41 MiB/s, done.
```

그림 3-31 데이터 가져오기

```
import pandas as pd
df = pd.read_csv('/content/DataDrivenReport/happiness.csv')
df.head()
```

---

3 https://chat.openai.com/share/791f4102-1660-41a7-a54f-0ea5cfd37f72

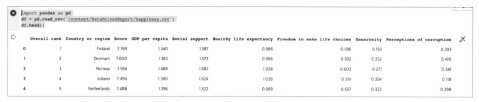

```
import pandas as pd
df = pd.read_csv('/content/DataDrivenReport/happiness.csv')
df.head()
```

	Overall rank	Country or region	Score	GDP per capita	Social support	Healthy life expectancy	Freedom to make life choices	Generosity	Perceptions of corruption	
0	1	Finland	7.769	1.340	1.587	0.986	0.596	0.153	0.393	
1	2	Denmark	7.600	1.383	1.573	0.996	0.592	0.252	0.410	
2	3	Norway	7.554	1.488	1.582	1.028	0.603	0.271	0.341	
3	4	Iceland	7.494	1.380	1.624	1.026	0.591	0.354	0.118	
4	5	Netherlands	7.488	1.396	1.522	0.999	0.557	0.322	0.298	

그림 3-32 첫 번째 5개 행 읽기

중요한 점은 주어진 데이터프레임을 어떤 변수에 저장했는지이다. 여기서는 'df'라는 이름으로 저장한 것을 기억하자.

2) EDA 수행

 참고 **프롬프트를 영어로 작성하는 이유**

챗GPT는 영어를 기반으로 학습된 데이터셋에 가장 최적화되어 있기 때문에 영어로 프롬프트(prompt)를 작성하면 더 정확하고 효과적인 결과를 가져올 수 있다. 물론 한국어로 질문해도 원하는 답변이 나오기도 하지만, 데이터 분석 시 필요한 기술 용어나 변수명, 결괏값 등이 대부분 영어 표기이기 때문에 관련 자료에 대한 정확한 결과를 찾기 위해서는 프롬프트를 영어로 사용하는 것을 추천한다. 만약 영어로 작성하고 답변을 얻는 것이 어색한 경우 번역기(딥엘[4], 파파고[5] 등)를 사용하는 것도 괜찮은 방법이다.

챗GPT에 EDA를 위한 기본 통계 코드를 요청해보자. 요청할 때는 크게 두 단계로 구분된다. 첫째는 프롬프트 설정 둘째는 데이터 입력이다.

첫 번째 프롬프트 형식은 다음과 같이 만든다.

 P below is what I have in my dataframe variable(변수명). Suggest a python code for (요청 사항: 가능한 구체적으로)

한글로 작성할 경우: 아래는 제 데이터프레임 변수(변수 이름 입력)에 있는 내용입니다. (요청 사항 입력)에 대한 파이썬 코드를 제안해주세요.

---

4 https://www.deepl.com

5 https://papago.naver.com

현재 예제의 테이블 변수 이름(df)을 프롬프트에 입력한다. 그리고 각 열의 기술통계를 구해 달라고 요청한다. 그리고 다음 프롬프트를 챗GPT 화면에 입력한다.

P
1–1
below is what I have in my dataframe variable 'df'. Suggest a python code for descriptive statistics of each column:

두 번째 단계인 데이터 입력을 위해 콜랩에서 첫 번째 5개 행을 불러왔던 결과 전체 블록을 지정한다(전체 블록 지정은 마우스로 표의 좌측 상단을 클릭한 상태에서 우측 하단까지 쭉 드래그하면 된다). 그리고 해당 내용을 복사한 후 첫 번째 단계의 챗GPT 화면에 텍스트로 입력해 둔 글 바로 아래에 붙여넣기한 다음 챗GPT를 실행한다.

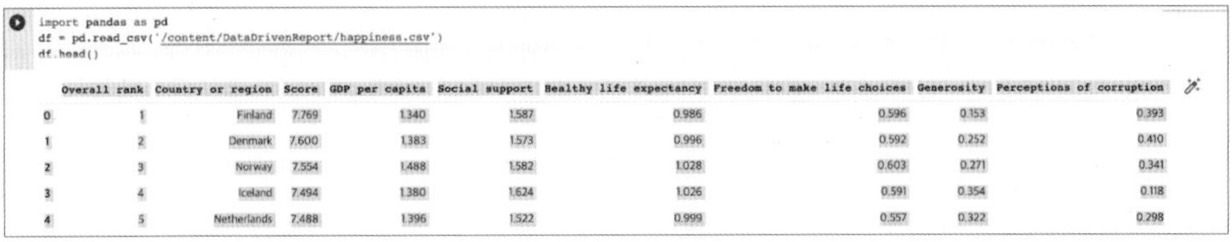

```
import pandas as pd
df = pd.read_csv('/content/DataDrivenReport/happiness.csv')
df.head()
```

	Overall rank	Country or region	Score	GDP per capita	Social support	Healthy life expectancy	Freedom to make life choices	Generosity	Perceptions of corruption
0	1	Finland	7.769	1.340	1.587	0.986	0.596	0.153	0.393
1	2	Denmark	7.600	1.383	1.573	0.996	0.592	0.252	0.410
2	3	Norway	7.554	1.488	1.582	1.028	0.603	0.271	0.341
3	4	Iceland	7.494	1.380	1.624	1.026	0.591	0.354	0.118
4	5	Netherlands	7.488	1.396	1.522	0.999	0.557	0.322	0.298

그림 3-33 테이블 블록 지정 화면

최종 프롬프트는 다음과 같다.

P
1–2
below is what I have in my dataframe variable 'df'. Suggest a python code for descriptive statistics of each column:

	Overall rank		Country or region	Score	GDP per capita		
Social support		Healthy life expectancy		Freedom to make life choices			
Generosity		Perceptions of corruption					
0	1	Finland	7.769	1.340	1.587	0.986	0.596	0.153
0.393							
1	2	Denmark	7.600	1.383	1.573	0.996	0.592	0.252
0.410							
2	3	Norway	7.554	1.488	1.582	1.028	0.603	0.271
0.341							
3	4	Iceland	7.494	1.380	1.624	1.026	0.591	0.354
0.118							
4	5	Netherlands		7.488	1.396	1.522	0.999	0.557
0.322	0.298						

Sure, you can use the `describe()` function from the Pandas library to generate descriptive statistics for each column in your DataFrame. Here's how you can do it:

```python
import pandas as pd

data = {
    'Overall rank': [1, 2, 3, 4, 5],
    'Country or region': ['Finland', 'Denmark', 'Norway', 'Iceland', 'Nether
    'Score': [7.769, 7.600, 7.554, 7.494, 7.488],
    'GDP per capita': [1.340, 1.383, 1.488, 1.380, 1.396],
    'Social support': [1.587, 1.573, 1.582, 1.624, 1.522],
    'Healthy life expectancy': [0.986, 0.996, 1.028, 1.026, 0.999],
    'Freedom to make life choices': [0.596, 0.592, 0.603, 0.591, 0.557],
    'Generosity': [0.153, 0.252, 0.271, 0.354, 0.322],
    'Perceptions of corruption': [0.393, 0.410, 0.341, 0.118, 0.298]
}

df = pd.DataFrame(data)

# Generate descriptive statistics
descriptive_stats = df.describe()

print(descriptive_stats)
```

그림 3-34 기술통계 질문

[그림 3-34]와 같이 파이썬 코드를 보여주는 것을 확인할 수 있다. 여기서 전체 코드를 복사/붙여넣기하여 콜랩으로 실행시키면 아무 문제가 없지만 주의해야 할 사항이 있다. 우리가 챗GPT에 전달한 df 변수의 데이터는 df 데이터프레임의 첫 번째 5개 행의 내용이라는 것이다.

우리가 분석하고자 하는 데이터는 훨씬 더 방대하므로 다르게 접근해야 한다. 결과부터 말하자면 챗GPT에서 인식하는 df 데이터프레임 변수를 제거하고 나머지 코드만 가져오는 방식이 필요하다. 내가 분석하고자 하는 테이블의 열 이름과 데이터 유형에 대해 챗GPT가 인식하고 있기 때문에 완벽한 방법은 아니지만, 코드만을 활용했을 때는 대부분 이 방식으로 데이터 분석이 가능하다.

```python
import pandas as pd

# Load the DataFrame
df = pd.DataFrame({
    'Overall rank': [1, 2, 3, 4, 5],
    'Country or region': ['Finland', 'Denmark', 'Norway', 'Iceland', 'Nether
    'Score': [7.769, 7.600, 7.554, 7.494, 7.488],
    'GDP per capita': [1.340, 1.383, 1.488, 1.380, 1.396],
    'Social support': [1.587, 1.573, 1.582, 1.624, 1.522],
    'Healthy life expectancy': [0.986, 0.996, 1.028, 1.026, 0.999],
    'Freedom to make life choices': [0.596, 0.592, 0.603, 0.591, 0.557],
    'Generosity': [0.153, 0.252, 0.271, 0.354, 0.322],
    'Perceptions of corruption': [0.393, 0.410, 0.341, 0.118, 0.298]
})

# Compute descriptive statistics for each column
column_statistics = df.describe()

# Display the descriptive statistics
print(column_statistics)
```

삭제할 부분

그림 3-35 복사/붙여넣기 하는 방법

해당 부분을 삭제하고 나머지 코드만 가져와서 실행하면 다음과 같은 화면을 볼 수 있다.

```python
# Generate descriptive statistics
descriptive_stats = df.describe()

print(descriptive_stats)
```

```
       Overall rank       Score  GDP per capita  Social support  \
count    156.000000  156.000000      156.000000      156.000000
mean      78.500000    5.407096        0.905147        1.208814
std       45.177428    1.113120        0.398389        0.299191
min        1.000000    2.853000        0.000000        0.000000
25%       39.750000    4.544500        0.602750        1.055750
50%       78.500000    5.379500        0.960000        1.271500
75%      117.250000    6.184500        1.232500        1.452500
max      156.000000    7.769000        1.684000        1.624000

       Healthy life expectancy  Freedom to make life choices  Generosity  \
count               156.000000                    156.000000  156.000000
mean                  0.725244                      0.392571    0.184846
std                   0.242124                      0.143289    0.095254
min                   0.000000                      0.000000    0.000000
25%                   0.547750                      0.308000    0.108750
50%                   0.789000                      0.417000    0.177500
75%                   0.881750                      0.507250    0.248250
max                   1.141000                      0.631000    0.566000

       Perceptions of corruption
count                 156.000000
mean                    0.110603
std                     0.094538
min                     0.000000
25%                     0.047000
50%                     0.085500
75%                     0.141250
max                     0.453000
```

그림 3-36 기술통계 결과

앞서 봤던 프로파일링 코드보다 시각화가 떨어지긴 하지만 각 열에 대한 값의 개수(count), 평균(mean), 표준편차(std), 최솟값(min), 최댓값(max) 등이 정리된 것을 볼 수 있다.

3) 히스토그램 생성

이제부터는 챗GPT가 우리가 원하는 데이터를 인식하고 있기 때문에 프롬프트를 간단하게 작성해도 원하는 코드를 얻을 수 있다.

 Suggest a python code for the histogram of (칼럼명)

한글: (칼럼명)의 히스토그램에 대한 파이썬 코드를 제안해주세요.

GDP per capita 열의 히스토그램을 그리기 위해 다음과 같이 프롬프트를 실행해보자.

 Suggest a python code for the histogram of a column 'GDP per capita'

1-3

 Certainly! You can use the `matplotlib` library to create a histogram of the 'GDP per capita' column from your DataFrame. Here's an example code to do that:

```python
import pandas as pd
import matplotlib.pyplot as plt

data = {
    'Overall rank': [1, 2, 3, 4, 5],
    'Country or region': ['Finland', 'Denmark', 'Norway', 'Iceland', 'Nether
    'Score': [7.769, 7.600, 7.554, 7.494, 7.488],
    'GDP per capita': [1.340, 1.383, 1.488, 1.380, 1.396],
    'Social support': [1.587, 1.573, 1.582, 1.624, 1.522],
    'Healthy life expectancy': [0.986, 0.996, 1.028, 1.026, 0.999],
    'Freedom to make life choices': [0.596, 0.592, 0.603, 0.591, 0.557],
    'Generosity': [0.153, 0.252, 0.271, 0.354, 0.322],
    'Perceptions of corruption': [0.393, 0.410, 0.341, 0.118, 0.298]
}
```

```
df = pd.DataFrame(data)

# Create a histogram for 'GDP per capita'
plt.hist(df['GDP per capita'], bins=10, edgecolor='black')
plt.xlabel('GDP per Capita')
plt.ylabel('Frequency')
plt.title('Histogram of GDP per Capita')
plt.show()
```

그림 3-37 히스토그램 질문

앞에서와 마찬가지로 df 변수를 읽는 코드만 제외하고 나머지를 복사해서 콜랩으로 붙여넣은 후 실행한다.

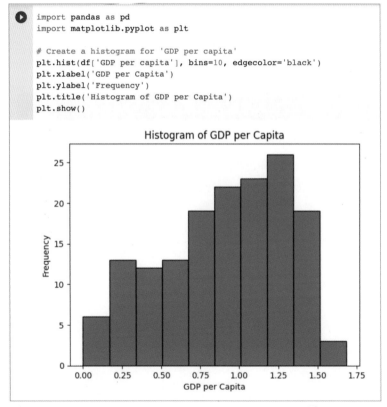

그림 3-38 히스토그램 결과

4) xy 플롯 생성

프롬프트 형식은 다음과 같다.

 Suggest a python code for xy plot where the x-axis is (x축 칼럼명) and y-axis is (y축 칼럼명).

한글: x축이 (x축 칼럼명), y축이 (y축 칼럼명)인 xy 플롯에 대한 파이썬 코드를 제안해주세요.

Healthy Life Expectance 열을 x축으로 하고 Score 열을 y축으로 하는 xy 플롯을 그려보자.

 Suggest a python code for xy plot where the x-axis is 'Healthy Life
1-4 Expectancy' and y-axis is 'Score'.

 Certainly! You can use `matplotlib` library to create an XY plot (scatter plot) with 'Healthy Life Expectancy' on the x-axis and 'Score' on the y-axis. Here's an example code to achieve that:

```python
import pandas as pd
import matplotlib.pyplot as plt

data = {
    'Overall rank': [1, 2, 3, 4, 5],
    'Country or region': ['Finland', 'Denmark', 'Norway', 'Iceland', 'Nether
    'Score': [7.769, 7.600, 7.554, 7.494, 7.488],
    'GDP per capita': [1.340, 1.383, 1.488, 1.380, 1.396],
    'Social support': [1.587, 1.573, 1.582, 1.624, 1.522],
    'Healthy life expectancy': [0.986, 0.996, 1.028, 1.026, 0.999],
    'Freedom to make life choices': [0.596, 0.592, 0.603, 0.591, 0.557],
    'Generosity': [0.153, 0.252, 0.271, 0.354, 0.322],
    'Perceptions of corruption': [0.393, 0.410, 0.341, 0.118, 0.298]
}

df = pd.DataFrame(data)

# Create an XY plot (scatter plot)
plt.figure(figsize=(8, 6))
```

```
plt.scatter(df['Healthy life expectancy'], df['Score'], color='blue', alpha=
plt.xlabel('Healthy Life Expectancy')
plt.ylabel('Score')
plt.title('XY Plot of Healthy Life Expectancy vs Score')
plt.grid(True)
plt.show()
```

그림 3-39 xy 플롯 질문

마찬가지 방식으로 df 변수에 대한 정의를 제외하고 나머지 코드만 복사해서 콜랩에 붙여넣기
후 실행한다.

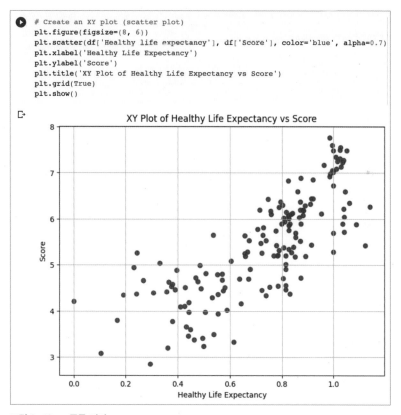

그림 3-40 xy 플롯 결과

5) 상관관계 그래프 생성

마지막으로 상관관계 그래프를 그려보자. 프롬프트를 실행해보자.

P Suggest a python code for a correlation graph including all columns.

한글: 모든 열을 포함하는 상관관계 그래프에 대한 파이썬 코드를 제안해주세요.

Certainly! You can use the `seaborn` library to create a correlation heatmap that includes all the columns in your DataFrame. Here's an example code to achieve that:

```python
import pandas as pd
import seaborn as sns
import matplotlib.pyplot as plt

data = {
    'Overall rank': [1, 2, 3, 4, 5],
    'Country or region': ['Finland', 'Denmark', 'Norway', 'Iceland', 'Nethe
    'Score': [7.769, 7.600, 7.554, 7.494, 7.488],
    'GDP per capita': [1.340, 1.383, 1.488, 1.380, 1.396],
    'Social support': [1.587, 1.573, 1.582, 1.624, 1.522],
    'Healthy life expectancy': [0.986, 0.996, 1.028, 1.026, 0.999],
    'Freedom to make life choices': [0.596, 0.592, 0.603, 0.591, 0.557],
    'Generosity': [0.153, 0.252, 0.271, 0.354, 0.322],
    'Perceptions of corruption': [0.393, 0.410, 0.341, 0.118, 0.298]
}

df = pd.DataFrame(data)

# Compute the correlation matrix
correlation_matrix = df.corr()

# Create a correlation heatmap
plt.figure(figsize=(10, 8))
sns.heatmap(correlation_matrix, annot=True, cmap='coolwarm', center=0)
plt.title('Correlation Heatmap')
plt.show()
```

그림 3-41 상관관계 질문

여기서 씨본 라이브러리가 새롭게 추가되어서 사용되는 것을 볼 수 있는데, 기존 맷플롯립^{matplotlib} 라이브러리보다 시각화를 쉽게 해주기도 하지만, 더 풍성한 기능이 많아서 자주 사용되는 라이브러리다. 코드를 실행해보면 자동으로 텍스트가 포함된 Country or region 열이 제외되는 것이 포인트다.

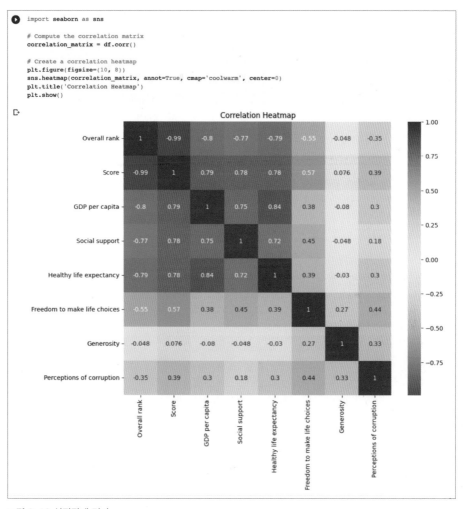

```
import seaborn as sns

# Compute the correlation matrix
correlation_matrix = df.corr()

# Create a correlation heatmap
plt.figure(figsize=(10, 8))
sns.heatmap(correlation_matrix, annot=True, cmap='coolwarm', center=0)
plt.title('Correlation Heatmap')
plt.show()
```

그림 3-42 상관관계 결과

6) 지도 시각화

챗GPT를 통해 지도에 시각화도 가능하다. 지도 위치에 대한 데이터와 지도에 표시될 색을 어떤 데이터로 채워넣을지 확정했다면 다음과 같이 프롬프트를 작성해보자.

---

 suggest a python code for visualization in a world map, locating (나라 칼럼명) as a map location and indicating a density using (점수로 표시 가능한 칼럼명)

한글: 세계 지도에서 시각화를 위한 파이썬 코드를 제안하고, (나라 칼럼명)을 지도 위치로 찾고 (점수로 표시 가능한 칼럼명)을 사용하여 밀도를 표시합니다.

여기서는 Country or region 열을 지도 위치로 설정하고, 행복지수를 지도에 표시되는 색깔로 지정하기 위해 아래와 같이 프롬프트를 작성하고 실행해보자.

1-5
Suggest a python code for visualization in a world map, locating a column 'Country or region' as a map location and indicating a density using a column 'Score'.

To visualize data on a world map, you can use the `geopandas` library along with the `matplotlib` library. Here's an example code that demonstrates how to create a map with 'Country or region' as locations and 'Score' as a density indicator:

```python
import pandas as pd
import geopandas as gpd
import matplotlib.pyplot as plt

# Sample data
data = {
    'Country or region': ['Finland', 'Denmark', 'Norway', 'Iceland', 'Nether
    'Score': [7.769, 7.600, 7.554, 7.494, 7.488]
}

# Load world shapefile data for mapping
world = gpd.read_file(gpd.datasets.get_path('naturalearth_lowres'))

# Create a DataFrame
df = pd.DataFrame(data)
```

```
# Merge the world map data with your DataFrame
merged = world.set_index('name').join(df.set_index('Country or region'))

# Plotting
fig, ax = plt.subplots(1, 1, figsize=(15, 10))
merged.plot(column='Score', cmap='YlGnBu', linewidth=0.8, ax=ax, edgecolor='
ax.set_title('World Map: Score Density')
ax.axis('off')
plt.show()
```

그림 3-43 지도 시각화 질문

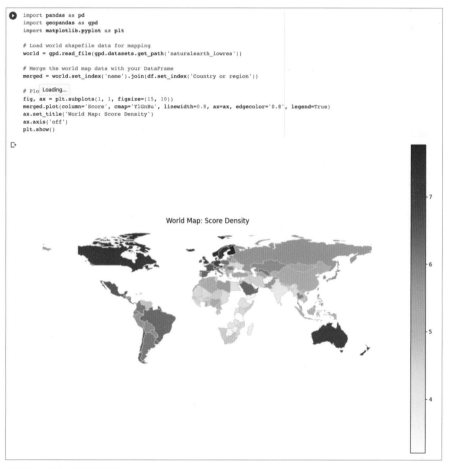

그림 3-44 지도 시각화 결과

3.2 데이터도 백문이 불여일견: 데이터 시각화

사례	HR 분석가	회사의 중장기 인력구조 예측, 분석, 시각화하기

요약
- 데이터 시각화만으로 의사결정자에게 인사이트를 제공해보자.
- 인간의 뇌는 텍스트보다 6만 배 빠른 속도로 이미지를 처리한다.

깃허브 링크[6]

데이터 시각화는 복잡한 설명서 대신 쉽게 이해할 수 있는 그림이나 도표로 정보를 나타냄으로써 텍스트나 숫자로 정보를 전달하는 것보다 훨씬 더 효과적으로 상대방을 이해시키고 설득할 수 있다. 시각화의 효과에 대해서는 4장에서 자세하게 설명한다.

적용 가능한 비즈니스 주제

- **판매 실적 대시보드**: 시간 경과에 따른 판매 실적을 보여주는 대시보드다. 매출에 대한 라인 플롯과 제품별 또는 지역별 판매량을 나타내는 바 플롯이 있다.
- **마케팅 캠페인 대시보드**: 다양한 마케팅 캠페인에 대한 클릭률, 전환율, 전환당 비용과 같은 핵심 성과 지표(KPI)를 표시하는 대시보드다.
- **고객 만족도 스코어카드**: 시간 경과에 따른 고객 만족도를 추적하는 것으로, 만족도 점수의 추세를 보여주는 차트와 순추천지수(NPS)와 같은 지표를 나타낸다.
- **직원 이직률 분석**: 이직 사유, 부서별 이직률 및 기타 관련 지표를 보여주는 차트와 그래프가 포함된 직원 이직률 추세를 시각적으로 분석한다.
- **웹사이트 트래픽 대시보드**: 페이지 뷰, 이탈률, 사이트 체류 시간 및 전환을 포함한 웹사이트 트래픽 및 참여 지표를 표시하는 대시보드다.
- **재무 성과 대시보드**: 부서, 지역 또는 제품별 매출, 수익, 비용 등 재무 성과 지표를 나타내는 대시보드다.
- **제품 성과 분석**: 판매, 수익, 고객 리뷰와 같은 제품 성과 지표를 시각적으로 분석하여 추세와 상관관계를 보여주는 차트와 그래프를 제공한다.
- **소셜 미디어 참여 대시보드**: 좋아요, 공유, 댓글 등의 소셜 미디어 참여 지표와 사용자 댓글에 대한 감성 분석을 표시하는 대시보드다.
- **운영 효율성 분석**: 주기 시간, 리드 타임, 품질과 같은 운영 효율성 지표를 시각적으로 분석하여 추세와 개선이 필요한 영역을 차트와 그래프로 보여준다.

---

6 https://github.com/sangsucki/DataDrivenReport/blob/main/Chapter3-2(Visualization).ipynb

3.2.1 상황

당신은 대기업의 HR 분석가다. 요즘 가장 핫한 키워드는 MZ세대인데, 혹시나 MZ세대와 기성세대의 세대 간 갈등이 발생하지 않을지 우려하는 목소리가 있다. 경영진은 이런 흐름에 대한 인력구조 관련 분석 결과를 요청했고, 당신은 데이터를 기반으로 보고할 수 있는 절호의 기회다.

> **CHO[7]** 요즘 MZ세대 관련 이야기가 많이 들리던데, 우리 회사는 어떤 상황인지 궁금하네요.
>
> **나** 최근 대규모 채용으로 입사한 MZ세대 신입사원의 목소리가 커지고 있는 것이 사실입니다. 특히 블라인드라는 앱을 통해 목소리를 많이 내고 있는 것 같습니다.
>
> **CHO** MZ세대가 집중적인 관심을 받고 있는 만큼 이번 기회를 통해 우리 회사 인력구조를 파악하는 것이 중요한 시점이라고 생각합니다. 기성세대는 신흥세대를 긍정적으로 보지 않고, 신흥세대는 기성세대를 꼰대라고 말하는 건 예전부터 자연스러웠던 현상이었던 것 같아요. 우리 회사에서 MZ세대 사원이 어느 정도의 비율을 차지하는지도 궁금하군요. 그리고 앞으로 어떤 인력구조 흐름으로 가는지 알아야 HR 정책도 그에 맞출 수 있지 않을까 싶습니다.
>
> **나** 예. 알겠습니다. 과거 세대별 인력구조의 흐름을 현재와 비교해보고 미래 인력구조에 대한 예측도 같이 해보겠습니다.

3.2.2 분석 목표 파악하기

CHO의 말에서 핵심 키워드가 무엇인지 느꼈는가? CHO는 어려운 통계나 예측모델을 원하는 것이 아니다. 조직 내 인력구조의 흐름을 보고싶어 한다. 그리고 그 인력구조에 따른 HR 정책의 방향에 대한 인사이트를 얻고자 한다. 이 정도를 파악할 수 있다면 더욱 구체적인 설계는 실무자의 몫이다.

인력구조의 흐름을 나타내는 방법에는 여러 가지가 있겠지만, 인력구조의 과거, 현재, 미래를 비교하기 위해 2010년, 2020년, 2030년의 인력구조를 보여주자. 세 가지의 그래프를 동시에 비교하되 각각의 그래프에서 성별과 세대를 구분하면서, 시간의 흐름에 따른 세대 간 분포를 한눈에 보이도록 하자.

---

7 CHO(chief human officer): 최고 인사 책임자

3.2.3 분석 계획 세우기

분석의 목적이 인력구조의 흐름을 보여주는 것이기 때문에 3.1절과 마찬가지로 별도의 분석 도구를 사용하지 않고 EDA를 통해 인력구조의 흐름을 분석하고 시각적으로 그 흐름을 보여주는 것이 핵심이다.

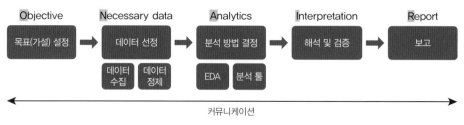

그림 3-45 분석 계획

3.2.4 데이터 선정하기

다음 그림처럼 데이터 소스를 받을 수 있는 아래 깃허브에 접속한다.

- https://github.com/sangsucki/DataDrivenReport

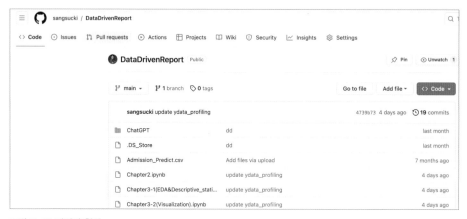

그림 3-46 데이터 확인

population.xlsx라는 파일을 확인할 수 있다. 이 파일로 중장기 인력을 분석하여 시각화할 예정이다. 녹색 [Code] 버튼을 클릭한 [그림 3-47]의 🖵 버튼을 클릭하여 링크를 복사한다.

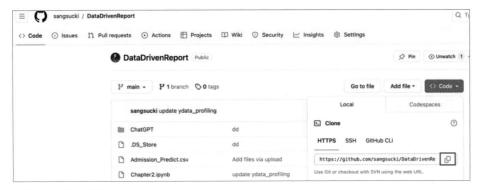

그림 3-47 데이터 복사

데이터 확인을 했으니 이제 본격적으로 구글 콜랩으로 이동해 새 노트북을 시작한다. 아까 복사했던 링크를 !git clone 뒤에 붙여넣기한다.

```
!git clone https://github.com/sangsucki/DataDrivenReport.git
```

그림 3-48 깃 클론

[그림 3-48]처럼 !git clone을 쓰게 되면 깃허브의 해당 폴더로부터 population.xlsx 파일을 콜랩으로 연동할 수 있다. 굳이 다운로드하여 콜랩으로 파일을 다시 업로드할 필요 없이 바로 작업할 수 있어 편리하다. ▢ 아이콘을 클릭하면 population.xlsx 파일을 확인할 수 있다.

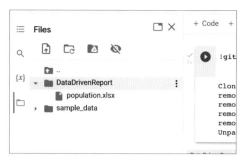

그림 3-49 폴더 찾기

```
import pandas as pd
df = pd.read_excel('/content/DataDrivenReport/population.xlsx')
df.head()
```

먼저 어떤 내용인지 데이터프레임 형식으로 읽어보자.

```
# 테이블 읽기
import pandas as pd
df = pd.read_excel('/content/DataDrivenReport/population.xlsx')
df.head()
```

	y_birth	y_enter	y_retire	sex
0	1965.0	2021	NaN	남자
1	1966.0	1992	NaN	남자
2	1973.0	1998	NaN	남자
3	1982.0	2008	NaN	남자
4	1987.0	2013	NaN	남자

그림 3-50 파일 읽기

데이터프레임명.info()로 전체 데이터가 어떻게 이뤄졌는지 살펴보자.

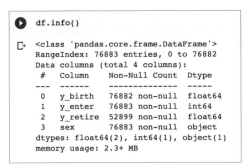

```
df.info()

<class 'pandas.core.frame.DataFrame'>
RangeIndex: 76883 entries, 0 to 76882
Data columns (total 4 columns):
 #   Column   Non-Null Count  Dtype
---  ------   --------------  -----
 0   y_birth  76882 non-null  float64
 1   y_enter  76883 non-null  int64
 2   y_retire 52899 non-null  float64
 3   sex      76883 non-null  object
dtypes: float64(2), int64(1), object(1)
memory usage: 2.3+ MB
```

그림 3-51 데이터 형식 확인

총 76883개 행으로 이뤄져 있고 5개의 열(index, 생년월일, 입사 연도, 퇴직 연도, 성별)으로 이루어져 있다. 퇴직 예정일이나 직급 등이 세부적으로 있으면 좋겠지만, 개인정보 보안으로 이 내용으로만 분석을 진행한다. 각 열은 다음과 같다.

- **y_birth**: 출생 연도
- **y_enter**: 입사 연도
- **y_retire**: 퇴직 연도
- **sex**: 성별

3.2.5 EDA 수행하기

EDA의 기본적인 수행 과정은 다음과 같다.

데이터 훑어보기 · 데이터 타입 확인 → 결측치 처리 → 이상치 처리 → 종속변수 분포 확인 → 파생변수 추가

1) 데이터 훑어보기 · 데이터 타입 확인

판다스 프로파일링을 통해 별도의 코드 없이 EDA를 해보자.

```
import ydata_profiling
from ydata_profiling import ProfileReport
from ydata_profiling.utils.cache import cache_file

pr = ProfileReport(df)
pr
```

```
import ydata_profiling
from ydata_profiling import ProfileReport
from ydata_profiling.utils.cache import cache_file

pr = ProfileReport(df)
pr

Summarize dataset: 100%          23/23 [00:06<00:00, 5.26it/s, Completed]
Generate report structure: 100%          1/1 [00:04<00:00, 4.82s/it]
Render HTML: 100%          1/1 [00:02<00:00, 2.65s/it]
```

그림 3-52 프로파일링

전체 변수는 4개이고 총 76883행이다. 결측치는 23985개이고 총 데이터에서 9.6% 수준이다. 중복행은 7411행, 수치형 데이터는 3개, 범주형 데이터는 1개로 보인다.

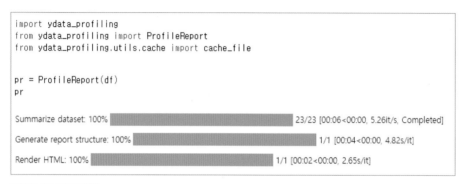

그림 3-53 훑어보기

'Sample' 섹션을 보면 첫 번째 10개의 행을 샘플로 볼 수 있는데 출생 연도(y_birth), 입사 연도(y_enter), 퇴직 연도(y_retire), 성별(sex)로 구분되는 것을 확인할 수 있다. 출생 연도,

입사 연도, 퇴직 연도는 수치형 데이터, 성별 열은 범주형 데이터로 인식된 것으로 이해하면
된다.

Sample

First rows   Last rows

	y_birth	y_enter	y_retire	sex
0	1965.0	2021	NaN	남자
1	1966.0	1992	NaN	남자
2	1973.0	1998	NaN	남자
3	1982.0	2008	NaN	남자
4	1987.0	2013	NaN	남자
5	1979.0	2003	NaN	여자

그림 3-54 훑어보기 헤드

2) 결측치 처리

'Missing values' 섹션을 보면 결측치에 대해 열별로 간단하게 바 플롯으로 표현된 것을 볼 수
있다.

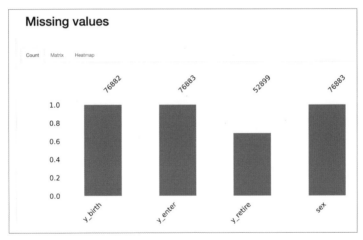

그림 3-55 결측치 처리

[그림 3-55]에서 총 관측값이 76883행인데 y_enter(입사 연도)와 sex(성별)의 개수는 일
치하지만 y_birth(출생 연도)의 경우 한 행이 부족한 76882행이고 y_retire(퇴직 연도)는
23984행이 부족한 52889행이다. 결측치 처리는 데이터 분석 목적에 따라 달라질 수 있는데,

현재 우리의 목적은 연도별 인력구조를 보여주는 것이다. 주어진 데이터에서 퇴직 연도가 결측치로 있는 데이터는 현재 재직 중인 직원으로 볼 수 있기 때문에 퇴직 연도와 관련된 결측치는 그대로 유지하는 것이 맞다. 하지만 출생 연도의 경우 결측치가 존재하는 행을 확인할 필요가 있다.

```
df[df['y_birth'].isnull()]
```

df[df[칼럼명].isnull()]은 해당 칼럼명에 null 값이 있는 경우 해당 행을 추출하는 기능이다.

그림 3-56 결측치 확인

[그림 3-56]에서 확인할 수 있듯이 출생 연도에서 1개의 결측치가 확인됐고 어떤 이유로 인해 출생 연도가 입력되지 않았다. 이런 경우 인력구조를 볼 때 고려할 수 없는 데이터가 되기 때문에 해당 행을 삭제해준다. **데이터프레임.dropna(subset=[해당칼럼명],inplace=True)**를 입력하면 해당 행이 삭제된다.

```
df.dropna(subset=['y_birth'], inplace=True)
```

데이터프레임의 행 개수를 계산하면 총 76882개로 기존 76883개의 행에서 한 행이 줄어든 것을 알 수 있다.

그림 3-57 데이프레임 행 개수

3) 이상치 처리

데이터프레임명.describe( ) 전체 데이터의 기술통계를 보면 이상치 처리의 필요성을 간단하게 볼 수 있다.

```
df.describe()
```

	y_birth	y_enter	y_retire
count	76882.000000	76882.000000	52898.000000
mean	1962.797794	1988.927317	1998.439695
std	17.860491	16.274265	10.726348
min	1900.000000	1940.000000	1965.000000
25%	1952.000000	1978.000000	1993.000000
50%	1963.000000	1987.000000	2001.000000
75%	1973.000000	1997.000000	2001.000000
max	2003.000000	2021.000000	2021.000000

그림 3-58 판다스 describe

해당 데이터의 생년월일, 입사 연도, 퇴직 연도 열에서 기본 통계를 보여준다. 퇴직 연도의 최솟값으로 1965년이 있는 것으로 보아 이미 퇴사한 직원의 데이터도 함께 보여주는 것을 알 수 있다. 즉 76882명은 현재 기준의 전사 직원 데이터가 아니고, 과거부터 현재까지의 전사 직원 데이터라는 것을 알 수 있다.

평균(mean)에서 표준편차(std)에 3을 곱한 후 더한 값이 최댓값보다 크거나 평균에서 표준편차에 3을 곱한 후 뺀 값이 최솟값보다 작으면 경험적으로 이상치를 의심할 수 있지만[8] 수치형 13가지 모두 이상치로 의심되지 않기 때문에 별도로 이상치를 제거하지 않고 넘어간다.

4) 종속변수 분포 확인

시각화에서는 명확하게 종속변수라고 할 수 있는 것이 없지만, 주어진 데이터에서는 입사 연도와 퇴직 연도를 활용하여 2010년, 2020년, 2030년 시점 기준 인원을 산정할 예정이다. 먼저 입사 연도별 인원을 살펴보자. 입사 연도별 인원이 어떻게 구성되는지 보려면 **칼럼명.value_counts( )**를 활용한다.

---

8 3-sigma: 일변량 자료 중 평균 ±3*표준편차를 벗어나는 것들을 이상치라 규정함(정규 분포 기반)

```
df['y_enter'].value_counts()
```

```
1979    3512
1978    2589
1992    2558
1996    2368
1995    2264
         ...
1954      20
1946      15
1944       9
1943       6
1941       1
Name: y_enter, Length: 81, dtype: int64
```

그림 3-59 판다스 value_counts

입사 연도별 인원수(count)가 높은 순서대로 정렬돼서 정리된 느낌이 들지 않는다면 바 플롯으로 그려보자. 코드가 길어 보이지만 하나씩 보면 쉽게 이해할 수 있다.

- **value counts**: 열 내 변수별 개수(여기서는 연도별 개수)
- **sort_index()**: 입사 연도별 인원수(count)가 높은 순서대로 정렬이 아닌 연도 순서대로 정렬
- **plot(kind='bar', figsize = (15,5))**: 바 플롯으로 표현 및 figsize = (가로 길이, 세로 길이) 여기서는 가로가 넓도록 사이즈 지정

```
df['y_enter'].value_counts().sort_index().plot(kind='bar',figsize=(15,5))
```

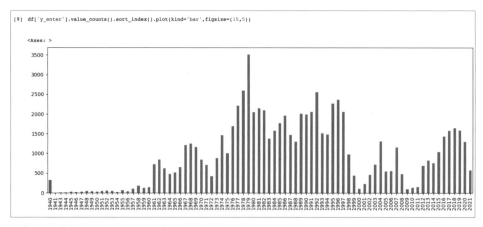

그림 3-60 판다스 value_counts 그래프

그렇다면 2010년 말 기준 직원 수를 계산해보자. 입사 연도는 2010년을 포함한 이전 연도 모두를 포함하고(df[(df['y_enter'] <=2010]), 퇴직 연도는 2010년을 제외한 이후 연도 모두를 빼면 된다(df[df['y_retire']>2010]). 하지만 이대로 계산하면 퇴직 연도에 공백으로 되어 있는 null 값, 즉 아직 퇴사하지 않은 인원이 반영되지 않기 때문에 null 값도 고려해야 한다(df[df['y_retire'].isnull()]).

```
df2010 = df[(df['y_enter'] <=2010)]
df2010s = df2010[(df2010['y_retire'].isnull())|(df2010['y_retire']>2010)]
len(df2010s)
```

퇴직 연도에 대한 값이 null 값이거나(or는 I의 의미이다) 퇴직 연도가 2010년보다 큰 데이터만 남겨서 df2010s라는 데이터프레임 변수에 지정한다. len(df2010s)를 동해 해낭 행의 개수를 세어보면 다음 그림과 같이 19914행임을 알 수 있다.

```
df2010 = df[(df['y_enter'] <=2010)]
df2010s = df2010[(df2010['y_retire'].isnull())|(df2010['y_retire']>2010)]
len(df2010s)

19914
```

그림 3-61 2010년 인원

5) 파생변수 추가

2010년 당시 직원 수를 구했다면 이제 해당 연도에서 연령을 추가로 만들어 새로운 열에 저장해보자.

```
df2010s['age'] = 2010 - df2010s['y_birth']
```

df['칼럼명'] = 계산식을 입력하면 df라는 데이터프레임에 새로운 열이 현재 데이터프레임의 가장 마지막 열로 삽입된다. 만약 이미 존재하는 칼럼명이라면 해당 열이 입력한 열 내용으로 대체된다. 그래서 위 코드는 2010이라는 숫자에서 각 직원의 출생 연도를 빼주는 방식으로 2010년 기준 age 열을 새로 만들어준다.

```
# 2010년도 기준 연령 추가
df2010s['age'] = 2010 - df2010s['y_birth']
df2010s.head()
```

```
<ipython-input-11-e3fe1b06fb5b>:2: SettingWithCopyWarning:
A value is trying to be set on a copy of a slice from a DataFrame.
Try using .loc[row_indexer,col_indexer] = value instead

See the caveats in the documentation: https://pandas.pydata.org/pandas-
  df2010s['age'] = 2010 - df2010s['y_birth']
```

	y_birth	y_enter	y_retire	sex	age	✏
1	1966.0	1992	NaN	남자	44.0	
2	1973.0	1998	NaN	남자	37.0	
3	1982.0	2008	NaN	남자	28.0	
5	1979.0	2003	NaN	여자	31.0	
8	1967.0	1993	NaN	남자	43.0	

그림 3-62 연령 추가

[그림 3-62]처럼 가장 오른쪽에 age 열이 생긴 것을 볼 수 있다. 다음은 성별을 분리해서 각 데이터프레임의 행 개수를 계산한 것이다. 남자와 여자로 분리된 데이터프레임을 각각 df2010_m, df2010_f으로 저장한다. reset_index()를 뒤에 넣은 이유는 각 행에 고유 숫자를 매김으로써 다음에 진행할 연령별 인원수에 활용할 예정이기 때문이다.

```
df2010_m = df2010s[df2010s['sex']=='남자'].reset_index()
df2010_f = df2010s[df2010s['sex']=='여자'].reset_index()

print(len(df2010_m), len(df2010_f))
```

```
# 2010년도 성별 분리
df2010_m = df2010s[df2010s['sex']=='남자'].reset_index()
df2010_f = df2010s[df2010s['sex']=='여자'].reset_index()

print(len(df2010_m), len(df2010_f))
```

```
16932 2982
```

그림 3-63 성별 분리

다음은 연령별 인원수를 계산하기 위해 groupby 함수를 사용한다. groupby는 선택 열 기준 그룹화된 데이터를 만들어 함수까지 사용할 수 있기 때문에 아주 편리하다.

```
df2010_mp = df2010_m.groupby("age")['index'].count()
df2010_fp = df2010_f.groupby("age")['index'].count()
```

[그림 3-63]에서 reset_index로 만든 index를 기준으로 연령별 인원수를 계산한다. **데이터 프레임.groupby('칼럼명1')['칼럼명2'].count()**를 하면 칼럼명1을 기준으로 그룹화하는데, 그 그룹에 대해 칼럼명2의 행 개수를 계산하는데 사용된다. 즉 여기서는 연령을 기준으로 해서 그룹화하고 index의 해당 행 개수를 계산해서 다음 그림과 같은 결과가 나오는 것이다.

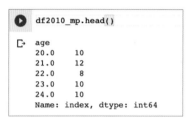

그림 3-64 연령별 인원수

이제 남성별, 여성별 연령에 따른 인원수를 계산한 테이블을 합쳐준다. 2010년의 남성과 여성을 동시에 표현할 예정이기 때문이다.

```
df2010t = pd.concat([df2010_mp, df2010_fp], axis=1).reset_index()
df2010t.columns = ['연령', '남자','여자']
```

판다스의 concat() 함수는 axis=1을 지정하여 남성 데이터(df2010_mp)와 여성 데이터 (df2010_fp) 두 데이터프레임을 수평으로 열을 따라 결합하는 데 사용된다. 이대로 사용하면 새로 생성되는 데이터프레임(df2010t)은 남성 데이터(df2010_mp)의 인덱스가 기준이 되는데, 남성 데이터에 없는 여성 데이터(df2010_fp)가 들어올 경우 인덱스가 일치하지 않는다. 그렇기 때문에 reset_index()를 활용해 합쳐진 데이터프레임의 인덱스를 초기화시켜 사용한다. 그리고 신규 데이터프레임(df2010t)의 칼럼명을 '연령', '남자', '여자'로 변경해준다.

```
# 2010년도 그래프 그리기 위한 테이블 합치기
df2010t = pd.concat([df2010_mp, df2010_fp], axis=1).reset_index()
df2010t.columns = ['연령', '남자','여자']
df2010t
```

	연령	남자	여자
0	20.0	10	2.0
1	21.0	12	NaN
2	22.0	8	1.0
3	23.0	10	1.0
4	24.0	10	8.0
5	25.0	14	8.0

그림 3-65 연령에 따른 성별 인원수

추가로 정년은 60세로 동일하게 설정해두기 위해 연령이 넘어가는 인원은 생략해준다.

```
df2010t = df2010t[df2010t['연령']<=60]
```

2010 표를 그리기 위한 밑 작업은 완성됐고 이번에는 2020년도 같은 방식으로 해보자. 먼저 2020년 인원만 추출한다.

```
df2020 = df[(df['y_enter'] <=2020)]
df2020s = df2020[(df2020['y_retire'].isnull())|(df2020['y_retire']>2020)]
len(df2020s)
```

```
# 2020년도 상황
df2020 = df[(df['y_enter'] <=2020)]
df2020s = df2020[(df2020['y_retire'].isnull())|(df2020['y_retire']>2020)]
len(df2020s)
```

```
23873
```

그림 3-66 2020년 계산-1

2020년 기준 연령 열을 만들어준 다음 성별을 분리한 테이블을 만든다.

```
# 2020년도 기준 연령 추가
df2020s['age'] = 2020 - df2020s['y_birth']
```

```
# 2020년도 성별 분리
df2020_m = df2020s[df2020s['sex']=='남자'].reset_index()
df2020_f = df2020s[df2020s['sex']=='여자'].reset_index()

# 2020년도 연령별 인원수 계산

df2020_mp = df2020_m.groupby("age")['index'].count()
df2020_fp = df2020_f.groupby("age")['index'].count()
```

성별로 분리된 테이블을 다시 합치고 정년 나이 이후 인원을 제외해주면 완성이다.

```
# 2020년도 그래프 그리기 위한 테이블 합치기
df2020t = pd.concat([df2020_mp, df2020_fp], axis=1).reset_index()
df2020t.columns = ['연령', '남자','여자']
df2020t = df2020t[df2020t['연령']<=60]
df2020t
```

```
# 2020년도 그래프 그리기 위한 테이블 합치기
df2020t = pd.concat([df2020_mp, df2020_fp], axis=1).reset_index()
df2020t.columns = ['연령', '남자','여자']
df2020t = df2020t[df2020t['연령']<=60]
df2020t
```

	연령	남자	여자
0	18.0	1	1.0
1	19.0	10	19.0
2	20.0	55	26.0
3	21.0	118	47.0
4	22.0	140	54.0
5	23.0	135	104.0

그림 3-67 2020년 계산-2

3.2.6 분석 및 예측 방법 결정하기

2010년과 2020년은 현재 데이터로 추출할 수 있지만, 2030년의 데이터는 존재하지 않는 미래의 데이터이기 때문에 지금까지의 데이터를 활용해서 2030년을 예측하는 것이 관건이다.

인구를 예측하는 방식에는 여러 방법이 있지만, 통계청에서 인구 시계열예측을 위해 주로 사용되는 코호트요인법은 기본적으로 유입과 유출에 대한 그룹을 세분화하고 각각의 모델을 만들어 예측하는 방식이다. 채용의 경우 유입과 유출이 입사와 퇴사로 명확한 정의가 있지만, 환경 변화에 따른 정부 정책이나 회사 정책으로 대졸, 고졸, 전문 인력 채용이 달라지므로 각각의 상황에서 연령별 인력 변화를 예측하기가 쉽지 않다. 퇴사의 경우에도 직급별, 연령별 퇴사율과 같은 정보가 공개되지 않았기 때문에 주어진 자료로 분석하기 위해서 다른 방법을 고민해볼 필요가 있다.

 참고

코호트요인법

코호트요인법(cohort component method)이란 대다수 국가 또는 국제기구에서 적용하고 있는 인구 추계 작성 법법이다. 출생, 사망, 국제 이동 같은 인구 변동 요인별 미래 수준을 각각 예측한 후 추계의 출발점이 되는 기준 인구에 출생아수와 국제순 이동자수는 더하고 사망자수는 빼는 인구 균형 방정식을 적용하여 다음 해 인구를 반복적으로 산출하는 방법이다.

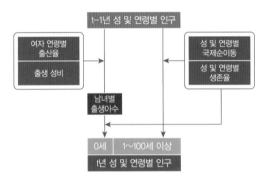

그림 3-68 코호트요인법[9]

여기서는 시계열 예측 방법 중 가장 간단한 이동평균법으로 계산해보겠다. 간단히 말하면 차기 예측치를 현시점에서 가까운 n개의 데이터를 평균하여 구하는 방식이다.

$$\textbf{n일 이동평균} = \frac{P_0 + P_{-1} + ... + P_{-(n-1)}}{n}$$

P_0 = 당일의 시장가격
P_{-n} = n일 전의 시장가격

그림 3-69 이동평균법

9 '장래인구추계 통계정보보고서' 통계청, 2020

우리는 특정 연도를 이동평균법으로 예측하기 위해 가까운 5개년 데이터(n=5)를 적용할 것이다. 즉 2021년의 연령별 성별 인원을 예측하기 위해서는 2016년부터 2020년까지의 연령별 성별을 구분한 인원수 테이블이 필요하다. 앞에서 2010년과 2020년의 연령별 성별을 구분한 인원수 테이블을 구할 때 사용했던 방식을 똑같이 적용해 2016년부터 2020년까지 5번 반복해야 한다. 변수만 바꾸면서 반복된 코드를 작성하는 것은 정말 귀찮은 일이다. 여기서 def문을 통해 함수로 정의해두면 이런 번거로움을 줄일 수 있다.

```python
def extract_year(year) :
  df_year = df[(df['y_enter'] <= year)]
  df_year_s = df_year[(df_year['y_retire'].isnull())|(df_year['y_retire']>year)]
  df_year_s['age'] = year - df_year_s['y_birth']
  df_year_m = df_year_s[df_year_s['sex'] == '남자'].reset_index()
  df_year_f = df_year_s[df_year_s['sex'] == '여자'].reset_index()
  print(f'{year}년 전체 {len(df_year_s)} 명 중 남자 는 {len(df_year_m)} 명, 여자는 {len(df_year_f)}명 입니다.')
  df_year_mp = df_year_m.groupby("age")['index'].count().reset_index()
  df_year_mp = df_year_mp.rename(columns={"index": year})
  df_year_fp = df_year_f.groupby("age")['index'].count().reset_index()
  df_year_fp = df_year_fp.rename(columns={"index": year})

  return df_year_mp, df_year_fp
```

코드를 자세히 보면 2010년, 2020년에 사용했던 코드를 똑같은 방식으로 사용했다. extract_year 뒤 괄호 안에 연도(year)를 입력하면 연도에 따라 연령별 남성 인원과 여성 인원 테이블이 동시에 결괏값으로 나오는 함수를 하나 생성한다. 이제 extract_year를 활용해 5개년(2016-2020) 테이블을 성별로 나눠 각각 변수로 저장해보자.

```python
df2016_mp, df2016_fp = extract_year(2016)
df2017_mp, df2017_fp = extract_year(2017)
df2018_mp, df2018_fp = extract_year(2018)
df2019_mp, df2019_fp = extract_year(2019)
df2020_mp, df2020_fp = extract_year(2020)
```

```
df2016_mp, df2016_fp = extract_year(2016)
df2017_mp, df2017_fp = extract_year(2017)
df2018_mp, df2018_fp = extract_year(2018)
df2019_mp, df2019_fp = extract_year(2019)
df2020_mp, df2020_fp = extract_year(2020)

2016년 전체 21322 명 중 남자 는 17335 명, 여자는 3987명 입니다.
2017년 전체 22094 명 중 남자 는 17748 명, 여자는 4346명 입니다.
2018년 전체 22816 명 중 남자 는 18165 명, 여자는 4651명 입니다.
2019년 전체 23526 명 중 남자 는 18471 명, 여자는 5055명 입니다.
2020년 전체 23873 명 중 남자 는 18486 명, 여자는 5387명 입니다.
```

그림 3-70 5개년 인원 추출

이제 5개년 남자 연령별 인원수 테이블을 하나의 테이블로 합쳐보자. 판다스 라이브러리 내 merge 함수로 테이블을 병합할 수 있다. pd.merge(첫 번째 데이터프레임 변수명, 두 번째 데이터프레임 변수명, on='병합할 칼럼명', how='조인 종류') 형식으로 작성하면 된다. 구체적으로 살펴보면 pd.merge로 시작한 뒤 테이블 병합하기 위한 첫 번째 테이블(df1)과 두 번째 테이블(df2)의 변수명을 작성해주고, on 뒤에는 어떤 열을 기준으로 병합할지 작성하면 된다. 마지막으로 how 뒤에는 어떤 방식으로 두 테이블을 병합할 것인지에 대한 질문인데 이는 다음 [참고]에서 다룬다.

> **참고** Merge 함수에서 가능한 조인 기능들
>
>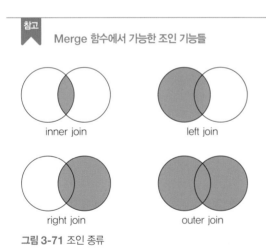
>
> inner join   left join
>
> right join   outer join
>
> **그림 3-71** 조인 종류
>
> 데이터프레임을 연결하는 조인은 판다스뿐만 아니라 SQL에서도 아주 빈번하게 사용되는 기능이기 때문에 데이터 분석가라면 이 개념을 확실하게 이해해야 한다. 조인은 기준으로 하는 키 열을 기준으로 다른 열들을 연결하는 방식이다. 그러므로 조인을 할 때는 키 열을 무엇으로 할지를 정하는 것이 가장 중요하다. [그림 3-71]은 직관적으로 조인의 종류에 대한 시각화를 보여주는 것이고 자세한 설명은 다음과 같다.

- **inner join**: 가장 기본적인 형태로 두 데이터프레임의 키 열에서 공통된 값만 가져와서 연결한다.
- **left join**: 두 데이터프레임의 키 열 중 왼쪽 데이터프레임의 키 열에 해당하는 모든 값 기준으로 연결한다. 만약 왼쪽 데이터프레임의 키 열에 존재하는 값이 오른쪽 데이터프레임의 키 열에 공통으로 존재하는 값이 아니라면 해당 값은 공란으로 둔다. 만약 오른쪽 데이터프레임의 키 열에 존재하는 값이 왼쪽 데이터프레임의 키 열에 공통으로 존재하는 값이 아니라면 조인에 포함되지 않는다.
- **right join**: 두 데이터프레임의 키 열 중 오른쪽 데이터프레임의 키 열에 해당하는 모든 값 기준으로 연결한다. 만약 오른쪽 데이터프레임의 키 열에 존재하는 값이 왼쪽 데이터프레임의 키 열에 공통으로 존재하는 값이 아니라면 해당 값은 공란으로 둔다. 만약 왼쪽 데이터프레임의 키 열에 존재하는 값이 오른쪽 데이터프레임의 키 열에 공통으로 존재하는 값이 아니라면 조인에 포함되지 않는다.
- **outer join**: 두 데이터프레임의 키 열에 존재하는 모든 값을 연결한다. 만약 왼쪽 데이터프레임의 키 열에 존재하는 값이 오른쪽 데이터프레임의 키 열에 공통으로 존재하는 값이 아니라면 해당 값은 공란으로 둔다. 만약 오른쪽 데이터프레임의 키 열에 존재하는 값이 왼쪽 데이터프레임의 키 열에 공통으로 존재하는 값이 아니라면 해당 값은 마찬가지로 공란으로 둔다.

---

merge 함수는 테이블을 병합할 때 아주 유용하지만 한 번에 2개의 테이블만 가능하여 한계가 있다. 우리가 병합하려는 테이블은 2016년부터 2020년까지 총 5개의 테이블이므로 5개의 테이블을 연속적으로 병합하는 방법을 소개한다.

먼저 위에서 설명했던 merge 방식을 그대로 적용하면서 def문으로 약간 변형을 해준다. 2개의 테이블 변수명(df1, df2)을 입력하면 해당 테이블들이 병합되는 방식이다. 여기서는 age(나이) 열을 기준으로 병합하고, outer join 형태로 두 테이블을 병합한다.

```
def merge_two_dfs(df1, df2):
    return pd.merge(df1, df2, on='age', how='outer')
```

2016년부터 2020년의 5개년에 대한 남성 테이블들을 리스트 형식으로 dfs_m 변수명으로 저장한다.

```
dfs_m = [df2016_mp, df2017_mp, df2018_mp, df2019_mp, df2020_mp]
```

함수를 연속적으로 실행할 때 reduce 함수를 사용한다. 아래 reduce 함수를 불러온 다음 reduce 함수 뒤에 def문(merge_two_dfs)과 5개년 남성 테이블(dfs_m)을 리스트화한 변수명을 넣어주면 5개년에 대한 테이블이 모두 age(나이) 열을 기준으로 한 번에 병합된다.

```
From functools import reduce

df_years_m = reduce(merge_two_dfs, dfs_m)
```

마지막으로 정년을 60세로 제한하고 60세 이상 인원은 정년퇴직했다고 가정하여 제외한다.

```
df_years_mt = df_years_m[df_years_m['age']<=60]
df_years_mt.head()
```

그림 3-72 5개년 인원 합치기

이제 2021년의 데이터를 이동평균법으로 구해보자. 2021년 열을 추가하고 2번째 열(2016년)부터 6번째 열(2020년)까지의 평균을 연령별로 구할 것이다. 여기서 shift()를 사용한 이유는 1년이 지나면 연령이 한 살 올라가기 때문에 평균을 구한 값을 한 행씩 내려줘야 하기 때문이다. 예를 들어 2016년에 20살인 인원이 121명인데 이들은 2017년에 21살이 된다. 즉 2017년에 21살 122명은 기존 121명에서 1명이 신규 채용되어 122명이 된 것이라고 볼 수 있다.

```
df_years_mt[2021] = df_years_mt.iloc[:, 1:6].mean(axis=1).shift(1)
```

```
df_years_mt[2021] = df_years_mt.iloc[:, 1:6].mean(axis=1).shift(1)
df_years_mt.head()
```

	age	2016	2017	2018	2019	2020	2021
0	17.0	12.0	12.0	NaN	NaN	NaN	NaN
1	18.0	111.0	111.0	12.0	NaN	1.0	12.00
2	19.0	112.0	131.0	111.0	14.0	10.0	58.75
3	20.0	121.0	118.0	133.0	114.0	55.0	75.60
4	21.0	72.0	122.0	119.0	135.0	118.0	108.20

그림 3-73 2021년 남성 인원

우리의 목표는 2021년을 구한 방식으로 2030년까지의 열을 만드는 것이다. 앞에서 사용한 식을 10번 쓰는 방법도 있겠지만, 반복된 것을 자동화할 수 있는 for문을 이용하려 한다. 만약 2021년부터 2030년까지 10개의 비슷한 패턴을 만든다면 다음과 같다.

```
df_years_mt['2021'] = df_years_mt.iloc[:, 1:6].mean(axis=1).shift(1)
df_years_mt['2022'] = df_years_mt.iloc[:, 2:7].mean(axis=1).shift(1)
df_years_mt['2023'] = df_years_mt.iloc[:, 3:8].mean(axis=1).shift(1)
df_years_mt['2024'] = df_years_mt.iloc[:, 4:9].mean(axis=1).shift(1)
df_years_mt['2025'] = df_years_mt.iloc[:, 5:10].mean(axis=1).shift(1)
df_years_mt['2026'] = df_years_mt.iloc[:, 6:11].mean(axis=1).shift(1)
df_years_mt['2027'] = df_years_mt.iloc[:, 7:12].mean(axis=1).shift(1)
df_years_mt['2028'] = df_years_mt.iloc[:, 8:13].mean(axis=1).shift(1)
df_years_mt['2029'] = df_years_mt.iloc[:, 9:14].mean(axis=1).shift(1)
df_years_mt['2030'] = df_years_mt.iloc[:, 10:15].mean(axis=1).shift(1)
```

그림 3-74 연도별 인원 계산

여기서 패턴을 발견해보면 칼럼명이 1씩 증가한다는 것, 5개의 열을 뽑아서 평균을 구할 때 처음에는 2번째 열부터 6번째 열이고 다음은 3번째 열부터 7번째 열, 그 다음은 4번째 열부터 8번째 열처럼 각각 열을 계산하는 것도 1씩 늘어난다는 것이다. 이외에는 모두 같다. 여기에 착안해서 for문을 만들면 다음 10개의 코드를 이 한 줄로 끝낼 수 있다.

```
for i in range(10):
 df_years_mt[2021+i] = df_years_mt.iloc[:, 1+i:6+i].mean(axis=1).round(0).shift(1)
```
같은 방법으로 이번에는 2030년 연령별 여성 인구도 예측해보자.
```
dfs_f = [df2016_fp, df2017_fp, df2018_fp, df2019_fp, df2020_fp]
df_years_f = reduce(merge_two_dfs, dfs_f)
df_years_ft = df_years_f[df_years_f['age']<=60]
df_years_ft.head()
```

```
dfs_f = [df2016_fp, df2017_fp, df2018_fp, df2019_fp, df2020_fp]
df_years_f = reduce(merge_two_dfs, dfs_f)
df_years_ft = df_years_f[df_years_f['age']<=60]
df_years_ft.head()
```

	age	2016	2017	2018	2019	2020
0	17.0	3	3	NaN	NaN	NaN
1	18.0	32	38	3.0	2.0	1.0
2	19.0	42	38	38.0	13.0	19.0
3	20.0	27	45	38.0	44.0	26.0
4	21.0	24	28	44.0	43.0	47.0

그림 3-75 5개년 여성 인원 합치기

앞에서 만든 for문으로 2030년의 여성 인구를 다음과 같이 예측해볼 수 있다.

```
for i in range(10):
    df_years_ft[2021+i] = df_years_ft.iloc[:, 1+i:6+i].mean(axis=1).round(0).shift(1)
df_years_ft.head()
```

	age	2016	2017	2018	2019	2020	2021	2022	2023	2024	2025	2026	2027	2028	2029	2030
0	17.0	3	3	NaN	NaN	NaN	NaN	NaN	NaN	NaN	NaN	NaN	NaN	NaN	NaN	NaN
1	18.0	32	38	3.0	2.0	1.0	3.0	3.0	NaN	NaN	NaN	NaN	NaN	NaN	NaN	NaN
2	19.0	42	38	38.0	13.0	19.0	15.0	9.0	2.0	2.0	2.0	3.0	3.0	NaN	NaN	NaN
3	20.0	27	45	38.0	44.0	26.0	30.0	25.0	19.0	12.0	9.0	6.0	4.0	2.0	2.0	3.0
4	21.0	24	28	44.0	43.0	47.0	36.0	37.0	33.0	29.0	22.0	19.0	14.0	10.0	7.0	5.0

그림 3-76 2030년 여성 인원 예측

우리에게 필요한 건 연령 열과 2030년 열이므로 남성과 여성 테이블에서 해당 부분만 가져온다.

```
df_2030_m = df_years_mt[['age',2030]]
df_2030_f = df_years_ft[['age',2030]]
```

그리고 연령 열을 기준으로 남성과 여성 열을 연결한다. 앞에서 미리 def문으로 만들어두었던 merge_two_dfs 함수를 사용한다.

```
df2030t = merge_two_dfs(df_2030_m,df_2030_f)
df2030t.columns = ['연령','남자','여자']
df2030t
```

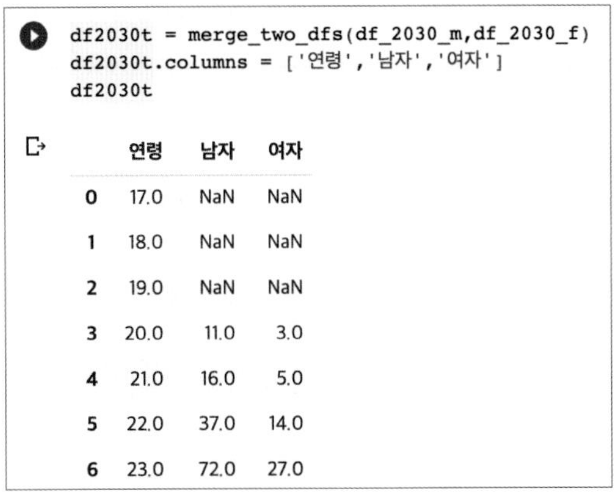

```
df2030t = merge_two_dfs(df_2030_m,df_2030_f)
df2030t.columns = ['연령','남자','여자']
df2030t
```

	연령	남자	여자
0	17.0	NaN	NaN
1	18.0	NaN	NaN
2	19.0	NaN	NaN
3	20.0	11.0	3.0
4	21.0	16.0	5.0
5	22.0	37.0	14.0
6	23.0	72.0	27.0

그림 3-77 2030년 예측 인원

이제 모든 데이터 준비가 완료됐다. 어떻게 시각화할지 고민해보자.

3.2.7 시각화하기

CHO가 원하는 것은 MZ세대를 포함한 우리 회사 세대별 인원 분포와 연도별 추세다. CHO가 이미 생각하는 것에 대한 증거를 데이터로 보여줄 수 있는가?

- 세대 갈등은 옛날에도 있었다. MZ세대가 특별한 것이 아니라 세대 이동에 따른 자연스러운 현상이다.
  → 10년 주기에 따른 세대별 비중을 보여준다.
- 그럼에도 사내에서 해결할 부분을 고민해야 할 것이다.
  → 회사 정책으로 인해 세대 갈등이 일어난 부분을 찾는다.

1) 차트 선택

정리하자면 10년 주기에 따른 세대별 분포 변화를 남성과 여성으로 나눠 시계열로 보여주는 것이다.

우리에게 익숙한 연령, 인원수를 각각 x, y로 뒀을 때는 다음 그림의 (a) 같은 기본 바 플롯 방식이 효과적이지만, 남성과 여성을 별도로 구분해야 할 때는 여러 색상을 사용할 수 있는 (b) 방식이 낫다.

(a) 바 플롯

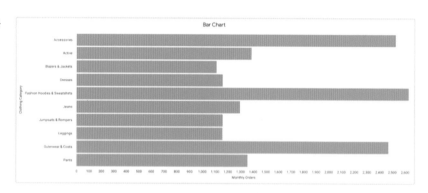

(b) 라인 플롯

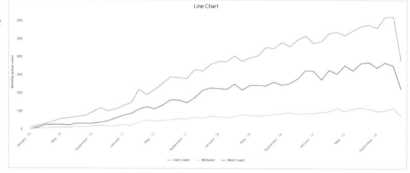

그림 3-78 바 플롯(a)과 라인 플롯(b)

하지만 우리는 연도별로 비교해야 하기 때문에 (b) 방식도 마땅치 않다. 이번에 도입해보고자 하는 것은 버터플라이 차트butterfly chart다. 연도별로 인원수가 변하는 것을 남성과 여성을 나눈 상태에서도 한눈에 볼 수 있기 때문이다.

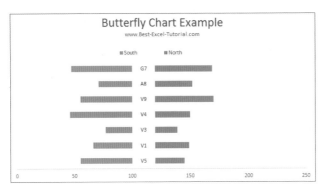

그림 3-79 버터플라이 차트

2) 적절한 데이터 준비

2010년을 기준 연도로 잡고 Z세대의 시작 연도 1996년, 밀레니얼 세대의 시작 연도 1980년, X세대의 시작 연도 1965년, 베이비붐의 세대의 시작 연도 1950년을 각각 변수로 저장한다.

```
c_year = 2010
z_start = 1996
mil_start = 1980
x_start = 1965
baby_start = 1950
```

3) 그래프 작성

그래프를 그릴 때는 기본적으로 맷플롯립 라이브러리를 불러온다.

```
import matplotlib.pyplot as plt
```

차트에 기본적으로 들어갈 변수들을 다음과 같이 미리 지정한다. 색상과 관련된 변수는 #0000 이 들어가는 것이 특징인데 다음 [참고]에서 설명한다.

```
font_color = '#525252'
facecolor = '#eaeaf2'
color_red = '#fd625e'
color_blue = '#01b8aa'
index = df2010t['연령']
column0 = df2010t['남자']
column1 = df2010t['여자']
title0 = 'Male'
title1 = 'Female'
```

 참고   Hex Code: 색깔을 표현하는 방법

뒤에 붙은 숫자와 알파벳은 Hex Code라고 해서 컴퓨터가 색을 인식하는 여러 방법 중 하나다.
htmlcolorcodes(https://htmlcolorcodes.com)에서 원하는 색상을 선택한 뒤 해당하는 코드를 확인할
수 있다.

그리고 그래프와 관련된 코드를 다음과 같이 작성한다.

```
 fig, axes = plt.subplots(figsize=(20,10), facecolor=facecolor, ncols=2,
sharey=True)
fig.tight_layout()

axes[1].barh(index, column1, align='center', color=color_red, zorder=10)
axes[1].set_title(title1, fontsize=18, pad=15, color=color_red)
axes[0].barh(index, column0, align='center', color=color_blue, zorder=10)
axes[0].set_title(title0, fontsize=18, pad=15, color=color_blue)

axes[0].invert_xaxis()
axes[0].set(yticks=index, yticklabels=index)
axes[0].yaxis.tick_left()
axes[0].tick_params(axis='y', colors='white') # tick color
axes[1].set_xticks([100, 200, 300, 400, 500, 600, 700])
axes[1].set_xticklabels([100, 200, 300, 400, 500, 600, 700])

for label in (axes[0].get_xticklabels() + axes[0].get_yticklabels()):
  label.set(fontsize=13, color=font_color)
for label in (axes[1].get_xticklabels() + axes[1].get_yticklabels()):
```

```
    label.set(fontsize=13, color=font_color)

plt.subplots_adjust(wspace=0, top=0.85, bottom=0.1, left=0.18, right=0.95)
```

- 맷플롯립을 사용하여 두 개의 수평 바 플롯을 생성한다. figsize 매개변수를 사용하여 그림의 크기를 조정하고 facecolor 매개변수를 사용하여 배경색을 설정한다. subplots 함수에서 ncols 매개변수를 사용하여 두 개의 열을 가진 그래프를 만들고 sharey 매개변수를 사용하여 y축을 공유한다.

- 각 바 플롯은 barh 메서드로 생성되며 index(연령), column0(남자), column1(여자) 매개변수를 사용하여 데이터를 전달한다. axes[0]에는 남자 파트 그리고 axes[1]에는 여자 파트가 그래프로 표현된다.

- 각 바 플롯 제목은 set_title 메서드를 사용하여 추가되며 fontsize 매개변수를 사용하여 글꼴 크기를 조정하고 pad 매개변수를 사용하여 제목과 바 플롯 간 간격을 설정한다.

- invert_xaxis() 함수를 사용하여 첫 번째 바 플롯은 반전시키고 set(yticks=index, yticklabels=index) 함수를 사용하여 y축의 눈금을 설정한다.

- tick_params 함수를 사용하여 y축의 색상을 흰색으로 지정하고 x축의 눈금과 레이블의 색상과 글꼴을 설정한다. subplots_adjust 함수를 사용하여 여백을 조정한다.

- 만약 다른 데이터로 같은 코드를 활용할 경우 데이터에 따라 xticks(x축) 범위를 조정(현재: 100~700)하는 것 외에는 별도로 바꾸지 않아도 된다.

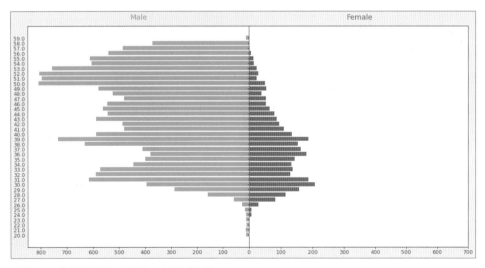

그림 3-80 세대별 구분이 빠져 있는 버터플라이 차트

버터플라이 차트는 그렸지만 세대별 구분이 여전히 빠져 있다.

```
axes[0].axhspan(20, c_year - mil_start, facecolor='green', alpha=0.2)
axes[0].axhspan(c_year - mil_start, c_year-x_start, facecolor='yellow', alpha=0.2)
axes[0].axhspan(c_year-x_start, 60, facecolor='red', alpha=0.2)
axes[1].axhspan(20, c_year - mil_start, facecolor='green', alpha=0.2)
axes[1].axhspan(c_year - mil_start, c_year-x_start, facecolor='yellow', alpha=0.2)
axes[1].axhspan(c_year-x_start, 60, facecolor='red', alpha=0.2)
axes[1].text(500, 55, r'Baby Boomer', fontsize=15)
axes[1].text(500, 40, r'Generation X', fontsize=15)
axes[1].text(500, 25, r'Millennials', fontsize=15)
```

- axhspan() 함수는 수평으로 색상이 채워진 사각형을 생성한다. 여기서는 색상이 다른 3개의 사각형(세대별 구분)을 만든다. 각 사각형의 색상은 facecolor 인자로 설정되고 투명도는 alpha 인자로 설정된다. 남자 파트(axes[0]), 여자 파트(axes[1]) 각각 axhspan() 함수로 사각형을 생성해준다.
- text() 함수를 사용하여 그래프 위에 글씨를 추가했다. text() 함수는 텍스트를 그래프에 추가할 수 있다. fontsize 인자로 텍스트 크기를, xy 인자로 텍스트의 위치를 지정한다.

이 부분을 추가해서 다시 코드를 완성하면 다음과 같고 실행하면 [그림 3-81]이 된다.

```
fig, axes = plt.subplots(figsize=(20,10), facecolor=facecolor, ncols=2,
sharey=True)
fig.tight_layout()

axes[1].barh(index, column1, align='center', color=color_red, zorder=10)
axes[1].set_title(title1, fontsize=18, pad=15, color=color_red)
axes[0].barh(index, column0, align='center', color=color_blue, zorder=10)
axes[0].set_title(title0, fontsize=18, pad=15, color=color_blue)

# If you have positive numbers and want to invert the x-axis of the left plot
axes[0].invert_xaxis()

# # To show data from highest to lowest
# plt.gca().invert_yaxis()
axes[0].set(yticks=index, yticklabels=index)

axes[0].yaxis.tick_left()

axes[0].tick_params(axis='y', colors='white') # tick color

axes[1].set_xticks([100, 200, 300, 400, 500, 600, 700])
```

```
axes[1].set_xticklabels([100, 200, 300, 400, 500, 600, 700])

for label in (axes[0].get_xticklabels() + axes[0].get_yticklabels()):
  label.set(fontsize=13, color=font_color)
for label in (axes[1].get_xticklabels() + axes[1].get_yticklabels()):
  label.set(fontsize=13, color=font_color)

axes[0].axhspan(20, c_year - mil_start, facecolor='green', alpha=0.2)
axes[0].axhspan(c_year - mil_start, c_year-x_start, facecolor='yellow', alpha=0.2)
axes[0].axhspan(c_year-x_start, 60, facecolor='red', alpha=0.2)
axes[1].axhspan(20, c_year - mil_start, facecolor='green', alpha=0.2)
axes[1].axhspan(c_year - mil_start, c_year-x_start, facecolor='yellow', alpha=0.2)
axes[1].axhspan(c_year-x_start, 60, facecolor='red', alpha=0.2)

axes[1].text(500, 55, r'Baby Boomer', fontsize=15)
axes[1].text(500, 40, r'Generation X', fontsize=15)
axes[1].text(500, 25, r'Millennials', fontsize=15)

plt.subplots_adjust(wspace=0, top=0.85, bottom=0.1, left=0.18, right=0.95)
```

세대별 분포까지 나오는 버터플라이 차트를 확인할 수 있다.

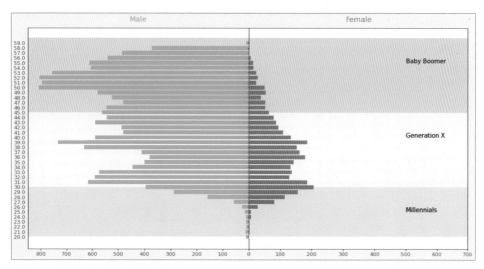

그림 3-81 세대별 분포 버터플라이 차트

그렇다면 앞선 방식으로 2020년을 그려보자. 이전 코드에서 아래 부분만 수정하면 원하는 그래프를 완성할 수 있다. 기준 연도를 2020년도로 바꾸고 나머지는 2020년 테이블을 기준으로 수정했다는 것 빼면 동일하다.

```
c_year = 2020
font_color = '#525252'
facecolor = '#eaeaf2'
color_red = '#fd625e'
color_blue = '#01b8aa'
index = df2020t['연령']
column0 = df2020t['남자']
column1 = df2020t['여자']
title0 = 'Male'
title1 = 'Female'
```

아주 길어 보이지만 2010년 그래프에 비해 바뀐 것은 Z세대의 등장을 추가한 것뿐이다.

```
fig, axes = plt.subplots(figsize=(20,10), facecolor=facecolor, ncols=2,
sharey=True)
fig.tight_layout()

axes[1].barh(index, column1, align='center', color=color_red, zorder=10)
axes[1].set_title(title1, fontsize=18, pad=15, color=color_red)
axes[0].barh(index, column0, align='center', color=color_blue, zorder=10)
axes[0].set_title(title0, fontsize=18, pad=15, color=color_blue)

# If you have positive numbers and want to invert the x-axis of the left plot
axes[0].invert_xaxis()

# # To show data from highest to lowest
# plt.gca().invert_yaxis()
axes[0].set(yticks=index, yticklabels=index)

axes[0].yaxis.tick_left()
axes[0].tick_params(axis='y', colors='white') # tick color

axes[1].set_xticks([100, 200, 300, 400, 500, 600, 700])
```

```
for label in (axes[0].get_xticklabels() + axes[0].get_yticklabels()):
    label.set(fontsize=13, color=font_color)
for label in (axes[1].get_xticklabels() + axes[1].get_yticklabels()):
    label.set(fontsize=13, color=font_color)

axes[0].axhspan(18, c_year - z_start, facecolor='blue', alpha=0.2)
axes[0].axhspan(c_year - z_start, c_year - mil_start, facecolor='green',
alpha=0.2)
axes[0].axhspan(c_year - mil_start, c_year-x_start, facecolor='yellow', alpha=0.2)
axes[0].axhspan(c_year-x_start, 60, facecolor='red', alpha=0.2)
axes[1].axhspan(18, c_year - z_start, facecolor='blue', alpha=0.2)
axes[1].axhspan(c_year - z_start, c_year - mil_start, facecolor='green',
alpha=0.2)
axes[1].axhspan(c_year - mil_start, c_year-x_start, facecolor='yellow', alpha=0.2)
axes[1].axhspan(c_year-x_start, 60, facecolor='red', alpha=0.2)

axes[1].text(500, 58, r'Baby Boomer', fontsize=15)
axes[1].text(500, 49, r'Generation X', fontsize=15)
axes[1].text(500, 33, r'Millennials', fontsize=15)
axes[1].text(500, 21, r'Generation Z', fontsize=15)

plt.subplots_adjust(wspace=0, top=0.85, bottom=0.1, left=0.18, right=0.95)
```

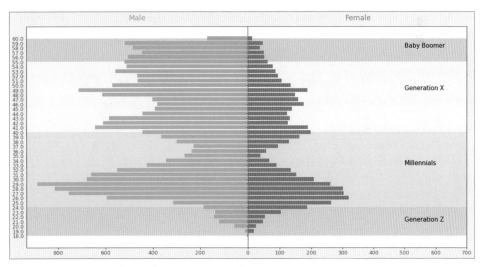

그림 3-82 버터플라이 차트(2020년)

이제 이동평균법으로 구한 2030년 인구구조다. 기준 연도를 2030년으로 바꾸고 2030년 테이블에 맞춰서 변수를 조정했다.

```
c_year = 2030
font_color = '#525252'
facecolor = '#eaeaf2'
color_red = '#fd625e'
color_blue = '#01b8aa'
index = df2030t['연령']
column0 = df2030t['남자']
column1 = df2030t['여자']
title0 = 'Male'
title1 = 'Female'
```

이번에는 베이비붐 세대가 사라지기 때문에 해당 내용을 삭제한 것 외에는 동일한 코드다.

```
fig, axes = plt.subplots(figsize=(20,10), facecolor=facecolor, ncols=2,
sharey=True)
fig.tight_layout()

axes[1].barh(index, column1, align='center', color=color_red, zorder=10)
axes[1].set_title(title1, fontsize=18, pad=15, color=color_red)
axes[0].barh(index, column0, align='center', color=color_blue, zorder=10)
axes[0].set_title(title0, fontsize=18, pad=15, color=color_blue)

# If you have positive numbers and want to invert the x-axis of the left plot
axes[0].invert_xaxis()

# # To show data from highest to lowest
# plt.gca().invert_yaxis()
axes[0].set(yticks=index, yticklabels=index)

axes[0].yaxis.tick_left()
axes[0].tick_params(axis='y', colors='white') # tick color

axes[1].set_xticks([100, 200, 300, 400, 500, 600, 700])

axes[1].set_xticklabels([100, 200, 300, 400, 500, 600, 700])
```

```
for label in (axes[0].get_xticklabels() + axes[0].get_yticklabels()):
  label.set(fontsize=13, color=font_color)
for label in (axes[1].get_xticklabels() + axes[1].get_yticklabels()):
  label.set(fontsize=13, color=font_color)

axes[0].axhspan(18, c_year - z_start, facecolor='blue', alpha=0.2)
axes[0].axhspan(c_year - z_start, c_year - mil_start, facecolor='green',
alpha=0.2)
axes[0].axhspan(c_year - mil_start, 60, facecolor='yellow', alpha=0.2)
# axes[0].axhspan(c_year-x_start, 60, facecolor='red', alpha=0.2)
axes[1].axhspan(18, c_year - z_start, facecolor='blue', alpha=0.2)
axes[1].axhspan(c_year - z_start, c_year - mil_start, facecolor='green',
alpha=0.2)
axes[1].axhspan(c_year - mil_start, 60, facecolor='yellow', alpha=0.2)
# axes[1].axhspan(c_year-x_start, 60, facecolor='red', alpha=0.2)

# axes[1].text(500, 58, r'Baby Boomer', fontsize=15)
axes[1].text(500, 55, r'Generation X', fontsize=15)
axes[1].text(500, 43, r'Millennials', fontsize=15)
axes[1].text(500, 26, r'Generation Z', fontsize=15)

plt.subplots_adjust(wspace=0, top=0.85, bottom=0.1, left=0.18, right=0.95)
```

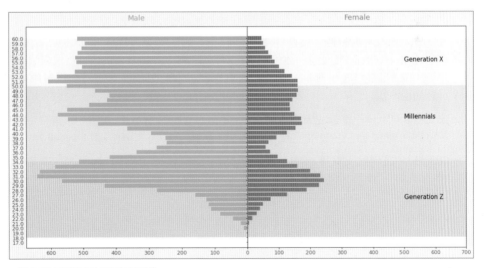

그림 3-83 버터플라이 차트(2030년)

이제 2010년, 2020년, 2030년 그래프를 횡으로 붙이면 보고하기 좋게 시각화된다. 실제로 다음 그림이 태블로로 시각화해서 파워포인트로 약간의 수정을 거친 CEO 보고용 결과물이다.

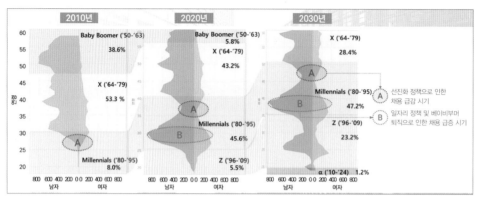

그림 3-84 실제 보고용 시각화-1

3.2.8 해석하기

3.2.2절에서 다룬 분석 목표를 다시 한번 점검해보자. 인력구조, 흐름, HR 정책의 세 가지 주요 사항이 시각화에 포함돼 있는지 확인해보자.

- 2020년 기준 MZ세대(밀레니얼 세대+Z세대)가 전체 직원의 50% 정도를 차지하고 있기 때문에 그들의 목소리가 높아지는 것은 당연한 현상 → 2010년 기준 X세대와 밀레니얼 세대의 비율을 합하면 2020년 MZ세대의 비율과 비슷한 상황 → 세대 간 그룹으로 나누어 생각하기보다는 인력구조 변화의 당연한 과정으로 받아들일 필요가 있음

- 2010년 A 부분의 채용을 줄이면서 2020년 B 부분에 갑작스럽게 채용을 늘렸기 때문에 호리병 구조 형성 → A와 B의 차이로 인해 발생할 조직 문화적 관점과 업무 승계적 관점에서 추가적인 HR 정책이 필요함

- 2030년 새로운 세대인 알파 세대 출현 → 세대의 특징을 규정하기보다는 경직되지 않고 유연한 조직 문화가 필요함

3.2.9 보고하기

실무자용 보고와 의사결정자용 보고를 나누어서 생각해보자. 실무자는 데이터에 대한 이해가 높고 세부적인 내용까지 파악할 수 있지만, 의사결정자는 그렇지 않을 수 있으므로 의사결정자용 보고는 전달할 메시지에 집중하면서 관련된 근거를 간단하게 제시할 필요가 있다.

실무자용 보고

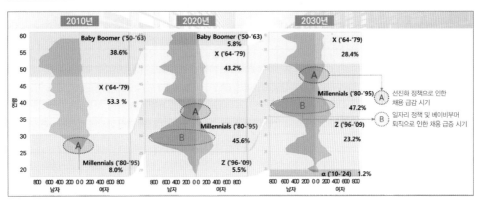

그림 3-85 실제 보고용 시각화-2

서론

- 최근 A 전력 회사에서 MZ세대와 기성세대 간의 갈등이 끊이지 않아 이에 대한 대응이 필요하다는 요구가 있다. 본 보고서는 인력구조의 과거, 현재, 미래를 비교하여 세대별, 성별로 분석한 결과를 제시하고 이를 토대로 HR 정책의 방향성을 제안하고자 한다.

데이터

- 인력구조 데이터는 A사 인사 시스템에서 수집했다. 데이터는 2010년, 2020년, 2030년을 대상으로 하였으며 각 연도별 성별과 세대별 분류했다. 세대별 분류는 다음과 같이 약 15년 간격으로 구분했다.
    - 베이비붐 세대(1950~1963)
    - X세대(1964~1979)
    - 밀레니얼 세대(1980~1995)
    - Z세대(1996~2009)
    - 알파 세대(2010~2024)
- 현재 기준 2030년은 도래하지 않았으므로 2020년까지 데이터를 활용한 이동평균법으로 2030년 인력구조를 예측한 데이터를 생성했다.

분석 방법

- CHO가 원하는 결과는 MZ세대를 포함한 사내 세대별 분포와 인력구조의 흐름을 보는 것이다. 이를 위해서는 10년 주기로 과거, 현재, 미래 세대별 비율 변화를 성별에 따라 시각화하는 것이 필요하다. 버터플라이 차트를 사용해 연도별 직원 수 변화를 남성과 여성으로 나누어 표시했고, 2010년, 2020년, 2030년의 차트를 동시에 보여주어 세대 간 변화 추이를 시각화했다.

해석 · 인사이트

- 2010년에 밀레니얼 세대가 채용되기 시작했고 당시 베이비붐 세대와 X세대는 사내 인구의 90% 이상을 차지했다. 2020년에는 밀레니얼 세대가 45.6%, Z세대가 5.5%, MZ세대가 50% 정도를 차지하면서 MZ세대의 목소리가 높아지기 시작했다.

- 2030년이 되면 MZ세대가 70% 정도를 차지하는데, 이 비율은 2010년 기성세대였던 베이비붐 세대와 X세대를 합한 비율과 비슷한 수가 된다. 즉 2030년에는 MZ가 기성세대가 된다. 그렇다면 2020년의 기성세대는 과연 어디일까? 흔히 나누는 기준은 아니지만, X세대와 밀레니얼 세대가 89%를 차지하는 것을 볼 수 있다. 이처럼 MZ vs. 기성세대의 구도에서 벗어나서 밀레니얼 세대와 X세대를 그룹화시켜보면 또 다른 시각이 생긴다.

- 즉 세대별 그룹을 나누는 프레임은 직관적으로 해석하기에는 편리하지만 어떻게 그룹을 나누느냐에 따라 해석의 방식이 다양할 수 있다. 그러므로 세대별 분석보다는 데이터를 기반으로 사내 인력구조가 시계열적으로 어떻게 변화했고 어떤 정책적인 원인이 있었는지 살펴볼 필요가 있다.

- 사내 인력구조를 살펴보면 2010년에 A 부분의 채용을 줄이면서 2020년 B 부분에 정책적으로 갑자기 채용을 늘렸기 때문에 호리병(모래시계) 구조를 형성한다. 기존에 완만했던 연령별 곡선에 A와 B 사이의 급격한 경사가 생긴 것을 볼 수 있다. 안정적인 전력 공급이 목적인 A사의 입장에서는 경험 많은 실무자들의 지식이 자연스럽게 승계되지 않아 업무 승계적 관점에서 리스크가 발생할 수 있다는 것이 단점이라고 할 수 있다. 반면에 조직 문화적 관점에서는 기존 기성세대들의 비효율적이고 보수적인 문화가 계승되지 않을 가능성이 높다는 측면에서 긍정적인 면도 있다고 볼 수 있다. 이러한 두 가지 관점에서 인력구조를 보고 각각의 정책을 고민할 필요가 있다.

- 다시 말해서 2030년 새로 등장하는 알파 세대 특징을 분석하는 것처럼 또 다른 세대의 특징을 규정하기보다는 인력구조에 집중하면서 신입 사원에 대한 유연한 조직 문화가 필요함을 알 수 있다.

제언

- 이러한 인력구조 분석을 바탕으로 기업이 업무 승계와 조직 문화를 종합적으로 고려하여 인사 정책에 접근할 필요가 있다. 예를 들어 멘토링 프로그램이나 직무 순환제를 도입하여 지식 이전을 촉진하고 직원들이 전문성을 공유할 수 있는 기회를 만들 수 있을 것이다. 또한 혁신과 열린 소통의 문화를 조성하고 세대 간의 장벽을 허물어 보다 역동적이고 포용적인 직장을 만들 수 있다.

의사결정자용 보고

인력구조 분석을 통해 과거, 현재, 미래를 비교하여 세대별, 성별로 분석하고 이를 토대로 HR 정책의 방향성을 제안하였다.

의견

- 세대별 특징을 규정하기보다는 사내 인력구조 변화에 집중하면서 업무 승계와 조직 문화적 관점에서 인사 정책을 고려할 필요가 있다.

이유

- 버터플라이 차트를 사용하여 2010년부터 2030년까지 직원 수 변화를 남성과 여성으로 나누어 인력구조 흐름을 비교했다. 2010년에는 기성세대(X세대와 베이비붐 세대)가 사내 인구의 90% 이상을 차지했지만, 2030년에는 MZ세대(밀레니얼 세대와 Z세대)가 70%를 차지할 것으로 예측되었다. 한 세대가 15년 주기로 구분된다고 볼 때 두 세대가 합쳐지면 30년의 주기라고 할 수 있다. 한 회사의 인력구조를 볼 때 30년 단위로 그룹을 나누게 되면 해당 그룹(세대들)이 기성세대가 되는 것은 어쩌면 당연할 수 있다. 그러므로 이 상황을 세대 간 그룹으로 나눠 세대간 갈등으로 풀어낼 것이 아니라 사내 인력구조 변화에 대한 분석을 통해 HR 정책을 제안해야 한다.

그림 3-86 세대 간 인식

[그림 3-86]은 실제 타임지의 과거 표지 사진들이다. 과거에도 각 세대에 대한 특징을 정의하고 분석했지만, 새로 등장하는 세대에 대한 평가는 유사했다고 볼 수 있다. 1976년과 2013년의 타임지 표지 내용(ME)은 거의 일치한다.

설명 · 예시

- 2010년 A에서 채용을 줄였을 때와 2020년 B에서 채용을 확 늘렸을 때 호리병 구조를 형성하는 것을 볼 수 있다. 이전 세대에서 보였던 완만한 구조에서 갑작스러운 호리병 구조로의 변화는 업무 승계 관점에서 기성세대의 업무가 제대로 승계되지 않을 가능성이 있어 안정적인 전력 공급을 최우선으로 하는 A사의 입장에서 리

스크가 발생할 수 있다는 단점이 있다. 반대로 조직 문화 관점에서는 기존의 경직되고 비효율적인 문화의 승계도 이뤄지지 않는다는 점에서 장점이라고 할 수 있다.

제언

- 세대별 특징보다는 사내 인력구조 변화에 집중하면서 업무 승계와 조직 문화를 고려한 접근이 필요해 보인다. 채용 정책으로 인한 인력구조 불균형에 대한 부분은 멘토링 프로그램이나 직무 순환제를 도입하여 지식 이전을 촉진하며 직원 간 전문성을 공유하는 기회를 만들 수 있다. 또한 조직 문화적 관점에서 다양성과 포용성을 중요시하며 조직의 가치와 비전을 중심으로 조직 문화를 구축하는 것이 중요하다.

3.2.10 챗GPT 활용하여 시각화하기

앞서 만들었던 중장기 인력구조에 대한 시각화를 챗GPT를 활용해 시각화해보자. 관련 코드는 QR 코드를 참고하면 된다.

프롬프트 및 결과[10]

1) 데이터 읽기

데이터를 불러오는 방식은 기존 방식과 같다.

```
!git clone https://github.com/sangsucki/DataDrivenReport.git
```

```
import pandas as pd
df = pd.read_excel('/content/DataDrivenReport/population.xlsx')
df.head()
```

---

10 https://chat.openai.com/share/a633aafe-c2de-4d18-bc13-719863217195

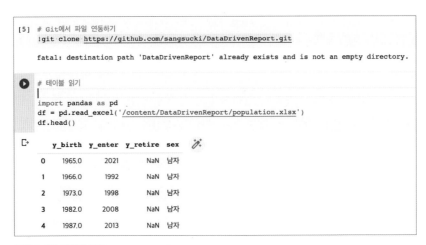

```
[5]  # Git에서 파일 연동하기
     !git clone https://github.com/sangsucki/DataDrivenReport.git

     fatal: destination path 'DataDrivenReport' already exists and is not an empty directory.
```

```
# 테이블 읽기
|
import pandas as pd
df = pd.read_excel('/content/DataDrivenReport/population.xlsx')
df.head()
```

	y_birth	y_enter	y_retire	sex
0	1965.0	2021	NaN	남자
1	1966.0	1992	NaN	남자
2	1973.0	1998	NaN	남자
3	1982.0	2008	NaN	남자
4	1987.0	2013	NaN	남자

그림 3-87 데이터 로드

2) 히스토그램 작성

히스토그램의 프롬프트 형식은 다음과 같이 만든다.

> **P** below is what I have in my dataframe variable (변수명). Suggest a python code for histogram based on (칼럼명):
>
> 한글: 아래는 제 데이터프레임 변수(변수명)에 있는 내용입니다. (칼럼명)을 기반으로 히스토그램을 생성하는 파이썬 코드를 제안해주세요.

주어진 데이터는 그룹(성별)을 나눈 상태로 히스토그램을 표현해야 하기 때문에 이때는 groupby 질문을 추가해준다.

> **P** below is what I have in my dataframe variable (변수명). Suggest a python code for histograms based on (칼럼명) grouped by (칼럼명):

현재 예제의 경우 테이블 변수 이름을 df로 선정했으므로 프롬프트에 해당 변수 이름을 넣어준다. 그리고 sex 열(성별)으로 구분하고 y_birth 열(출생 연도)의 히스토그램을 그려달라고 요청하자.

below is what I have in my dataframe variable 'df'. Suggest a python code for
histograms based on a column ' y_brith' grouped by a column 'sex':

이제 문장의 끝인 ':' 다음에 우리의 데이터를 입력해야 한다. 콜랩에서 첫 번째 5개 행을 불러
왔던 결과로 가서 마우스로 전체 블록을 지정한다(전체 블록 지정은 마우스로 표의 왼쪽 상단
을 클릭한 상태에서 오른쪽 하단으로 쭉 드래그하면 된다). 그리고 해당 내용을 복사한 후 첫
번째 단계에서 챗GPT 화면에 텍스트로 입력해둔 글 바로 아래에 붙여넣기한 다음 챗GPT를
실행한다.

```
# 테이블 읽기

import pandas as pd
df = pd.read_excel('/content/DataDrivenReport/population.xlsx')
df.head()
```

	y_birth	y_enter	y_retire	sex
0	1965.0	2021	NaN	남자
1	1966.0	1992	NaN	남자
2	1973.0	1998	NaN	남자
3	1982.0	2008	NaN	남자
4	1987.0	2013	NaN	남자

그림 3-88 블록 지정

프롬프트를 챗GPT에 실행해보자.

P
2-2
below is what I have in my dataframe variable 'df'. Suggest a python code for
histograms based on a column ' y_brith' grouped by a column 'sex':

	y_birth	y_enter	y_retire	sex
0	1965.0	2021	NaN	남자
1	1966.0	1992	NaN	남자
2	1973.0	1998	NaN	남자
3	1982.0	2008	NaN	남자
4	1987.0	2013	NaN	남자

To create histograms based on the 'y_birth' column grouped by the 'sex' column using Python, you can use the `matplotlib` library. Here's an example code that demonstrates how to achieve this:

```python
import pandas as pd
import matplotlib.pyplot as plt

# Sample data
data = {
    'y_birth': [1965.0, 1966.0, 1973.0, 1982.0, 1987.0],
    'y_enter': [2021, 1992, 1998, 2008, 2013],
    'y_retire': [None, None, None, None, None],
    'sex': ['남자', '남자', '남자', '남자', '남자']
}

# Create a DataFrame
df = pd.DataFrame(data)

# Group the data by 'sex'
grouped = df.groupby('sex')

# Create histograms for 'y_birth' for each group
fig, axs = plt.subplots()
for name, group in grouped:
    axs.hist(group['y_birth'], bins=10, alpha=0.5, label=name)

axs.set_xlabel('Year of Birth')
axs.set_ylabel('Frequency')
axs.set_title('Histogram of Year of Birth Grouped by Sex')
axs.legend()
plt.show()
```

그림 3-89 히스토그램 챗GPT

df 변수를 지정해놓은 부분은 첫 번째 5개 행뿐이기 때문에 여기서 제공한 데이터와 df 변수 코드를 삭제하고 나머지 코드만 복사해서 콜랩에 붙여넣기한 다음 기존 저장된 전체 테이블 변수인 df를 그대로 활용한다. 결과를 물어볼 때마다 코드의 결괏값은 계속 바뀌지만, 어느 것이든 잘 돌아가는 것을 볼 수 있다.

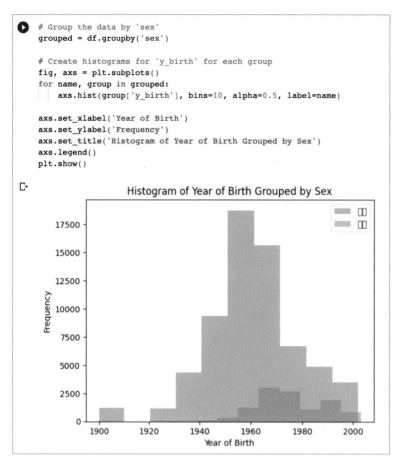

```
# Group the data by 'sex'
grouped = df.groupby('sex')

# Create histograms for 'y_birth' for each group
fig, axs = plt.subplots()
for name, group in grouped:
    axs.hist(group['y_birth'], bins=10, alpha=0.5, label=name)

axs.set_xlabel('Year of Birth')
axs.set_ylabel('Frequency')
axs.set_title('Histogram of Year of Birth Grouped by Sex')
axs.legend()
plt.show()
```

그림 3-90 히스토그램 실행 결과

범례(legend) 부분에서 한글이 깨지는 것을 볼 수 있다. 한글을 보이게 하는 코드가 별도로 있지만, 여기서는 데이터 정제를 연습하기 위해 sex 열에서 남자는 'male'로 여자는 'female'로 변경하고 다시 그래프를 그려달라는 프롬프트를 작성해보자.

프롬프트 형식은 다음과 같다.

P   Replace (특정 열 내 변경 전 값) as (특정 열 내 변경 후 값) in (특정 열) and Suggest a python code for (요청하려는 결괏값)

한글: (특정 열)에서 (특정 열 내 변경 전 값)을 (특정 열 내 변경 후 값)으로 바꾸고 (요청하려는 결괏값)에 대한 파이썬 코드를 제안해주세요.

프롬프트를 실행해보자.

2-3 Replace '남자' as 'male' and '여자' as 'female' in a column 'sex' and Suggest a python code for histograms based on a column ' y_brith' grouped by a column 'sex'

 Sure, you can replace the values in the 'sex' column and then create histograms based on the 'y_birth' column grouped by the updated 'sex' column. Here's the modified code:

```python
import pandas as pd
import matplotlib.pyplot as plt

# Sample data
data = {
    'y_birth': [1965.0, 1966.0, 1973.0, 1982.0, 1987.0],
    'y_enter': [2021, 1992, 1998, 2008, 2013],
    'y_retire': [None, None, None, None, None],
    'sex': ['남자', '남자', '남자', '남자', '남자']
}

# Create a DataFrame
df = pd.DataFrame(data)

# Replace values in the 'sex' column
df['sex'] = df['sex'].replace({'남자': 'male', '여자': 'female'})

# Group the data by 'sex'
grouped = df.groupby('sex')

# Create histograms for 'y_birth' for each group
fig, axs = plt.subplots()
for name, group in grouped:
    axs.hist(group['y_birth'], bins=10, alpha=0.5, label=name)

axs.set_xlabel('Year of Birth')
axs.set_ylabel('Frequency')
axs.set_title('Histogram of Year of Birth Grouped by Sex')
axs.legend()
plt.show()
```

그림 3-91 히스토그램 챗GPT 수정

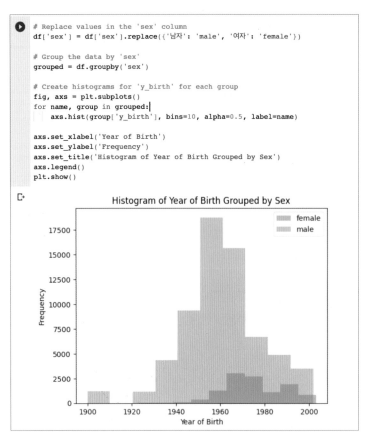

```
# Replace values in the 'sex' column
df['sex'] = df['sex'].replace({'남자': 'male', '여자': 'female'})

# Group the data by 'sex'
grouped = df.groupby('sex')

# Create histograms for 'y_birth' for each group
fig, axs = plt.subplots()
for name, group in grouped:
    axs.hist(group['y_birth'], bins=10, alpha=0.5, label=name)

axs.set_xlabel('Year of Birth')
axs.set_ylabel('Frequency')
axs.set_title('Histogram of Year of Birth Grouped by Sex')
axs.legend()
plt.show()
```

그림 3-92 히스토그램 코딩 수정 결과

정확하게 바뀐 것을 볼 수 있다. 이제 이 히스토그램을 남성과 여성으로 나눠 가로로 볼 수 있게 만들면 버터플라이 차트를 그릴 수 있을 것이다.

3) 버터플라이 차트 생성

복잡한 그림을 그리기 위해서는 기존 프롬프트보다 더 자세하고 정확한 설명이 필요하다. 이번 프롬프트는 길어 보이지만 구조는 이전과 비슷하다. 원하는 조건을 먼저 정리해보자.

- 기존 y_birth(출생 연도)를 활용해 age 열로 변경(기준 연도는 2020년도)
- y축(age 열)을 기준으로 왼쪽은 남성(male), 오른쪽은 여성(female) 인원의 합계 표시
- y축의 범위는 10세에서 70세
- 퇴직 연도(y_retire) 열에서 아직 퇴사를 안 했거나(null 값) 2022년 이후 퇴사자를 그래프에 모두 포함시킨다.

프롬프트 형식은 다음과 같다.

 Create a new column (새로운 칼럼명) using (기존 열) based on the present year as 2020
Plot a butterfly graph with the y-axis centered on the column (y축 칼럼명), with (특정 열 내 그룹명1: 버터플라이 차트의 왼쪽에 놓일 것) in (특정 칼럼명) on the left and (특정 열 내 그룹명2: 버터플라이 차트의 오른쪽에 놓일 것) in (특정 칼럼명) on the right relative to the y-axis, showing the sum of the number of variables for each value in (x축 칼럼명).
y-axis's range is between (y축 최솟값) and (y축 최댓값).
values of (칼럼명) should be null or bigger than 2020.

한글: 현재 연도를 2020년으로 기준으로 (기존 열)을 사용하여 새 열(새 칼럼명)을 만듭니다. (특정 열 내 그룹명1: 버터플라이 차트의 왼쪽에 놓일 것)을 (특정 칼럼명)의 왼쪽에, (특정 열 내 그룹명2를 (특정 열 내 그룹명1: 버터플라이 차트의 오른쪽에 놓일 것)을 y축을 기준으로 오른쪽에 (특정 칼럼명)으로 표시하여 (x축 칼럼명)의 각 값에 대한 변수 수의 합을 표시합니다. y축의 범위는 (y축 최솟값)과 (y축 최댓값) 사이입니다. (칼럼명)의 값은 null이거나 2020보다 커야 합니다.

프롬프트를 실행해보자.

 2-4 Create a new column 'age' using 'y_birth' column based on the present year as 2020 and Plot a butterfly graph with the y-axis centered on the column 'age', with male in column 'sex' on the left and female in column 'sex' on the right relative to the y-axis, showing the sum of the number of variables for each value in the 'age' column. y-axis's range is between 10 and 70. values of 'y_retire' should be null or bigger than 2020.

이외에도 여러분이 원하는 것들을 추가하면 된다.

1. Calculate the 'age' column using the 'y_birth' column and the present year (2020).
2. Filter the data to include only rows where 'y_retire' is null or greater than 2020.
3. Group the filtered data by 'age' and 'sex'.
4. Plot a butterfly graph with the y-axis centered on the 'age' column, showing the sum of the number of variables for each value in the 'age' column.

Here's the corrected Python code using the `pandas` and `matplotlib` libraries:

```python
import pandas as pd
import matplotlib.pyplot as plt

# Sample data
data = {
    'y_birth': [1965.0, 1966.0, 1973.0, 1982.0, 1987.0],
    'y_enter': [2021, 1992, 1998, 2008, 2013],
    'y_retire': [None, None, None, None, None],
    'sex': ['male', 'male', 'female', 'male', 'female']
}

# Create a DataFrame
df = pd.DataFrame(data)

# Calculate age based on present year (2020)
df['age'] = 2020 - df['y_birth']

# Filter data based on 'y_retire' conditions
filtered_df = df[(df['y_retire'].isnull()) | (df['y_retire'] > 2020)]

# Group data by 'age' and 'sex'
grouped = filtered_df.groupby(['age', 'sex']).size().unstack(fill_value=0)

# Create butterfly graph
fig, ax = plt.subplots()
```

```
# Plot 'male' column on the left
ax.barh(grouped.index, grouped['male'], color='blue', label='Male')

# Plot 'female' column on the right
ax.barh(grouped.index, -grouped['female'], color='pink', label='Female')

# Set y-axis range
ax.set_ylim(10, 70)

# Set labels and title
ax.set_xlabel('Count')
ax.set_ylabel('Age')
ax.set_title('Butterfly Graph of Age by Sex')
ax.legend()

# Show the plot
plt.show()
```

그림 3-93 히스토그램 버터플라이 챗GPT 결과

```
# Calculate age based on present year (2020)
df['age'] = 2020 - df['y_birth']

# Filter data based on 'y_retire' conditions
filtered_df = df[(df['y_retire'].isnull()) | (df['y_retire'] > 2020)]

# Group data by 'age' and 'sex'
grouped = filtered_df.groupby(['age', 'sex']).size().unstack(fill_value=0)

# Create butterfly graph
fig, ax = plt.subplots()

# Plot 'male' column on the left
ax.barh(grouped.index, -grouped['male'], color='blue', label='Male')

# Plot 'female' column on the right
ax.barh(grouped.index, grouped['female'], color='pink', label='Female')

# Set y-axis range
ax.set_ylim(10, 70)

# Set labels and title
ax.set_xlabel('Count')
ax.set_ylabel('Age')
ax.set_title('Butterfly Graph of Age by Sex')
ax.legend()

# Show the plot
plt.show()
```

챗GPT 3.5 버전에서는 코드를 실제로 실행하지 않은 결괏값을 제공하기 때문에 기존에 질문했던 것과 다른 결과를 받을 수 있다(그대로 실행하는 경우 종종 오류가 발생하기도 한다). [그림 3-93]과 다르게 'age', 'sex' 순서로 바꿔서 실행해야 오류가 없다.

[그림 3-93]과는 달리 남성과 여성의 x 좌표 부호가 바뀌어 있는데, 이 또한 질문과 다르게 나온 챗GPT 결과를 수정한 것이다.

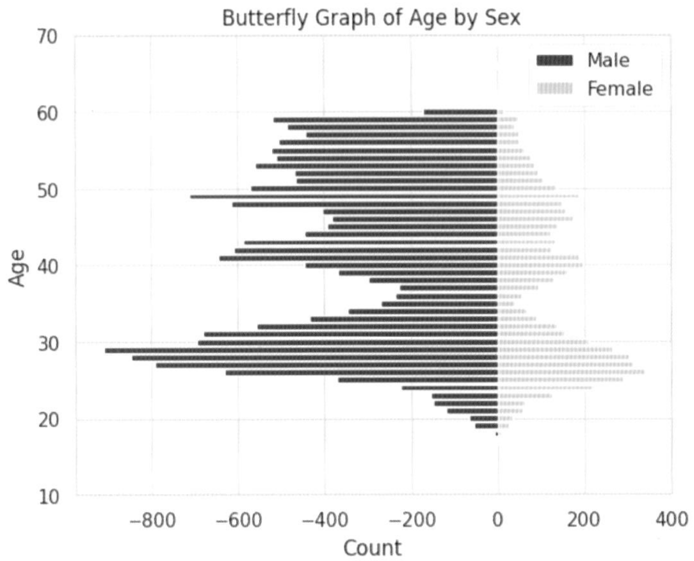

그림 3-94 히스토그램 버터플라이 코딩 결과

3.3 당신의 질문에 데이터가 답한다: 가설검정

사례	치킨집 사장	• 마케팅 효과 분석하기
		• 광고 매출을 올리기 위한 최적의 플랫폼 찾기

깃허브 링크[11]

요약
- 가설검정: 나의 주장 혹은 일반적인 통념이 정말로 사실인지 아닌지를 검증하기 위해 사용한다. 가설검정에서는 두 개의 상반된 가설을 검정한다. 귀무가설은 변화, 차이, 연관성이 없음을 주장하는 가설이고 대립가설은 변화, 차이, 연관성이 있음을 주장하는 귀무가설과 상반된 가설이다.
- 유의 수준: 가설검정에서 귀무가설을 기각할 기준을 정하는 확률이다.
- p-값(p-value): 귀무가설이 참일 경우 주어진 데이터가 관찰될 확률이다. p-값이 유의 수준보다 작으면 귀무가설을 기각하고 대립가설을 채택한다.

가설검정은 데이터 분석에 핵심적인 요소로, 어떤 주장이 사실인지 아닌지를 판단하는 데 꼭 필요하다. 이는 과학 연구부터 비즈니스에서의 의사결정, 심지어는 일상생활까지 다양한 영역에 활용된다. 예를 들어 어떤 약이 실제로 효과가 있는지를 확인할 때 또는 마케팅 캠페인이 실제로 판매량을 증가시키는지를 알아볼 때와 같은 경우에 가설검정이 필요하다.

가설검정은 귀무가설^{null hypothesis}과 대립가설^{alternative hypothesis}을 설정하고 수집한 데이터를 바탕으로 이 가설들을 검증하는 과정이다. 이 과정에서 'p-값'이라는 중요한 개념이 등장하는데, 이는 귀무가설이 참일 경우 관찰된 데이터가 발생할 확률을 나타낸다.

가설을 검정하는 방법은 목적에 따라 다르다. 마치 과학 실험을 할 때와 비슷하다. 물의 끓는점을 알아보려면 온도계를 사용해 물을 가열하면서 온도를 측정해야 한다. 또 식물이 빛이 없는 곳에서도 자라는지 알아보려면 두 개의 화분을 준비해서 하나는 빛이 있는 곳에, 다른 하나는 빛이 없는 곳에 두고 관찰해야 한다. 이렇듯 같은 과학 실험이지만 목적에 따라 실험 방법이 달라지는 것처럼 가설검정도 우리가 어떤 것을 알아내려 하는지에 따라 검정 방법이 달라진다.

---

11 https://github.com/sangsucki/DataDrivenReport/blob/main/Chapter3-3(Hypothesis_testing).ipynb

적용 가능한 비즈니스 주제

Test	목적	주제
일표본 t-검정 (one sample t-test)	표본의 평균이 알려진 모집단 평균과 유의미하게 다른지 확인	자사 제품의 평균 만족도가 벤치마크 점수인 7.5점보다 높은지 확인할 때
이표본 t-검정 (two sample t-test)	두 개의 독립적인 표본의 평균이 서로 유의미하게 다른지 여부를 판단	한 회사에서 남녀 직원의 급여를 비교하여 유의미한 차이가 있는지 확인할 때
대응표본 t-검정 (paired sample t-test)	두 개의 관련 샘플의 평균 비교	클럽에서 새로운 운동 프로그램이 회원들의 평균 심박수를 크게 증가시키는지 테스트할 때
분산분석검정 (ANOVA: analysis of variance)	두 개 이상의 독립적인 그룹의 평균이 서로 유의미하게 다른지 확인	여러 지역에 걸쳐 고객 서비스팀의 평균 응답 시간에 유의미한 차이가 있는지 확인할 때
카이제곱검정 (chi-square test)	두 범주형 변수 간에 관계가 있는지 확인	고객 연령대와 선호하는 커뮤니케이션 방법(이메일, 전화, 소셜 미디어) 간에 유의미한 관계가 있는지 알고자 할 때
f-검정(f-test)	두 개 이상의 독립적인 샘플의 분산이 서로 유의미하게 다른지 판단	세 개의 서로 다른 제조 시설에서 제품 품질의 변동성에 유의미한 차이가 있는지 확인할 때
레빈 검정 (Levene's test)	두 개의 독립적인 표본의 분산이 서로 유의미하게 다른지 판단	어떤 제품의 판매량을 비교하기 위해 해당 제품의 판매량이 갑자기 크게 증가하거나 감소한 경우가 있는지 검증할 때
윌콕슨 부호 순위 검정 (Wilcoxon Signed Rank test)	두 개의 관련 샘플 간에 유의미한 차이가 있는지 판단(대응표본 비모수적 검정)	새로운 교육 프로그램을 시행하기 전후에 직원 생산성에 유의미한 차이가 있는지 알고자 할 때
맨-휘트니 검정 (Mann-Whitney test)	두 개의 독립된 표본 간에 유의미한 차이가 있는지 판단(이표본 비모수적 검정)	두 개의 서로 다른 제품 브랜드 간에 고객 만족도에 유의미한 차이가 있는지 알고자 할 때
크루스칼 왈리스 검정 (Kruskal-Wallis test)	두 개 이상의 독립된 샘플의 중앙값이 서로 유의미한 차이가 있는지 확인 (ANOVA 비모수적 검정)	한 회사가 세 개의 다른 지역에서 월별 판매 수익 중앙값에 유의미한 차이가 있는지 알고자 할 때

그림 3-95 검정 방법별 목적과 주제

3.3.1 상황

당신은 다니던 직장을 그만두고 꿈에 그리던 치킨집 사장이 됐다. 그런데 생각보다 매출이 오르지 않아 정기적으로 유튜브, 인스타그램, 페이스북 등 각 플랫폼에 광고 캠페인을 균등한 비율로 진행하고 있다. 하지만 광고에 투자하는 금액에 비해 치킨 판매량이 상승하는 것 같지 않다. 당신은 플랫폼별 방문자 수의 차이가 궁금했다. 그래서 사용자의 유입 경로를 파악할 수 있는 애플리케이션을 사용하기 시작했다. 애플리케이션에서는 플랫폼별 일일 방문 고객에 대한 수치를 확인할 수 있다.

3.3.2 분석 목표 파악하기

당신은 가설 검증을 통해 세 플랫폼(유튜브, 인스타그램, 페이스북)별 평균 고객 확보에 차이가 있는지 확인하기를 원한다. 유의미한 결과가 나오면 추가 분석을 수행하여 차이의 원인을 찾고 싶다.

가설을 정의해보자.

- **귀무가설(H_0)**: μ_1(유튜브 일일 평균 고객) = μ_2(인스타그램 일일 평균 고객) = μ_3(페이스북 일일 평균 고객) → 모든 플랫폼의 일일 평균 고객 차이가 없다.
- **대립가설(H_1)**: 플랫폼 간 일일 평균 고객 차이가 존재한다.

가설을 확인한다.

- **귀무가설(H_0)**: 데이터는 정규 분포다.
- **대립가설(H_1)**: 데이터가 정규 분포가 아니다.
- **귀무가설(H_0)**: 샘플의 분산이 동일하다.
- **대립가설(H_1)**: 샘플의 분산이 다르다.

3.3.3 데이터 선정하기

애플리케이션에서 플랫폼별로 보고된 일일 수치는 다음과 같다.

```
Youtube =[1913, 1879, 1939, 2146, 2040, 2127, 2122, 2156, 2036, 1974, 1956, 2146,
2151, 1943, 2125]
Instagram = [2305., 2355., 2203., 2231., 2185., 2420., 2386., 2410., 2340., 2349.,
2241., 2396., 2244., 2267., 2281.]
Facebook = [2133., 2522., 2124., 2551., 2293., 2367., 2460., 2311., 2178., 2113.,
2048., 2443., 2265., 2095., 2528.]
```

3.3.4 분석 방법 결정하기

세 그룹의 평균에 유의미한 차이가 있는지 확인하기 위한 선행 조건은 데이터의 정규성 및 등분산 가정을 충족하는지 확인하는 것이다. 정규성 가정은 데이터가 각 그룹 내에서 정상적으로 분포한다는 가정이고, 등분산 가정은 각 그룹의 데이터 분산(확산)이 동일하다는 가정이다. 등분산 가정을 위반하면 결과가 편향될 수 있고 분석에서 도출된 결론이 정확하지 않을 수 있다. 여기서 정규성 가정은 샤피로윌크 검정을 사용하고, 등분산 가정은 레빈 검정을 사용한다.

```python
from scipy.stats import shapiro, levene, f_oneway

# perform normality test for each group
stat1, p1 = shapiro(Youtube)
stat2, p2 = shapiro(Instagram)
stat3, p3 = shapiro(Facebook)

# perform equal variance test for all groups
stat, p = levene(Youtube, Instagram, Facebook)

# print the results
print("Normality Test Results:")
print("Youtube group: Statistics=%.3f, p=%.3f" % (stat1, p1))
print("Instagram group: Statistics=%.3f, p=%.3f" % (stat2, p2))
print("Facebook group: Statistics=%.3f, p=%.3f" % (stat3, p3))
print("\nEqual Variance Test Results:")
print("Statistics=%.3f, p=%.3f" % (stat, p))
```

```
Normality Test Results:
Youtube group: Statistics=0.865, p=0.029
Instagram group: Statistics=0.943, p=0.416
Facebook group: Statistics=0.917, p=0.172

Equal Variance Test Results:
Statistics=7.887, p=0.001

ANOVA Test Results:
Statistics=21.282, p=0.000
```

그림 3-96 정규성, 등분산성검정

정규성검정인 샤피로윌크 검정에서 p-값이 0.05보다 크거나 같으면 정규 분포라고 가정한다. 하지만 인스타그램이나 페이스북과 달리 유튜브는 p-값이 0.05보다 작기 때문에 정규 분포 가정을 위반한다. 또한 등분산검정에서도 p-값이 0.05보다 작기 때문에 등분산 가정도 위반한다.

이렇게 정규성 및 분산 동질성 가정이 충족되지 않을 경우 비모수적 버전의 분산분석검정을 사용해야 한다. 여기서는 2.6.2절의 **[참고] 상황별 가설검정 방법**을 참고하여 크루스칼 왈리스 검정을 사용한다.

```python
from scipy.stats import kruskal
stat, p_value = kruskal(Youtube, Instagram, Facebook)
if p_value < 0.05:
    print("세 그룹의 평균 사이에는 통계적으로 유의미한 차이가 있다.")
else:
    print("세 그룹의 평균 사이에는 통계적으로 유의미한 차이가 있다.")
```

```python
from scipy.stats import kruskal
stat, p_value = kruskal(Youtube, Instagram, Facebook)
if p_value < 0.05:
    print("세 그룹의 평균 사이에는 통계적으로 유의미한 차이가 있다.")
else:
    print("세 그룹의 평균 사이에는 통계적으로 유의미한 차이가 있다.")
```
세 그룹의 평균 사이에는 통계적으로 유의미한 차이가 있다.

그림 3-97 크루스칼 왈리스 검정

크루스칼 왈리스 검정에 따르면 세 그룹의 평균 사이에 통계적으로 유의미한 차이가 있다는 결론을 내릴 수 있다. 그러나 이 테스트는 어떤 특정 그룹의 평균이 유의미하게 다른지에 대한 정보는 제공하지 않는다. 어떤 그룹이 유의미하게 다른지 알아보기 위해 scikit_posthocs를 사용해보자. 먼저 라이브러리를 설치하고 불러온다. scikit_posthocs는 분산분석 이후 사후 테스트로 각 그룹의 평균이 어떻게 다른지 세부적으로 볼 수 있는 유용한 라이브러리다.

```
pip install scikit_posthocs

import scikit_posthocs as sp
# Perform Kruskal-Wallis test
sp.posthoc_dunn([Youtube, Instagram, Facebook])
```

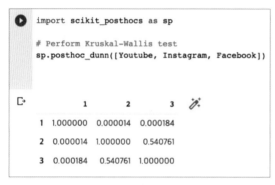

그림 3-98 포스트훅스

[그림 3-98]은 세 가지 그룹이 어떤 것을 나타내는지 직관적으로 알기 힘들기 때문에 보고를 위해 다음과 같이 수정해서 데이터프레임으로 표현했다. 추가로 소수점 둘째 자리까지 표시하는 것으로 했다.

```
import pandas as pd
# create a dataframe with the correlation matrix
df = pd.DataFrame({'Youtube': [1.000000, 0.000014, 0.000184],
                   'Instagram': [0.000014, 1.000000, 0.540761],
                   'Facebook': [0.000184, 0.540761, 1.000000]},
                  index=['Youtube', 'Instagram', 'Facebook'])

# round the numbers to 2 decimal places
df = df.round(2)

# print the dataframe
print(df)
```

```
import pandas as pd
# create a dataframe with the correlation matrix
df = pd.DataFrame({'Youtube': [1.000000, 0.000014, 0.000184],
                   'Instagram': [0.000014, 1.000000, 0.540761],
                   'Facebook': [0.000184, 0.540761, 1.000000]},
                  index=['Youtube', 'Instagram', 'Facebook'])

# round the numbers to 2 decimal places
df = df.round(2)

# print the dataframe
print(df)

           Youtube  Instagram  Facebook
Youtube        1.0       0.00      0.00
Instagram      0.0       1.00      0.54
Facebook       0.0       0.54      1.00
```

그림 3-99 포스트혹스 결과 표

3.3.5 해석하기

- 인스타그램과 페이스북의 효과 비교에 대한 p-값은 0.54로 유의 수준 0.05보다 크다. 따라서 두 그룹 간의 평균에 유의미한 차이가 있다고 결론을 내릴 수 없다.

- 유튜브와 페이스북의 효과 비교에 대한 p-값은 유의 수준 0.05보다 작다. 따라서 이 두 그룹 간의 평균에는 유의미한 차이가 있다는 결론을 내릴 수 있다.

- 인스타그램과 유튜브의 효과 비교에 대한 p-값도 유의 수준 0.05보다 작다. 따라서 두 그룹 간의 평균에는 유의미한 차이가 있다는 결론을 내릴 수 있다.

- 인스타그램과 페이스북의 효과를 비교했을 때는 크게 다르지 않지만 유튜브와 인스타그램, 유튜브와 페이스북의 효과를 비교했을 때는 모두 크게 다르다고 말할 수 있다.

3.3.6 보고하기

실무자용 보고

배경

- 치킨집 사장은 매출을 늘리기 위해 유튜브, 인스타그램, 페이스북에서 광고 캠페인을 실행하고 있다. 하지만 기대했던 결과를 얻지 못해 플랫폼별로 일일 방문자 수에 차이가 있는지 확인하고자 한다.

데이터

- 플랫폼별 일일 방문자 수를 제공하는 애플리케이션을 통해 확인한 일일 수치는 다음과 같다.

```
YouTube = [1913, 1879, 1939, 2146, 2040, 2127, 2122, 2156, 2036, 1974, 1956, 2146,
2151, 1943, 2125]
Instagram = [2305, 2355, 2203, 2231, 2185, 2420, 2386, 2410, 2340, 2349, 2241,
2396, 2244, 2267, 2281]
Facebook = [2133, 2522, 2124, 2551, 2293, 2367, 2460, 2311, 2178, 2113, 2048,
2443, 2265, 2095, 2528]
```

분석

- 가설 테스트를 수행하여 세 플랫폼별 일일 평균 고객 확보에 차이가 있는지 확인하는 것이 본 분석의 목표다. 가정은 데이터가 정규 분포이며 분산이 동일하다는 것이다. 귀무가설은 모든 플랫폼에서 일일 평균 고객 수에 차이가 없다는 것, 대립가설은 플랫폼 간 일일 평균 고객 수에 차이가 있다는 것이다. 하지만 주어진 데이터에서 정규성과 등분산성을 충족하지 못했기 때문에 비모수적 검정인 크루스칼 왈리스 검정을 사용했다.

- 크루스칼 왈리스 검정에 따르면 세 그룹의 평균 사이에는 통계적으로 유의미한 차이가 있다. 그러나 이 테스트는 어떤 특정 그룹의 평균이 유의미하게 다른지에 대한 정보는 제공하지 않으므로 이를 확인하기 위해 scikit_posthocs를 사용했다.

해석

- 인스타그램과 페이스북의 효과 비교에 대한 p-값은 0.54로 유의 수준 0.05보다 크다. 따라서 두 그룹 간 평균에 유의미한 차이가 있다고 단정할 수 없다. 유튜브와 페이스북의 효과 비교에 대한 p-값은 유의 수준 0.05보다 작다. 따라서 두 그룹 간의 평균에 유의미한 차이가 있다는 결론을 내릴 수 있다. 마찬가지로 인스타그램과 유튜브의 효과 비교에 대한 p-값 0.013은 0.05보다 작다. 따라서 두 그룹 간의 평균에 유의미한 차이가 있다는 결론을 내릴 수 있다.

추천

- 분석 결과, 인스타그램과 페이스북의 효과는 크게 차이가 없고 인스타그램과 페이스북 모두 유튜브 효과와는 차이가 크다는 결론을 내릴 수 있다. 유튜브 일일 방문자 수는 인스타그램과 페이스북보다 낮은 수치이므로 유튜브에 마케팅 비용을 투자하는 것은 최소화해야 할 것으로 보인다.

- 하지만 이 분석에서 다른 플랫폼보다 유튜브 실적이 더 낮은 이유는 언급하지 않기 때문에 플랫폼 방문자가 치킨 구매로 연결되는지와 어떤 플랫폼 유저가 치킨 구매력이 상대적으로 높은지를 추가적으로 확인할 필요가 있다. 또한 추가 데이터를 확보하여 고객의 선호도와 행동 유형에 따라 마케팅 전략을 맞춤화한다면 데이터 기반 의사결정을 통해 리스크를 최소화하고 판매로 연결할 수 있을 것이다.

의사결정자용 보고

의견

- 현재 유튜브, 인스타그램, 페이스북의 광고 캠페인이 투자 대비 좋은 결과를 얻지 못하고 있다. 고객을 확보하고 매출을 늘리려면 플랫폼 간 일일 방문자 수를 파악하는 것이 중요하다. 분석 결과 인스타그램 광고에 집중하고 고객을 유치할 수 있는 콘텐츠를 제작하는 것이 좋을 것이다.

이유

- 플랫폼별 일일 방문자 수를 제공하는 애플리케이션을 사용하여 세 플랫폼 간 일일 평균 고객 확보에 차이가 있는지 확인하기 위해 가설검정을 수행했다. 크루스칼 왈리스 검정과 추가 검토를 통해 인스타그램, 페이스북의 일일 방문자 수 평균과 유튜브의 일일 방문자 수 평균에 유의미한 차이가 있고 인스타그램의 평균 일일 방문량이 더 큰 것을 확인했다.

증거

- 인스타그램과 페이스북의 효과 비교에 대한 p-값은 0.54로 유의 수준 0.05보다 크다. 따라서 두 그룹 간 평균에 유의미한 차이가 있다고 단정할 수는 없다. 유튜브와 페이스북의 효과 비교에 대한 p-값은 유의 수준 0.05보다 작다. 따라서 두 그룹 간의 평균에 유의미한 차이가 있다는 결론을 내릴 수 있다. 마찬가지로 인스타그램과 유튜브의 효과 비교에 대한 p-값 0.013은 0.05보다 작다. 따라서 두 그룹 간의 평균에 유의미한 차이가 있다는 결론을 내릴 수 있다.

의견

- 일 평균 방문자 수가 가장 낮은 유튜브 광고 활동을 최소화하고 인스타그램과 페이스북 고객을 유치하기 위한 콘텐츠를 제작하는 것이 좋다. 그러나 유튜브 실적이 상대적으로 더 낮은 이유와 다른 플랫폼의 방문자가 치킨 구매로 이어지는지, 어떤 플랫폼 사용자가 상대적으로 구매력이 더 높은지 파악하기 위해서는 추가 조사가 필요하다. 고객의 선호도와 행동에 따라 마케팅 전략을 맞춤화하면 리스크를 최소화하고 매출로 이어지는 데이터 기반 의사결정을 내릴 수 있다.

3.3.7 챗GPT 활용하여 가설검정하기

앞서 진행했던 가설검정을 챗GPT로 구현해보자. 관련 코드는 QR 코드를 참고하면 된다.

프롬프트 및 결과[12]

---

12 https://chat.openai.com/share/f5914d45-cded-442c-b2dc-9d9d5f8921b0

1) 데이터 읽기

이번 절은 데이터 개수가 적기 때문에 데이터를 별도에서 가져올 필요 없이 그대로 입력하면 된다.

```
Youtube =[1913, 1879, 1939, 2146, 2040, 2127, 2122, 2156, 2036, 1974, 1956, 2146,
2151, 1943, 2125]
Instagram = [2305., 2355., 2203., 2231., 2185., 2420., 2386., 2410., 2340., 2349.,
2241., 2396., 2244., 2267., 2281.]
Facebook = [2133., 2522., 2124., 2551., 2293., 2367., 2460., 2311., 2178., 2113.,
2048., 2443., 2265., 2095., 2528.]
```

우리가 세운 가설 '세 플랫폼(유튜브, 인스타그램, 페이스북)의 일일 고객 방문자 수에는 차이가 있다'를 검증하기 위해 챗GPT를 사용할 경우 정규성검정이나 등분산성검정 없이 일반적인 방식을 제안하는 경우가 있다. 챗GPT 안에서 코드를 실행하지는 않기 때문이다. 통계분석은 단계별로 코드를 요청한 다음 콜랩에서 직접 실행해보는 것이 정확하게 절차를 진행하는 방법이다.

2) 정규성검정

정규성검정의 프롬프트는 다음과 같이 만든다.

P suggest a python code to check the normality of the data

한글: 주어진 데이터의 정규성을 검증하는 파이썬 코드를 제안해주세요.

위의 프롬프트를 실행해보자.

P

3-1

suggest a python code to check the normality of the data:

Youtube =[1913, 1879, 1939, 2146, 2040, 2127, 2122, 2156, 2036, 1974, 1956,
2146, 2151, 1943, 2125]
Instagram = [2305., 2355., 2203., 2231., 2185., 2420., 2386., 2410., 2340.,
2349., 2241., 2396., 2244., 2267., 2281.]
Facebook = [2133., 2522., 2124., 2551., 2293., 2367., 2460., 2311., 2178.,
2113., 2048., 2443., 2265., 2095., 2528.]

To check the normality of your data, you can use statistical tests like the Shapiro-Wilk test or the Anderson-Darling test. Here's a Python code using the SciPy library to perform the Shapiro-Wilk test for normality on your provided data:

```python
import scipy.stats as stats

Youtube = [1913, 1879, 1939, 2146, 2040, 2127, 2122, 2156, 2036, 1974, 1956,
Instagram = [2305., 2355., 2203., 2231., 2185., 2420., 2386., 2410., 2340.,
Facebook = [2133., 2522., 2124., 2551., 2293., 2367., 2460., 2311., 2178., 2

# Perform Shapiro-Wilk test for normality
shapiro_youtube = stats.shapiro(Youtube)
shapiro_instagram = stats.shapiro(Instagram)
shapiro_facebook = stats.shapiro(Facebook)

# Check the p-values for normality
print("Shapiro-Wilk p-values:")
print("Youtube:", shapiro_youtube.pvalue)
print("Instagram:", shapiro_instagram.pvalue)
print("Facebook:", shapiro_facebook.pvalue)

# Interpret the results
alpha = 0.05
if shapiro_youtube.pvalue > alpha:
    print("Youtube data is normally distributed")
else:
    print("Youtube data is not normally distributed")

if shapiro_instagram.pvalue > alpha:
    print("Instagram data is normally distributed")
else:
    print("Instagram data is not normally distributed")

if shapiro_facebook.pvalue > alpha:
    print("Facebook data is normally distributed")
else:
    print("Facebook data is not normally distributed")
```

그림 3-100 챗GPT 정규성검정

주어진 코드를 그대로 복사해서 콜랩에서 붙여넣기한 다음 실행하면 된다.

```
import scipy.stats as stats

Youtube = [1913, 1879, 1939, 2146, 2040, 2127, 2122, 2156, 2036, 1974, 1956, 2146, 2151, 1943, 2125]
Instagram = [2305., 2355., 2203., 2231., 2185., 2420., 2386., 2410., 2340., 2349., 2241., 2396., 2244., 2267., 2281.]
Facebook = [2133., 2522., 2124., 2551., 2293., 2367., 2460., 2311., 2178., 2113., 2048., 2443., 2265., 2095., 2528.]

# Perform Shapiro-Wilk test for normality
shapiro_youtube = stats.shapiro(Youtube)
shapiro_instagram = stats.shapiro(Instagram)
shapiro_facebook = stats.shapiro(Facebook)

# Check the p-values for normality
print("Shapiro-Wilk p-values:")
print("Youtube:", shapiro_youtube.pvalue)
print("Instagram:", shapiro_instagram.pvalue)
print("Facebook:", shapiro_facebook.pvalue)

# Interpret the results
alpha = 0.05
if shapiro_youtube.pvalue > alpha:
    print("Youtube data is normally distributed")
else:
    print("Youtube data is not normally distributed")

if shapiro_instagram.pvalue > alpha:
    print("Instagram data is normally distributed")
else:
    print("Instagram data is not normally distributed")

if shapiro_facebook.pvalue > alpha:
    print("Facebook data is normally distributed")
else:
    print("Facebook data is not normally distributed")
```

```
Shapiro-Wilk p-values:
Youtube: 0.0285431544268608
Instagram: 0.4155793786048889
Facebook: 0.1715830644989014
Youtube data is not normally distributed
Instagram data is normally distributed
Facebook data is normally distributed
```

그림 3-101 정규성검정 코드 실행

출력된 결과를 다시 한번 복사해서 붙여넣기한다. 결과에 대해 [그림 3-102]와 같이 블록을 지정하고 '셀 복사'를 클릭한다.

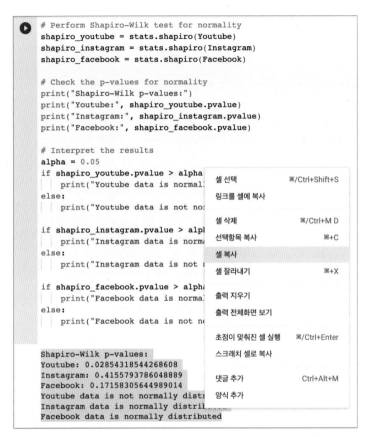

```
# Perform Shapiro-Wilk test for normality
shapiro_youtube = stats.shapiro(Youtube)
shapiro_instagram = stats.shapiro(Instagram)
shapiro_facebook = stats.shapiro(Facebook)

# Check the p-values for normality
print("Shapiro-Wilk p-values:")
print("Youtube:", shapiro_youtube.pvalue)
print("Instagram:", shapiro_instagram.pvalue)
print("Facebook:", shapiro_facebook.pvalue)

# Interpret the results
alpha = 0.05
if shapiro_youtube.pvalue > alpha
    print("Youtube data is normal
else:
    print("Youtube data is not no

if shapiro_instagram.pvalue > alp
    print("Instagram data is norm
else:
    print("Instagram data is not

if shapiro_facebook.pvalue > alph
    print("Facebook data is norma
else:
    print("Facebook data is not n
```

셀 선택	⌘/Ctrl+Shift+S
링크를 셀에 복사	
셀 삭제	⌘/Ctrl+M D
선택항목 복사	⌘+C
셀 복사	
셀 잘라내기	⌘+X
출력 지우기	
출력 전체화면 보기	
초점이 맞춰진 셀 실행	⌘/Ctrl+Enter
스크래치 셀로 복사	
댓글 추가	Ctrl+Alt+M
양식 추가	

```
Shapiro-Wilk p-values:
Youtube: 0.02854318544268608
Instagram: 0.4155793786048889
Facebook: 0.17158305644989014
Youtube data is not normally dist
Instagram data is normally distri
Facebook data is normally distributed
```

그림 3-102 블록 후 복사

챗GPT에 해당 내용을 그대로 붙여넣기해서 프롬프트를 다음과 같이 실행시킨다.

P
3-2

Shapiro-Wilk p-values:
Youtube: 0.02854318544268608
Instagram: 0.4155793786048889
Facebook: 0.17158305644989014
Youtube data is not normally distributed
Instagram data is normally distributed
Facebook data is normally distributed

The Shapiro-Wilk test results indicate the following for each dataset:

- The p-value for the Youtube data is 0.0285, which is less than the significance level of 0.05. Therefore, you can reject the null hypothesis and conclude that the Youtube data is not normally distributed.
- The p-value for the Instagram data is 0.4156, which is greater than the significance level. Thus, you cannot reject the null hypothesis, and the Instagram data is considered to be normally distributed.
- The p-value for the Facebook data is 0.1716, which is greater than the significance level. As with Instagram, you cannot reject the null hypothesis for the Facebook data, so it is also considered to be normally distributed.

It's important to note that the Shapiro-Wilk test is sensitive to sample size, so with larger sample sizes, even small deviations from normality can lead to rejection of the null hypothesis. In practice, if your sample size is relatively large, you might observe significant results even if the deviations from normality are not practically significant. Additionally, visual inspection of histograms or Q-Q plots can also provide insights into the distribution of the data.

그림 3-103 샤피로 결과 해석

그리고 다시 이 결과를 그대로 복사한 다음 '아래 결과를 한글로 해석해줘'라는 프롬프트를 작성 후 아래에 붙여넣기한 다음 실행시킨다.

 아래 결과를 한글로 해석해줘.

3-3

```
The Shapiro-Wilk test results indicate the following for each dataset: The
p-value for the Youtube data is 0.0285, which is less than the significance
level of 0.05. Therefore, you can reject the null hypothesis and conclude that
the Youtube data is not normally distributed. The p-value for the Instagram
data is 0.4156, which is greater than the significance level. Thus, you
cannot reject the null hypothesis, and the Instagram data is considered to be
normally distributed. The p-value for the Facebook data is 0.1716, which is
greater than the significance level. As with Instagram, you cannot reject the
null hypothesis for the Facebook data, so it is also considered to be normally
distributed. It's important to note that the Shapiro-Wilk test is sensitive to
sample size, so with larger sample sizes, even small deviations from normality
can lead to rejection of the null hypothesis. In practice, if your sample size
is relatively large, you might observe significant results even if
the deviations from normality are not practically significant. Additionally,
```

visual inspection of histograms or Q-Q plots can also provide insights into the distribution of the data.

결과는 다음과 같이 나타난다.

 샤피로-윌크 검정 결과는 각 데이터셋에 대해 다음과 같은 내용을 나타냅니다:

유튜브 데이터의 p-값은 0.0285로, 유의 수준 0.05보다 작습니다. 따라서 귀무 가설을 기각하고 유튜브 데이터가 정규 분포를 따르지 않는다고 결론 내릴 수 있습니다.

인스타그램 데이터의 p-값은 0.4156으로, 유의 수준보다 큽니다. 따라서 귀무 가설을 기각할 수 없으며, 인스타그램 데이터는 정규 분포를 따른다고 볼 수 있습니다.

페이스북 데이터의 p-값은 0.1716으로, 유의 수준보다 큽니다. 인스타그램과 마찬가지로, 페이스북 데이터에 대해서도 귀무 가설을 기각할 수 없으므로 정규 분포를 따른다고 볼 수 있습니다.

샤피로-윌크 검정은 표본 크기에 민감하게 반응하는 것에 주의해야 합니다. 표본 크기가 크면 정규성에서 작은 미세한 편차조차도 귀무 가설을 기각할 수 있습니다. 실제로 표본 크기가 상당히 큰 경우, 정규성에서의 미세한 편차가 실제적으로 중요하지 않더라도 유의한 결과가 나타날 수 있습니다. 또한 히스토그램이나 Q-Q 플롯을 시각적으로 확인하여 데이터 분포에 대한 통찰을 얻을 수도 있습니다.

그림 3-104 샤피로 해석

간단하게 정리하면 다음과 같다.

- 유튜브 데이터는 p-값이 0.05보다 낮기 때문에 정규성을 따르지 않는다.
- 인스타그램 데이터는 p-값이 0.05보다 크기 때문에 정규성을 따른다.
- 페이스북 데이터는 p-값이 0.05보다 크기 때문에 정규성을 따른다.

3) 가설검정

챗GPT는 대화가 가능하다는 특성이 있으므로 이런 경우 가설검정을 위해 어떤 방식을 사용해야 하는지 물어본다.

 In this case, what method should I use for a hypothetical test ? please answer in Korean

한글: 이런 경우에 가설검정을 위해 어떤 방식을 사용해야 되는지 한국말로 대답해주세요.

이 경우에는 여러 그룹의 평균을 비교하는 가설 검정을 수행하고 정규성 가정을 고려한다면 분산분석 (ANOVA) 검정을 고려해 볼 수 있습니다. ANOVA는 두 개 이상의 독립(관련이 없는) 그룹의 평균 간에 통계적으로 유의한 차이가 있는지를 결정하는 데 사용됩니다.

하지만 이미 데이터의 정규성을 확인하고 Instagram 및 Facebook 데이터가 정규 분포를 따른다는 결과를 얻었으므로, ANOVA와 같은 모수적 검정을 사용할 수 있습니다. Shapiro-Wilk 검정에 따르면 정규성을 만족하지 않는 Youtube 데이터의 경우 Kruskal-Wallis 검정과 같은 비모수적 대안을 고려해 볼 수 있습니다.

다음은 이를 어떻게 접근할 수 있는지에 대한 일반적인 개요입니다:

1. **가정 확인:** 이미 데이터의 정규성을 확인했습니다. 추가로 그룹 간의 분산의 동질성도 확인해야 합니다.
2. **적절한 검정 선택:**
   - **모든 데이터가 정규 분포를 따른다면:** 세 그룹의 평균을 비교하기 위해 일원 분산분석(ANOVA)을 수행합니다.
   - **하나 이상의 데이터가 정규 분포를 만족하지 않는다면:** 일원 Kruskal-Wallis 검정을 수행합니다. 이는 일원 분산분석의 비모수적 대안입니다.
3. **검정 수행:** 선택한 검정에 따라 해당 분석을 수행합니다 (ANOVA 또는 Kruskal-Wallis). 이를 통해 그룹 간의 평균에 유의한 차이가 있는지를 확인할 수 있습니다.
4. **사후 분석 (필요한 경우):** ANOVA 또는 Kruskal-Wallis 검정 결과가 유의미한 차이를 나타내는 경우, 어떤 그룹이 서로 유의미하게 차이가 나는지를 확인하기 위해 사후 검정(예: ANOVA의 투키의 HSD 검정)을 수행할 수 있습니다.
5. **결과 해석:** 가설 검정 결과를 해석하여 그룹 간 차이의 중요성을 이해합니다.

적절한 통계적 검정 방법을 선택하는 것은 데이터의 가정과 연구 질문에 따라 달라집니다. 특정 경우에 어떤 접근 방법을 선택해야 하는지 확신이 없다면 통계학자나 데이터 분석 전문가와 상담하는 것이 좋습니다.

그림 3-105 챗GPT 가설검정 방법

3.3.4절에서도 살펴봤지만, 챗GPT의 대답 2번 항목을 보면 하나 이상의 데이터가 정규성(정규 분포) 가정이 충족되지 않을 경우 비모수적 버전의 분산분석인 크루스칼 왈리스 검정을 제안하고 있다. 실제로 여기서도 크루스칼 왈리스 검정을 첫 번째로 언급하고 있기에 이 방법 그대로 사용해보자.

프롬프트는 다음과 같다.

 Suggest a python code for Kruskal-Wallis Test using the data above

한글: 위 데이터를 활용해서 크루스칼 왈리스 검정에 관한 파이썬 코드를 제안해주세요.

Sure, here's a Python code using the SciPy library to perform the Kruskal-Wallis test on the provided data:

```python
import scipy.stats as stats

Youtube = [1913, 1879, 1939, 2146, 2040, 2127, 2122, 2156, 2036, 1974, 1956,
Instagram = [2305., 2355., 2203., 2231., 2185., 2420., 2386., 2410., 2340.,
Facebook = [2133., 2522., 2124., 2551., 2293., 2367., 2460., 2311., 2178., 2

# Perform Kruskal-Wallis test
kw_statistic, kw_pvalue = stats.kruskal(Youtube, Instagram, Facebook)

# Print the test results
print("Kruskal-Wallis Test:")
print("Kruskal-Wallis statistic:", kw_statistic)
print("p-value:", kw_pvalue)

# Interpret the results
alpha = 0.05
if kw_pvalue < alpha:
    print("Reject the null hypothesis: There are significant differences bet
else:
    print("Fail to reject the null hypothesis: No significant differences be
```

In this code, the Kruskal-Wallis test is performed using the `kruskal()` function from the SciPy library. The test statistic and the p-value are calculated and then interpreted based on the chosen significance level (alpha). If the p-value is less than alpha, you can reject the null hypothesis and conclude that there are significant differences between groups. Otherwise, you fail to reject the null hypothesis, indicating no significant differences between groups.

그림 3-106 챗GPT 크루스칼 월리스 검정

이 코드도 그대로 사용하면 된다. 혹은 데이터에 대한 부분은 앞에서 이미 정의했기 때문에 해당 부분은 삭제하고 다음 코드만 사용해도 된다.

```
import scipy.stats as stats

# Perform Kruskal-Wallis test
kw_statistic, kw_pvalue = stats.kruskal(Youtube, Instagram, Facebook)

# Print the test results
print("Kruskal-Wallis Test:")
print("Kruskal-Wallis statistic:", kw_statistic)
print("p-value:", kw_pvalue)

# Interpret the results
alpha = 0.05
if kw_pvalue < alpha:
    print("Reject the null hypothesis: There are significant differences between groups.")
else:
    print("Fail to reject the null hypothesis: No significant differences between groups.")
```

```
Kruskal-Wallis Test:
Kruskal-Wallis statistic: 22.193539319674137
p-value: 1.5161220700704243e-05
Reject the null hypothesis: There are significant differences between groups.
```

그림 3-107 크루스칼 왈리스 검정 코딩 결과

마찬가지 방식으로 결과로 나온 값을 복사해서 챗GPT에 붙여넣기한다.

> **S** Kruskal-Wallis Test:
> Kruskal-Wallis statistic: 22.193539319674137
> p-value: 1.5161220700704243e-05
> Reject the null hypothesis: There are significant differences between groups.

> Kruskal-Wallis 검정 결과는 다음과 같습니다:
>
> * Kruskal-Wallis 통계량: 22.1935
> * p-값: 0.0000151612 (매우 작은 값)
>
> 해석: 유의 수준 0.05보다 작은 매우 작은 p-값을 가지므로 귀무 가설을 기각합니다. 이는 그룹 간에 유의한
> 차이가 있다는 것을 의미합니다.

그림 3-108 크루스칼 왈리스 검정 챗GPT 결과 해석

p-값이 0.05보다 낮으므로 귀무가설을 기각해서 세 가지 플랫폼(유튜브, 인스타그램, 페이스북) 간 고객 유치에 큰 차이가 있다는 것이 검증되었다고 한다. 즉 각 플랫폼의 고객 유치에 차이가 우연히 생길 확률은 아주 낮다는 뜻이다.

4) 사후 테스트

가설검정에서 크루스칼 왈리스 검정을 통해 세 가지 플랫폼 간에 고객 유치에 큰 차이가 있다는 것이 검증되었다고 했는데, 세 가지 플랫폼 중 어떤 플랫폼이 가장 나은지 확인해야 더 효과적인 마케팅을 할 수 있다.

프롬프트는 다음과 같다.

 Suggest a python code for which test should be used to identify what platforms are better than others

한글: 어떤 플랫폼이 다른 플랫폼보다 나은지 식별하기 위해 어떤 테스트를 사용해야 하는지 파이썬 코드를 제안해주세요.

 To determine which platforms are statistically better than others, you can use post hoc tests after conducting a significant Kruskal-Wallis test. Since the Kruskal-Wallis test only tells you if there are differences between groups, post hoc tests help you identify which specific groups differ significantly. One commonly used post hoc test is the Dunn's test.

Here's how you can perform Dunn's test using the `scikit-posthocs` library in Python:

```python
import scikit_posthocs as sp

# Data
Youtube = [1913, 1879, 1939, 2146, 2040, 2127, 2122, 2156, 2036, 1974, 1956,
Instagram = [2305., 2355., 2203., 2231., 2185., 2420., 2386., 2410., 2340.,
Facebook = [2133., 2522., 2124., 2551., 2293., 2367., 2460., 2311., 2178., 2

# Combine data and labels
data = [Youtube, Instagram, Facebook]
labels = ['Youtube'] * len(Youtube) + ['Instagram'] * len(Instagram) + ['Fac

# Perform Kruskal-Wallis test
kw_statistic, kw_pvalue = stats.kruskal(Youtube, Instagram, Facebook)

# Perform Dunn's test for post hoc analysis
dunn_results = sp.posthoc_dunn(data, p_adjust='holm')
```

```
# Print Dunn's test results
print("Dunn's Test Results:")
print(dunn_results)
```

그림 3-109 챗GPT 사후검정

코드를 그대로 복사해서 콜랩에 붙여넣기한 후 실행해보자. 그러면 다음과 같은 오류가 발생
한다.

```
import scikit_posthocs as sp

# Combine data and labels
data = [Youtube, Instagram, Facebook]
labels = ['Youtube'] * len(Youtube) + ['Instagram'] * len(Instagram) + ['Facebook'] * len(Facebook)

# Perform Kruskal-Wallis test
kw_statistic, kw_pvalue = stats.kruskal(Youtube, Instagram, Facebook)

# Perform Dunn's test for post hoc analysis
dunn_results = sp.posthoc_dunn(data, p_adjust='holm')

# Print Dunn's test results
print("Dunn's Test Results:")
print(dunn_results)

-------------------------------------------------------------------------
ModuleNotFoundError                       Traceback (most recent call last)
<ipython-input-6-0270e72b02f1> in <cell line: 1>()
----> 1 import scikit_posthocs as sp
      2
      3 # Combine data and labels
      4 data = [Youtube, Instagram, Facebook]
      5 labels = ['Youtube'] * len(Youtube) + ['Instagram'] * len(Instagram) + ['Facebook'] * len(Facebook)

ModuleNotFoundError: No module named 'scikit_posthocs'

-------------------------------------------------------------------------
NOTE: If your import is failing due to a missing package, you can
manually install dependencies using either !pip or !apt.

To view examples of installing some common dependencies, click the
"Open Examples" button below.
-------------------------------------------------------------------------
```

그림 3-110 라이브러리 오류

이런 경우 당황하지 말고 오류에 나온 부분을 블록한 다음 그대로 복사해서 챗GPT에 물어보
자. 실제로는 pip install scikit_posthocs를 실행하면 간단하게 해결된다. 하지만 여기서는
파이썬을 모른다는 가정하에 챗GPT로만 해결하는 방법을 알아본다.

[그림 3-110]에서 ModuleNotFoundError: No module named 'scikit_posthocs' 부
분을 프롬프트로 그대로 복사해서 붙여넣는다.

No module named 'scikit_posthocs'

한글: 'scikit_posthocs'라는 모듈이 없습니다.

 I apologize for the confusion. It seems that the `scikit-posthocs` library is not available. In that case, you can use the `pairwise_tukeyhsd` function from the `statsmodels` library to perform a post hoc Tukey's HSD test. Here's how you can do it:

```python
import scipy.stats as stats
import pandas as pd
from statsmodels.stats.multicomp import pairwise_tukeyhsd

# Data
Youtube = [1913, 1879, 1939, 2146, 2040, 2127, 2122, 2156, 2036, 1974, 1956,
Instagram = [2305., 2355., 2203., 2231., 2185., 2420., 2386., 2410., 2340.,
Facebook = [2133., 2522., 2124., 2551., 2293., 2367., 2460., 2311., 2178., 2

# Combine data and labels
data = Youtube + Instagram + Facebook
labels = ['Youtube'] * len(Youtube) + ['Instagram'] * len(Instagram) + ['Fac

# Create a DataFrame
df = pd.DataFrame({'data': data, 'labels': labels})

# Perform Kruskal-Wallis test
kw_statistic, kw_pvalue = stats.kruskal(Youtube, Instagram, Facebook)

# Perform Tukey's HSD test for post hoc analysis
tukey_results = pairwise_tukeyhsd(df['data'], df['labels'])

# Print Tukey's HSD test results
print("Tukey's HSD Test Results:")
print(tukey_results)
```

그림 3-111 챗GPT 라이브러리 오류 풀이

챗GPT가 사과하더니 대안으로 pairwise_tukeyhsd 방식을 소개한다. 해당 코드를 콜랩에서 실행하면 다음과 같이 결과가 나오고 그 결과를 다시 챗GPT에 묻는다.

```
import scipy.stats as stats
import pandas as pd
from statsmodels.stats.multicomp import pairwise_tukeyhsd

# Data
Youtube = [1913, 1879, 1939, 2146, 2040, 2127, 2122, 2156, 2036, 1974, 1956, 2146, 2151, 1943, 2125]
Instagram = [2305., 2355., 2203., 2231., 2185., 2420., 2386., 2410., 2340., 2349., 2241., 2396., 2244., 2267., 2281.]
Facebook = [2133., 2522., 2124., 2551., 2293., 2367., 2460., 2311., 2178., 2113., 2048., 2443., 2265., 2095., 2528.]

# Combine data and labels
data = Youtube + Instagram + Facebook
labels = ['Youtube'] * len(Youtube) + ['Instagram'] * len(Instagram) + ['Facebook'] * len(Facebook)

# Create a DataFrame
df = pd.DataFrame({'data': data, 'labels': labels})

# Perform Kruskal-Wallis test
kw_statistic, kw_pvalue = stats.kruskal(Youtube, Instagram, Facebook)

# Perform Tukey's HSD test for post hoc analysis
tukey_results = pairwise_tukeyhsd(df['data'], df['labels'])

# Print Tukey's HSD test results
print("Tukey's HSD Test Results:")
print(tukey_results)
```
```
Tukey's HSD Test Results:
       Multiple Comparison of Means - Tukey HSD, FWER=0.05
====================================================================
 group1    group2   meandiff p-adj   lower     upper    reject
--------------------------------------------------------------------
Facebook  Instagram  12.1333 0.9619  -98.8691  123.1358  False
Facebook  Youtube   -251.8667   0.0 -362.8691 -140.8642   True
Instagram Youtube     -264.0    0.0 -375.0024 -152.9976   True
--------------------------------------------------------------------
```

그림 3-112 라이브러리 설치 후 코딩 결과

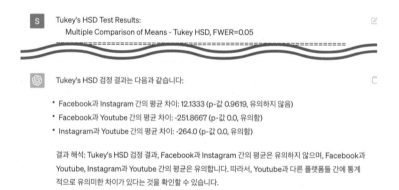

그림 3-113 챗GPT 결과 해석

결과적으로는 3.3.5절에서 봤던 결과와 동일하다. 페이스북과 인스타그램의 일일 방문량은 큰 차이가 없고 페이스북과 유튜브, 인스타그램과 유튜브의 일일 방문량에는 유의미한 차이가 있다. 즉 유튜브는 다른 플랫폼보다 일일 방문량이 낮으므로 유튜브에 마케팅 비용을 투자하는 것은 최소화해야 할 것으로 보인다.

3.4 데이터에 맞는 직선을 찾아라: 선형회귀분석

사례	**유학 컨설턴트** 유학 컨설팅을 위한 해외 대학 합격률 분석하기
요약	• 선형회귀분석: 한 변수(혹은 여러 변수)를 기반으로 다른 변수의 값을 예측하는 통계적 방법이다. 한 변수가 변함에 따라 다른 변수도 일정한 비율로 변하는 경우에 적용한다. • 종속변수가 수치형 데이터일 경우 적용 가능하다.

깃허브 링크[13]

선형회귀분석의 간단한 예시로 집의 크기(독립변수)에 따른 가격(종속변수)을 예측해보자. 선형회귀분석을 통해 집의 크기 증가에 따라 가격이 얼마나 증가하는지에 대한 일정한 비율(기울기)을 찾을 수 있다. 이는 새로운 집의 가격을 예측하는 데 도움이 된다(물론 집의 가격을 형성하는 다양한 변수를 고려할수록 정확한 모델이 된다). 여기서 종속변수인 집의 가격은 수치형 데이터이기 때문에 선형회귀분석을 활용하는 것이 적합하다.

적용 가능한 비즈니스 주제 및 예상 변수
- **판매 예측**: 광고 지출, 판매 수익, 계절성, 홍보 채널, 고객 정보(나이/성별/지역 등)
- **가격 최적화**: 제품 가격, 경쟁사 가격, 소비자 수요, 상품 특징
- **고객 분석**: 고객 나이, 수입, 구매 이력, 고객 만족도, 홍보 채널
- **직원 성과 평가**: 직원 경험, 성과 지표, 직무 만족도, 교육 수료 시간, 보상 등
- **고객 만족도 분석**: 설문지 문항, 문항별 평가 점수, 고객 지원 소요 시간, 서비스 퀄리티 정도, 브랜드 평판 지수

3.4.1 상황

당신은 유학 상담 컨설턴트다. 컨설팅에 신뢰와 차별점을 더하고 싶어 데이터 드리븐을 통해 고객에게 가치 있는 서비스를 제공하려 한다. 유학 컨설턴트의 핵심 고객은 유학을 준비하는

---

13 https://github.com/sangsucki/DataDrivenReport/blob/main/Chapter3-4(Linear_Regression).ipynb

학생과 그 부모다. 이러한 핵심 고객의 니즈는 '원하는 대학에 합격하는 것'이다. 데이터 드리븐 보고를 통해 고객에게 차별화된 가치를 제공할 수 있을까?

3.4.2 분석 목표 파악하기

고객이 가장 관심 있어 하는 사항은 '합격률을 높이기 위해 주어진 시간을 어디에 집중해서 써야 하는지'이다. 또 GRE와 TOEFL 점수는 몇 점을 충족해야 하는지, SOP와 추천서는 어떻게 써야 하는지, 학부 성적표(GPA)는 이미 정해진 결과이니 이를 보완하기 위해 다른 항목들을 얼마나 더 준비해야 되는지 그리고 이러한 항목이 합격에 어떠한 영향을 끼치는지 궁금해한다. 그러므로 우리가 풀어야 될 질문은 다음과 같다.

- 합격률을 높이려면 어떤 항목에 집중해야 되는가?
- 준비해야 하는 항목들의 점수에 따라 합격률에 어떻게 영향을 주는가?

3.4.3 분석 계획서 작성하기

- **범위 설정**: 2019년
- **데이터 개수**: 500개, 9개 열
- **데이터 이해**: 해외 대학 입학 시 제출하는 서류는 GRE 시험 점수, TOEFL 점수, 자기소개서, 추천서, 학부 성적표, 연구 경험, 해외 대학의 수준에 따라 합격률이 달라진다.
- **독립변수**: GRE 점수, TOEFL 점수, 자기소개서, 추천서, 학부 성적표, 연구 경험, 해외 대학 수준
- **종속변수**: 대학 합격률
- **가설**: GRE 점수가 합격에 가장 큰 영향을 줄 것이다.
- **분석 방법**: 상관분석 및 회귀분석
- **기대효과**: 학생들이 어떤 부분에 더 집중해야 할지 명확한 자료 제공이 가능하다.

3.4.4 데이터 선정하기

해외 대학 석사 과정을 지원하는 학생들이 제출하는 각종 평가 점수와 서류 그리고 합격률에 대한 데이터[14]를 가져왔다.

- https://www.kaggle.com/datasets/mohansacharya/graduate-admissions

데이터 사전은 다음과 같다.

- **GRE Score**: GRE 점수
- **TOEFL Score**: 토플 점수
- **University Rating**: 대학 레벨
- **SOP**(statement of purpose): 자기소개서 점수
- **LOR**(letter of recommendation strength): 추천서 점수
- **Undergraduate GPA**: 학부 성적
- **Research Experience**: 연구 경험
- **Chance of Admit**: 합격률(종속변수)

3.4.5 EDA 수행하기

EDA의 기본적인 수행 과정은 다음과 같다.

데이터 불러오기 → 데이터 훑어보기 · 데이터 타입 확인 → 열 이름 변경 → 결측치 처리 → 이상치 처리 → 종속변수 분포 확인 → 독립변수 관계 확인 → 상관관계 확인

1) 데이터 불러오기

```
!git clone https://github.com/sangsucki/DataDrivenReport.git

import pandas as pd
df = pd.read_csv('/content/DataDrivenReport/Admission_Predict.csv')
df.head()
```

---

14 https://www.kaggle.com/datasets/mohansacharya/graduate-admissions

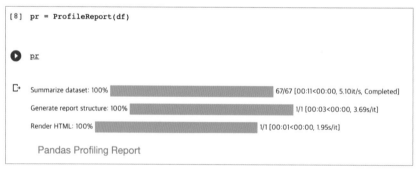

```
import pandas as pd
df = pd.read_csv('/content/DataDrivenReport/Admission_Predict.csv')
df.head()
```

	Serial No.	GRE Score	TOEFL Score	University Rating	SOP	LOR	CGPA	Research	Chance of Admit
0	1	337	118	4	4.5	4.5	9.65	1	0.92
1	2	324	107	4	4.0	4.5	8.87	1	0.76
2	3	316	104	3	3.0	3.5	8.00	1	0.72
3	4	322	110	3	3.5	2.5	8.67	1	0.80
4	5	314	103	2	2.0	3.0	8.21	0	0.65

그림 3-114 데이터 불러오기

2) 데이터 훑어보기 · 데이터 타입 확인

먼저 판다스 프로파일링을 설치한다.

```
import pandas_profiling
from pandas_profiling import ProfileReport
from pandas_profiling.utils.cache import cache_file
```

```
[8]  pr = ProfileReport(df)
```

```
     pr
```

```
Summarize dataset: 100%         67/67 [00:11<00:00, 5.10it/s, Completed]
Generate report structure: 100%  1/1 [00:03<00:00, 3.69s/it]
Render HTML: 100%                1/1 [00:01<00:00, 1.95s/it]

Pandas Profiling Report
```

그림 3-115 프로파일링

데이터 전체 구성을 확인한다.

- **Number of variables(변수 개수)**: 9개(열)
- **Number of observation(관측값 개수)**: 400개(행)
- **Missing cells(결측치)**: 0개
- **Duplicate rows(중복된 행)**: 0개
- **Numeric(수치형 열)**: 7개
- **Categorical(카테고리형 열)**: 2개(University Rating, Research)

Overview Alerts 9 Reproduction

Dataset statistics

Number of variables	9
Number of observations	400
Missing cells	0
Missing cells (%)	0.0%
Duplicate rows	0
Duplicate rows (%)	0.0%
Total size in memory	28.2 KiB
Average record size in memory	72.3 B

Variable types

Numeric	7
Categorical	2

그림 3-116 데이터 구성

3) 열 이름 변경

먼저 열 이름을 간단하게 변경해준다.

```
df.columns
```

```
Index(['GRE Score', 'TOEFL Score', 'University Rating', 'SOP', 'LOR ', 'CGPA',
       'Research', 'Chance of Admit '],
      dtype='object')
```

그림 3-117 열 이름 보기

자세히 보면 열 이름 뒤에 공백이 하나씩 들어가 있는데, 분석할 때 이런 사소한 것들이 코딩 오류의 주범이 되기 때문에 공백을 정리해줄 필요가 있다. 이 때 사용하는 함수는 rename 함수다. df.rename(columns={})은 열 이름을 바꿀 때 사용한다. 이 함수는 키가 원래 열 이름이고 값이 새 열 이름을 딕셔너리 형식으로 받는다.

```
df = df.rename(columns={'Serial No.': 'SerialNo', 'GRE Score': 'GREScore',
                        'TOEFL Score': 'TOEFLScore', 'University Rating': 'UniversityRating',
                        'SOP': 'SOP', 'LOR ': 'LOR', 'CGPA': 'CGPA', 'Research': 'Research',
                        'Chance of Admit ': 'ChanceOfAdmit'})
df.columns
```

```
Index(['SerialNo', 'GREScore', 'TOEFLScore', 'UniversityRating', 'SOP', 'LOR',
       'CGPA', 'Research', 'ChanceOfAdmit'],
      dtype='object')
```

그림 3-118 열 이름 변경

참고

딕셔너리 형식

딕셔너리(dictionary)는 키(key)와 값(value)의 쌍으로 이루어진 데이터 타입이다. 키를 이용하여 값을 찾을 수 있는 구조를 가지고 있으며, 중괄호({ })를 사용하여 정의한다. 예를 들어 {'apple': 2, 'banana': 3, 'cherry': 5}는 apple을 키로, 2를 값으로, banana를 키로, 3을 값으로, cherry를 키로, 5를 값으로 가지는 딕셔너리 형식이다.

4) 결측치 처리

판다스 프로파일링 'Missing values' 섹션에서 결측치를 보면 별도의 결측치가 존재하지 않음을 확인할 수 있다.

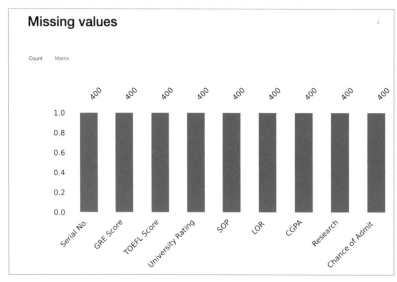

그림 3-119 결측치 확인

5) 이상치 처리

df.describe() 메서드는 판다스 데이터프레임의 각 열(수치형 데이터)에 대한 요약 통계를 출력하는 메서드다. 출력되는 통계 정보는 다음과 같다.

- **count**: 데이터 개수
- **mean**: 평균값
- **std**: 표준편차

- **min**: 최솟값

- **25%**: 25% 백분위수

- **50%**: 50% 백분위수(중간값)

- **75%**: 75% 백분위수

- **max**: 최댓값

2.5.2절에서 소개했던 박스 플롯을 열별로 모두 그리기에는 시간이 많이 걸리기 때문에 describe 함수를 활용해 의심되는 열 위주로 선택하여 그린다. 일반적으로 평균에 표준편차(std) 3배를 더한 값 (평균 + 3×표준편차)보다 최댓값이 크거나 평균에 표준편차 3배를 뺀 값(평균 - 3×표준편차)보다 최솟값이 작은 경우 이상치가 있을 가능성이 높다고 판단한다. 예를 들어 GRE 점수는 평균이 316.5점이고 표준편차가 11.3점인 경우 평균에 표준편차 3배를 더한 값은 350.4점이 된다. 여기서 최댓값을 확인해보면 앞서 계산한 350.4점보다 낮은 340점이기 때문에 이상치를 별도로 처리하지 않는다. 반대로, GRE 점수 평균에 표준편차가 3배를 뺀 값은 282.6점이고, 최솟값은 282.6점보다 높은 290점이므로 마찬가지로 이상치 처리를 별도로 하지 않는다. 엄격하게 적용되는 룰은 아니지만, 주어진 표에서는 해당되는 열이 없기 때문에 GRE 점수에 대해서 이상치를 제거하는 작업은 필요하지 않을 것으로 보인다.

```
df.describe()
```

	Serial No.	GRE Score	TOEFL Score	University Rating	SOP	LOR	CGPA	Research	Chance of Admit
count	500.000000	500.000000	500.000000	500.000000	500.000000	500.000000	500.000000	500.000000	500.00000
mean	250.500000	316.472000	107.192000	3.114000	3.374000	3.48400	8.576440	0.560000	0.72174
std	144.481833	11.295148	6.081868	1.143512	0.991004	0.92545	0.604813	0.496884	0.14114
min	1.000000	290.000000	92.000000	1.000000	1.000000	1.00000	6.800000	0.000000	0.34000
25%	125.750000	308.000000	103.000000	2.000000	2.500000	3.00000	8.127500	0.000000	0.63000
50%	250.500000	317.000000	107.000000	3.000000	3.500000	3.50000	8.560000	1.000000	0.72000
75%	375.250000	325.000000	112.000000	4.000000	4.000000	4.00000	9.040000	1.000000	0.82000
max	500.000000	340.000000	120.000000	5.000000	5.000000	5.00000	9.920000	1.000000	0.97000

그림 3-120 이상치 처리

평균(mean)에서 표준편차(std)를 3 곱한 후 더한 값이 최댓값보다 크거나 평균(mean)에서 표준편차(std)를 3 곱한 후 뺀 값이 최솟값보다 작으면 경험적으로 이상치를 의심할 수 있지만, 수치형 13가지 모두 이상치로 의심되지 않기 때문에 별도로 이상치를 제거하지 않고 넘어간다.

6) 종속변수 분포 확인

종속변수인 합격률 분포를 'Variables' 섹션에서 확인한다. 정규 분포까지는 아니지만 고루 분포된 것을 확인할 수 있고 0.34에서 0.97까지의 값을 가지고 있음을 확인할 수 있다.

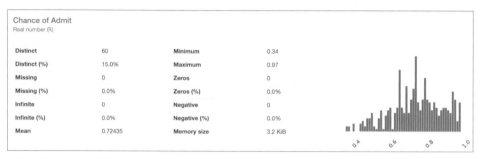

그림 3-121 종속변수 분포

7) 독립변수 관계 확인

y축에 종속변수, x축에 독립변수를 놓았을 때의 산점도를 확인해본다. pandas_profile의 Interaction 파트에서 클릭만으로 변수를 조정해서 다음과 같은 표를 만들 수 있다.

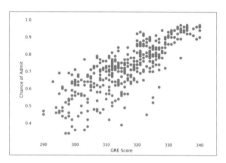

그림 3-122 합격률과 GRE 점수 관계

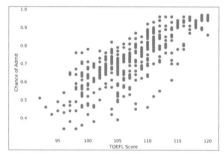

그림 3-123 합격률과 TOEFL 점수 관계

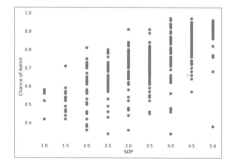

그림 3-124 합격률과 SOP 점수 관계

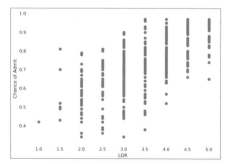

그림 3-125 합격률과 추천서 점수 관계

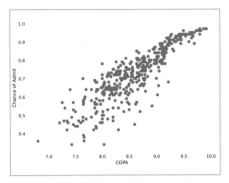

그림 3-126 합격률과 GPA 관계

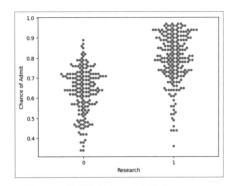

그림 3-127 합격률과 Research관계

GRE, TOEFL, SOP, LOR, GPA, 연구 경험 유무(Research)와 같이 여섯 개의 독립변수가 상승함에 따라 합격률도 함께 상승하는 것처럼 보인다. 연구 경험 유무는 1과 0으로 이루어진 이진변수이기 때문에 이 경우 스웜 플롯^{swarm plot}이라는 방식으로 표현할 수 있다.

 참고

스웜 플롯

종속변수가 수치형이고, 독립변수가 카테고리형 혹은 이진변수일 때 사용할 수 있는 그래프다. 4번째 줄의 `sns.swarmplot(x='Research', y='ChanceOfAdmit', data=df)`에서 x=독립변수 칼럼명, y=종속변수 칼럼명만 변경해주면 형식이 동일할 경우 같은 결과를 보여준다.

```
import matplotlib.pyplot as plt
import seaborn as sns

plt.figure()
sns.swarmplot(x='Research', y='ChanceOfAdmit', data=df)
plt.xlabel('Research')
plt.ylabel('Chance of Admit')
plt.show()
```

8) 상관관계 확인

상관관계를 보기 위해 판다스 프로파일링에서 'Correlation' 섹션을 클릭한다. 히트맵으로 보면 다음 그림과 같이 나온다.

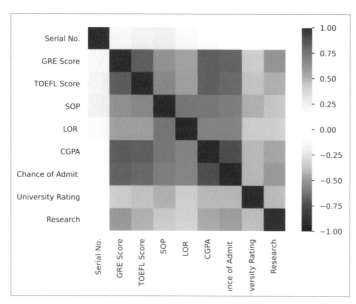

그림 3-128 상관관계

종속변수 합격률(Chance of Admit)과 독립변수(GRE, TOEFL, SOP, LOR, GPA) 간에
상관관계가 굉장히 높아 보인다. 자세한 수치를 확인하기 위해 'Table' 탭을 클릭한다. 합격률
과 상관관계가 강한 독립변수는 GPA 〉 GRE 〉 TOEFL 〉 SOP 〉 LOR 순으로 보인다.

Auto									
Heatmap　　Table									
	Serial No.	GRE Score	TOEFL Score	SOP	LOR	CGPA	Chance of Admit	University Rating	Research
Serial No.	1.000	-0.094	-0.146	-0.170	-0.081	-0.043	0.038	0.001	0.000
GRE Score	-0.094	1.000	0.832	0.614	0.548	0.832	0.815	0.403	0.603
TOEFL Score	-0.146	0.832	1.000	0.653	0.549	0.826	0.796	0.430	0.503
SOP	-0.170	0.614	0.653	1.000	0.727	0.724	0.695	0.497	0.429
LOR	-0.081	0.548	0.549	0.727	1.000	0.666	0.671	0.384	0.384
CGPA	-0.043	0.832	0.826	0.724	0.666	1.000	0.878	0.458	0.524
Chance of Admit	0.038	0.815	0.796	0.695	0.671	0.878	1.000	0.455	0.571
University Rating	0.001	0.403	0.430	0.497	0.384	0.458	0.455	1.000	0.446
Research	0.000	0.603	0.503	0.429	0.384	0.524	0.571	0.446	1.000

그림 3-129 상관관계 테이블

이 5개 독립변수의 상관관계가 높은 것은 알겠는데, 각 평가 점수가 합격률에 실제로 어떤 영향을 끼치는지 알고 싶다면 어떻게 해야 할까?

독립변수가 종속변수에 영향을 끼치는 정도를 분석하는 방법이 바로 회귀분석이다.

3.4.6 분석하기

먼저 종속변수는 합격률인 ChanceOfAdmit 열로 정하고 target 변수로 정의한다. 그리고 독립변수는 x_data로 정의하는데, 여기에는 데이터프레임의 GREScore, TOEFLScore, UniversityRating, SOP, LOR, CGPA 및 Research 열이 포함된다. 그런 다음 통계 모델의 sm.add_constant() 함수를 사용하여 독립변수에 상수항을 추가한다.

선형회귀모델은 sm.OLS() 함수를 사용하여 target을 종속변수로, x_data1을 독립변수로 사용하여 구축되며, 여기에는 추가된 상수항이 포함된다(모든 모델에는 상수항이 기본으로 들어가야 한다). 적합 모델은 fitted_multi_model에 저장된다.

마지막으로 fitted_multi_model에서 summary() 메서드를 사용하여 계수, 표준 오차, t-검정통계량, p-값 및 R-제곱값을 포함한 모델의 요약 통계를 출력한다.

```python
import statsmodels.api as sm

# for b0, 상수항 추가

x_data = df[['GREScore', 'TOEFLScore', 'UniversityRating', 'SOP', 'LOR', 'CGPA','Research']]
x_data1 = sm.add_constant(x_data, has_constant = "add")

target = df["ChanceOfAdmit"]

# OLS 검정
multi_model = sm.OLS(target, x_data1)
fitted_multi_model = multi_model.fit()
fitted_multi_model.summary()
```

결괏값을 볼 때는 결정계수$^{R-squared}$, p-값, 계수를 눈여겨봐야 한다. 결정계수는 0.8이다. 분석하는 데이터와 목적에 따라 결정계수의 기준은 다르지만, 보통 0.7 이상이면 독립변수가 종속변수를 설명하는 힘이 매우 강하다고 여긴다. 두 번째로 p-값을 보면 GRE, TOEFL, LOR, CGPA, Research 유무 값이 0.05 미만이므로 유의한 독립변수다. 세 번째로 계수를 보면 상수는 크게 신경 쓸 필요 없고 p-값이 의미 있던 변수만 보면 된다.

- GRE 점수(340점)가 1점 오르면 합격 확률이 0.17%증가

- TOEFL 점수(120점)가 1점 오르면 합격 확률이 0.29% 증가

- LOR(5점)이 1점 오르면 합격 확률이 2.2% 증가

- GPA(10점)가 1점 오르면 합격 확률이 11.9% 증가

- 연구 경험이 있다면 합격 확률이 2.5% 증가

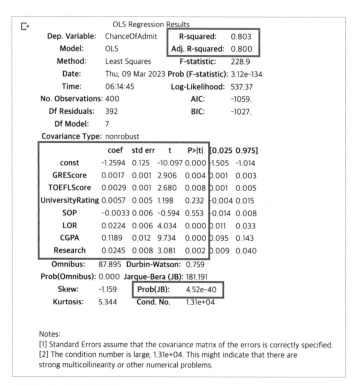

그림 3-130 회귀분석 결과

중요한 것은 독립변수가 한 단위 상승할 때의 합격 확률 증가는 이외 변수가 동일할 경우를 가정하고 설명하는 내용이다. 예를 들어 GRE 점수가 1점 오를 때 합격 확률이 0.17% 증가한다

는 것은 다른 모든 점수(TOEFL, LOR, GPA 등)가 동일할 경우를 설명하는 것이다. 또한 합격 확률의 증가만으로 독립변수의 영향을 서로 비교하는 것은 데이터의 상황에 따라 조심할 필요가 있다. 각 독립변수의 단위가 GRE라면 340점이 최대치이고 LOR이라면 5점이 최대치이기 때문에 하나의 단위 가치로 비교할 수 없기 때문이다. 만약 1점이 가지는 크기 자체를 비교 대상으로 사용할 수 있다면 영향력을 비교할 수 있겠지만, 주어진 데이터에서는 어떤 변수가 더 중요한 영향을 끼치는지 절대적으로 비교하기는 어렵다. 한편 학교에 대한 평가와 SOP는 유의미하지 않게 나타났다.

3.4.7 해석하기

- **높은 GPA 필요**: 분석 결과에 따르면 GPA가 1점 증가할 때마다 합격 확률이 11.9% 증가한다. 따라서 현재 학부생이면서 유학을 준비하는 학생에게는 공부에 집중하여 가능한 높은 학점을 유지하도록 권장해야 한다.
- **TOEFL과 GRE 점수도 중요**: TOEFL과 GRE 점수가 모두 유의미한 독립변수로 나타났다. TOEFL과 GRE 시험에서 가능한 최대로 높은 점수를 얻도록 권장해야 한다.
- **질 높은 추천서**: LOR이 1점 증가할 때마다 합격 확률이 2.2% 증가한다는 것을 고려하면 학생에게는 좋은 추천서를 받을 수 있는 방법을 찾도록 권장해야 한다.
- **연구 경험 획득**: 연구 경험이 있는 경우 합격 확률이 2.5% 증가한다는 것을 고려하여 학생에게 연구 경험을 쌓을 수 있는 기회를 찾도록 권장해야 한다.
- 학교 평가와 SOP는 합격 확률에 큰 영향을 미치지 않는다는 분석 결과를 고려하여 이에 대한 노력보다는 GRE, TOEFL, LOR, GPA, 연구 경험 등의 요인에 더욱 집중하는 것이 좋다.

 참고

합격률 예측하기

분석할 수 있다는 것은 같은 모델로 예측도 가능하다는 뜻이다. 간단한 예측모델을 만들어보자.

```
from sklearn.model_selection import train_test_split
from sklearn.linear_model import LinearRegression
```

첫 번째 모듈인 train_test_split은 데이터 집합을 훈련 및 테스트 데이터로 분리하는 함수를 제공한다. 이 함수는 지정된 비율 또는 크기에 따라 데이터를 두 개의 하위 집합으로 무작위로 분할한다. 두 번째 모듈인 LinearRegression은 데이터셋에 선형회귀모델을 맞추기 위한 클래스를 제공한다.

```
# Split data for test and train the model.
x_train, x_test, y_train, y_test = train_test_split(x_data,target,random_
state=0,test_size=0.2)
```

- x_data는 독립변수(feature)를 담고 있는 데이터프레임이며 target은 종속변수(label)를 담고 있다.
- random_state는 분리를 위한 난수 생성기의 시드값을 설정하는 인자로, 같은 값을 지정하면 실행할 때마다 동일한 분리 결과를 얻을 수 있다.
- test_size는 test set의 비율을 설정하는 인자다. 위 코드에서는 전체 데이터셋의 20%를 test set 으로 지정했다.

이 코드를 실행하면 x_data와 target을 입력으로 받아서 train set과 test set으로 분리한 결과인 x_train, x_test, y_train, y_test가 반환된다. 이들 변수는 각각 train set의 독립변수, test set의 독립변수, train set 의 종속변수, test set의 종속변수를 담고 있다. 이제 이 데이터를 이용해 모델을 학습하고 성능을 평가하는 등의 작업을 수행할 수 있다.

```
#object
linreg = LinearRegression()
# fiting our data for training
linreg.fit(x_train,y_train)
```

먼저 LinearRegression이라는 메서드로 호출하고, 호출한 것을 linreg이라는 변수에 저장한다. 그리고 fit() 메서드를 사용하여 훈련 데이터 x_train 및 y_train에 선형회귀모델을 맞춘다. 이 과정에서 학습 데이터에 가장 잘 맞는 선형 방정식의 계수(절편 및 기울기)에 대한 최적의 값을 계산하게 된다. 모델이 학습되면 새로운 데이터를 예측하는 데 사용할 수 있다.

앞에서 fit() 메서드로 학습해놓은 선형함수에 x_test 데이터를 넣어서 y_pred라는 값을 얻는다.

```
# our model is ready to predict y.
y_pred = linreg.predict(x_test)
```

```
# our model is ready to predict y.
y_pred = linreg.predict(x_test)
y_pred

array([0.69791327, 0.69343926, 0.77882728, 0.61577391, 0.72281999,
       0.60286273, 0.7067783 , 0.64104331, 0.87037545, 0.91874738,
       0.53830841, 0.88537227, 0.70839345, 0.45744365, 0.85464724,
       0.62329657, 0.63034415, 0.81411912, 0.58479826, 0.73198733,
       0.8755188 , 0.8436008 , 0.65964574, 0.45723204, 0.78390781,
       0.58302231, 0.49932541, 0.64153708, 0.88778116, 0.64950902,
       0.64065401, 0.74057509, 0.74268991, 0.55702869, 0.78303581,
       0.77159575, 0.65140153, 0.86244822, 0.63038997, 0.92925287,
       0.72728695, 0.67164181, 0.70967833, 0.80792068, 0.8242496 ,
       0.6540426 , 0.56311848, 0.69211512, 0.60750179, 0.60172386,
       0.67514274, 0.80138513, 0.65205933, 0.87968402, 0.72302425,
       0.75457701, 0.70602419, 0.73465988, 0.75784394, 0.82956036,
       0.77359675, 0.47343091, 0.63752277, 0.52286953, 0.84258874,
       0.82142312, 0.73664582, 0.86699812, 0.76933952, 0.75453984,
       0.59900479, 0.82915301, 0.82822468, 0.60736795, 0.93236783,
       0.63445628, 0.63728309, 0.64518748, 0.90854935, 0.51460138])
```

그림 3-131 회귀분석 예측

y_pred라는 결괏값을 보면 첫 번째 값 0.6979는 x_test의 각 변수들(GRE, SOP, GPA 등)의 조합이 69.79%라는 y값을 예측했다는 것이다. 즉 y_test 개수만큼의 값을 예측하고 예측한 값과 y_test 실젯값을 비교하여 정확도를 측정하게 된다.

```
from sklearn.metrics import r2_score

print('R-squared score:', r2_score(y_test, y_pred))
```

사이킷런(scikit-learn)에서 r2_score라는 정확도를 자동으로 계산해준다.

 참고

결정계수

결정계수는 실젯값(y)과 예측값(y_pred)의 차이를 제곱하여 평균한 값의 비율을 나타내는 지표다. 수식은 다음과 같이 나타낼 수 있다.

$$R^2 = 1 - \frac{SS_{RES}}{SS_{TOT}} = 1 - \frac{\sum_i (y_i - \hat{y}_i)^2}{\sum_i (y_i - \overline{y})^2}$$

그림 3-132 r2_score

여기서 y는 실젯값을 나타내고 $\hat{y}_i$는 모델에 의해 예측된 값이다. 두 값의 차이를 제곱하여 평균을 구한 뒤, 이를 실젯값과 평균값의 차이를 제곱하여 평균한 값으로 나눈다. 이 값이 1에 가까울수록 모델이 실젯값과 유사하게 예측했다는 것을 의미하고, 0에 가까울수록 모델이 실젯값을 예측하지 못했다는 것을 의미한다. 음수가 나오면 모델이 예측보다 더 나쁜 경우이므로 이 경우에는 0으로 처리한다.

우리가 직접 각 변수별 점수를 넣고 합격에 대한 확률을 알고 싶다면 다음과 같이 작성해서 실행해본다.

```
print('The chance of you getting an admit in the US is {}%'.format(round(linreg.
predict([[305, 108, 4, 4.5, 4.5, 8.35, 0]])[0]*100, 1)))
```

linreg.predict는 학습된 모델로 주어진 변수를 예측하는 함수이고 [305, 108, 4, 4.5, 4.5, 8.35, 0]은 x_data를 지정할 때 나온 열들의 순서라고 이해하면 된다. 즉 GREScore, TOEFLScore, UniversityRating, SOP, LOR, CGPA, Research의 입력값이 순서대로 들어갔을 때 어떤 값이 예측될지 확인하는 코드다.

다음과 같은 점수면 67.9%의 합격률이 예측되는 것을 알 수 있다.

```
print('The chance of you getting an admit in the US is {}%'.format(round\
(linreg.predict([[305, 108, 4, 4.5, 4.5, 8.35, 0]])[0]*100, 1)))

The chance of you getting an admit in the US is 67.9%
```

그림 3-133 예측 결과

3.4.8 컨설팅하기

실무자용 보고

소개

- 유학 컨설팅을 받으러 온 고객에게 데이터 기반으로 추가적인 가치를 제공하고자 한다. 수험생은 주어진 시간 내 합격률을 높이기 위해 무엇에 집중해야 하는지 고민하기 때문에 GRE, TOEFL, SOP, LOR, GPA, 연구 경험 등 입학에 필요한 필수 항목으로 분석을 진행한다.

데이터

- 2019년에 수집된 데이터 개수는 500개이며 8가지 열이 있다.
  - GRE 점수
  - TOEFL 점수
  - SOP
  - 추천서
  - GPA
  - 연구 경험
  - 대학 등급
  - 합격 가능성(종속변수)

분석

- 합격률을 높이기 위해 어떤 항목에 집중해야 하는지, 각 점수가 합격률에 어떤 영향을 미치는지 파악하는 것을 목표로 했다. 상관관계 분석으로 독립변수와 종속변수 간 관계를 파악하고 회귀분석을 수행하여 구체적인 영향력을 분석했다.

- 상관분석에 따르면 GRE, TOEFL, SOP, LOR, GPA 점수가 높을수록 합격률도 높아지는 것으로 나타났다. 특히 GPA 점수가 합격률과 가장 높은 상관관계를 보였으며 GRE, TOEFL, SOP, 추천서 순으로 그 뒤를 이었다. 회귀분석 결과에서는 대학 등급과 SOP 점수가 유의미하지 않게 나타났으며 GRE, TOEFL, LOR, GPA, 연구 경험의 요인이 유의미하게 나타났다. 세부적인 내용은 다음과 같다.

  - GRE 점수(340점)가 1점 오르면 합격 확률이 0.17% 증가
  - TOEFL 점수(120점)가 1점 오르면 합격 확률이 0.29% 증가
  - LOR(5점)이 1점 오르면 합격 확률이 2.2% 증가
  - GPA(10점)가 1점 오르면 합격 확률이 11.9% 증가
  - 연구 경험이 있다면 합격 확률이 2.5% 증가

제안

- GPA 점수가 합격률과 가장 높은 상관관계를 보이므로, 대학생이라면 GPA 점수를 높이기 위해 노력할 필요가 있다. GPA 점수는 대학의 학업 수준과 성취도를 반영하는 중요한 지표다.

- GRE 점수와 TOEFL 점수도 합격률에 큰 영향을 미치므로, 시험 준비에 충분한 시간과 비용을 투자해야 한다. GRE 점수와 TOEFL 점수는 대학의 입학 기준과 국제적인 경쟁력을 측정하는 지표다.

- 연구 경험과 추천서도 유의미한 요인이므로, 좋은 평가를 받을 수 있도록 관련 분야 교수와 좋은 관계를 유지해야 한다. 연구 경험과 추천서는 대학의 연구 활동과 인적 자원을 평가하는 지표다.

상담 내용

의견

- 유학 준비를 하는 데 실질적으로 도움이 되는 정보를 제공하고자 한다. 이미 졸업생이므로 GPA보다는 입학 가능성을 높이기 위해 주어진 시간 내에 할 수 있는 것에 대해 조언하겠다. 현재 점수로는 합격률이 67.9% 정도로 나타난다. GRE 점수를 370점까지 올리고 연구 경험을 추가하면 합격률이 81%까지 올라갈 것으로 예상된다.

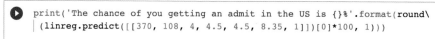

```
print('The chance of you getting an admit in the US is {}%'.format(round\
  (linreg.predict([[370, 108, 4, 4.5, 4.5, 8.35, 1]])[0]*100, 1)))
```

```
The chance of you getting an admit in the US is 83.8%
```

그림 3-134 합격 예측률

이유

- GRE, TOEFL, SOP, LOR, GPA, 연구 경험 등 입학에 필요한 필수 요소들을 분석했다. 당연히 모두 어느 정도 영향이 있지만, GPA, TOEFL, GRE 점수가 높고 퀄리티 있는 추천서 및 연구 경험이 있는 학생의 합격률이 높게 나왔다. SOP는 상대적으로 합격률에 영향을 끼치지 않을 뿐 아니라, 이미 SOP를 작성해둔 것이 있기 때문에 더 좋은 점수를 받으려고 애쓰기보다는 GRE나 연구 경험에 투자하는 것이 현재 가장 적합한 전략이다.

증거

- 상관관계 분석에 따르면 GRE, TOEFL, SOP, LOR, GPA 점수가 높아질수록 합격률이 높아지는 것으로 나타났다. GPA가 입학률과 가장 높은 상관관계를 보였고 그 다음으로 GRE, TOEFL, SOP, LOR 점수가 높은 상관관계를 보였다. 회귀분석 결과 대학 순위와 SOP 점수는 유의미하지 않은 반면 GRE, TOEFL, LOR, GPA, 연구 경험은 유의미한 요인으로 나타났다.

추천

- GRE 점수를 올리고 연구 경험을 얻는 데 집중하길 바란다. TOEFL 점수(120점 만점에서 108점)는 만점에서 90%를 획득했고 GRE 점수(450점 만점에서 305점)는 만점의 68%를 획득했으므로 GRE 점수를 더 올릴 필요가 있다. TOEFL과 GRE는 같은 난이도의 시험은 아니지만, 90%에서 1% 점수를 올리는 것보다 68%에서 1%를 올리는 것이 상대적으로 쉬울 뿐 아니라 노력에 비해 합격률을 더욱 높일 수 있다. 연구 경험과 추천서 또한 중요한 요소이지만, 추천서는 이미 퀄리티가 높기 때문에 해당 분야의 교수와 함께 연구 경험을 쌓는다면 합격률을 훨씬 높일 수 있을 것이다.

3.4.9 챗GPT 활용하여 회귀분석하기

챗GPT로 앞서 만든 유학 합격에 대한 회귀분석을 진행해보자. 관련 코드
는 QR 코드를 참고하면 된다.

프롬프트 및 결과[15]

1) 데이터 불러오기

데이터를 불러오는 방식은 기존 방식과 같다.

```
!git clone https://github.com/sangsucki/DataDrivenReport.git
```

```
import pandas as pd
df = pd.read_csv('/content/DataDrivenReport/Admission_Predict.csv')
```

```
df = df.rename(columns={'Serial No.': 'SerialNo', 'GRE Score': 'GREScore',
                    'TOEFL Score': 'TOEFLScore', 'University Rating':
'UniversityRating',
                    'SOP': 'SOP', 'LOR ': 'LOR', 'CGPA': 'CGPA', 'Research':
'Research',
                    'Chance of Admit ': 'ChanceOfAdmit'})
df.columns
```

주어진 데이터 특성상 칼럼명에 불필요한 공백이 포함되어 있어서 칼럼명을 정리한다.

---

15 https://chat.openai.com/share/1bcfe50f-38b6-49be-aab6-87de8c5485f0

```
!git clone https://github.com/sangsucki/DataDrivenReport.git

Cloning into 'DataDrivenReport'...
remote: Enumerating objects: 29, done.
remote: Counting objects: 100% (29/29), done.
remote: Compressing objects: 100% (26/26), done.
remote: Total 29 (delta 5), reused 0 (delta 0), pack-reused 0
Receiving objects: 100% (29/29), 20.94 MiB | 11.42 MiB/s, done.
Resolving deltas: 100% (5/5), done.
```

```python
[11] import pandas as pd
     df = pd.read_csv('/content/DataDrivenReport/Admission_Predict.csv')
```

```python
[12] df = df.rename(columns={'Serial No.': 'SerialNo', 'GRE Score': 'GREscore',
                     'TOEFL Score': 'TOEFLScore', 'University Rating': 'UniversityRating',
                     'SOP': 'SOP', 'LOR ': 'LOR', 'CGPA': 'CGPA', 'Research': 'Research',
                     'Chance of Admit ': 'ChanceOfAdmit'})
     df.columns

     Index(['SerialNo', 'GREscore', 'TOEFLScore', 'UniversityRating', 'SOP', 'LOR',
            'CGPA', 'Research', 'ChanceOfAdmit'],
           dtype='object')
```

```python
df.head()
```

	SerialNo	GREScore	TOEFLScore	UniversityRating	SOP	LOR	CGPA	Research	ChanceOfAdmit
0	1	337	118	4	4.5	4.5	9.65	1	0.92
1	2	324	107	4	4.0	4.5	8.87	1	0.76
2	3	316	104	3	3.0	3.5	8.00	1	0.72
3	4	322	110	3	3.5	2.5	8.67	1	0.80
4	5	314	103	2	2.0	3.0	8.21	0	0.65

그림 3-135 데이터 읽기

2) 선형회귀분석

선형회귀분석의 프롬프트 형식은 다음과 같이 만든다.

P below is what I have in my dataframe variable (데이터프레임 변수명). suggest a python code for linear regression analysis that a dependent variable is (종속변수 칼럼명) and independent variables are (독립변수 칼럼명들):

한글: 아래는 제가 가지고 있는 데이터프레임 변수(데이터프레임 변수명)입니다. 종속변수는 (종속변수 칼럼명), 독립변수는 (독립변수 칼럼명)인 선형회귀분석을 위한 파이썬 코드를 제안해주세요.

프롬프트를 실행해보자.

P
4-1

below is what I have in my dataframe variable 'df'. suggest a python code for linear regression analysis that a dependent variable is a column 'Chance of Admit' and independent variables are all other columns except a column 'Serial No.' :

이제 문장의 끝인 ':' 다음에 데이터를 입력해줘야 한다. 콜랩에서 첫 번째 5개 행을 불러왔던 결과로 가서 마우스로 전체 블록을 지정한다. 그리고 해당 내용을 복사한 후 앞 단계에서 챗 GPT 화면에 텍스트로 입력해둔 글 바로 아래에 붙여넣기 한 다음 프롬프트를 실행한다.

P
4-2

below is what I have in my dataframe variable 'df'. suggest a python code for linear regression analysis that a dependent variable is a column 'Chance of Admit' and independent variables are all other columns except a column 'Serial No.' :

SerialNoGREScoreTOEFLScoreUniversityRatingSOPLORCGPAResearchChanceOfAdmit
0133711844.54.59.6510.921232410744.04.58.8710.762331610433.03.58.0010.72343221
1033.52.58.6710.804531410322.03.08.2100.65

Certainly! You can use the `statsmodels` library in Python to perform linear regression analysis. Here's how you can perform linear regression with the given DataFrame where 'ChanceOfAdmit' is the dependent variable and the other columns are independent variables:

```python
import statsmodels.api as sm
import pandas as pd

# Your DataFrame
data = {
    'SerialNo': [1, 2, 3, 4, 5],
    'GREScore': [337, 324, 316, 322, 314],
    'TOEFLScore': [118, 107, 104, 110, 103],
    'UniversityRating': [4, 4, 3, 3, 2],
    'SOP': [4.5, 4.0, 3.0, 3.5, 2.0],
    'LOR': [4.5, 4.5, 3.5, 2.5, 3.0],
    'CGPA': [9.65, 8.87, 8.00, 8.67, 8.21],
```

```
        'Research': [1, 1, 1, 1, 0],
        'ChanceOfAdmit': [0.92, 0.76, 0.72, 0.80, 0.65]
}

df = pd.DataFrame(data)

# Define independent variables (excluding SerialNo)
independent_vars = df.columns.difference(['SerialNo', 'ChanceOfAdmit'])

# Add a constant term for intercept
X = sm.add_constant(df[independent_vars])

# Dependent variable
y = df['ChanceOfAdmit']

# Fit the linear regression model
model = sm.OLS(y, X).fit()

# Print the summary of the regression analysis
print(model.summary())
```

⟳ Reger

그림 3-136 챗GPT 회귀분석

df 변수를 지정한 부분은 첫 번째 5개 행에 지나지 않기 때문에 여기서 제공한 df 변수 코드를 삭제하고 나머지 코드만 복사해서 콜랩에 붙여넣기한 다음 기존 저장된 전체 테이블 변수인 df 를 그대로 활용한다. 결과를 물어볼 때마다 코드의 결괏값은 계속 바뀌지만, 모두 잘 실행되는 것을 볼 수 있다.

3) 해석

```
import statsmodels.api as sm
import pandas as pd

# Define independent variables (excluding SerialNo)
independent_vars = df.columns.difference(['SerialNo', 'ChanceOfAdmit'])

# Add a constant term for intercept
X = sm.add_constant(df[independent_vars])

# Dependent variable
y = df['ChanceOfAdmit']

# Fit the linear regression model
model = sm.OLS(y, X).fit()

# Print the summary of the regression analysis
print(model.summary())
```

```
                         OLS Regression Results
==============================================================================
Dep. Variable:          ChanceOfAdmit   R-squared:                       0.803
Model:                            OLS   Adj. R-squared:                  0.800
Method:                 Least Squares   F-statistic:                     228.9
Date:                Fri, 11 Aug 2023   Prob (F-statistic):          3.12e-134
Time:                        16:06:32   Log-Likelihood:                 537.37
No. Observations:                 400   AIC:                            -1059.
Df Residuals:                     392   BIC:                            -1027.
Df Model:                           7
Covariance Type:            nonrobust
==============================================================================
                   coef    std err          t      P>|t|      [0.025      0.975]
------------------------------------------------------------------------------
const           -1.2594      0.125    -10.097      0.000      -1.505      -1.014
CGPA             0.1189      0.012      9.734      0.000       0.095       0.143
GREScore         0.0017      0.001      2.906      0.004       0.001       0.003
LOR              0.0224      0.006      4.034      0.000       0.011       0.033
Research         0.0245      0.008      3.081      0.002       0.009       0.040
SOP             -0.0033      0.006     -0.594      0.553      -0.014       0.008
TOEFLScore       0.0029      0.001      2.680      0.008       0.001       0.005
UniversityRating 0.0057      0.005      1.198      0.232      -0.004       0.015
==============================================================================
Omnibus:                       87.895   Durbin-Watson:                   0.759
Prob(Omnibus):                  0.000   Jarque-Bera (JB):              181.191
Skew:                          -1.159   Prob(JB):                     4.52e-40
Kurtosis:                       5.344   Cond. No.                     1.31e+04
==============================================================================

Notes:
[1] Standard Errors assume that the covariance matrix of the errors is correctly specified.
[2] The condition number is large, 1.31e+04. This might indicate that there are
strong multicollinearity or other numerical problems.
```

그림 3-137 회귀분석 코딩 결과

해석 또한 결과를 그대로 복사해서 챗GPT에 붙여넣기한 다음 실행해본다. 이때 챗GPT에 데이터 전문가 역할을 부여해본다.

P As a data analyst professional, interpret the result below in Korean: 결괏값

한글: 데이터분석 전문가로서, 아래 결과를 한국말로 해석해주세요: (결괏값)

P
4-3

As a data analyst professional, interpret the result in Korean below:

OLS Regression Results ==
======================= Dep. Variable: ChanceOfAdmit R-squared: 0.803 Model:
OLS Adj. R-squared: 0.800 Method: Least Squares F-statistic: 228.9 Date: Fri,
11 Aug 2023 Prob (F-statistic): 3.12e-134 Time: 16:06:32 Log-Likelihood:
537.37 No. Observations: 400 AIC: -1059. Df Residuals: 392 BIC: -1027. Df
Model: 7 Covariance Type: nonrobust ===
======================================= coef std err t P>|t| [0.025 0.975]

```
-----------------------------------------------------------------
------ const -1.2594 0.125 -10.097 0.000 -1.505 -1.014 CGPA 0.1189 0.012 9.734
0.000 0.095 0.143 GREScore 0.0017 0.001 2.906 0.004 0.001 0.003 LOR 0.0224
0.006 4.034 0.000 0.011 0.033 Research 0.0245 0.008 3.081 0.002 0.009 0.040
SOP -0.0033 0.006 -0.594 0.553 -0.014 0.008 TOEFLScore 0.0029 0.001 2.680
0.008 0.001 0.005 UniversityRating 0.0057 0.005 1.198 0.232 -0.004 0.015 ==
=================================================================
= Omnibus: 87.895 Durbin-Watson: 0.759 Prob(Omnibus): 0.000 Jarque-Bera (JB):
181.191 Skew: -1.159 Prob(JB): 4.52e-40 Kurtosis: 5.344 Cond. No. 1.31e+04 ===
=================================================================
```

데이터 분석 전문가로서 아래 결과를 해석해드리겠습니다:

1. **R-squared 및 Adjusted R-squared**:
   * R-squared는 종속 변수(ChanceOfAdmit)의 분산 중 독립 변수(CGPA, GREScore, LOR, Research, SOP, TOEFLScore, UniversityRating)로 설명되는 비율을 나타내는 통계적 측정값입니다. 이 경우 R-squared는 0.803으로, 대략적으로 80.3%의 입학 가능성의 변동성이 모델 내 독립 변수로 설명될 수 있다는 것을 의미합니다.
   * Adjusted R-squared는 모델 내 독립 변수의 수를 보정하여 수정된 R-squared 값입니다. Adjusted R-squared 값이 0.800으로 나타나면 모델의 설명력이 변수의 수를 고려하여 높은 상태로 유지되었다는 것을 나타냅니다.

2. **F-statistic 및 Prob (F-statistic)**:
   * F-statistic은 회귀 모델의 전체적인 유의성을 검정하는 통계량입니다. 이 경우 F-statistic은 228.9이며 연관된 p-value(Prob (F-statistic))는 약 3.12e-134입니다. 이 매우 작은 p-value는 적어도 하나의 독립 변수가 종속 변수와 유의미한 관련이 있다는 것을 나타냅니다. 따라서 모델 전체적으로 통계적으로 유의미하다고 볼 수 있습니다.

3. **계수 (coef)**:
   * 계수는 해당 독립 변수의 단위 변화와 종속 변수(ChanceOfAdmit)의 평균적인 변화를 나타냅니다. 다른 변수를 일정하게 유지하는 가정 하에 한 단위의 증가에 따른 변화를 보여줍니다.
   * 예를 들어, CGPA의 계수는 0.1189입니다. 이는 CGPA가 한 단위 증가할 때 종속 변수의 예상 입학 가능성도 0.1189 단위 증가한다는 것을 의미하며, 다른 변수는 상수로 유지됩니다.

4. **p-value (P>|t|)**:
   * 각 계수에 대한 p-value는 해당 계수가 영(효과 없음)과 같다는 귀무 가설을 검정합니다. 작은 p-value는 해당 변수가 통계적으로 유의미한 것으로 나타냅니다.
   * 이 경우 p-value가 0.05와 같은 일반적인 유의 수준보다 작은 변수는 CGPA, GREScore, LOR, Research, TOEFLScore입니다. 이러한 변수는 입학 가능성에 유의미한 영향을 줄 가능성이 높습니다.

5. **절편 (const):**
   - 모델의 절편(상수) 항은 -1.2594입니다. 이는 모든 독립 변수가 0일 때 종속 변수의 예상값을 나타냅니다. 그러나 대부분의 변수가 점수나 등급이므로 이들이 0일 때의 의미가 현실적으로 해석하기 어렵습니다.

6. **Durbin-Watson 통계량:**
   - Durbin-Watson 통계량은 잔차의 자기상관(직렬 상관)의 존재를 검정합니다. 이 경우 값은 0.759로 2보다 작습니다. 이는 잔차 사이에 양의 자기상관이 존재할 수 있다는 것을 나타낼 수 있습니다.

7. **Jarque-Bera (JB) 통계량 및 Skewness/Kurtosis:**
   - Jarque-Bera 검정은 잔차가 정규 분포를 따르는지 여부를 검정합니다. 낮은 p-value(여기에서는 0.000)는 잔차가 정규 분포를 따르지 않을 가능성이 있다는 것을 나타냅니다. 왜도와 첨도 값은 잔차 분포의 모양에 대한 추가적인 정보를 제공합니다.

요약하면, 높은 R-squared 및 Adjusted R-squared 값으로 인해 모델이 적합한 것으로 보입니다. 유의한 계수는 CGPA, GREScore, LOR, Research, TOEFLScore가 입학 가능성의 중요한 예측 변수임을 나타냅니다. 그러나 비교적 높은 Durbin-Watson 통계량은 잔차 사이에 자기상관이 존재할 수 있음을 나타내며, Jarque-Bera 검정 결과 잔차가 완벽한 정규 분포를 따르지 않을 수 있다는 가능성을 보여줍니다.

그림 3-138 회귀분석 결과 챗GPT 해석

[그림 3-138]의 해석처럼 각 항목에 따라 결과가 체계적으로 나타나는 것을 볼 수 있다. 챗GPT 결과에서 인사이트 있는 부분 몇 가지를 꼽아보면 1번에서 모델의 종속변수에 대한 독립변수들의 설명력이 80.3%라고 한다. 4번에서 독립변수 GREScore, TOEFLScore, LOR, CGPA, Research가 이 모델에서 유의미하다는 것을 알 수 있다. 또한 3번에서 독립변수의 계수가 무엇을 의미하는지도 자세히 설명해준다. 결과 자체도 3.4.7절의 해석과 동일하다는 것을 알 수 있다.

3.5 합격이냐 불합격이냐: 분류예측

사례   **의료 전문가**   당뇨병 예측모델 수립 및 사전 예방 솔루션 제공하기

깃허브 링크[16]

요약
- 종속변수가 범주형 데이터일 경우 적용 가능하다.
- 로지스틱회귀 분석: 분류 문제를 해결하기 위한 통계적 모델 중 하나다. 선형회귀는 연속적인 값(수치형 데이터)을 예측하는 데 사용되는 반면, 로지스틱회귀 분석은 이진 분류(예: 스팸 메일 분류, 질병 유무 판단 등) 또는 다중 클래스 분류 문제를 해결하는 데 주로 사용된다.
- 랜덤포레스트 모델: '의사결정나무'라는 예측모델들이 모여서 큰 숲을 형성하고, 각각의 의사결정나무가 학습한 데이터로 예측한 뒤 의사결정나무들의 결과를 모아서 최적의 결과를 최종 답으로 제시하는 방법이다. 이 방식은 많은 의사결정나무가 함께 작업하기 때문에 하나의 나무가 틀린 예측을 해도 다른 나무들이 올바르게 예측하여 오류를 바로잡아 더 정확한 답을 찾을 수 있게 돕는다.

종속변수가 수치형 데이터가 아닌 범주형 데이터일 경우 3.4절에서 다룬 선형회귀분석은 적절한 결과를 제공하지 못한다. 환자의 여러 건강 지표(독립변수)를 바탕으로 특정 질병에 걸렸는지 여부(종속변수)를 예측하는 문제에서 분류예측모델을 사용할 수 있다. 이 경우 모델이 예측하는 결과는 각 환자가 질병에 걸릴 확률이다. 분류예측모델은 이러한 방식으로 독립변수와 종속변수 사이의 복잡한 관계를 모델링하며 의학, 마케팅, 금융 등 다양한 분야에 활용된다.

적용 가능한 비즈니스 주제

- **고객 이탈 예측**: 고객 데이터를 기반으로 분류예측모델을 구축하면 고객이 이탈할 가능성을 예측할 수 있다. 이를 통해 사전에 이탈 가능성이 높은 고객을 파악하여 이들을 유지하기 위한 전략을 수립하는 데 도움을 얻을 수 있다.
- **신용 위험 평가**: 금융기관은 고객의 신용 위험을 예측하기 위해 분류예측모델을 사용하여 고객의 신용 정보나 소득 정보 등으로 신용 위험을 평가하고 이를 기반으로 대출 여부를 결정할 수 있다.
- **마케팅 반응 예측**: 특정 광고 캠페인이나 프로모션에 대한 고객의 반응을 예측하는 데 분류예측모델을 통해 마케팅 활동의 효과를 평가하고 향후 마케팅 전략을 계획할 수 있다.

---

16 https://github.com/sangsucki/DataDrivenReport/blob/main/Chapter3-5(Classification_Prediction).ipynb

- **질병 발병 예측**: 의료 분야에서는 환자의 특성과 이전의 건강 기록을 바탕으로 특정 질병의 발병 가능성을 예측하는 데 분류예측모델을 사용할 수 있다. 이를 통해 개인화된 예방 조치를 수립하고 더 효과적인 진료를 제공할 수 있다.

3.5.1 상황

당신은 의료 전문가로 현재 당뇨병 환자 상담을 맡고 있다. 당뇨병은 선제 조치가 필수다. 따라서 당뇨병 여부를 빠르고 정확하게 판단할 수 있는 머신러닝 예측모델을 수립하여 잠재적인 당뇨병 환자들의 사전 예방을 위한 데이터 기반 분석 보고서를 작성하고 고객에게 맞는 솔루션을 제공하려 한다.

3.5.2 분석 목표 파악하기

당뇨 발병에는 다양한 원인이 있지만, 우리의 분석 목표는 당뇨병의 원인 발견보다 환자의 상태를 보고 당뇨병 확률을 예측하는 것에 초점을 둔다. 우리가 측정한 환자 데이터를 독립변수로 활용하여 당뇨병 확률을 예측하고 당뇨병 사전 예방을 하려고 한다.

- 당뇨병 여부를 판단하는 분류예측모델 수립을 통한 잠재적인 당뇨병 사전 예방

3.5.3 분석 계획서 작성하기

- **범위 설정**: 21세 이상의 피마(Pima)[17] 인디언 여성
- **데이터 개수**: 768개, 9개 열
- **종속변수**: 당뇨병 발생 유무
- **독립변수**: 임신 횟수, 포도당, 혈압, 피부 두께, 인슐린, 체질량 지수, 가족력, 나이
- **가설**: 독립변수가 당뇨병 발생 예측에 영향을 미칠 것이다.
- **분석 방법**: 로지스틱회귀 예측
- **기대효과**: 당뇨병 여부를 판단하는 머신러닝 예측모델 수립을 통한 잠재적인 당뇨병 사전 예방

....

17 미국 애리조나주 솔트강 주변에 피마 인디언 자치 구역이 있다. 당뇨병 사례 연구 지역으로 전 세계에서 가장 많은 사람이 찾는 곳으로 이곳의 30대 이상 성인 51%가 당뇨병을 앓고 있다.

3.5.4 데이터 확인하기

이 데이터셋은 국립 당뇨병 및 소화기 및 신장 질환 연구소에서 제공한 것이다.[18] 이 데이터셋의 목적이 진단 측정값을 기반으로 환자의 당뇨병 여부를 예측하는 것이기 때문에 이번 케이스를 다루기 적합한 데이터라고 생각했다.

데이터 사전은 다음과 같다.

- 임신 횟수(Pregnancies)
- 포도당(Glucose): 혈관 내 포도당 농도
- 혈압(BloodPressure)
- 피부두께(SkinThickness): 팔 삼두근 뒤쪽 피하지방 측정값(mm)
- 인슐린(Insulin): 혈관 내 인슐린(mu U/ml)
- 체질량 지수(BMI: body mass index)
- 당뇨병 가족력(Diabetes pedigree function)
- 나이(Age)
- 결과(Outcome): 당뇨 발생 유무

3.5.5 EDA 수행하기

EDA의 기본적인 수행 과정은 다음과 같다.

데이터 불러오기 → 데이터 훑어보기·데이터 타입 확인 → 결측치 처리 → 이상치 처리 → 종속변수 분포 확인

1) 데이터 불러오기

앞에서 했던 방식과 동일하게 깃허브에서 데이터를 가져온다.

```
!git clone https://github.com/sangsucki/DataDrivenReport.git
```

---

18 https://www.kaggle.com/datasets/mathchi/diabetes-data-set

```
import pandas as pd
data = pd.read_csv('/content/DataDrivenReport/diabetes2.csv')
data.head()
```

```
[3]  import pandas as pd
     data = pd.read_csv('/content/DataDrivenReport/diabetes2.csv')
     data.head()
```

	Pregnancies	Glucose	BloodPressure	SkinThickness	Insulin	BMI	DiabetesPedigreeFunction	Age	Outcome
0	6	148	72	35	0	33.6	0.627	50	1
1	1	85	66	29	0	26.6	0.351	31	0
2	8	183	64	0	0	23.3	0.672	32	1
3	1	89	66	23	94	28.1	0.167	21	0
4	0	137	40	35	168	43.1	2.288	33	1

그림 3-139 데이터 불러오기

2) 데이터 훑어보기 · 데이터 타입 확인

판다스 프로파일링을 실행하여 데이터 전체 구성을 확인한다.

- **Number of variables(변수 개수)**: 9개(열)
- **Number of observations(관측값 개수)**: 768개(행)
- **Missing cells(결측치)**: 0개
- **Duplicate rows(중복된 행)**: 0개
- **Numeric(수치형 열)**: 8개
- **Categorial(카테고리형 열)**: 1개(Outcome)

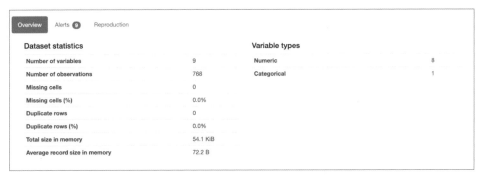

그림 3-140 프로파일링

3) 결측치 처리

해당 데이터셋은 결측치 값과 중복된 행이 별도로 존재하지 않는다.

4) 이상치 처리

박스 플롯을 열별로 일일이 그리기에는 시간이 많이 걸리기 때문에 describe 함수를 활용해 의심이 가는 열들 위주로 박스 플롯을 선택적으로 그린다. 일반적으로 평균과 최솟값, 평균과 최댓값이 표준편차에 비해 많이 차이 나면(3std) 이상치가 있을 가능성 높다.

```
data.describe()
```

	Pregnancies	Glucose	BloodPressure	SkinThickness	Insulin	BMI	DiabetesPedigreeFunction	Age	Outcome
count	768.000000	768.000000	768.000000	768.000000	768.000000	768.000000	768.000000	768.000000	768.000000
mean	3.845052	120.894531	69.105469	20.536458	79.799479	31.992578	0.471876	33.240885	0.348958
std	3.369578	31.972618	19.355807	15.952218	115.244002	7.884160	0.331329	11.760232	0.476951
min	0.000000	0.000000	0.000000	0.000000	0.000000	0.000000	0.078000	21.000000	0.000000
25%	1.000000	99.000000	62.000000	0.000000	0.000000	27.300000	0.243750	24.000000	0.000000
50%	3.000000	117.000000	72.000000	23.000000	30.500000	32.000000	0.372500	29.000000	0.000000
75%	6.000000	140.250000	80.000000	32.000000	127.250000	36.600000	0.626250	41.000000	1.000000
max	17.000000	199.000000	122.000000	99.000000	846.000000	67.100000	2.420000	81.000000	1.000000

그림 3-141 이상치 처리

주어진 데이터셋에는 임신횟수(Pregnancies), 혈압(BloodPressure), 피부 두께(SkinThickness), 인슐린(Insulin), 체질량 지수(BMI), 당뇨병 가족력(DiabetesPedigreeFunction), 나이(Age)가 평균 기준(std) 대비 최댓값과 최솟값의 차이가 상당히 커 보인다. 박스 플롯으로 확인해보자.

```
import seaborn as sns              #visualisation
import matplotlib.pyplot as plt    #visualisation
%matplotlib inline

#boxplot visualization
fig , ax = plt.subplots(figsize = (20,20))
sns.boxplot(data = data, ax = ax)
```

기본적인 시각화 라이브러리 씨본과 matplotlib.pyplot를 가져온다. plt.subplots(figsize = (가로,세로))에서 해당 그래프의 크기를 조절한다. sns.boxplot(data=데이터프레임 변수명, ax=ax)을 통해 박스 플롯을 그린다.

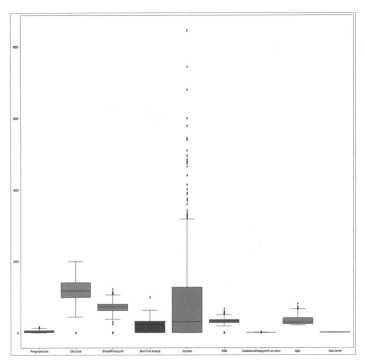

그림 3-142 박스 플롯

시각화했을 때 Insulin 열에서 이상치가 다수 보이고 혈압(bloodpressure)과 체질량 지수 (bmi), 나이(Age)에서도 어느 정도 이상치를 발견할 수 있다.

이상치를 제거해보자. 각 열별 IQR을 구한 다음 1.5를 곱해서 열별로 이상치를 제거해준다.

```
Q1 = data.quantile(0.25)
Q3 = data.quantile(0.75)
IQR = Q3 - Q1
print(IQR)
```

```
Q1 = data.quantile(0.25)
Q3 = data.quantile(0.75)
IQR = Q3 - Q1
print(IQR)

Pregnancies                    5.0000
Glucose                       41.2500
BloodPressure                 18.0000
SkinThickness                 32.0000
Insulin                      127.2500
BMI                            9.3000
DiabetesPedigreeFunction       0.3825
Age                           17.0000
Outcome                        1.0000
dtype: float64
```

그림 3-143 IQR

이제 주어진 데이터에서 IQR에 1.5를 곱한 값을 뺏을 때의 작은 값과 더했을 때의 큰 값을 각각 제거한다.

```
outliers_removed = data[~((data < (Q1 - 1.5*IQR)) | (data > (Q3 + 1.5*IQR))).
any(axis=1)]

# 결과 출력
print("이상치 제거 전 데이터 개수:", len(data))
print("이상치 제거 후 데이터 개수:", len(outliers_removed))
```

```
[ ] outliers_removed = data[~((data < (Q1 - 1.5*IQR)) | (data > (Q3 + 1.5*IQR))).any(axis=1)]

    # 결과 출력
    print("이상치 제거 전 데이터 개수:", len(data))
    print("이상치 제거 후 데이터 개수:", len(outliers_removed))

    이상치 제거 전 데이터 개수: 768
    이상치 제거 후 데이터 개수: 639
```

그림 3-144 이상치 제거

768개 행에서 이상치 제거 후 639개 행이 남은 것을 볼 수 있다. 총 129개 행이 삭제되었다. 전체 데이터 개수가 적은 경우에는 제거된 이상치 비율이 너무 높아지기 때문에 기준을 다시 정할 필요가 있다. 주어진 데이터에서 해당 행을 모두 삭제해준다.

다음 그림을 보면 이상치 제거 후에도 어느 정도 남아 있지만 전보다 정리된 것을 확인할 수 있다.

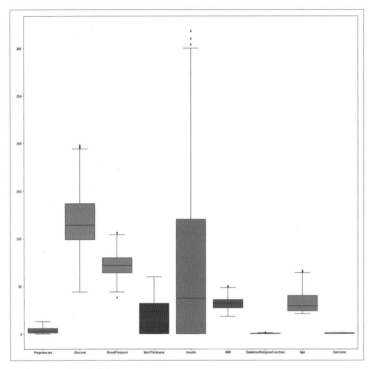

그림 3-145 이상치 제거 후

5) 종속변수 분포 확인

'Variable' 섹션에서 종속변수인 당뇨 발생 유무(Outcome) 열을 확인한다.

Outcome Categorical				
Distinct	2		0	500
Distinct (%)	0.3%		1	268
Missing	0			
Missing (%)	0.0%			
Memory size	6.1 KiB			

그림 3-146 종속변수 분포

0(당뇨 아님)과 1(당뇨 해당)로 카테고리형 열로 구성되어 있고 768개의 데이터 중 0(당뇨 아님)이 500개, 1(당뇨 해당)이 268개로 0(당뇨 아님)이 상대적으로 많다. 즉 전체 데이터의 65.1%가 0(당뇨 아님)이다. 만약 종속변수 분포(0과 1의 비율)가 심하게 차이 날 경우에는 분류예측모델의 정확도가 떨어질 수 있기 때문에 조절할 필요가 있다.

3.5.6 분석하기

[모델 1] 로지스틱회귀 분석

```
from sklearn.linear_model import LogisticRegression
from sklearn.model_selection import train_test_split
from sklearn.metrics import accuracy_score, confusion_matrix, roc_curve, auc

# Split the data into training and testing sets
X = outliers_removed[['Pregnancies', 'Glucose', 'BloodPressure', 'SkinThickness',
'Insulin', 'BMI', 'DiabetesPedigreeFunction', 'Age']]
y = outliers_removed['Outcome']
X_train, X_test, y_train, y_test = train_test_split(X, y, test_size=0.2, random_
state=42)
```

- 총 세 가지 라이브러리를 가져온다. LogisticRegression은 로지스틱회귀 모델을 훈련하고 적합시키는 데 사용하는 라이브러리이고 train_test_split은 데이터 집합을 훈련 및 테스트 데이터로 분리하는 함수를 제공한다. 이 함수는 지정된 비율 또는 크기에 따라 데이터를 두 개의 하위 집합으로 무작위로 분할한다. 마지막으로 accuracy_score는 모델의 정확도를 평가할 때, confusion_matrix는 모델 성능을 평가하는 혼동행렬을 생성할 때, roc_curve와 auc는 모델 성능을 시각화하고 비교할 때 사용한다.
- 앞에서 이상치까지 정제된 데이터프레임 outliers_removed 변수를 사용한다.
- X 변수는 로지스틱회귀 모델의 독립변수들을 의미하고 해당 독립변수는 임신 횟수(Pregnancies), 포도당(Glucose), 혈압(BloodPressure), 피부 두께(SkinThickness), 인슐린(Insulin), 체질량 지수(BMI: Body mass index), 당뇨병 가족력(DiabetesPedigreeFunction), 나이(Age)를 포함한다.
- Y 변수는 로지스틱회귀 모델의 종속변수를 의미하고 당뇨 발생 유무(Outcome) 열만을 포함한다.
- train_test_split()을 사용하여 데이터를 학습 및 테스트 세트로 분할하는데 test_size 매개변수는 테스트에 사용해야 하는 데이터의 비율을 설정한다(이 경우 20%다).
- random_state 매개변수는 데이터를 분할하는 데 사용되는 난수 생성기의 시드를 설정한다.

```
# Normalize the feature data
scaler = StandardScaler()
X_train_scaled = scaler.fit_transform(X_train)
X_test_scaled = scaler.transform(X_test)

# Fit the logistic regression model
logreg = LogisticRegression()
logreg.fit(X_train_scaled, y_train)

# Predict the outcomes on the test set
y_pred = logreg.predict(X_test_scaled)

# Calculate accuracy and display confusion matrix
accuracy = accuracy_score(y_test, y_pred)
conf_matrix = confusion_matrix(y_test, y_pred)
print("Accuracy:", accuracy)
print("Confusion Matrix:\n", conf_matrix)

# Calculate ROC curve and AUC score
fpr, tpr, thresholds = roc_curve(y_test, logreg.predict_proba(X_test_scaled)[:,
1])
roc_auc = auc(fpr, tpr)
print("AUC Score:", roc_auc)
```

```
Accuracy: 0.828125
Confusion Matrix:
 [[88  4]
 [18 18]]
AUC Score: 0.8529589371980676
```

그림 3-147 로지스틱 예측 결과

StandardScaler는 특성의 데이터를 평균이 0이고 표준편차가 1인 표준 정규 분포로 변환한다. 이 과정을 표준화standardization 또는 스케일링scaling이라고 하는데, 머신러닝에서 단위가 큰 값들이 모델에 과대하게 미치는 영향을 줄이기 위해 사용한다.

- 사이킷런의 LogisticRegression() 함수를 사용하여 로지스틱회귀 모델을 실행하고 model 개체에 저장한 다음 .fit() 메서드를 사용하여 훈련 데이터를 학습시킨다. 이것을 피팅(fitting)이라고 한다.

- model 개체의 .predict() 메서드를 사용하여 테스트 세트(X_test)에 대한 결과를 예측해서 y_pred 변수에 저장한다.

- 모델의 성능을 평가하기 위해 사이킷런의 accuracy_score() 함수와 confusion_matrix() 함수를 사용하여 종속변수(y_test) 값과 예측값(y_pred) 두 변수를 입력값으로 넣고 계산한다.
- 사이킷런의 roc_curve(), auc() 함수를 사용하여 ROC(Receiver Operating Characteristic) 곡선과 AUC 점수를 계산한다. roc_curve() 함수는 종속변수(y_test)의 값과 예측 확률(model.predict_proba(X_test)[:,1])을 입력값으로 받는다. 임계값(Threshold)이 변함(0~1)에 따라 TPR과 FPR을 계산한 값이 각각 fpr, tpr, thresholds에 저장된다.

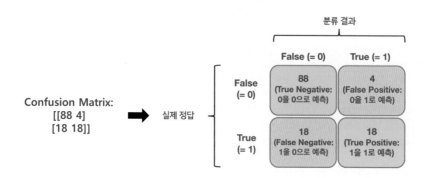

그림 3-148 혼동행렬 해석

결과적으로 로지스틱회귀 예측모델의 정확도는 0.8이 나왔고 혼동행렬을 보면 정확도를 계산해볼 수 있다(정확도=(TN+TP)/(TN+TP+FP+FN)=(88+18)/(88+4+18+18) = 0.8). [그림 3-147]에서 얻었던 혼동행렬 결과를 [그림 3-148]처럼 해석하면서 정밀도(precision), 재현율(recall), F1 score 등도 직접 계산해볼 수 있다. 마지막으로 AUC score는 0에서 1까지이고 0.5점은 무작위 추측보다 나은 모델을 나타내고 1점은 종속변수를 완벽하게 구별할 수 있다는 뜻이다. 여기서는 0.85가 나왔다.

[모델 2] 랜덤포레스트

```
from sklearn.ensemble import RandomForestClassifier
from sklearn.model_selection import train_test_split
from sklearn.metrics import accuracy_score, confusion_matrix, roc_curve, auc

# Fit the random forest model
rf = RandomForestClassifier(n_estimators=100, random_state=42)
rf.fit(X_train, y_train)

# Predict the outcomes on the test set
```

```
y_pred = rf.predict(X_test)

# Calculate accuracy and display confusion matrix
accuracy = accuracy_score(y_test, y_pred)
conf_matrix = confusion_matrix(y_test, y_pred)
print("Accuracy:", accuracy)
print("Confusion Matrix:\n", conf_matrix)

# Calculate ROC curve and AUC score
fpr, tpr, thresholds = roc_curve(y_test, rf.predict_proba(X_test)[:,1])
roc_auc = auc(fpr, tpr)
print("AUC Score:", roc_auc)
```

- 먼저 필요한 패키지를 가져오고 데이터를 훈련 데이터(train set)와 테스트 데이터(test set)로 나눈다. 그 다음 RandomForestClassifier() 함수를 사용하여 랜덤포레스트 모델을 만드는데, 여기서 n_estimators = 100은 의사결정트리의 개수, random_state는 모델을 만드는 데 사용되는 난수(random) 생성 번호를 말한다.

- X_train과 y_train 데이터를 사용하여 모델을 학습시킨다.

- X_test 데이터를 사용하여 모델이 예측한 결과를 y_pred 변수에 저장하고 accuracy_score() 함수를 사용하여 예측 결과의 정확도를 계산한다. 또한 confusion_matrix() 함수를 사용하여 예측 결과의 오차 행렬을 계산하고 출력한다.

- roc_curve() 함수와 auc() 함수를 사용하여 ROC 곡선을 그리고 AUC 점수를 계산하고 출력한다.

랜덤포레스트의 정확도는 0.8이고 혼동행렬의 결과는 다음 그림과 같다. AUC 점수는 0.87이 나왔다. 로지스틱회귀 예측에 비해 $TP^{\text{ture positive}}$를 좀 더 잘 예측한 반면, $TN^{\text{true negative}}$은 예측력이 다소 약하지만 더 비교해볼 필요가 있다.

```
⤷   Accuracy: 0.8046875
    Confusion Matrix:
     [[83  9]
     [16 20]]
    AUC Score: 0.8695652173913043
```

그림 3-149 랜덤포레스트 정확도 결과

이제는 로지스틱회귀 예측분류와 랜덤포레스트의 성능을 시각적으로 비교해보자.

```
# Make predictions on the testing set
logreg_preds = logreg.predict_proba(X_test)[:, 1]
rf_preds = rf.predict_proba(X_test)[:, 1]

# Calculate the ROC curve and AUC for each model
logreg_fpr, logreg_tpr, _ = roc_curve(y_test, logreg_preds)
logreg_auc = auc(logreg_fpr, logreg_tpr)

rf_fpr, rf_tpr, _ = roc_curve(y_test, rf_preds)
rf_auc = auc(rf_fpr, rf_tpr)

# Plot the ROC curve for each model
plt.plot(logreg_fpr, logreg_tpr, label=f'Logistic Regression (AUC = {logreg_
auc:.2f})')
plt.plot(rf_fpr, rf_tpr, label=f'Random Forest (AUC = {rf_auc:.2f})')
plt.plot([0, 1], [0, 1], 'k--')
plt.xlabel('False Positive Rate')
plt.ylabel('True Positive Rate')
plt.title('ROC Curve')
plt.legend()
plt.show()

# Calculate the accuracy score for each model
logreg_acc = accuracy_score(y_test, logreg.predict(X_test))
rf_acc = accuracy_score(y_test, rf.predict(X_test))

print(f'Logistic Regression accuracy: {logreg_acc:.2f}')
print(f'Random Forest accuracy: {rf_acc:.2f}')
```

- 먼저 두 모델의 predict_proba() 함수를 사용하여 X_test 데이터를 입력값으로 예측하고 예측 결과의 확률값을 저장한다. 그 다음 roc_curve() 함수와 auc() 함수를 사용하여 두 모델의 ROC 곡선과 AUC 점수를 계산한다.

- 계산된 ROC 곡선과 AUC 점수를 이용하여 두 모델을 비교하는데, plt.plot() 함수를 사용하여 각 모델의 ROC 곡선을 그래프로 그려준다. 그래프의 x축은 FPR, y축은 TPR로 정의되며 각각 분류 모델의 예측 결과를 이용하여 계산한다.

- accuracy_score() 함수를 사용하여 두 모델의 정확도를 계산하여 그래프 아래에 함께 출력한다.

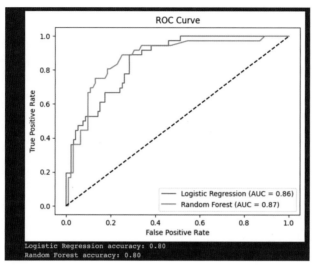

그림 3-150 ROC, AUC 결과 비교

로지스틱 예측 대비 랜덤포레스트의 정확도는 유사하지만 AUC 크기는 미세하게나마 랜덤포레스트가 더 높은 것을 알 수 있다. 또한 FPR[false positive rate]이 낮고 TPR[true positive rate]이 높은 부분이 로지스틱 예측보다 많은 부분을 차지하는 것을 알 수 있고, 우리의 목표는 당뇨를 예측하는 것이므로 랜덤포레스트 모델을 선택하는 것이 옳은 방향으로 보인다.

랜덤포레스트의 장점은 예측력이 뛰어나다는 것도 있지만 어떤 독립변수가 종속변수에 영향도가 높은지 알 수 있는 변수 중요도[feature importance] 추출 기능이 있다는 것 또한 장점이다.

```python
import numpy as np
import matplotlib.pyplot as plt

# feature_importances_ 사용
importances = rf.feature_importances_
indices = np.argsort(importances)[::-1]
features = outliers_removed.columns

plt.figure(figsize=(10, 6))
plt.title("Feature importances")
plt.bar(range(X.shape[1]), importances[indices], color="r", align="center")
plt.xticks(range(X.shape[1]), features[indices], rotation=90)
plt.xlim([-1, X.shape[1]])
plt.show()
```

- rf.feature_importances_를 사용하여 각 변수의 영향도를 구하고 importances 변수에 저장한다. importances 변수를 내림차순으로 정렬한 후 해당 인덱스를 indices 변수에 저장한다. features 변수에는 데이터프레임에 사용된 변수 이름들을 저장한다.
- plt.figure() 함수를 사용하여 그림의 크기를 설정한다.
- 그래프의 제목을 설정하기 위해 plt.title() 함수를 사용한다.
- plt.bar() 함수를 사용하여 바 플롯을 그리고 range() 함수와 shape[1]을 사용하여 그래프의 x축과 y축 범위를 설정한다. color='r'은 막대 색상을 빨간색으로 설정하고 align='center'는 막대를 각 x 좌표의 중앙에 정렬해준다.
- plt.xticks() 함수를 사용하여 x축 눈금의 위치와 이름을 설정한다. 회전 기능을 사용해 x축 눈금에 사용되는 이름들을 세로로 표현되게 한다. 이때 indices 변수를 사용하여 변수의 영향도가 높은 순서대로 변수 이름을 나열한다.
- 그래프를 출력하기 위해 plt.show() 함수를 사용한다.

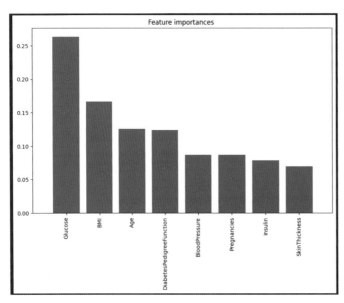

그림 3-151 변수 중요도

랜덤포레스트 변수 중요도를 봤을 때 포도당(Glucose) 〉 체질량 지수(BMI) 〉 나이(Age) 〉 가족력(DiabetesPedigreeFunction) 순으로 영향력이 크다는 것을 알 수 있다.

3.5.7 해석하기

- 랜덤포레스트와 로지스틱회귀 예측 모두 80%의 정확도를 보여주지만, 예측 목적에 비춰봤을 때 랜덤포레스트의 성능이 더 뛰어난 것으로 보인다.

- 랜덤포레스트 변수 중요도를 봤을 때 당뇨병에 영향을 미치는 요인은 포도당(Glucose) 〉 체질량 지수(BMI) 〉 나이(Age) 〉 가족력(DiabetesPedigreeFunction) 순으로 영향력이 크다.

- 로지스틱회귀 분류, 랜덤포레스트 이외에도 다양한 방식의 머신러닝 예측 알고리즘이 있다. SVM 등 앞선 방식을 이용하면 어떤 모델이 주어진 데이터에서 최고의 성능을 발휘하는지 비교할 수 있다.

3.5.8 솔루션 제공하기

실무자를 위한 분석

소개

- 당뇨병 환자 상담을 담당하는 의료 전문가로서 당뇨병 유무를 빠르고 정확하게 판별할 수 있는 머신러닝 예측 모델을 구축하는 것을 목표로 한다.

데이터

- 데이터의 범위는 21세 이상 피마 인디언 여성이며, 총 768개의 데이터 포인트와 9개의 변수로 구성된다. 독립변수에는 임신, 혈당, 혈압, 피부 두께, 인슐린, 체질량 지수, 가족력, 연령이 있다. 각 독립변수가 종속변수인 당뇨병 발생 예측에 영향을 미칠 것이라는 가설을 세웠다. 예측 방법에는 로지스틱회귀와 랜덤포레스트 모델을 사용했고 두 가지 모델의 결과 비교를 위해 정확도, 혼동행렬, ROC 곡선과 AUC를 구했다.

분석 결과

- 로지스틱회귀 모델과 랜덤포레스트 두 가지 모델을 테스트한 결과 랜덤포레스트, 로지스틱회귀 예측 모두 80%의 정확도를 보여주지만, 분석 목적으로 봤을 때는 랜덤포레스트의 성능이 더 뛰어난 것으로 보인다.

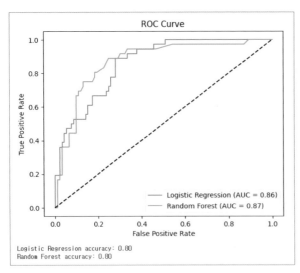

그림 3-152 결과 비교

- 랜덤포레스트 변수 중요도를 봤을 때 당뇨병에 영향을 미치는 요인은 포도당(Glucose) > 체질량 지수
(BMI) > 나이(Age) > 가족력(DiabetesPedigreeFunction) 순으로 영향력이 크다.

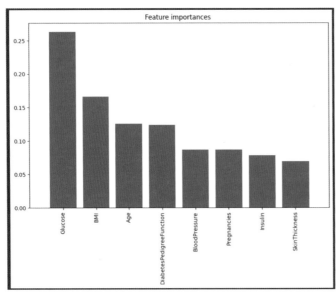

그림 3-153 변수 중요도

추천

- 당뇨병 예방을 위해서는 당뇨병 유무를 정확하게 판단할 수 있는 머신러닝 예측모델을 구축하면 도움이 될 것이다. 예측모델을 통해 잠재적 당뇨병 환자가 가족력, 나이, 체질량 지수, 인슐린, 포도당 수치 등의 위험 요인을 인지할 필요가 있다는 것을 확인했다.

  - 포도당 수치를 모니터링하고 포도당을 천천히 꾸준히 방출하는 식품을 섭취하는 저혈당 지수 식단을 따라 혈당 수치를 조절할 필요가 있다.

  - 균형 잡힌 식단과 규칙적인 운동으로 건강한 체중을 유지해야 한다. 이는 당뇨병 발병 위험을 줄이고 전반적인 건강을 개선하는 데 도움이 될 수 있다.

  - 건강한 생활 방식을 따르고 정기적인 건강 검진을 받으며 노화로 인한 변화를 관리해야 한다.

  - 가족력을 인지하고 상황에 따라 유전자 검사를 고려해야 한다.

- 가족력 및 유전과 같은 일부 위험 요인은 변경할 수 없으므로 당뇨병 예방이 항상 가능한 것은 아니라는 점을 유의해야 한다. 그러나 건강한 생활 습관을 유지하고 당뇨병의 조기 징후를 모니터링하면 당뇨병 발병 위험을 줄이고 전반적인 건강을 유지할 수 있을 것이다.

환자 대상 조언

의견

- 질병관리본부가 발표한 바에 따르면 대한민국 전체 인구 대비 당뇨병 환자 비율은 2018년 기준으로 약 14.4%이고 점점 더 증가하는 추세라고 한다. 당뇨병은 혈당 조절에 문제가 있는 대사성 질환으로 합병증을 유발할 수 있기 때문에 조기 발견과 적절한 대처가 매우 중요하다. 이를 위해 우리 병원은 머신러닝 예측모델을 사용하여 당뇨병 여부를 빠르고 정확하게 판단하고 당뇨병 예방을 위한 건강 관리 계획을 수립해야 한다. 병원에서 개발한 당뇨병 예측모델에서 중요한 변수들을 식별하여 해당 변수들을 조절하는 것으로 당뇨병을 예방할 수 있다.

이유

- 예측모델 결과 포도당 〉 체질량 지수 〉 나이 〉 가족력 순으로 영향력이 큰 것으로 나타났다.

증거

- 랜덤포레스트, 로지스틱회귀 예측의 정확도 모두 80%가 넘지만, 랜덤포레스트가 당뇨를 예측하는 데에는 조금 더 성능이 뛰어난 것으로 보인다. 랜덤포레스트 변수 중요도를 봤을 때 당뇨병에 영향을 미치는 요인은 포도당 〉 체질량 지수 〉 나이 〉 가족력 순으로 영향력이 크다.

다시 의견

- 따라서 우리 병원의 예측모델을 활용하면 다음과 같은 구체적인 건강 계획을 수립할 수 있다.

  - 포도당 수치를 모니터링하고 포도당을 천천히 꾸준히 방출하는 식품을 섭취하는 저혈당 지수 식단을 따라 혈당 수치를 조절할 필요가 있다.

- 균형 잡힌 식단과 규칙적인 운동으로 건강한 체중을 유지해야 한다. 이는 당뇨병의 발병 위험을 줄이고 전반적인 건강을 개선하는 데 도움이 된다.

- 건강한 생활 방식을 따르고 정기적인 건강 검진을 받으며 노화로 인한 변화를 관리해야 한다.

- 가족력을 인지하고 필요한 경우 유전자 검사도 고려해볼 수 있다.

• 가족력 및 유전과 같은 일부 위험 요인은 변경할 수 없으므로 당뇨병 예방이 항상 가능한 것은 아니라는 점을 유의해야 한다. 그러나 건강한 생활 습관을 유지하고 당뇨병의 조기 징후를 모니터링하면 당뇨병 발병 위험을 줄이고 전반적인 건강을 유지할 수 있다.

3.5.9 챗GPT 활용하여 분류예측모델 만들기

앞서 만든 당뇨병 판단 예측모델을 챗GPT의 도움을 받아 노코딩으로 실행해보자. 관련 코드는 QR 코드를 참고하면 된다.

프롬프트 및 결과[19]

1) 데이터 불러오기

데이터를 불러오는 방식은 기존 방식과 같다.

```
!git clone https://github.com/sangsucki/DataDrivenReport.git
```

```
import pandas as pd
df = pd.read_csv('/content/DataDrivenReport/diabetes2.csv')
df.head()
```

---

19 https://chat.openai.com/share/bddf4552-5e3b-4b29-bcbe-003c87e66a97

```
[ ]  !git clone https://github.com/sangsucki/DataDrivenReport.git

[14] import pandas as pd
     df = pd.read_csv('/content/DataDrivenReport/diabetes2.csv')
     df.head()
```

	Pregnancies	Glucose	BloodPressure	SkinThickness	Insulin	BMI	DiabetesPedigreeFunction	Age	Outcome
0	6	148	72	35	0	33.6	0.627	50	1
1	1	85	66	29	0	26.6	0.351	31	0
2	8	183	64	0	0	23.3	0.672	32	1
3	1	89	66	23	94	28.1	0.167	21	0
4	0	137	40	35	168	43.1	2.288	33	1

그림 3-154 데이터 불러오기

2) 분류예측모델

분류예측모델의 프롬프트 형식은 다음과 같이 만든다.

P
5-1
below is what I have in my dataframe variable (데이터프레임 변수명)'. Suggest a python code for a logistic regression classification model that a dependent variable is (종속변수 칼럼명) and independent variables are (독립변수 칼럼명) normalized. Split train data and test data as (훈련데이터와 테스트 데이터 비율 입력).

한글: 아래처럼 (데이터프레임 변수명)을 가지고 있습니다. 종속변수는 (종속변수 칼럼명), 독립변수는 (독립변수 칼럼명)으로 정규화된 로지스틱회귀 분류모델의 파이썬 코드를 제안해주세요. 훈련 데이터와 테스트 데이터를 (훈련 데이터와 테스트 데이터 비율 입력)으로 분할해주세요. 그리고 현재 데이터에 맞춰 프롬프트를 실행해주세요.

P
below is what I have in my dataframe variable 'df'. suggest a python code for a logistic regression classification model that a dependent variable is a column 'Outcome' and independent variables are all other columns normalized. Split train data and test data as 7:3.

이제 문장 이후에 우리의 데이터를 입력해줘야 한다. 콜랩에서 첫 번째 5개 행을 불러왔던 결과로 가서 마우스로 전체 블록을 지정한다. 그리고 해당 내용을 복사한 후 첫 번째 단계에서 챗GPT 화면에 텍스트로 입력해둔 글 바로 아래에 붙여넣기한 다음 챗GPT를 실행한다.

5-2

below is what I have in my dataframe variable 'df'. suggest a python code for a logistic regression classification model that a dependent variable is a column 'Outcome' and independent variables are all other columns normalized. Split train data and test data as 7:3.

PregnanciesGlucoseBloodPressureSkinThicknessInsulinBMIDiabetesPedigreeFunction
AgeOutcome061487235033.60.62750111856629026.60.35131028183640023.30.6723213189
66239428.10.16721040137403516843.12.288331

Sure, I can help you with that! You can use the `sklearn` library to create a logistic regression model and perform the necessary preprocessing. Here's a step-by-step code example:

```python
import pandas as pd
from sklearn.model_selection import train_test_split
from sklearn.preprocessing import StandardScaler
from sklearn.linear_model import LogisticRegression
from sklearn.metrics import accuracy_score

# Assuming you have already loaded your DataFrame 'df'

# Separate the dependent and independent variables
X = df.drop('Outcome', axis=1)
y = df['Outcome']

# Split the data into train and test sets (70% train, 30% test)
X_train, X_test, y_train, y_test = train_test_split(X, y, test_size=0.3, ran

# Normalize the independent variables using StandardScaler
scaler = StandardScaler()
X_train_scaled = scaler.fit_transform(X_train)
X_test_scaled = scaler.transform(X_test)

# Create a logistic regression model
logreg_model = LogisticRegression()

# Train the model on the scaled training data
logreg_model.fit(X_train_scaled, y_train)
```

```
# Make predictions on the scaled test data
y_pred = logreg_model.predict(X_test_scaled)

# Calculate the accuracy of the model
accuracy = accuracy_score(y_test, y_pred)
print("Accuracy:", accuracy)
```

그림 3-155 챗GPT 분류예측모델

여기서는 df 변수에 데이터를 저장했다고 가정하고 코드를 작성했기 때문에 이 코드의 별도 변경 없이 그대로 실행하면 된다.

```
import pandas as pd
from sklearn.model_selection import train_test_split
from sklearn.preprocessing import StandardScaler
from sklearn.linear_model import LogisticRegression
from sklearn.metrics import accuracy_score

# Assuming you have already loaded your DataFrame 'df'

# Separate the dependent and independent variables
X = df.drop('Outcome', axis=1)
y = df['Outcome']

# Split the data into train and test sets (70% train, 30% test)
X_train, X_test, y_train, y_test = train_test_split(X, y, test_size=0.3, random_state=42)

# Normalize the independent variables using StandardScaler
scaler = StandardScaler()
X_train_scaled = scaler.fit_transform(X_train)
X_test_scaled = scaler.transform(X_test)

# Create a logistic regression model
logreg_model = LogisticRegression()

# Train the model on the scaled training data
logreg_model.fit(X_train_scaled, y_train)

# Make predictions on the scaled test data
y_pred = logreg_model.predict(X_test_scaled)

# Calculate the accuracy of the model
accuracy = accuracy_score(y_test, y_pred)
print("Accuracy:", accuracy)

Accuracy: 0.7359307359307359
```

그림 3-156 분류예측모델 코딩 결과

정확도(accuracy)가 0.74인 로지스틱분류 예측모델을 만든 것을 볼 수 있다. 3.5.5절처럼 이 상치, 결측치 처리 혹은 훈련 데이터와 테스트 데이터의 비율에 따라 정확도는 다를 수 있지만, 모델을 만들어내는 것은 충분히 확인할 수 있다.

혼동행렬과 AUC 점수를 추가로 구해보자.

 suggest a python code for confusion matrix and AUC score with a graph

한글: 혼동행렬과 AUC 점수를 그래프와 함께 파이썬 코드로 제안해주세요.

 Certainly! You can use the `confusion_matrix`, `roc_auc_score`, and `roc_curve` functions from `sklearn.metrics` to calculate the confusion matrix, AUC score, and plot the ROC curve. Here's how you can modify the previous code to include these steps:

```python
import pandas as pd
from sklearn.model_selection import train_test_split
from sklearn.preprocessing import StandardScaler
from sklearn.linear_model import LogisticRegression
from sklearn.metrics import accuracy_score, confusion_matrix, roc_auc_score,
import matplotlib.pyplot as plt

# Assuming you have already loaded your DataFrame 'df'

# Separate the dependent and independent variables
X = df.drop('Outcome', axis=1)
y = df['Outcome']

# Split the data into train and test sets (70% train, 30% test)
X_train, X_test, y_train, y_test = train_test_split(X, y, test_size=0.3, ran

# Normalize the independent variables using StandardScaler
scaler = StandardScaler()
X_train_scaled = scaler.fit_transform(X_train)
X_test_scaled = scaler.transform(X_test)

# Create a logistic regression model
logreg_model = LogisticRegression()

# Train the model on the scaled training data
logreg_model.fit(X_train_scaled, y_train)

# Make predictions on the scaled test data
y_pred = logreg_model.predict(X_test_scaled)
```

```
# Make predictions on the scaled test data
y_pred = logreg_model.predict(X_test_scaled)

# Calculate the accuracy of the model
accuracy = accuracy_score(y_test, y_pred)
print("Accuracy:", accuracy)

# Calculate the confusion matrix
cm = confusion_matrix(y_test, y_pred)
print("Confusion Matrix:")
print(cm)

# Calculate the AUC score
auc_score = roc_auc_score(y_test, y_pred)
print("AUC Score:", auc_score)

# Calculate ROC curve
fpr, tpr, thresholds = roc_curve(y_test, y_pred)

# Plot ROC curve
plt.figure(figsize=(8, 6))
plt.plot(fpr, tpr, label='ROC Curve (area = {:.2f})'.format(auc_score))
plt.plot([0, 1], [0, 1], 'k--')
plt.xlim([0.0, 1.0])
plt.ylim([0.0, 1.05])
plt.xlabel('False Positive Rate')
plt.ylabel('True Positive Rate')
plt.title('Receiver Operating Characteristic (ROC)')
plt.legend(loc="lower right")
plt.show()
```

그림 3-157 챗GPT 혼동행렬

```python
import pandas as pd
from sklearn.model_selection import train_test_split
from sklearn.preprocessing import StandardScaler
from sklearn.linear_model import LogisticRegression
from sklearn.metrics import accuracy_score, confusion_matrix, roc_auc_score, roc_curve
import matplotlib.pyplot as plt

# Assuming you have already loaded your DataFrame 'df'

# Separate the dependent and independent variables
X = df.drop('Outcome', axis=1)
y = df['Outcome']

# Split the data into train and test sets (70% train, 30% test)
X_train, X_test, y_train, y_test = train_test_split(X, y, test_size=0.3, random_state=42)

# Normalize the independent variables using StandardScaler
scaler = StandardScaler()
X_train_scaled = scaler.fit_transform(X_train)
X_test_scaled = scaler.transform(X_test)

# Create a logistic regression model
logreg_model = LogisticRegression()

# Train the model on the scaled training data
logreg_model.fit(X_train_scaled, y_train)

# Make predictions on the scaled test data
y_pred = logreg_model.predict(X_test_scaled)

# Calculate the accuracy of the model
accuracy = accuracy_score(y_test, y_pred)
print("Accuracy:", accuracy)

# Calculate the confusion matrix
cm = confusion_matrix(y_test, y_pred)
print("Confusion Matrix:")
print(cm)

# Calculate the AUC score
auc_score = roc_auc_score(y_test, y_pred)
print("AUC Score:", auc_score)

# Calculate ROC curve
fpr, tpr, thresholds = roc_curve(y_test, y_pred)

# Plot ROC curve
plt.figure(figsize=(8, 6))
plt.plot(fpr, tpr, label='ROC Curve (area = {:.2f})'.format(auc_score))
plt.plot([0, 1], [0, 1], 'k--')
plt.xlim([0.0, 1.0])
plt.ylim([0.0, 1.05])
plt.xlabel('False Positive Rate')
plt.ylabel('True Positive Rate')
plt.title('Receiver Operating Characteristic (ROC)')
plt.legend(loc="lower right")
plt.show()
```

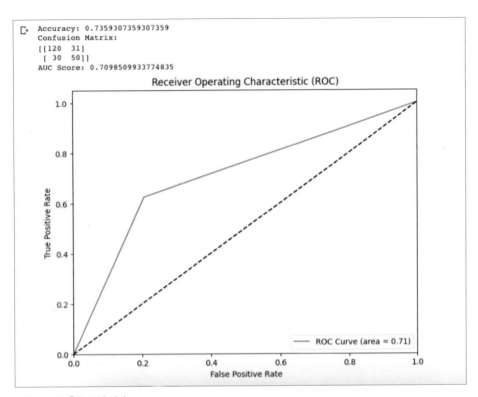

```
Accuracy: 0.7359307359307359
Confusion Matrix:
[[120  31]
 [ 30  50]]
AUC Score: 0.7098509933774835
```

그림 3-158 혼동 코딩 결과

AUC 점수는 0.7이 나왔다. 챗GPT를 통해 다른 모델들과 비교해보자.

3) 다른 모델들과 비교

프롬프트 형식은 다음과 같다.

P   suggest a python code to compare Confusion matrix, AUC with a graph, accuracy and f1 score of (비교하려는 모델 1) with (비교하려는 모델 2) given the same data.

한글: 동일한 데이터가 주어졌을 때 (비교하려는 모델 1)과 (비교하려는 모델 2)의 혼동행렬, 그래프가 있는 AUC, 정확도 및 F1 점수를 비교하는 파이썬 코드를 제안해주세요.

프롬프트를 실행해보자.

P

5–3 suggest a python code to compare Confusion matrix, AUC with a graph, accuracy and f1 score of logistic regression classification with random forest model given the same data.

Certainly! Here's an example code that compares the performance metrics of a Logistic Regression model and a Random Forest model using the same data:

```python
import pandas as pd
from sklearn.model_selection import train_test_split
from sklearn.preprocessing import StandardScaler
from sklearn.linear_model import LogisticRegression
from sklearn.ensemble import RandomForestClassifier
from sklearn.metrics import accuracy_score, confusion_matrix, roc_auc_score,
import matplotlib.pyplot as plt

# Assuming you have already loaded your DataFrame 'df'

# Separate the dependent and independent variables
X = df.drop('Outcome', axis=1)
y = df['Outcome']

# Split the data into train and test sets (70% train, 30% test)
X_train, X_test, y_train, y_test = train_test_split(X, y, test_size=0.3, ran

# Normalize the independent variables using StandardScaler
scaler = StandardScaler()
X_train_scaled = scaler.fit_transform(X_train)
X_test_scaled = scaler.transform(X_test)

# Create a logistic regression model
logreg_model = LogisticRegression()
logreg_model.fit(X_train_scaled, y_train)
y_pred_logreg = logreg_model.predict(X_test_scaled)

# Calculate accuracy, AUC, and f1-score for Logistic Regression
accuracy_logreg = accuracy_score(y_test, y_pred_logreg)
auc_score_logreg = roc_auc_score(y_test, y_pred_logreg)
f1_score_logreg = f1_score(y_test, y_pred_logreg)
print("Logistic Regression Metrics:")
print("Accuracy:", accuracy_logreg)
print("AUC Score:", auc_score_logreg)
print("F1 Score:", f1_score_logreg)
```

```
# Create a Random Forest model
rf_model = RandomForestClassifier(random_state=42)
rf_model.fit(X_train_scaled, y_train)
y_pred_rf = rf_model.predict(X_test_scaled)

# Calculate accuracy, AUC, and f1-score for Random Forest
accuracy_rf = accuracy_score(y_test, y_pred_rf)
auc_score_rf = roc_auc_score(y_test, y_pred_rf)
f1_score_rf = f1_score(y_test, y_pred_rf)
print("\nRandom Forest Metrics:")
print("Accuracy:", accuracy_rf)
print("AUC Score:", auc_score_rf)
print("F1 Score:", f1_score_rf)

# Calculate confusion matrix for both models
cm_logreg = confusion_matrix(y_test, y_pred_logreg)
cm_rf = confusion_matrix(y_test, y_pred_rf)

# Plot ROC curves
fpr_logreg, tpr_logreg, thresholds_logreg = roc_curve(y_test, y_pred_logreg)
fpr_rf, tpr_rf, thresholds_rf = roc_curve(y_test, y_pred_rf)

plt.figure(figsize=(12, 6))

plt.subplot(1, 2, 1)
plt.plot(fpr_logreg, tpr_logreg, label='Logistic Regression ROC (area = {:.2
plt.plot(fpr_rf, tpr_rf, label='Random Forest ROC (area = {:.2f})'.format(au
plt.plot([0, 1], [0, 1], 'k--')
plt.xlim([0.0, 1.0])
plt.ylim([0.0, 1.05])
plt.xlabel('False Positive Rate')
plt.ylabel('True Positive Rate')
plt.title('ROC Curve')
plt.legend(loc="lower right")

plt.subplot(1, 2, 2)
plt.bar(['Logistic Regression', 'Random Forest'], [accuracy_logreg, accuracy
plt.ylabel('Accuracy')
plt.title('Accuracy Comparison')

plt.tight_layout()
plt.show()
```

↺ Reger

그림 3-159 챗GPT 다른 모델들과 비교

로지스틱분류 예측모델과 랜덤포레스트를 비교할 수 있는 결과가 나온 것을 볼 수 있다. 정확
도를 비교해보면 로지스틱분류 예측모델은 0.74, 랜덤포레스트 모델은 0.72, AUC 점수는 로

지스틱분류 예측모델이 0.798, 랜덤포레스트가 0.799, F1 score는 로지스틱분류 예측모델이 0.62, 랜덤포레스트가 0.6으로 나왔다. 근소한 차이로 로지스틱분류 예측모델이 우세한 것으로 보인다.

```python
import pandas as pd
from sklearn.model_selection import train_test_split
from sklearn.preprocessing import StandardScaler
from sklearn.linear_model import LogisticRegression
from sklearn.ensemble import RandomForestClassifier
from sklearn.metrics import accuracy_score, confusion_matrix, roc_auc_score, roc_curve, f1_score
import matplotlib.pyplot as plt

# Assuming you have already loaded your DataFrame 'df'

# Separate the dependent and independent variables
X = df.drop('Outcome', axis=1)
y = df['Outcome']

# Split the data into train and test sets (70% train, 30% test)
X_train, X_test, y_train, y_test = train_test_split(X, y, test_size=0.3, random_state=42)

# Normalize the independent variables using StandardScaler
scaler = StandardScaler()
X_train_scaled = scaler.fit_transform(X_train)
X_test_scaled = scaler.transform(X_test)

# Create a logistic regression model
logreg_model = LogisticRegression()
logreg_model.fit(X_train_scaled, y_train)
y_pred_logreg = logreg_model.predict(X_test_scaled)

# Calculate accuracy, AUC, and f1-score for Logistic Regression
accuracy_logreg = accuracy_score(y_test, y_pred_logreg)
auc_score_logreg = roc_auc_score(y_test, y_pred_logreg)
f1_score_logreg = f1_score(y_test, y_pred_logreg)
print("Logistic Regression Metrics:")
print("Accuracy:", accuracy_logreg)
print("AUC Score:", auc_score_logreg)
print("F1 Score:", f1_score_logreg)

# Create a Random Forest model
rf_model = RandomForestClassifier(random_state=42)
rf_model.fit(X_train_scaled, y_train)
y_pred_rf = rf_model.predict(X_test_scaled)

# Calculate accuracy, AUC, and f1-score for Random Forest
accuracy_rf = accuracy_score(y_test, y_pred_rf)
auc_score_rf = roc_auc_score(y_test, y_pred_rf)
f1_score_rf = f1_score(y_test, y_pred_rf)
print("\nRandom Forest Metrics:")
print("Accuracy:", accuracy_rf)
print("AUC Score:", auc_score_rf)
print("F1 Score:", f1_score_rf)

# Calculate confusion matrix for both models
cm_logreg = confusion_matrix(y_test, y_pred_logreg)
cm_rf = confusion_matrix(y_test, y_pred_rf)

# Plot ROC curves
fpr_logreg, tpr_logreg, thresholds_logreg = roc_curve(y_test, y_pred_logreg)
fpr_rf, tpr_rf, thresholds_rf = roc_curve(y_test, y_pred_rf)

plt.figure(figsize=(12, 6))

plt.subplot(1, 2, 1)
plt.plot(fpr_logreg, tpr_logreg, label='Logistic Regression ROC (area = {:.2f})'.format(auc_score_logreg))
plt.plot(fpr_rf, tpr_rf, label='Random Forest ROC (area = {:.2f})'.format(auc_score_rf))
plt.plot([0, 1], [0, 1], 'k--')
plt.xlim([0.0, 1.0])
plt.ylim([0.0, 1.05])
plt.xlabel('False Positive Rate')
plt.ylabel('True Positive Rate')
plt.title('ROC Curve')
plt.legend(loc="lower right")

plt.subplot(1, 2, 2)
plt.bar(['Logistic Regression', 'Random Forest'], [accuracy_logreg, accuracy_rf], color=['blue', 'green'])
plt.ylabel('Accuracy')
plt.title('Accuracy Comparison')

plt.tight_layout()
plt.show()
```

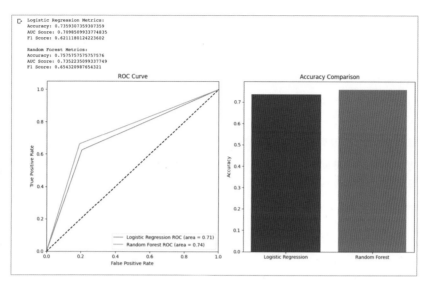

그림 3-160 다른 모델들과 비교 코딩 결과

3.6 대량의 텍스트 데이터를 이해하다: 토픽 모델링

사례	**데이터 분석가** 전 직원 대상 설문조사의 서술형 응답 분석하기
요약	• 토픽 모델링: 다양한 텍스트 속에서 주요 주제를 찾는 방법이다. • 정형 데이터 분석과 달리 비정형 데이터인 텍스트를 활용해 비지도학습으로 데이터를 분류한다.

깃허브 링크[20]

3.1절부터 3.5절까지는 정형 데이터에 관한 내용을 살펴봤다. 텍스트나 이미지 같은 비정형 데이터의 비중이 증가하는 추세인 만큼 실제로 비즈니스에 어떻게 활용할 수 있을지 소개한다는 의미로 3.6절에서는 비정형 데이터 중 하나인 텍스트 분석을 다룬다. 정형 데이터 분석 절차와는 다소 차이가 있지만, 기계가 텍스트를 이해할 수 있도록 수치화하는 것이 핵심이다. 이 절차를 자연어처리 혹은 영어로 NLP[natural language processing]라고 부르기도 한다. 그 이후는 기존 절차와 비슷하다고 이해하면 된다.

자연어처리를 활용한 텍스트 분석 중 하나인 토픽 모델링은 대량의 텍스트가 주어졌을 때 효과적인 분석 방법이다. 예를 들어 100권의 책을 분류하려면 모든 책을 다 읽어야 할 것이다. 이럴 때 토픽 모델링을 활용하면 된다. 토픽 모델링은 컴퓨터에게 책을 읽게 하고 컴퓨터가 직접 주제를 찾아내게 하는 방법이다. 이렇게 하면 100권의 책들이 어떤 주제로 이뤄져 있는지 알 수 있고 각각의 주제로 그룹화할 수 있다.

이런 방식을 비즈니스 상황에 적용하여 우리 회사에서 전 직원을 대상으로 진행한 설문조사 결과에서 서술형 의견을 주제별로 그룹화할 수 있을까?

적용 가능한 비즈니스 주제
• **신문 기사 활용**
　－ 토픽 모델링 기반 뉴스 기사 분석을 통한 서울시 이슈 도출
　－ 토픽 모델링 기반 신문 주제별 자동 분류(경제, 스포츠, 정치, 과학 등)

---

20 https://github.com/sangsucki/DataDrivenReport/blob/main/Chapter3-6(TopicModeling).ipynb

- 지역 신문 자료 활용 토픽 모델링 기반 해변 지역 계절별 현안 분석

- 토픽 모델링 기반 신문사별 신문 기사 보도 경향 분석(보수, 중도, 진보 등)

- **HR 활용**

  - 직원 만족도 조사 시 개방형 질문에 대한 응답 분석

  - 새로운 정책 수행 후 평가 시 서술형 피드백에 대한 응답 분석

- **기획/제안 활용**

  - CEO 말씀(공식 행사, 회의, 전달 사항 등)을 통한 CEO 중점 사항 유형 분석

  - 경영진 회의 녹취록을 통한 주제 유형 분석

3.6.1 상황

당신은 B기업의 조직 문화 담당자로서 직원들의 의견수렴을 통해 의사결정자에게 의미 있는 인사이트를 제공하고 있다. 기존 정량 데이터 분석 이외에 텍스트 데이터에 대한 분석을 진행하고자 한다. 상사와의 대화 일부분은 다음과 같다.

상사 요즘 MZ세대와 기성세대 직원 모두 다양한 의견을 갖고 있다고 하는데, 그런 이야기를 좀 모아서 들어볼 수 없을까요?

나 요즘 블라인드에 의견이 다양하게 나오긴 해도 공식적으로 의견을 받을 수 있는 채널이 있다면 좋을 것 같습니다. 단순히 리커트 척도로 점수화하기보다는 자신들의 의견을 문장(서술형)으로 표현하는 것을 선호하는 것 같습니다.

상사 그런데 말입니다. 우리 회사 전 직원 3천 명이 의견을 냈을 때 전체 의견을 분석하는 것이 가능한지 궁금하군요. 워드 클라우드는 빈도수로 키워드를 뽑아내는데, 그걸로는 직원들 세대, 직군, 소속 간에 의견들을 다양하게 반영하지 못할 것 같은데… 괜찮은 방법이 있나요?

나 최근 텍스트 분석에 주로 사용되는 토픽 모델링이라는 방식이 있습니다. 이 방식은 뉴스, 신문 기사 같은 대량 문서들을 분류하는 데도 활용될 뿐만 아니라 트위터 같은 소셜네트워크에서도 사람들이 얘기하는 대량의 피드들을 분석해서 트렌드를 파악하는 방식입니다.

상사 오, 그렇군요. 자세히 알고 싶네요!

먼저 토픽 모델링에 대한 개념부터 알아보자. 하나의 문서는 여러 토픽으로 구성되어 있고 토픽들은 확률 분포에 기반하여 단어들을 생성한다고 가정한다. 데이터가 주어지면 문서가 생성되는 과정을 역추적하여 토픽을 예측한다.

예를 들어 '나는 사과와 바나나를 좋아하고 운동을 싫어해요'라는 문장A가 있다. 토픽 A는 '좋아함'에 대한 것이고 토픽 B는 '싫어함'에 대한 것이라면, '사과'와 '바나나'는 토픽 A에 해당되고, '운동'은 토픽 B에 해당된다. 새로운 문장 B가 '철수도 오렌지를 좋아한다'라는 내용이라면 '좋아함'에 해당되는 토픽 A에 해당되기 때문에 문장 B에 사용된 단어 '오렌지'는 토픽 A에 해당된다는 것을 기계가 학습하는 방식이다.

예시) 문서 = 토픽 A + 토픽 B ◀--┐

　　　토픽 A = 단어1 + 단어2 + ...　　└ 역추적

　　　토픽 B = 단어3 + 단어5 + ...

그림 3-161 토픽 모델링 개념

이 토픽 모델링의 독특한 점은 기계가 토픽을 분류할 때 확률 분포에 기반하여 분류하지만, 어떤 주제인지 명확하게 정의해주지 않는다는 것이다. 3.4절과 3.5절에서는 항상 종속변수가 명확하게 정의되는 '지도학습' 방식을 사용하지만, 토픽 모델링은 종속변수가 정의되지 않는 '비지도학습' 방식이란 점을 꼭 기억하자. 즉 기계가 토픽을 분류하지만 분석가의 해석 능력으로 각 토픽이 어떤 내용인지 판단해야 한다. 또한 토픽을 몇 개로 분류할 것인지도 분석자의 재량으로 결정해야 하는 부분이 있다. 토픽 모델링을 하는 데는 다양한 방식이 있지만, 이 책에서는 LDA[latent dirichlet allocation] 토픽 모델링 방식을 소개한다. 다음 그림은 기존 워드 클라우드에 비해 토픽 모델링의 장점을 설명한다.

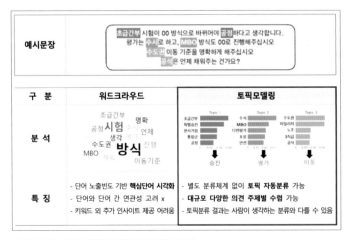

그림 3-162 토픽 모델링과 워드 클라우드 비교

참고자료

인사혁신 의견수렴을 위한 「토픽모델링」 활용계획

1. 토픽모델링이란?

☐ 텍스트 데이터 내 단어 빈도 분석 후 LDA[1] 방식 토픽 자동분류 알고리즘

☐ 계량분석 위주 설문조사 ⇒ 대규모 다양한 의견 수렴 위한 질적분석방법 적용

☐ 한계: 한국어 단어분류 방식, 토픽 분류개수 및 제목 선정은 분석자 주관 개입 필요

☐ 사례: ① 오피니언마이닝: 뉴스·신문 기사 분류를 통한 이슈도출

　　　　　② 소셜네트워크 분석: Twitter 데이터 활용한 트렌드변화 추적

※ 워드크라우드와 토픽모델링 비교

예시문장	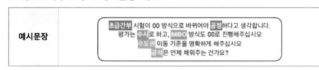

구 분	워드크라우드	토픽모델링
분 석	초급간부 명확 공정 **시험** 언제 생각 평가 수도권 **방식** 진행 MBO 채워 이동기준	Topic 1 / Topic 2 / Topic 3 ↓ 승진　↓ 평가　↓ 이동
특 징	- 단어 노출빈도 기반 **핵심단어 시각화** - 단어와 단어 간 연관성 고려 x - 키워드 외 추가 인사이트 제공 어려움	- 별도 분류체계 없이 **토픽 자동분류 가능** - **대규모 다양한 의견 주제별 수렴 가능** - 토픽분류 결과는 사람이 생각하는 분류와 다를 수 있음

2. 활용계획

☐ 인사혁신 TF 진행시 소속별·직군별·세대별 구성원 의견 수렴 및 분석

---

1) **Latent Dirichlet Allocation(잠재 디리클레 할당)**: 텍스트 데이터로부터 토픽을 추출하는 토픽모델링 기법 중 하나. 하나의 문서는 토픽들의 혼합으로 구성되고, 각각의 토픽들은 확률분포 기반으로 단어 생성된다고 가정

그림 3-163 토픽 모델링과 워드 클라우드 비교 보고서

3.6.2 결과물 미리 보기

실제 현업에 사용한 데이터 분석 사례는 보안상 이유로 공유할 수 없다. 대신 현업에 적용했던 방식으로 문재인 대통령의 연설문으로 토픽 모델링을 해보자. 문재인 대통령 연설문은 크게 여섯 가지 주제로 나뉘고 그 중에서도 세 개의 그룹으로 분류할 수 있다.

첫 번째 그룹(1번, 2번, 5번, 6번 원) 중 가장 큰 비율을 차지하는 빨간색 1번 원의 내용을 살펴보자. 1번의 핵심어에 평화, 한반도, 대화, 협력 같은 단어가 많은 것으로 보아 '평화'에 대한 주제로 보인다. 전체 단어 중 30.7%, 약 1/3을 차지한다.

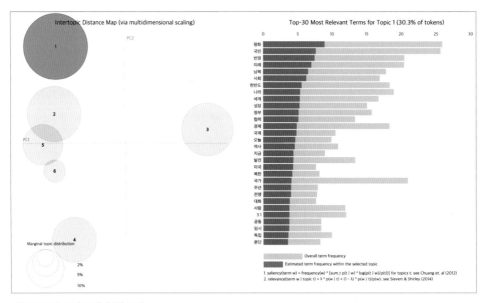

그림 3-164 토픽 모델링 1번 토픽

두 번째 그룹(3번 원)은 성장, 경제, 정책, 소득, 번영 등의 단어로 보아 '경제' 관련 주제로 보이며 전체 단어 중 19.6%를 차지한다.

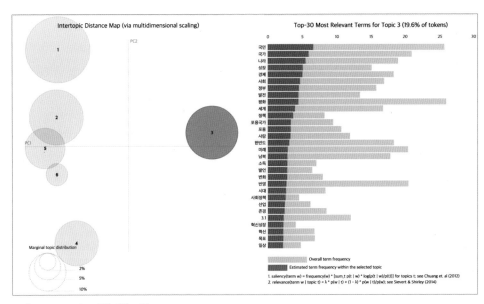

그림 3-165 토픽 모델링 3번 토픽

세 번째 그룹(4번 원)은 미래, 포용, 공정, 정책 등의 단어로 보아 '포용사회' 관련 주제로 보이며 전체 단어 중 14.1%를 차지한다.

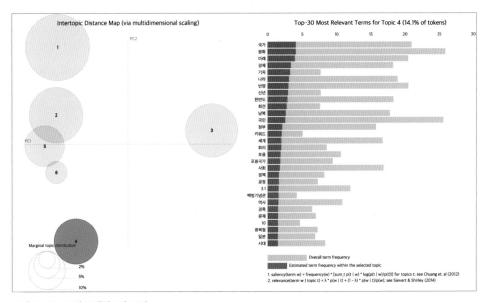

그림 3-166 토픽 모델링 4번 토픽

결론적으로 문재인 대통령 연설문에서 다룬 주제는 크게 세 가지이며 평화, 경제, 포용사회 관련 주제로 분류된다는 것을 알 수 있다.

 참고 **LDA 토픽 모델링 시각화 해석 및 보고 방법**

토픽 모델링 시각화 파일(https://zrr.kr/Sd2u)은 마우스 움직임에 반응하며 실시간으로 형태가 변하는 인터랙티브 그래프 스타일이다. 책에서는 부분적으로 캡처한 결과물 화면을 보여줬지만, 실제로 보고할 경우 노트북 혹은 태블릿을 통해 실시간으로 반응하는 그래프를 직접 보여주는 것을 추천한다. 보고 대상은 처음 보는 그림에 많은 질문을 할 것이고 그만큼 당신의 전문성을 알리며 상대방의 기억에 선명하게 남을 수 있다.

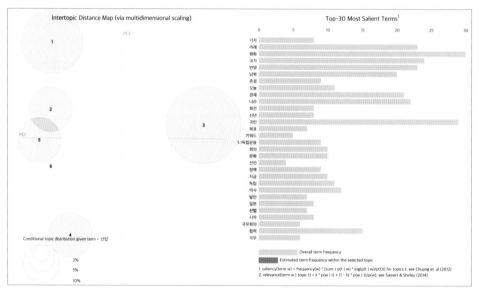

그림 3-167 토픽 모델링 설명

해석할 때는 왼쪽과 오른쪽, 크게 두 개의 파트로 나눈다. [그림3-167]의 왼쪽 파트 (Intertopic Distance Map)는 각 토픽이 주어진 문장에서 차지하는 상대적인 비중과 토픽의 위치를 2차원으로 표현했을 때 토픽 간의 거리를 말해준다.

예를 들어 왼쪽 파트의 1번 토픽(1번 파란색 원)의 경우 2번과 5번 토픽과는 가깝지만 3, 4번 토픽과는 떨어져 있는 것을 볼 수 있는데, 실제로 내용을 살펴보면 2번과 5번 토픽에는 1번 토픽의 주제인 '평화'와 관련된 단어가 많이 포함될 뿐 아니라 중복된 단어들도 보인다. 오른쪽 파트(Top-30 Most Salient Terms)는 주어진 전체 문장에서 빈번하게 사용되는 키워드를 파란색 막대로 보여준다. 토픽 모델링 시각화를 실행한 후 처음 나오는 화면은 이와 같지만, 오른쪽 파트를 활용하는 방법에는 두 가지가 있다.

첫 번째는 **토픽별 키워드 탐색**이다. 왼쪽 파트에서 숫자가 표시된 원을 클릭하면 각 토픽에 해당하는 단어들로 오른쪽 파트가 바뀌며 'Top-30 Most Relevant Terms for Topic N'이라고 나타나는 것을 볼 수 있다. 여기서는 해당 토픽에 대한 30개의 키워드를 보여준다. 이전에 보여준 Salient Terms는 '전체 문장'에 대한 키워드 빈도수를 보여주는 것이고 Relevant Terms는 '해당 토픽'에 대한 키워드를 보여준다는 점이 다르다.

여기서 헷갈리지 말아야 할 부분은 Relevant Terms에 보이는 파란색 막대는 '전체 문장'에서 해당 키워드의 빈도수(Overall term frequency)이고, 빨간색 막대는 '해당 토픽'에서 해당 키워드의 빈도수(Estimated term frequency within the selected topic)라는 점이다. 즉 [그림 3-168]에서 3번 토픽을 선택했을 때 오른쪽 파트를 해석해보자면 '성장'이라는 단어가 전체 문장에서 15회 정도 나왔고 그 중 3번 토픽에서 5회 나왔다고 할 수 있다.

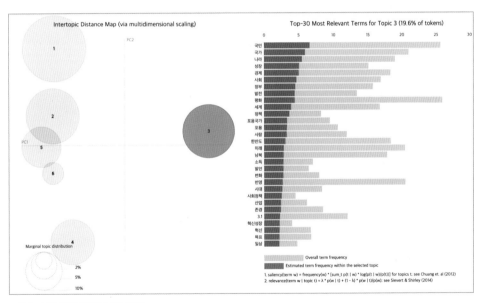

그림 3-168 토픽 모델링 3번 토픽

두 번째는 **키워드별 분포**다. 오른쪽 파트에 나오는 30개의 단어 중 하나를 정해 마우스 포인터를 올려보면 왼쪽 파트 원들의 크기가 변하는 것을 볼 수 있다. 이렇게 해당 키워드의 토픽별 분포도를 확인할 수 있다. [그림 3-167]에서 3번 토픽의 '경제'라는 키워드에 [그림 3-169]와 같이 마우스 커서를 올리면 3번 원이 커지는 것을 확인할 수 있는데, [그림 3-165]에서 본 것처럼 '경제' 관련 토픽이기 때문에 그렇다는 것을 자연스럽게 유추할 수 있다.

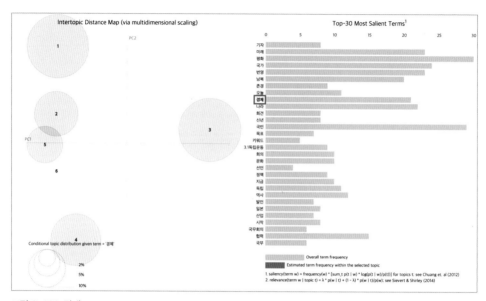

그림 3-169 경제

동일한 방식으로 [그림 3-167]의 키워드 중 '평화'에 마우스를 올려보면 1번, 4번, 5번 토픽에 많이 등장한다는 것을 [그림 3-170]과 같이 알 수 있다. [그림 3-164]와 [그림 3-166]에서 각각 '평화'와 '포용사회'에 대한 토픽이었던 것을 미루어 짐작할 수 있듯이 2차원 좌표에서 각 토픽은 비슷한 키워드를 다룰 때 비슷한 거리에 위치해 있는 것을 알 수 있다.

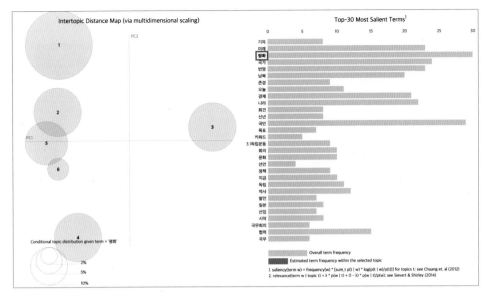

그림 3-170 평화

이와 같은 해석 방법을 적용하여 보고할 때 참고해야 할 사항은 다음과 같다.

- 기계가 토픽을 분류해주지만 토픽의 주제는 사람이 결정해야 한다.
- 기계가 토픽을 분류해주지만 토픽을 몇 개로 나눌지도 사람이 결정해야 한다.

 참고

토큰

[그림 3-168]의 LDA 토픽 모델링에서 원의 크기는 입력된 텍스트 전체 중 해당 토픽이 포함하는 토큰의 비율을 나타낸다고 했다. 즉 세 번째 토픽(3번 원) '경제'에 대한 주제는 전체 토큰의 19.6%에 해당한다는 의미다. 여기서 '토큰'이라는 개념은 지금까지 말한 키워드나 단어라는 뜻과는 미세한 차이가 있어 추가로 설명할 필요가 있다. 자연어처리(NLP)에서 사용하는 전문 용어인 토큰은 주어진 문장에서 의미가 있는 단어로 나눌 수 있는 만큼 나눈 '최소 단위'라는 뜻이다. 다음 예제로 이해해보자.

예를 들어 '아버지가방에들어가신다'라는 문장에서 '아버지', '가', '방', '에', '들어', '가신다'라는 방식으로 의미를 나눌 수도 있지만, '아버지', '가방', '에', '들어', '가', '신다'로 나눌 수도 있다. 이때 따옴표(' ') 사이에 들어가는 각각의 단어를 토큰이라고 이해하면 된다. 영어는 이런 토큰이 공백(space)으로 구분되어 해석하는 데 큰 어려움이 없지만, 한국어 자연어처리에서는 토큰을 어떻게 나누는지가 굉장히 중요하다. 예를 들었던 문장처럼 토큰을 나누는 방식에 따라 분석 결과와 해석이 완전히 달라질 수 있기 때문이다. 토큰을 나누는 방식은 3.6.4절에서 구체적으로 설명한다.

3.6.3 검증하기

**국민이
지킨 역사
국민이
이끌 나라**

그림 3-171 연설문 목차

그림 3-172 연설문 키워드

[그림 3-171]은 문재인 대통령 연설문 원본 4쪽에 나오는 전체 목차, [그림 3-172]는 5쪽에 나오는 각 제목의 키워드다. 실제 연설문 목차에 대한 전체 키워드는 정리하면 다음과 같다.

- **신년기자회견**: 혁신적 포용국가, 함께 잘 사는 경제, 한반도 항구적 평화
- **백범기념관 국무회의**: 민주주의, 새로운 100년, 새로운 시대
- **포용국가 사회정책 대국민보고**: 혁신성장, 포용국가
- **3.1절 기념사**: 새로운 100년, 국민의 국가, 신한반도체제
- **제14회 국무회의**: 새로운 100년, 혁신적 포용국가, 정의로운 대한민국, 평화, 번영
- **오슬로 연설**: 국민, 적극적 평화, 국민을 위한 평화
- **광복절 경축사**: 함께 잘 사는 나라, 공정한 기회, 교량국가, 평화경제
- **제74차 유엔총회**: 전쟁불용, 안전보장, 공동번영, DMZ, 평화지대화

구체적인 내용을 보지 않더라도 토픽 모델링에 나왔던 그룹별 세 가지 주제인 '평화', '경제', '포용사회' 관련 내용이 충분히 반영된 것을 알 수 있다. 특히 신년기자회견과 제14회 국무회의에서는 세 가지 주제에 대해 명확하게 다루고 있는 것을 볼 수 있다.

내용을 직접 읽어본 사람만 이해할 수 있는 내용일 것 같지만, 컴퓨터가 어느 정도 그것을 이해하고 반영했다. 이처럼 토픽 모델링은 전체 문서에서 키워드 상위 빈도수를 나타내는 워드 클라우드보다 해석 능력이 뛰어나고 주제별 분류가 가능하기 때문에 매우 유용한 분석 방법이다.

3.6.4 토픽 모델링 따라하기

토픽 모델링 흐름은 다음과 같다.

데이터 불러오기 → 텍스트 읽기 → 텍스트 데이터 정제 → 최적 토픽 개수 선정 → LDA 모델 실행 → 시각화

1) 데이터 불러오기

앞에서 했던 방식과 동일하게 깃허브에서 데이터를 가져온다.

```
!git clone https://github.com/sangsucki/DataDrivenReport.git
```

외부에서 텍스트 문서를 읽기 위해서는 다음과 같이 두 가지 라이브러리가 필요하다. 라이브러리는 'pip install + 라이브러리 이름'으로 설치 후 'import + 설치된 라이브러리 이름'으로 해당 노트에서 사용할 수 있다(A.2절 참고).

- **fitz**: 파이썬에서 PDF 파일을 읽고 쓰고 조작하는 데 사용
- **PyMuPDF**: PDF 파일에서 텍스트, 이미지 및 메타 데이터를 추출하고 PDF 파일을 이미지나 HTML과 같은 다른 형식으로 변환하는 데 사용

```
pip install fitz
pip install PyMuPDF
```

실행($\boxed{\text{Shift}}$ + $\boxed{\text{Enter}}$)하면 [그림 3-173], [그림 3-174]와 같이 설치를 시작한다.

 라이브러리는 다음 그림과 같이 하나의 셀에 하나의 라이브러리만 설치가 가능하다. 즉 한 셀에 여러 개의 라이브러리를 설치하려면 에러가 발생하므로 주의해야 한다.

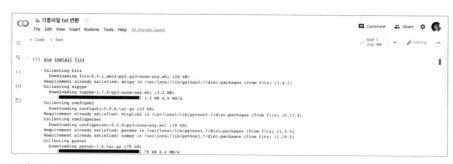

그림 3-173 install fitz

그림 3-174 install PyMuPDF

두 개의 라이브러리를 각각 설치한 후 'import + 라이브러리 이름'을 실행한다. 여기서 PyMuPDF를 제외하고 fitz만 가져오는 이유는 PyMuPDF는 fitz를 실행하는 데 필요한 파일이므로 별도로 가져오지 않아도 된다.

```
import fitz
```

파일을 읽을 때 경로를 다음과 같이 입력하게 되는데 [그림 3-175]처럼 파란색 부분을 입력할 때 경로를 직접 작성하는 것보다 빨간색 '경로 복사'로 경로를 복사한 다음 붙여넣기하는 것이 훨씬 빠르고 정확하다. 사소한 입력 오류로 에러가 발생하는 것을 막기 위함이다. '경로 복사'는 해당 파일(여기서는 문재인 대통령 연설문 선집.pdf)에서 마우스 오른쪽 버튼을 클릭하면 선택할 수 있다.

```
doc = fitz.open("/content/DataDrivenReport/문재인 대통령 연설문 선집.pdf")
```

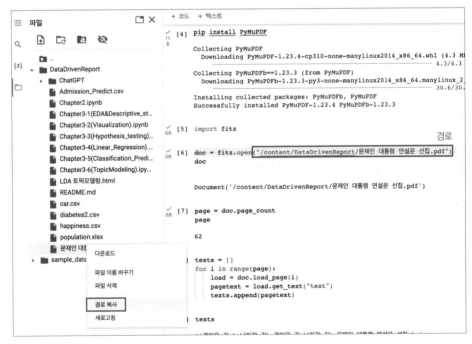

그림 3-175 경로 설정

참고

파이썬에서 PDF 문서 읽기

파이썬에서 문장을 읽기 위해서는 기본적으로 txt 형식으로 변환할 필요가 있다. 회사 보고서 형식은 대부분 pdf, 한글(hwp), 마이크로소프트 워드 문서(doc)이다. 물론 각 문서 내용을 복사 붙여넣기하여 메모장 혹은 다른 txt 프로그램으로 변환할 수 있지만, 그것을 일일이 복사/붙여넣기에는 우리의 시간이 너무 소중하다. 이런 작업을 편하게 만들어주는 것이 바로 파이썬의 마법이다. 다음 사이트를 이용해 pdf 파일을 txt 파일로 변환해보자.

- Convertio와 PDF to Text

그림 3-176 Convertio
(https://convertio.co/kr/pdf-txt)

그림 3-177 PDF to Text
(https://pdftotext.com/ko)

사실 이 방법이 코드 없이 진행하기에 가장 편한 방식이다. 클릭 한 번으로 txt 형식을 변환해줄 뿐 아니라 여러 파일을 동시에 변환해주기도 한다. 하지만 이 방식 또한 누군가의 코드로 실행하는 것이므로 나의 문서에 100% 적용되지 않을 수 있다. 예를 들어 내 파일에 표 형식이나 특수문자가 포함되어 있을 때 작동하지 않을 수도 있고 다양한 이유로 에러가 발생할 수 있다. 내가 직접 코드를 작성할 경우에는 코드 한 줄로도 에러를 해결할 수 있지만, 웹사이트에 내장된 코드는 변경할 수 없다.

무엇보다 보안이 중요한 파일은 변환 사이트에서 변환하는 것을 절대 추천하지 않는다. 내 손으로 직접 클라우드에 업로드한 후 변환된 파일을 다운로드하는 방식이기 때문에 '내 손으로 직접' 업로드한 자료가 어떤 경로로 유포되어 다른 사람에 의해 활용될지 그 누구도 알 수 없고, 이에 대한 책임은 결국 나에게 있다.

마지막으로 광고 팝업이 자주 뜨는 것도 변환 사이트의 단점인데, 결국 이 사이트를 운영하는 운영자도 자원봉사 차원에서 이 서비스를 제공하는 것이 아니므로 광고를 보는 것은 우리가 변환 사이트를 이용하는 대가라고 할 수도 있겠다.

결국 코드를 작성할 수 있다면 당연히 개인 코드를 이용하는 것이 여러 측면에서 장점이 많고, 변환 사이트의 단점을 극복할 수 있다. 이 책에서는 개인 코드 작성 방법을 모르더라도 복사/붙여넣기만으로 쉽게 변환할 수 있도록 각 파일 형식에 대한 코드를 제공한다.

	변환 사이트	개인 코드
장점	• 코드 없이 진행 가능 • 급하게 필요할 때 빠른 변환 가능	• 다양한 파일 유형에 유연하게 대처 가능
단점	• 파일 유형에 따라 에러 발생 확률 높음 • 보안 취약 • 광고 팝업 • 파일 크기 제한(100mb 이하) • 파일 업로드 개수 제한	• 코드 작성 필요

2) 텍스트 읽기

해당 라이브러리의 설명[21]을 참고하면 PDF 내부 텍스트를 읽기 위한 다양한 기능을 활용할 수 있다. 해당 라이브러리는 페이지별로 텍스트를 읽을 수 있기 때문에 총 몇 페이지인지 계산한 다음 for문을 사용해 전체 페이지에 있는 텍스트를 읽기로 한다. 먼저 page_count 함수를 사용해 주어진 pdf 파일의 페이지 수를 구한다.

```
page = doc.page_count
```

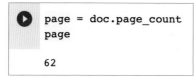

```
page = doc.page_count
page

62
```

그림 3-178 페이지 카운트

총 62페이지다. 이 페이지 수는 전체 텍스트를 읽을 때 쓰일 예정이다. 이제 각 페이지의 텍스트를 읽어보자. 여기서는 load_page(페이지 번호)와 get_text("text") 함수를 활용한다.

```
texts = []
for i in range(page):
    load = doc.load_page(i)
    pagetext = load.get_text("text")
    texts.append(pagetext)
```

---

21 https://pymupdf.readthedocs.io/en/latest/tutorial.html

- 먼저 PDF 문서의 각 페이지에서 텍스트를 저장하기 위해 texts라는 공백의 리스트를 만든다.
- for문을 사용하여 PDF 문서의 각 페이지를 반복한다. load_page() 메서드는 PDF 문서의 현재 페이지를 메모리에 로드하는 데 사용된다. 페이지 번호 i는 로드할 페이지를 지정하기 위해 load_page()에 인수로 전달된다.
- get_text("text") 메서드가 로드된 페이지 개체에서 호출되어 페이지에서 텍스트를 추출한다.
- append 함수를 활용해 각 페이지에 추출된 텍스트들이 for문을 통해 texts 리스트 변수에 추가된다.
- for문 실행이 완료되면 texts 리스트 변수에는 PDF 문서의 각 페이지에 있는 모든 텍스트가 포함된다.

이제 texts라는 변수에 62페이지에 달하는 텍스트를 모두 넣었다면 texts 안에 무엇이 들었는지 확인해보자. [그림 3-179]처럼 각 페이지의 텍스트들이 대괄호([ ]) 안에 잘 들어가 있는 것을 볼 수 있다.

```
texts

['걸어온 길 \n나아갈 길\n걸어온 길 나아갈 길\n문재인 대통령 연설문 선집 \n',
 '걸어온 길 \n나아갈 길\n문재인 대통령 연설문 선집 \n',
 '2019년은  \n3.1독립운동과 대한민국 임시정부 수립  \n100년이 되는 해입니다.\n한 해 동안 우리는 지난 100년을 돌아보고  \n새로운 100년을 함께 준비했습
 '걸어온 길 나아갈 길 \n1. 신년기자회견 2019.01.10. \n2. 백범기념관 국무회의 2019.02.26.\n함께 잘 사는 새로운 대한민국 \n1. 포용국가 사회정책 대국
 '|  005\n004\n신년기자회견 2019.01.10.\n걸어온 길 나아갈 길 \n대한민국 새로운 100년, \n함께 잘 사는 나라\n혁신적 포용국가, 함께 잘 사는 경제, \n
 '006 |   007\n걸어온 길 나아갈 길 100년 문재인 대통령 연설문 선집 \n걸어온 길 나아갈 길 – 신년기자회견\n지난 한 해, 국민들의 힘으로 많은 변화를 이뤘고
 '008 |   009\n걸어온 길 나아갈 길 100년 문재인 대통령 연설문 선집 \n걸어온 길 나아갈 길 – 신년기자회견\n이러한 정책을 통해 지난해, 전반적인 가계 실질소
 '010 |   011\n걸어온 길 나아갈 길 100년 문재인 대통령 연설문 선집 \n걸어온 길 나아갈 길 – 신년기자회견\n올해부터 전략적 혁신산업에 대한 투자도 본격화 되
 '012 |   013\n걸어온 길 나아갈 길 100년 문재인 대통령 연설문 선집 \n걸어온 길 나아갈 길 – 신년기자회견\n국민 여러분,\n1997년의 외환위기는 우리 사회에
 '014 |   015\n걸어온 길 나아갈 길 100년 문재인 대통령 연설문 선집 \n걸어온 길 나아갈 길 – 신년기자회견\n보험 보장성을 획기적으로 확대하여 이미 많은 분들
 '016 |   017\n걸어온 길 나아갈 길 100년 문재인 대통령 연설문 선집 \n걸어온 길 나아갈 길 – 신년기자회견\n셋째, 안전 문제는 무엇보다 우선한 국가적 과제로
 '018 |   019\n걸어온 길 나아갈 길 100년 문재인 대통령 연설문 선집 \n걸어온 길 나아갈 길 – 신년기자회견\n올해는 공익형 직불제 개편 추진에 역점을 두고 스
 '020 |   021\n걸어온 길 나아갈 길 100년 문재인 대통령 연설문 선집 \n걸어온 길 나아갈 길 – 신년기자회견\n지난 여야정 국정상설협의체에서 '불공정을 시정하
 '022 |   023\n걸어온 길 나아갈 길 100년 문재인 대통령 연설문 선집 \n걸어온 길 나아갈 길 – 신년기자회견\n우리는 지금 그 실현의 마지막 고비를 넘고 있습니
 '|  025\n024\n백범기념관 국무회의 2019.02.26.\n새로운 100년, \n새 시대의 자부심\n민주주의, 새로운 100년, \n새로운 시대\n키워드\n02\n걸어온 길
 '026 |   027\n걸어온 길 나아갈 길 100년 문재인 대통령 연설문 선집 \n참여정부 시절 한때 중국 정부의 협조를 얻어 남북 공동으로 안중근  \n의사 유해 발굴
 '028 |   029\n걸어온 길 나아갈 길 100년 문재인 대통령 연설문 선집 \n오늘 유관순 열사에게 국가유공자 서훈 1등급 건국훈장 대한민국장  \n추서를 의결하는 정
 '030 |   031\n걸어온 길 나아갈 길 100년 문재인 대통령 연설문 선집 \n한반도를 둘러싼 국제질서도 달라지고 있습니다. 무엇보다 중요한  \n것은 우리가 스스로
 '|  033\n032\n포용국가 사회정책 대국민보고 2019.02.19. \n함께 잘 사는 새로운 대한민국\n국민의 일상을 \n지켜주는 나라\n혁신성장, 포용국가\n키워드\n0
 '034 |   035\n걸어온 길 나아갈 길 100년 문재인 대통령 연설문 선집 \n혁신성장도, 포용국가도 사람이 중심입니다. \n포용국가에서는 국민 한 사람 한 사람의 역
 '036 |   037\n걸어온 길 나아갈 길 100년 문재인 대통령 연설문 선집 \n모든 국민이, 전 생애에 걸쳐, 기본생활을 영위하는 나라, 포용국가  \n대한민국의 청사
```

그림 3-179 페이지 읽기

3) 텍스트 데이터 정제

텍스트 데이터는 표(데이터프레임) 안에서 정제하는 것이 편하므로 이제는 우리에게 익숙한 판다스 라이브러리를 활용해 각 문장들을 표 내부 각 행에 넣어보자.

```
import pandas as pd
df = pd.DataFrame(texts)
```

두 번째 줄에 나오는 pd.DataFrame(texts)는 문재인 대통령 연설문 텍스트로 저장해뒀던 변수 texts를 표 형식에 넣겠다는 뜻이다. 그리고 표 형식에 들어간 전체 텍스트를 df라는 변수

에 저장했다. 이제 본격적인 데이터 정제를 위해 KoNLPy를 설치한다. KoNLPy는 한국어 전처리를 위해 만들어진 형태소[22] 분석기 패키지다.

영어의 품사는 띄어쓰기로 명확히 구분된다. 예를 들어 'I am a ghost'에서 I는 대명사, am은 동사, a는 관사, ghost는 명사처럼 띄어쓰기로 구분되기에 한국어에 비해 데이터 정제가 상대적으로 쉽다. 하지만 '나는 귀신이다'라는 한국어 문장은 '나'가 대명사, '는'은 조사, '귀신'은 명사, '이다'는 서술격 조사에 속한다. 즉 띄어쓰기로 구분하기 힘들고 상황에 따라 같은 단어라도 품사의 종류가 달라지므로 컴퓨터가 이것을 100% 구별하는 것은 어려운 일이다.

한국어에서 형태소 분석은 텍스트 정제 시 가장 기본 단위인 토큰을 만드는 토큰화^{tokenization}에 효과적이다.

감사하게도 KoNLPy라는 패키지는 다섯 개(Hannanum, Kkma, Komoran, Mecab, Okt(구 Twitter))의 서로 다른 형태소 분석기를 제공한다. KoNLPy의 공식 사이트에서는 다음과 같이 다섯 개의 형태소 분석기에 대한 시각적 비교를 제시한다. [그림 3-180]을 보면 글자 수가 많아질수록 분석 소요 시간이 증가하고 Mecab과 Okt는 글자 수가 늘어나더라도 상대적으로 소요 시간이 적게 걸리는 것을 볼 수 있다.

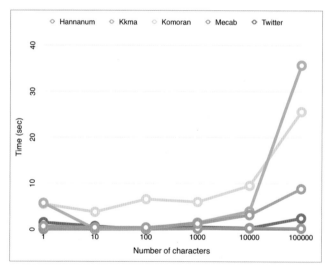

그림 3-180 형태소 분석기 비교[23]

---

22 더 이상 분석할 수 없는 가장 작은 말의 단위

23 https://konlpy-ko.readthedocs.io/ko/v0.4.3/morph/

추가적으로 KoNLPy 웹사이트에서는 다양한 예시 문장을 다섯 개의 형태소 분석기로 분석한 차이를 보여주는데, 참고로 두 가지만 소개하자면 다음과 같다.

- **예시 문장 1)** 나는 밥을 먹는다

Hannanum	Kkma	Komoran	Mecab	Twitter
나 / N	나 / NP	나 / NP	나 / NP	나 / Noun
는 / J	는 / JX	는 / JX	는 / JX	는 / Josa
밥 / N	밥 / NNG	밥 / NNG	밥 / NNG	밥 / Noun
을 / J	을 / JKO	을 / JKO	을 / JKO	을 / Josa
먹 / P	먹 / VV	먹 / VV	먹 / VV	먹는 / Verb
는다 / E	는 / EPT	는다 / EC	는다 / EC	다 / Eomi
	다 / EFN			

그림 3-181 나는 밥을 먹는다

단어 뒤에 있는 알파벳들은 각 형태소 분석기에서 처리하는 품사의 종류라고 보면 된다. '밥'이라는 것은 명사[Noun]이므로 모든 형태소 분석기에서 N으로 시작하는 것으로 보아 우리가 아는 명사 형태로 인식했다는 것을 알 수 있다. 세부적인 품사의 정의가 궁금하다면 다음 링크를 참고하자.

- https://zrr.kr/eq6R

Sejong project (ntags=42)		Sim Gwangsub project (ntags=26)		Twitter Korean Text (ntags=19)		Komoran (ntags=42)		Mecab-ko (ntags=43)		Kkma (ntags=10)	Kkma (ntags=30)	Kkma (ntags=56)	
Tag	Description	Tag	Description	Tag	Description	Tag	Description	Tag	Description	Tag	Tag	Tag	Description
NNG	일반 명사					NNG	일반 명사	NNG	일반 명사			NNG	보통명사
NNP	고유 명사	NN	명사			NNP	고유 명사	NNP	고유 명사			NNP	고유명사
NNB	의존 명사	NX	의존 명사			NNB	의존 명사	NNB	의존 명사		NN	NNB	일반 의존 명사
		UM	단위 명사					NNBC	단위를 나타내는 명사			NNM	단위 의존 명사
NR	수사	NU	수사			NR	수사	NR	수사			NR	수사
NP	대명사	NP	대명사	Noun	명사 (Nouns, Pronouns, Company)	NP	대명사	NP	대명사	N	NP	NP	대명사
VV	동사	VV	동사	Verb	동사	VV	동사	VV	동사		VV	VV	동사
VA	형용사	VA	형용사	Adjective	형용사	VA	형용사	VA	형용사		VA	VA	형용사
		VX	보조 동사									VXV	보조 동사
VX	보조 용언	AX	보조 형용사			VX	보조 용언	VX	보조 용언		VX	VXA	보조 형용사
VCP	긍정 지정사	CP	서술격 조사 '이다'			VCP	긍정 지정사	VCP	긍정 지정사			VCP	긍정 지정사, 서술격 조사 '이다'
VCN	부정 지정사					VCN	부정 지정사	VCN	부정 지정사	V	VC	VCN	부정 지정사, 형용사 '아니다'
		DN	수 관형사									MDN	수 관형사

그림 3-182 세부 품사 구분 표

다음 예시 문장에서는 분석기별로 형태소 분석을 다르게 하는 것을 볼 수 있다.

- **예시 문장 2)** 아버지가방에들어가신다

Hannanum	Kkma	Komoran	Mecab	Twitter
아버지가방에 들어가 / N	아버지 / NNG	아버지가방에 들어가신다 / NNP	아버지 / NNG	아버지 / Noun
이 / J	가방 / NNG		가 / JKS	가방 / Noun
시ㄴ다 / E	에 / JKM		방 / NNG	에 / Josa
	들어가 / VV		에 / JKB	들어가신 / Verb
	시 / EPH		들어가 / VV	다 / Eomi
	ㄴ다 / EFN		신다 / EP+EC	

그림 3-183 아버지가방에들어가신다

실제 데이터는 이렇게 띄어쓰기가 명확하지 않은 경우가 많기 때문에 형태소 분석기별로 다르게 해석할 수 있다. 하지만 어떤 것이 더 좋은 것이라고 말하기는 어렵다. Kkma와 Mecab만 비교해도 아버지 '가방'에 들어가는 경우와 아버지가 '방'에 들어가는 경우로 나뉜다. 여기서 실제 문맥상으로는 Mecab이 좀 더 정확하다고 할 수 있을까? 주어진 예제로만 보면 속도의 측면과 한국어 해석의 측면에서 Mecab이 다른 형태소 분석기보다 우수한 것처럼 보인다.

자, 그러면 이제 전문가들이 이미 형태소 분석을 해두었던 패키지를 이용해 다시 한번 거인의 어깨에 올라타보자. 여기서는 KoNLPy 패키지 중 Kkma를 사용해보겠다. 임포트하고 두 번째 줄처럼 Kkma를 새로운 변수로 정의한다(이때 Kkma의 첫 글자가 대문자인지 꼭 확인한다).

```
pip install konlpy
```

```
from konlpy.tag import Kkma
kkma=Kkma()
```

시험 삼아 6번째 행(파이썬에서는 0부터 숫자를 세기 때문에 5를 입력하면 6번째라고 인식한다)에 있는 문장들의 명사들을 불러오자.

```
print(kkma.nouns(texts[5]))
```

```
print(kkma.nouns(texts[5]))
['길', '100', '100년', '년', '문', '문재인', '재인', '대통령', '연설문', '선집', '006', '007', '신년',
```

그림 3-184 Kkma 샘플 행

다음은 문장 안에 있는 특수문자 혹은 기타 인식이 불가능한 문자들을 삭제하는 작업을 하기 위해 re라는 패키지를 설치한다. re는 regular expression의 약자로 정규표현식이라고도 한다. 정규표현식은 연속된 문자들 속에서 특정 문자를 찾아낼 때 쓰이는 도구라고 생각하면 된다. 즉 특정 문자를 찾아낸 다음 삭제 혹은 다른 문자로 바꿀 때 유용하다고 할 수 있는데, 이 re라는 패키지에는 별도의 정규표현식 규칙이 있기 때문에 여기서는 일반적인 부분만 안내하고 넘어가겠다. 세부적인 내용은 생활코딩[24]에서 잘 다루고 있기에 참고하길 바란다. 실제 문장에서의 연습은 regex101 사이트[25]에서 해보고 원하는 기능을 파이썬 코드로 가져올 수도 있다.

```
import re
```

이제 본격적으로 정규표현식 라이브러리를 가져와서 텍스트 데이터를 정제해보자.

```
^가-힣a-zA-Z0-9'
```

암호처럼 생긴 이것이 바로 정규표현식인데, 정규표현식에 따르면 다음과 같다.

- **^'**: ^ 뒤에 나오는 문자를 제외한 나머지
- **가-힣**: 모든 한글

---

24 https://opentutorials.org/course/909/5143
25 https://regex101.com

- **a–z**: 모든 소문자 알파벳
- **A–Z**: 모든 대문자 알파벳
- **0–9**: 모든 숫자

즉 '^가-힣a-zA-Z0-9'는 모든 한글, 소문자 알파벳, 모든 대문자 알파벳, 모든 숫자를 제외한 나머지 문자만 선택하라는 뜻이 된다.

```
dataset = []
for i in range(len(texts)) :
 dataset.append(kkma.nouns(re.sub('^가-힣a-zA-Z0-9','',texts[i])))
print(dataset)
```

re.sub(규칙에 해당되는 문자, 바꿀 문자, 해당 문장)의 식은 해당 문장에서 규칙에 해당되는 문자를 바꾸고 싶은 문자로 바꿀 때 사용한다. 여기서는 앞에서 저장했던 문장들을 각 행에 불러와서 한글, 영어, 숫자를 제외한 모든 특수문자와 기호를 공백으로 바꾸라는 명령이다. 나머지는 삭제한 후 kkma.nouns로 명사화시키고 그것을 dataset이라는 변수에 모두 저장한다.

```
[118] print(dataset)
    [['길', '문', '문재인', '재인', '대통령', '연설문', '선집'], ['길', '문', '문재인', '재인', '대통령', '연설문', '선집'],
```

그림 3-185 데이터 정제

dataset 변수 안 내용을 보면 대괄호([ ]) 안에 명사들이 있는 것을 알 수 있다. 대괄호 안에 또 다른 대괄호가 있고 [['길', '문', '문재인', '재인', '대통령', '연설문', '선집'], ['길', '문', '문재인', '재인', '대통령', '연설문', '선집']] 크게 두 개의 그룹으로 묶여 있는 것을 볼 수 있다. 두 그룹의 명사들이 똑같은 이유는 문재인 대통령 연설문 원본을 보면 1페이지와 2페이지의 표지 제목이 똑같기 때문에 우연히 단어들의 그룹이 같은 내용을 담고 있는 것이다. 이렇게 하나의 그룹은 한 페이지를 말하고 그 안의 문장들을 가져와서 토큰화한 것이다.

토픽 모델링을 할 때는 불필요한 단어들과 단어 길이를 정리해야 한다. 정해진 방식이 있는 것은 아니지만, 분석가가 분석을 하면서 필요한 경우 추가할 수 있는 내용이다. 주어진 데이터의 경우 문재인 대통령의 연설문 내용이기 때문에 '문재인', '대통령', '여러분' 같은 단어들이 빈번하게 나올 수밖에 없다. 이런 단어들은 토픽 모델링에서 고려할 필요가 없는 단어이기 때문에 토픽 모델링을 하기 전 제거해줄 필요가 있다. 또한 명사를 별도로 추출했다고 하더라도 단어 길이가 1인 '그', '저', '너' 등 특정 의미를 문맥으로 파악이 필요한 단어들은 제거한다. 한 글자로 된 명사는 분석할 때 어떤 맥락인지 파악하기 힘들 뿐 아니라 추후 단어 사전을 만들 때도 일련번호가 불필요하게 많아질 수 있다.

```
stopwords = ['재인', '선집', '대통령', '연설문','문재인','여러분','모두','연설','우리','100년','100','기조연설','대한민국','대한','민국','기념사','모두발언','청와대','신년기자회견']
data2 = [[word for word in sublist if len(word) > 1 and word not in stopwords] for sublist in dataset]
```

stopwords라는 변수에 리스트 형식으로 해석에 도움이 되지 않아 제거할 해당 명사들을 직접 작성한다. stopwords는 한 번에 모두 작성하기 힘드므로 전체 코드를 실행하면서 불필요한 단어들이 등장할 경우 다시 이 곳으로 돌아와 추가하는 방식으로 진행하는 것을 추천한다. 다음으로 dataset의 각 문서에서 길이가 1인 단어를 제외한 후 결과를 data2 변수에 할당한다.

토큰화 및 데이터 정제가 끝났다면 이제 다음은 단어 사전을 구축할 차례다. 컴퓨터는 각각의 단어를 단어가 아닌 숫자로 인식해야 한다. 단어 사전은 각 단어를 등장한 순서대로 번호를 붙이는 일이다. ['길', '문', '문재인', '재인', '대통령', '연설문', '선집']이 첫 페이지에 등장했다면 각각의 단어들에 번호를 부여한다. 길: 1, 문: 2, 문재인: 3, 재인: 4, 대통령: 5와 같은 방식이다. 다음 문장에 1~5번에 해당하는 단어가 똑같이 나오면 이전 문장에 부여했던 번호를 그대로 부여한다. 예를 들어 컴퓨터가 '대통령'이라는 단어를 5번 단어라고 인식한다고 가정해보자. '대통령'이 전체 문장에서 10번 사용됐다면 컴퓨터는 '대통령'이 아닌 단어 번호 5번이 10회 나왔다고 인식한다. 이것을 BoW[Bag of Words] 방식이라고 한다.

gensim을 다음과 같이 설치해보자.

```
pip install gensim
```

gensim 중 사용할 라이브러리들을 선정해서 불러온다.

```
from gensim import corpora, models
import gensim
```

```
dictionary2 = corpora.Dictionary(data2)
corpus2 = [dictionary2.doc2bow(text) for text in data2]
print(corpus2)
```

- corpora.Dictionary() 함수는 data2 변수에 저장된 고유한 단어의 사전을 만든다.
- dictionary 개체의 doc2bow() 메서드는 data2의 각 문서를 단어 모음으로 변환한다. Bag-of-Words는 문서에서 각 단어의 빈도를 나타내는 방식이다. 각 문서에 대한 결과 Bag-of-Words는 corpus2 변수에 저장되고 단어 ID와 문서에서 단어의 빈도가 포함된다.

```
dictionary2 = corpora.Dictionary(data2)
corpus2 = [dictionary2.doc2bow(text) for text in data2]
print(corpus2)
```
```
[[], [], [(0, 1), (1, 1), (2, 1), (3, 1), (4, 1), (5, 1), (6, 1), (7, 1), (8, 1),
```

그림 3-186 단어 빈도

파이썬은 숫자를 0부터 부여하기 때문에 (0,1)의 의미는 0번째 단어가 1회 나왔다는 뜻이다. 만약 1번 단어가 3번 나왔다면 (1,3)이라고 표현한다. 참고로 [그림 3-186]의 결과에서 첫 두 문장이 [ ], [ ] 공란으로 표시되는 이유는 데이터가 정제되면서 문장 내 모든 단어들이 삭제됐다는 의미다.

4) 최적 토픽 개수 선정

텍스트 정제가 끝났고 단어 사전까지 준비됐다면 이제는 토픽 개수를 정할 차례다. 토픽 모델링은 비지도학습unsupervised learning 방식으로, 담당자가 별도로 지정하지 않아도 주어진 자료만으로 컴퓨터가 자동으로 그룹을 분류한다. 사람이 개입하지 않는 대신 어떤 기준으로 분류하는지는 컴퓨터에 달려 있다. 여기서 컴퓨터가 토픽을 어떻게 분류할지에 관해 사람이 개입할 수 있는 부분이 몇 가지 있는데 그 중 하나가 토픽 개수 선정이다. 주어진 텍스트를 몇 가지 토픽으로 분류하는 것이 최적일지는 데이터와 목적에 따라 다를 수 있으므로 토픽 개수를 선정할 때 도움이 될 알고리즘을 소개한다.

먼저 matplotlib.pyplot은 차트나 그래프를 그릴 때 필요한 라이브러리다. 별도 설치할 필요 없이 바로 불러오면 된다. 그리고 CoherenceModel은 적정한 토픽 개수를 찾을 때 꼭 필요한 라이브러리다.

```
import matplotlib.pyplot as plt
from gensim.models import CoherenceModel
```

토픽 모델링에서 최적의 토픽 개수를 찾기 위해서는 일관성coherence과 혼란도perplexity를 살펴봐야 한다.

먼저 coherence는 특정 토픽에 대한 단어 간의 일관성을 뜻한다. 즉 일관성이 높을수록 토픽 분류가 잘 되었다고 할 수 있다.

```
random_num = 2023

coherence_values2= []
for i in range(2,10) :
  ldamodel = gensim.models.ldamodel.LdaModel(corpus2, num_topics=i,
id2word=dictionary2, random_state = random_num)
  coherence_model_lda = CoherenceModel(model=ldamodel, texts = data2, dictionary =
dictionary2,topn=5)
  coherence_lda = coherence_model_lda.get_coherence()
  coherence_values2.append(coherence_lda)
```

토픽 모델링의 방식에는 여러 가지가 있는데 우리가 사용할 방식은 LDA 토픽 모델링이다. LDA 방식은 주제와 관련된 각 단어에 확률을 할당하는 확률모델이고 대량의 텍스트 분석 시 효과적이다. 토픽 모델링을 시행할 때마다 확률이 다른 방식으로 적용될 수 있기 때문에 random_num이라는 변수에 무작위 숫자를 넣고, ldaModel 함수 내 random_state 파라미터에서 random_num 변수를 적용해 똑같은 결과를 재현하도록 통제한다.

LDA 토픽 모델링은 **gensim.models.ldamodel.LdaModel**(단어 사전에 맞춰 일련번호가 적용된 문서들, 토픽 개수, 단어 사전)이라는 규칙으로 작동한다. 여기서는 토픽 개수를 2개부터 9개까지(range(2,10)) for문으로 순서대로 실행시킨 다음 일관성을 측정할 것이다.

일관성 측정은 먼저 CoherenceModel(LDA 토픽 모델링 실행 후 저장한 변수, 분석 대상, 단어 사전, 해당 토픽 내 일관성 비교할 상위 단어 개수)로 CoherenceModel을 만들고 **coherence_model_lda.get_coherence**()로 해당 모델의 일관성 점수를 구한다. 마지막으로 coherence_values2라는 변수 안에 토픽 개수 2개부터 9개까지의 일관성 점수를 리스트 형식으로 넣는다.

```
print(coherence_values2)

[0.6183928811769197, 0.6295162078349134, 0.6298502068882235, 0.6125340183628396,
```

그림 3-187 일관성 측정

숫자로만 보면 비교하기 힘들기 때문에 그래프를 그려보자. x축은 토픽의 숫자, y축은 일관성 점수로 표시한다.

```
x=range(2,10)
plt.plot(x, coherence_values2)
plt.xlabel('number of topics')
plt.ylabel('coherence score')
plt.show()
```

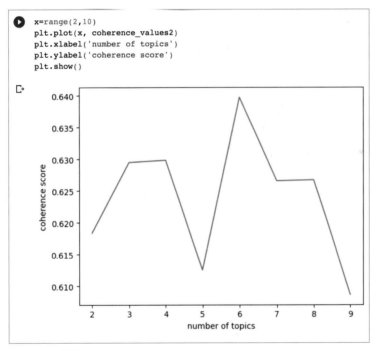

그림 3-188 일관성 그래프

숫자보다 그래프가 훨씬 비교하기 쉽다. 일관성 점수는 토픽 개수가 6개일 때 가장 높고 토픽 개수가 9개일 때 가장 낮은 것을 알 수 있다.

다음은 혼란도^{perplexity}를 살펴보자. 혼란도는 낮을수록 좋다고 이해하면 된다. 토픽 모델링은 전체 문서와 각 문장의 단어 빈도를 기준으로 특정 문서 내에서 특정 주제가 나올 확률과 특정 주제 내에서 특정 단어가 나올 확률을 추정하는 확률모델이다. 확률모델을 통해 나온 값과 실제 데이터(단어)를 비교했을 때 얼마나 차이가 나는지를 '오차'라고 한다면 오차가 낮을수록 좋은 모델이라고 할 수 있다. 이 오차를 혼란도라고 생각하면 된다.

앞서 일관성을 측정한 것처럼 토픽을 2개부터 9개까지 오차를 계산하고 그래프를 그려보자.

```
perplexity_values2 = []
for i in range(2,10):
 ldamodel = gensim.models.ldamodel.LdaModel(corpus2, num_topics=i,
id2word=dictionary2)
 perplexity_values2.append(ldamodel.log_perplexity(corpus2))
```

```
[127] print(perplexity_values2)

    [-7.979117518160569, -8.173492245294348, -8.382282263048719, -8.586555525261923,
```

그림 3-189 혼란도 결과

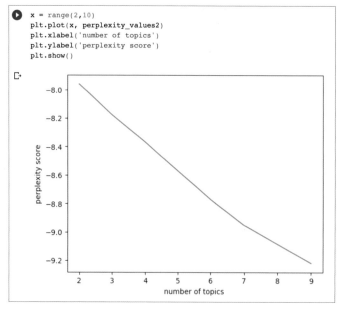

그림 3-190 혼란도 차트

앞에서 일관성 점수 그래프를 그렸던 것과 마찬가지로 x축은 토픽의 개수, y축은 혼란도 점수다. 토픽의 개수가 늘어날수록 혼란도는 계속 줄어드는 것을 볼 수 있다.

주의 앞에서 직관적으로 이해하기 쉽게 혼란도 점수가 낮으면 좋다고 설명했지만, 혼란도의 최저 점수가 나올 때까지 토픽 개수를 찾는 것은 추천하지 않는다. 실제로 데이터를 적용해서 토픽 개수를 100개까지 늘렸을 때 혼란도 점수를 보면 [그림 3-191]처럼 x값(토픽 개수)이 100에 가까워질수록 y축(혼란도)이 -15로 수렴해가는 것을 볼 수 있다. 토픽을 100개로 구분했을 때 각 토픽이 어떤 내용인지 구별할 수 있을까? 실제로 토픽 모델링 관련 논문에서도 '혼란도는 전통적으로 사용되는 토픽 모델링의 측정 도구지만, 혼란도가 낮은 것이 사람의 해석 능력을 높이는 것은 아니다'라고 명시되어 있다. 즉 우리의 목적은 비즈니스에서 주어진 텍스트를 쉽게 분류하는 것이므로 실무에서의 혼란도 점수는 감소 추이를 확인하는 정도로 생각하면 된다. 당연히 학문적인 목적으로 사용된다면 일관성이 높고 혼란도가 낮은 지점을 동시에 고려해야 할 것이다.

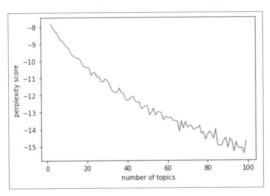

그림 3-191 혼란도 100까지

---

5) LDA 토픽 모델링 실행

그러면 이제 본격적으로 토픽 모델링을 시작해보자. 앞에서 살펴봤던 것처럼 일관성과 혼란도를 고려했을 때 토픽 최적 개수를 6개를 설정한 경우 결과가 어떻게 나오는지 보자. ldamodel2라는 변수에 토픽 6개에 해당하는 LDA 토픽 모델링을 실행해본다. 여기에 알파alpha값[26]이 있는데 알파값은 0보다 큰 숫자(소수 포함)를 입력하면 된다. 알파가 클수록 단어들이 여러 토픽에 균등하게 분배되고 알파가 작을수록 단어들이 소수의 토픽에 몰린다. 예를 들어 [그림3-192]를 보면 알파값에 따라 단어들의 토픽 분포가 어떻게 변하는지 시각적으로

---

26 https://radimrehurek.com/gensim/models/ldamodel.html

알 수 있다. 버락 오바마 전 대통령에 대한 기사[27]를 토픽 모델링했을 때 알파값이 낮은 경우 파란색 막대가 0~3번 토픽에 분포되어 있는 것을 볼 수 있다. 또 알파값이 높은 경우 노란색 막대가 0~9번 토픽에 균등하게 분포되어 있다.

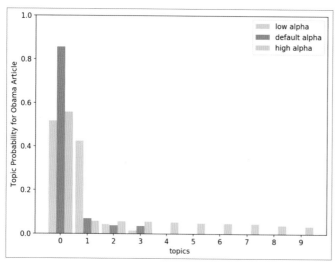

그림 3-192 알파의 변화량 따른 토픽 개수

우리 모델에서는 단어들의 토픽 분포를 명확하게 하기 위해 알파값을 0.1로 상대적으로 낮게 준다. [그림 3-188]에서 나온 결과와 동일한 결과를 보기 위해 random_state=random_num으로 지정한 후 실행한다.

```
ldamodel2 = gensim.models.ldamodel.LdaModel(corpus2, num_topics=6, alpha=0.1,
id2word=dictionary2, random_state=random_num)
```

6) 시각화

모델을 완성했으니 이제 토픽 모델링을 시각화해보자. 먼저 pyLDAvis 패키지를 설치한다.

```
pip install pyLDAvis
```

----

27 http://ethen8181.github.io/machine-learning/clustering/topic_model/LDA.html

```
[40] pip install pyLDAvis
    Collecting pyLDAvis
      Downloading pyLDAvis-3.3.1.tar.gz (1.7 MB)
        |                                | 1.7 MB 8.4 MB/s
      Installing build dependencies ... done
      Getting requirements to build wheel ... done
      Installing backend dependencies ... done
      Preparing wheel metadata ... done
    Requirement already satisfied: joblib in /usr/local/lib/python3.7/dist-packages (from pyLDAvis) (1.1.0)
    Requirement already satisfied: scikit-learn in /usr/local/lib/python3.7/dist-packages (from pyLDAvis) (1.0.2)
    Collecting funcy
      Downloading funcy-1.17-py2.py3-none-any.whl (33 kB)
    Requirement already satisfied: future in /usr/local/lib/python3.7/dist-packages (from pyLDAvis) (0.16.0)
    Requirement already satisfied: setuptools in /usr/local/lib/python3.7/dist-packages (from pyLDAvis) (57.4.0)
    Requirement already satisfied: sklearn in /usr/local/lib/python3.7/dist-packages (from pyLDAvis) (0.0)
    Requirement already satisfied: scipy in /usr/local/lib/python3.7/dist-packages (from pyLDAvis) (1.4.1)
    Requirement already satisfied: jinja2 in /usr/local/lib/python3.7/dist-packages (from pyLDAvis) (2.11.3)
    Requirement already satisfied: gensim in /usr/local/lib/python3.7/dist-packages (from pyLDAvis) (3.6.0)
    Requirement already satisfied: pandas>=1.2.0 in /usr/local/lib/python3.7/dist-packages (from pyLDAvis) (1.3.5)
    Collecting numpy>=1.20.0
      Downloading numpy-1.21.5-cp37-cp37m-manylinux_2_12_x86_64.manylinux2010_x86_64.whl (15.7 MB)
        |                                | 15.7 MB 38.3 MB/s
    Requirement already satisfied: numexpr in /usr/local/lib/python3.7/dist-packages (from pandas>=1.2.0->pyLDAvis) (2.8.1)
    Requirement already satisfied: python-dateutil>=2.7.3 in /usr/local/lib/python3.7/dist-packages (from pandas>=1.2.0->pyLDAvis) (2.8.2)
    Requirement already satisfied: pytz>=2017.3 in /usr/local/lib/python3.7/dist-packages (from pandas>=1.2.0->pyLDAvis) (2018.9)
    Requirement already satisfied: six>=1.5 in /usr/local/lib/python3.7/dist-packages (from python-dateutil>=2.7.3->pandas>=1.2.0->pyLDAvis) (1.15.0)
    Requirement already satisfied: smart-open>=1.2.1 in /usr/local/lib/python3.7/dist-packages (from gensim->pyLDAvis) (5.2.1)
    Requirement already satisfied: MarkupSafe>=0.23 in /usr/local/lib/python3.7/dist-packages (from jinja2->pyLDAvis) (2.0.1)
    Requirement already satisfied: packaging in /usr/local/lib/python3.7/dist-packages (from numexpr->pyLDAvis) (21.3)
```

그림 3-193 LDA 패키지 설치

설치 후 pyLDAvis를 불러오고 추가로 pyLDAvis.gensim_models도 임포트한다. pyLDAvis.enable_notebook() 코드는 주피터 노트북 환경에서 pyLDAvis를 실행하기 위한 필수 명령문으로, 콜랩 또한 노트북 환경이기 때문에 반드시 실행해준다.

```
import pyLDAvis
import pyLDAvis.gensim_models
```

현재 구글 콜랩 버전에서는 토픽 모델링 시각화 호환이 불안정한 부분이 있어서 판다스 라이브러리를 다운그레이드하면 이 문제를 해결할 수 있다. 아래 코드와 같이 기존 판다스 버전 2.1.1에서 1.5.1 버전으로 다운 그레이드한다.

```
!pip install pandas==1.5.1 # pandas 다운그레이드 -> LDA 시각화 위해서
```

다음과 같이 주피터 노트북에서 토픽 모델링 시각화 결과를 볼 수 있다.

```
pyLDAvis.enable_notebook()
vis2 = pyLDAvis.gensim_models.prepare(ldamodel2, corpus2, dictionary2)
vis2
```

토픽 6개에 대한 토픽 모델링 시각화의 결과를 [그림 3-194]와 같이 확인할 수 있다.

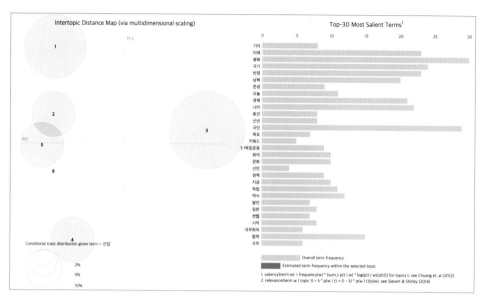

그림 3-194 토픽 모델링

화면을 왼쪽과 오른쪽으로 2등분했을 때, 왼쪽은 2차원 평면에 토픽들이 의미 간 거리만큼 떨어져 있다고 생각하면 되고 오른쪽은 해당 토픽별 30개의 단어 리스트라고 이해하면 된다. 어떤 토픽도 선택하지 않았을 때 보이는 오른쪽 화면에는 Top-30 Most Salient Terms라고 되어 있다. Top-30 Most Salient Terms에서 Salient란 '현저한', '가장 중요한'이란 뜻으로 전체 텍스트에서 토픽을 결정하는 데 있어서 정보 전달력이 있고 유용한 단어 30개를 순서대로 나열한 것이다. 여기서 파란색 막대는 전체 텍스트에 출현한 빈도를 의미한다. '평화'와 '국민'이 문서 전체에서 빈도수가 가장 높은 것을 알 수 있다.

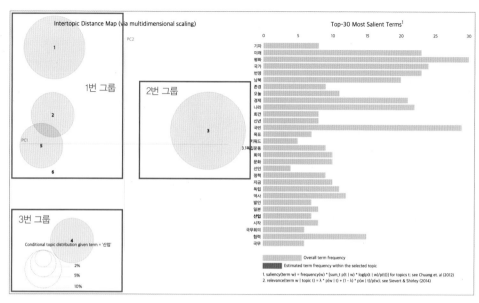

그림 3-195 토픽 모델링 그룹

[그림 3-195]처럼 전체 텍스트는 총 세 개의 그룹으로 나뉘는 것을 볼 수 있는데, 먼저 1번 그룹의 1번 원에 마우스를 가져가보자. 첫 번째 그룹(1번 원)의 핵심어는 평화, 한반도, 협력 같은 단어가 많이 나온 것으로 보아 '평화'에 대한 주제로 보인다. 전체 단어 중 30.3%를 차지한다. 1번 토픽 외에 2, 5, 6번 토픽은 오슬로, 독립운동, 3.1절인 것으로 보아 1번 토픽과 유사하게 평화, 독립과 연관성이 높은 것을 알 수 있다.

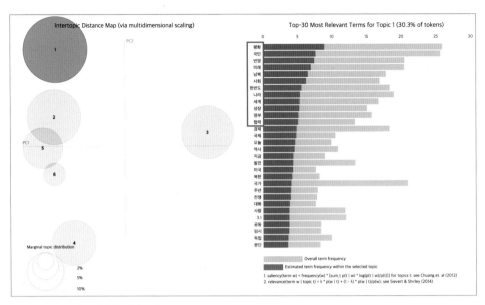

그림 3-196 토픽 모델링 첫 번째 그룹

이제 다른 그룹들과 구별이 뚜렷한 두 번째 그룹인 3번 원을 보자. 3번 토픽은 성장, 경제, 정책, 소득, 번영 등인 것으로 보아 '경제'와 관련된 주제로 보이며 전체 단어 중 19.6%를 차지한다.

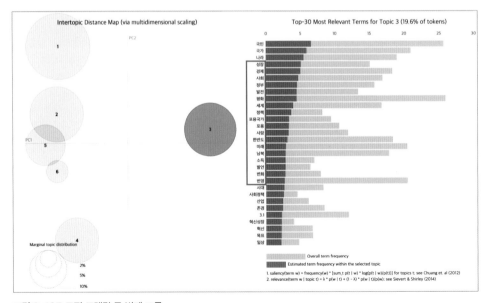

그림 3-197 토픽 모델링 두 번째 그룹

마지막으로 세 번째 그룹(4번 원)을 확인해보자. 포용, 공정, 정책 등의 단어로 보아 '포용사회'와 관련된 주제로 보이며 14.1%를 차지한다.

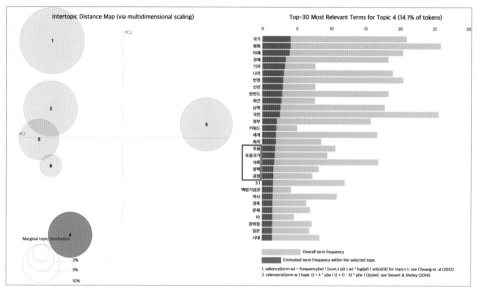

그림 3-198 토픽 모델링 세 번째 그룹

결론적으로 문재인 대통령 연설문의 단어는 총 세 개의 그룹으로 나눠지며 각각 평화, 경제, 포용국가와 관련된 주제임을 알 수 있다.

이 시각화 그래프에서 람다값을 조절하는 부분을 추가로 설명하겠다. [그림 3-199]는 람다값이 1일 때 1번 토픽의 키워드다.

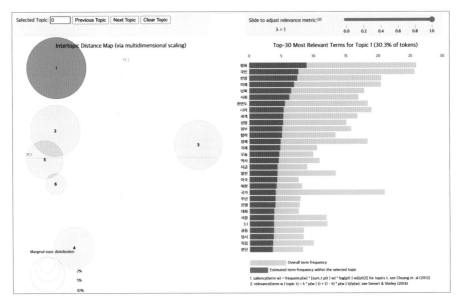

그림 3-199 토픽 모델링 람다값이 1일 때

다음 그림은 람다값이 0.1일 때 1번 토픽의 키워드이다. 직접 마우스로 옮기면서 람다값을 조정할 수 있다. 람다값이 다를 때 키워드가 실시간으로 바뀌는 것을 볼 수 있다. 과연 이 차이는 무엇이고 어떻게 해석할 수 있을까?

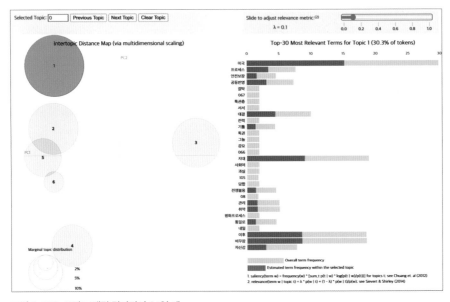

그림 3-200 토픽 모델링 람다값이 0.1일 때

먼저 람다가 1(기본값)인 경우에는 빨간 막대, 즉 해당 토픽에서 해당 키워드의 빈도수의 크기가 큰 순서대로 정렬하는 방식이다. 파란 막대(전체 토픽에서 키워드 빈도수)와 상관없는 빨간 막대의 크기 순서라고 생각하면 된다. 그리고 람다가 0에 가까워질수록 파란 막대 대비 빨간 막대의 비율이 높은 순서대로 정렬하는 방식이 된다. 쉽게 말하자면 람다가 0에 가까워질수록 해당 토픽과 관련이 있는 더 구체적인 단어들이 나오는 것이다. 왜냐하면 파란 막대 대비 빨간 막대의 비율이 높은 것은 결국 전체 문장 중에서 해당 토픽에서만 사용된 키워드들이 많이 등장한다는 뜻이기 때문이다. 람다값이 1일 때와 0.1일 때를 비교해보자. 토픽 1번 '평화'라는 주제에 람다가 1일 때는 평화, 한반도, 협력 같이 다른 토픽에서도 자주 사용된 일반적인 키워드들이 보인다면, 람다가 0.1일 때는 공동번영, 비무장, 안전보장 같은 특정 단어들이 다수 포함된 것을 알 수 있다.

마지막으로 각 문장이 어떤 기준으로 분류되었는지 확인해보자.

```
for i, topic_list in enumerate(ldamodel2[corpus2]):
    if i==10:
        break
    print(i,'번째 문장의 topic 비율은',topic_list)
```

```
for i, topic_list in enumerate(ldamodel2[corpus2]):
    if i==10:
        break
    print(i,'번째 문장의 topic 비율은',topic_list)

0 번째 문장의 topic 비율은 [(0, 0.16666666), (1, 0.16666666), (2, 0.16666666), (3, 0.16666666), (4, 0.16666666), (5, 0.16666666)]
1 번째 문장의 topic 비율은 [(0, 0.16666666), (1, 0.16666666), (2, 0.16666666), (3, 0.16666666), (4, 0.16666666), (5, 0.16666666)]
2 번째 문장의 topic 비율은 [(2, 0.98554355)]
3 번째 문장의 topic 비율은 [(4, 0.99188054)]
4 번째 문장의 topic 비율은 [(4, 0.9731133)]
5 번째 문장의 topic 비율은 [(2, 0.9937166)]
6 번째 문장의 topic 비율은 [(2, 0.41186413), (4, 0.5851625)]
7 번째 문장의 topic 비율은 [(1, 0.6766405), (2, 0.3212353)]
8 번째 문장의 topic 비율은 [(2, 0.99672157)]
9 번째 문장의 topic 비율은 [(5, 0.9940874)]
```

그림 3-201 토픽 모델링 비율

결괏값 세 번째 줄 **2번째 문장의 topic 비율은 [(2, 0.98554355)]**의 의미는 2번 문장(또는 문서)에서 각 토픽의 비중을 설명하는 것이다(파이썬은 0을 첫 번째 인덱스로 정의하므로 0번 문장이 실제로는 첫 번째 문장을 의미한다). (0.98554355)는 2번 토픽이 98.5%만큼 포함됐다는 것이다. 2번 문장은 다음과 같고 '평화'에 대한 주제로 보인다.

2019년은 3.1 독립운동과 대한민국 임시정부 수립 100년이 되는 해입니다. 한 해 동안 우리는 지난 100년을 돌아보고 새로운 100년을 함께 준비했습니다. 우리는 반드시 '함께 잘 사는 나라', '평화와 번영의 한반도'에 도달해야 합니다. 문재인 대통령은 그동안 많은 연설을 통해 국민들의 열망과 희망을 이야기했고, 국민들이 주신 지혜를 담아 새로운 100년을 구상하며 함께 나눴습니다. 우리는 주요 연설을 선별하여 역사적인 100주년의 기록으로 남기고자 합니다. 새로운 100년을 알리는 귀중한 사료로 때로는 이정표로 사용되길 바랍니다.

주의할 점은 토픽 모델링 시각화에 나오는 번호와 여기서 뽑아내는 토픽 모델링 번호의 순서가 다르다는 것이다. 여기서 말하는 1번 토픽과 [그림 3-195]의 토픽 모델링 시각화에 나오는 1번 토픽은 서로 다른 토픽을 의미하므로 혼동하지 말아야 한다.

> ⚠️ **주의** LDA 토픽 모델링은 모델을 실행시킬 때마다 매번 다른 값이 나오기 때문에 random_state를 별도로 지정하지 않는 경우 여러분이 직접 실행했을 때 [그림 3-194]와 똑같은 화면을 볼 확률은 매우 낮다. 앞에서 설명했듯 토픽 모델링은 전체 문서와 각 문장의 단어 빈도를 기준으로 특정 문서 내에서 특정 주제가 나올 확률과 특정 주제 내에서 특정 단어가 나올 확률을 추정하는 확률모델이기 때문이다. 여기서 확률은 주사위를 던졌을 때 6이라는 숫자가 1/6의 가능성. 즉 주사위를 여섯 번 던지면 6이 한 번은 나올 것이라는 가능성이다. 다른 말로 바꿔본다면 주사위를 한 번 던졌을 때 1부터 6까지의 숫자 중 하나는 반드시 나오는데 그 각 숫자가 나올 확률은 1/6이라고 할 수 있다. 이와 같은 방식으로 토픽 모델링은 실행시킬 때마다 확률적으로 다른 결과를 생성한다. 그리고 주사위보다 더 다양한 경우를 가진 토픽 모델링은 당연히 같은 값이 나올 확률이 1/6보다 낮다. 하지만 모델링을 실행할 때 코드 한 줄만 추가하면 매번 똑같은 결과를 얻을 수 있다. 앞에서 실행했던 ldamodel 코드 뒤에 random_state=100이라는 숫자를 넣어주면 간단히 해결된다.

```
ldamodel2 = gensim.models.ldamodel.LdaModel(corpus2, num_topics=5, alpha=0.1,
id2word=dictionary2, random_state=100)
```

똑같은 결과를 얻는 것을 '랜덤 요소를 제어한다'고 하는데 주사위를 던질 때 항상 똑같은 결과가 나오도록 미리 정해둔다는 것이다. random_state=1로 정했을 때 주사위가 4라는 숫자만 나오도록 하는 것이 곧 랜덤 요소를 제어한다는 뜻이다. 누구나 돌려도 똑같은 결과를 볼 수 있는 것을 재현성(reproductibility)이라고 하는데 연구 논문 심사나 상품을 테스트할 때 매우 중요하다. 결과가 매번 다르게 나오면 그 결과를 해석하는 것도 달라질 뿐 아니라 전체 논리가 흔들릴 수 있기 때문이다.

3.6.5 챗GPT 활용하여 워드 클라우드 만들기

앞서 토픽 모델링 방법을 다뤘으나 텍스트 상황에 따라 워드 클라우드의 활용도가 높을 때도 있기 때문에 챗GPT로 코드 작성하는 방법을 안내한다. 영어로 워드 클라우드하는 방식은 크게 문제가 없지만, 한글에 대한 워드 클라우드를 사용할 경우 챗GPT와 콜랩 모두 한글 친화적이지 않기 때문에 몇 가지 코드를 추가할 필요성이 있다. 관련 코드는 QR 코드를 참고하면 된다.

프롬프트 및 결과[28]

1) 콜랩에서 한글 폰트 설치

구글 콜랩에 한글 폰트가 없으면 차트를 생성할 때 한글이 나타나지 않는다. 이를 해결하기 위해 먼저 한글 폰트를 설치하는 과정이 필요하다. 챗GPT에서는 해결할 수 없는 부분이기 때문에 다음 코드를 실행한다.

```
!sudo apt-get install -y fonts-nanum
!sudo fc-cache -fv
!rm ~/.cache/matplotlib -rf
```

그림 3-202 한글 폰트 설치

---

28 https://chat.openai.com/share/9592eb08-36d5-4023-b2d0-57b67a1d289f

이때 다음 그림처럼 [런타임]-[런타임 다시 시작]을 클릭한 후 다음 절차로 넘어간다.

그림 3-203 런타임 다시 시작

다음 코드를 실행한다.

```
# 런타임 다시 시작 후

%matplotlib inline

import matplotlib as mpl
import matplotlib.pyplot as plt
import matplotlib.font_manager as fm

!apt-get update -qq
!apt-get install fonts-nanum* -qq

path = '/usr/share/fonts/truetype/nanum/NanumBarunGothic.ttf'
font_name = fm.FontProperties(fname=path, size=10).get_name()
print(font_name)
plt.rc('font', family=font_name)
```

다음 그림과 같이 나눔바른고딕 글씨체가 설치되었다.

```
# 런타임 다시시작후

%matplotlib inline

import matplotlib as mpl
import matplotlib.pyplot as plt
import matplotlib.font_manager as fm

!apt-get update -qq
!apt-get install fonts-nanum* -qq

path = '/usr/share/fonts/truetype/nanum/NanumBarunGothic.ttf'
font_name = fm.FontProperties(fname=path, size=10).get_name()
print(font_name)
plt.rc('font', family=font_name)
```

```
Selecting previously unselected package fonts-nanum-extra.
(Reading database ... 123088 files and directories currently installed.)
Preparing to unpack .../fonts-nanum-extra_20180306-3_all.deb ...
Unpacking fonts-nanum-extra (20180306-3) ...
Selecting previously unselected package fonts-nanum-coding.
Preparing to unpack .../fonts-nanum-coding_2.5-2_all.deb ...
Unpacking fonts-nanum-coding (2.5-2) ...
Selecting previously unselected package fonts-nanum-eco.
Preparing to unpack .../fonts-nanum-eco_1.000-7_all.deb ...
Unpacking fonts-nanum-eco (1.000-7) ...
Setting up fonts-nanum-extra (20180306-3) ...
Setting up fonts-nanum-coding (2.5-2) ...
Setting up fonts-nanum-eco (1.000-7) ...
Processing triggers for fontconfig (2.13.1-2ubuntu3) ...
NanumBarunGothic
```

그림 3-204 글씨체 불러오기

2) 데이터 불러오기

불러올 데이터는 국민신문고의 데이터다. 한 해 동안 국민신문고에 어떤 유형의 민원이 가장 많이 접수되었는지 파악하기 위해 워드 클라우드로 살펴볼 예정이다.

```
!git clone https://github.com/sangsucki/TopicModeling.git
```

```
import pandas as pd
df = pd.read_csv('/content/TopicModeling/topicmodeling/0. Data/petition_corrupted_
sampled.csv')
df.head()
```

코드를 실행하면 다음 그림과 같은 화면을 볼 수 있다.

그림 3-205 데이터 불러오기

3) 빈도수가 가장 높은 명사 30개 정렬

앞의 데이터에서 title 열에 나오는 모든 문장에 나오는 명사를 가져와 빈도수가 가장 높은 명사 30개를 먼저 정렬해보려 한다.

> **P** below is what I have in my dataframe variable (데이터프레임 변수명). suggest a python code to extract all Korean nouns except one letter from (텍스트를 포함하는 칼럼명) and show top 30 nouns order by high frequencies:
>
> 한글: 아래는 내가 가진 (데이터프레임 변수명)입니다. (텍스트를 포함하는 칼럼명)에서 한 글자를 제외한 모든 한글 명사를 추출하여 빈도수가 높은 순서대로 상위 30개의 명사를 보여주는 파이썬 코드를 제안해주세요.

한 글자인 단어는 중요하지 않은 명사일 가능성이 높으므로 해당 단어는 삭제하는 것까지 요청하는 프롬프트다.

> **P**
> **6-1** below is what I have in my dataframe variable 'df'. suggest a python code to extract all Korean nouns except one letter from a column 'title' and show top 30 nouns order by high frequencies:

이제 문장의 끝인 ':' 다음에 데이터를 입력해줘야 한다. 콜랩에서 첫 번째 5개 행을 불러왔던 결과로 가서 마우스로 전체 블록을 지정한다. 그리고 해당 내용을 복사한 후 위 첫 번째 단계에서 챗GPT 화면에 텍스트로 입력해둔 글 바로 아래에 붙여넣기한 다음 챗GPT를 실행한다.

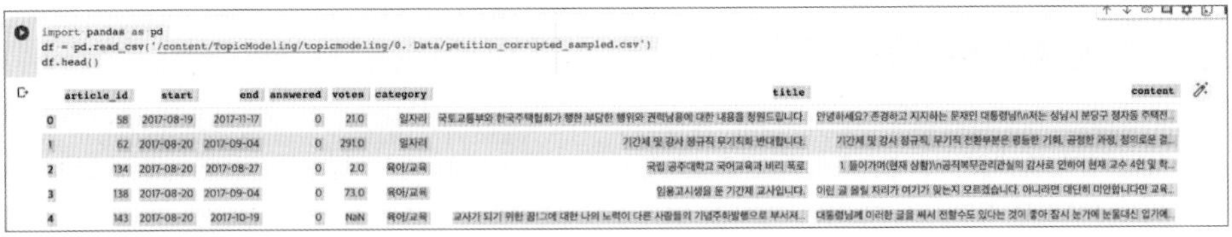

그림 3-206 첫 번째 5개 행 복사

프롬프트를 실행해보자.

P
6-2

below is what I have in my dataframe variable 'df'. suggest a python code to extract all Korean nouns except one letter from a column 'title' and show top 30 nouns order by high frequencies:

article_id   start   end   answered   votes   category   title   content
0   58   2017-08-19   2017-11-17   0   21.0   일자리   국토교통부와 한국주택협회가 행한 부당한 행위와 권력 남용에 대한 내용을 청원드립니다.   안녕하세요? 존경하고 지지하는 문재인 대통령님!\n저는 성남시 분당구 정자동 주택전...
1   62   2017-08-20   2017-09-04   0   291.0   일자리   기간제 및 강사 정규직 무기직화 반대합니다.   기간제 및 강사 정규직, 무기직 전환 부분은 평등한 기회, 공정한 과정, 정의로운 결...
2   134   2017-08-20   2017-08-27   0   2.0   육아/교육   국립 공주 대학교 국어 교육과 비리 폭로   1. 들어가며(현재 상황)\n공직 복무 관리관실의 감사로 인하여 현재 교수 4인 및 학...
3   138   2017-08-20   2017-09-04   0   73.0   육아/교육   임용고시생을 둔 기간제 교사입니다.   이런 글 올릴 자리가 여기가 맞는지 모르겠습니다. 아니라면 대단히 미안합니다만 교육...
4   143   2017-08-20   2017-10-19   0   NaN   육아/교육   교사가 되기 위한 꿈! 그에 대한 나의 노력이 다른 사람들의 기념주화 발행으로 부서져...   대통령님께 이러한 글을 써서 전할 수도 있다는 것이 좋아 잠시 눈가에 눈물 대신 입가에...

To extract Korean nouns from the 'title' column of the DataFrame and then display the top 30 nouns by frequency, you can follow these steps:

1. Tokenize the Korean text into words.
2. Filter out one-letter words.
3. Identify and count nouns.
4. Display the top 30 nouns by frequency.

Here's the code that accomplishes this using the `pandas`, `nltk`, and `collections` libraries:

```python
import pandas as pd
from konlpy.tag import Okt
from collections import Counter

# Assuming you have the DataFrame 'df' with the provided data

# Initialize the Okt tokenizer from the Konlpy library
tokenizer = Okt()

# Function to extract nouns from a text
def extract_nouns(text):
    nouns = tokenizer.nouns(text)
    return [noun for noun in nouns if len(noun) > 1]  # Exclude one-letter n

# Apply the function to the 'title' column and create a list of nouns
nouns_list = df['title'].apply(extract_nouns).sum()

# Count the frequency of each noun
noun_counts = Counter(nouns_list)

# Get the top 30 nouns by frequency
top_nouns = noun_counts.most_common(30)

# Print the top 30 nouns and their frequencies
for noun, frequency in top_nouns:
    print(f"{noun}: {frequency}")
```

그림 3-207 챗GPT 빈도수 명사

여기서는 df 변수에 데이터를 저장했다고 가정하고 코드를 작성했기 때문에 이 코드의 별도 변경 없이 그대로 실행하면 된다.

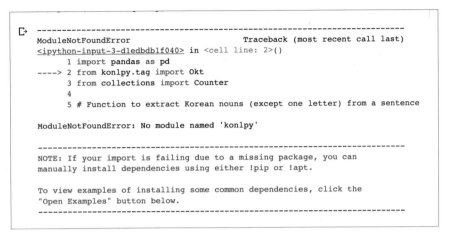

```
ModuleNotFoundError                         Traceback (most recent call last)
<ipython-input-3-d1edbdb1f040> in <cell line: 2>()
      1 import pandas as pd
----> 2 from konlpy.tag import Okt
      3 from collections import Counter
      4
      5 # Function to extract Korean nouns (except one letter) from a sentence

ModuleNotFoundError: No module named 'konlpy'

--------------------------------------------------------------------------
NOTE: If your import is failing due to a missing package, you can
manually install dependencies using either !pip or !apt.

To view examples of installing some common dependencies, click the
"Open Examples" button below.
--------------------------------------------------------------------------
```

그림 3-208 라이브러리 오류

하지만 여기서 한 가지, 코드를 그대로 복사해서 붙여넣을 경우 'no module named konlpy' 라는 메시지가 뜰 것이다. 아마 이 부분도 챗GPT 3.5에서는 해결하지 못하는 것으로 보이므로 이 경우 다음과 같이 KoNLPy 라이브러리를 설치해주자.

```
pip install konlpy
```

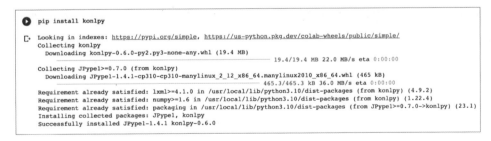

그림 3-209 KoNLPy 설치

다시 주어진 코드를 실행해보면 오류 없이 실행되는 것을 볼 수 있다.

```
[24] import pandas as pd
     from konlpy.tag import Okt
     from collections import Counter

     # Assuming you have the DataFrame 'df' with the provided data

     # Initialize the Okt tokenizer from the Konlpy library
     tokenizer = Okt()

     # Function to extract nouns from a text
     def extract_nouns(text):
         nouns = tokenizer.nouns(text)
         return [noun for noun in nouns if len(noun) > 1]  # Exclude one-letter nouns

     # Apply the function to the 'title' column and create a list of nouns
     nouns_list = df['title'].apply(extract_nouns).sum()

     # Count the frequency of each noun
     noun_counts = Counter(nouns_list)

     # Get the top 30 nouns by frequency
     top_nouns = noun_counts.most_common(30)

     # Print the top 30 nouns and their frequencies
     for noun, frequency in top_nouns:
         print(f"{noun}: {frequency}")

     청원: 1202
     폐지: 1182
     반대: 767
     국민: 755
     대통령: 664
     처벌: 627
     이명박: 502
     대한: 472
     요청: 443
     정부: 439
     청소년: 393
     출국금지: 387
     문재인: 383
     대한민국: 337
     관련: 336
     사건: 328
     화폐: 317
     제도: 303
```

그림 3-210 빈도수 코딩 실행

4) 워드 클라우드 실행

이제 본격적으로 워드 클라우드를 만들어보자. 워드 클라우드 안에는 여러 옵션을 설정할 수 있지만 대표적으로 워드 클라우드 안에 들어갈 단어 개수를 설정할 수 있는데 여기서는 빈도수 가 높은 단어 순으로 정렬해서 30개 단어를 지정해보자.

suggest a python code to draw a wordcloud for top 30 nouns.

한글: 빈도수가 높은 30개의 명사들로 워드 클라우드를 그릴 수 있는 파이썬 코드를 제안해주세요.

To create a word cloud for the top 30 nouns, you can use the `wordcloud` library in combination with the `matplotlib` library. Here's a code example:

```python
import matplotlib.pyplot as plt
from wordcloud import WordCloud
from konlpy.tag import Okt
from collections import Counter

# Assuming you have the DataFrame 'df' with the provided data

# Initialize the Okt tokenizer from the Konlpy library
tokenizer = Okt()

# Function to extract nouns from a text
def extract_nouns(text):
    nouns = tokenizer.nouns(text)
    return [noun for noun in nouns if len(noun) > 1]  # Exclude one-letter n

# Apply the function to the 'title' column and create a list of nouns
nouns_list = df['title'].apply(extract_nouns).sum()

# Count the frequency of each noun
noun_counts = Counter(nouns_list)

# Get the top 30 nouns by frequency
top_nouns = noun_counts.most_common(30)

# Create a word cloud object
wordcloud = WordCloud(width=800, height=800, background_color='white').gener

# Plot the word cloud
plt.figure(figsize=(8, 8))
plt.imshow(wordcloud, interpolation='bilinear')
plt.axis('off')
plt.show()
```

그림 3-211 챗GPT 워드 클라우드

여기서는 df 변수에 데이터를 저장했다고 가정하고 코드를 작성했기 때문에 이 코드의 별도 변경 없이 그대로 실행하면 된다.

```python
import matplotlib.pyplot as plt
from wordcloud import WordCloud
from konlpy.tag import Okt
from collections import Counter

# Assuming you have the DataFrame 'df' with the provided data

# Initialize the Okt tokenizer from the Konlpy library
tokenizer = Okt()

# Function to extract nouns from a text
def extract_nouns(text):
    nouns = tokenizer.nouns(text)
    return [noun for noun in nouns if len(noun) > 1]  # Exclude one-letter nouns

# Apply the function to the 'title' column and create a list of nouns
nouns_list = df['title'].apply(extract_nouns).sum()

# Count the frequency of each noun
noun_counts = Counter(nouns_list)

# Get the top 30 nouns by frequency
top_nouns = noun_counts.most_common(30)

# Create a word cloud object
wordcloud = WordCloud(width=800, height=800, background_color='white',font_
path='/usr/share/fonts/truetype/nanum/NanumBarunGothic.ttf').generate_from_
frequencies(dict(top_nouns))

# Plot the word cloud
plt.figure(figsize=(8, 8))
plt.imshow(wordcloud, interpolation='bilinear')
plt.axis('off')
plt.show()
```

주어진 코드를 그대로 실행하면 다음 그림과 같이 여전히 한글이 깨진 화면이 나온다.

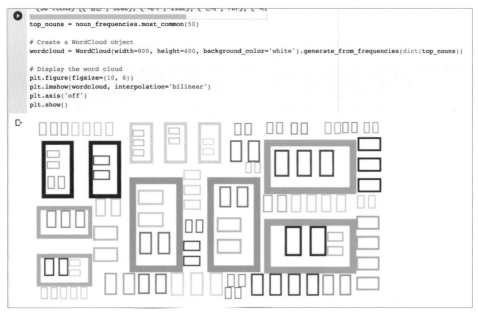

```
top_nouns = noun_frequencies.most_common(50)

# Create a WordCloud object
wordcloud = WordCloud(width=800, height=400, background_color='white').generate_from_frequencies(dict(top_nouns))

# Display the word cloud
plt.figure(figsize=(10, 6))
plt.imshow(wordcloud, interpolation='bilinear')
plt.axis('off')
plt.show()
```

그림 3-212 워드 클라우드 코드 실행-한글이 깨진 화면

이때 앞에서 설치한 나눔고딕 글씨체를 가져와야 한다. 이 또한 챗GPT 3.5에서는 찾아내지 못한다는 한계가 있으므로 다음 내용을 추가한다.

기존 코드는 다음과 같다.

```
# Create a WordCloud object
wordcloud = WordCloud(width=800, height=400, background_color='white').generate_
from_frequencies(dict(top_nouns))

여기서 WordCloud 함수 괄호 뒤에 font_path를 추가한다.
# Create a WordCloud object
wordcloud = WordCloud(width=800, height=400, background_color='white', font_path='
/usr/share/fonts/truetype/nanum/NanumBarunGothic.ttf'
).generate_from_frequencies(dict(top_nouns))
```

앞에서 설치했던 한글 파일의 경로를 지정하고 다시 실행해준다.

이제 콜랩에서 문제없이 한글 시각화가 가능한 것을 볼 수 있다.

그림 3-213 워드 클라우드 코드 실행

3.1절부터 3.5절까지는 정형 데이터에 대한 분석, 3.6절에서는 비정형 데이터에 대한 분석을 실제 보고 상황에 맞춰서 알아봤다. 모든 상황에 똑같이 적용할 수는 없겠지만, 데이터 드리븐 보고를 위해 어떤 절차를 밟아야 할지, 데이터의 상태와 분석 목적에 따라 어떤 분석 방법을 선택할지에 대해 충분히 실습했길 바란다.

가장 중요한 것은 자신의 데이터로 ON AIR 분석 절차를 따라 직접 실습해보는 것이다. 처음부터 끝까지 스스로의 힘으로 분석 프로젝트를 끝냈을 때 자신감이 붙은 모습을 발견할 수 있을 것이다.

4장

데이터 드리븐
커뮤니케이션

데이터 드리븐 커뮤니케이션은 데이터 드리븐 보고의 마지막 절차이자 매우 중요한 단계다. 아무리 의미 있는 가설을 세우고 화려한 분석 도구를 사용하더라도, 또는 엄청난 시간을 투자했다 하더라도, 결국 이 보고를 활용할 사람이 가치 있게 받아들이지 않는다면 모든 분석 과정이 무의미하다는 것을 명심해야 한다.

결과만 중요하게 생각하는 상사가 있는 반면, A부터 Z까지 모든 과정을 궁금해하는 상사도 있다. 또 유독 숫자에 관심 있는 상사도 있다. 데이터 드리븐 커뮤니케이션의 중요성은 이렇게 각기 다른 유형의 상사에게 보고할 때 더욱 두드러진다.

4장에서는 커뮤니케이션의 성공 기준부터 효과적인 메시지와 시각화, 스토리텔링까지 다양한 측면을 깊이 있게 다룬다. 특히 4.5절에서 제시하는 커뮤니케이션을 위한 체크리스트를 통해 실무에서 데이터 드리븐 커뮤니케이션을 어떻게 실행해야 하는지에 대한 실질적인 가이드라인을 안내한다. 데이터 분석과 관련된 모든 노력이 결국은 의사결정에 실질적으로 도움을 주기 위한 것이라는 점을 잊지 말고, 이 장을 통해 데이터 드리븐 커뮤니케이션의 실행 전략을 철저히 이해하고 적용해보자.

4.1 데이터 드리븐 커뮤니케이션의 필요성

광고 채널에 따른 판매 실적을 사장님께 보고하는 날이 3일 앞으로 다가온 상황이다. 분석한 내용은 많지만, 보고할 때 어떤 자료를 선택하는 게 좋을지 고민된다. 복잡한 자료는 이해하기 어려울 것 같고 그렇다고 너무 쉬운 내용만 넣자니 전문성이 떨어질 것 같다. 데이터 드리븐 보고를 통해 얻을 수 있는 가장 이상적인 결과는 무엇이며 어떤 결과가 나와야 성공적이라고 판단할 수 있을까?

모든 보고의 성공 여부는 내가 아니라 상사의 만족도로 결정된다는 것을 절대 잊어서는 안 된다. 보고가 끝났을 때 상사가 질문을 하거나 추가 사항을 지시하기보다 앞으로의 방향에 대한 긍정적인 피드백을 했다면 당신의 보고는 성공한 것이다. 그렇기 때문에 보고 시점이 정해졌다면 보고 대상자에게 중간 결과를 지속적으로 공유하면서 진행 방향이 맞는지 확인해야 한다. 지금 당신이 작성하는 분석 보고서의 가장 중요한 조언자이자 평가자는 타사의 분석가 또는 구글링으로 검색되는 여러 리소스가 아니라 여러분 주변의 상사와 동료 그리고 고객이다. 그 이유는 현재 우리가 풀고자 하는 과제를 가장 잘 이해하고 있는 사람들이기 때문이다. 뿐만 아니라 데이터의 맥락과 수집된 방식에 따라 같은 분석 방법을 쓰더라도 다른 결과를 가져오는 경우가 많고, 과거부터 쌓인 데이터 이력과 데이터에 관한 설명은 실무자로부터 듣는 것이 가장 정확하다. 또한 추후 분석 결과에도 결정적인 영향을 미친다.

4.1.1 나의 연봉과 상사의 연봉이 다른 이유

파이썬과 R을 활용해서 예측모델을 만들었다고 가정해보자. 수학적 지식과 복잡한 통계모델을 적용한 정확도 90%의 결과물을 팀장님께 자랑스럽게 보고하는 상황이다.

> **나**   기존에 예측력이 80%이었던 모델을 90%가 되도록 만들었습니다. BERT라는 모델을 적용했더니 기존보다 예측력이 10% 상승했습니다.

> **팀장**   BERT가 뭔지는 모르겠지만 모델의 성능이 좋아졌다는 얘기죠? 90% 예측력을 갖게 된 모델은 어떤 의미가 있죠?

> **나**   팀장님, 기존 예측에 비해 10%나 상승했다는 점에서 의미가 있지요!

> **팀장**   그러니까 그게 우리 회사에 어떤 도움이 되는지 알려주시겠어요?

나의 노력과 열정이 한 번에 무너지는 순간이다. 상사는 예측력이 10%나 상승한 것에 대해서는 전혀 관심이 없어 보인다. 상사가 기술에 대한 지식이 부족해서 이해를 못 하는 것이라고 단정 짓기보다는 상사가 가장 관심 있어 하는 것이 무엇인지 살펴보자. 상사는 결국 예측력 90% 모델이 회사에 어떤 의미가 있고 어떤 도움이 되는지, 그것이 어떻게 쓰일지 궁금해하고 있다. Why(왜 필요한가)에 대한 부분이 해결되어야 What(무엇), How(어떻게)에 대한 의미를 갖게 된다. 즉 우리가 작성하는 분석 보고서는 상사가 봤을 때 '의미'가 있어야 하기 때문에 과정보다는 결과 그리고 그 결과의 적용점에 초점을 맞춰야 한다.

상사는 분석 과정과 중간 절차에 관한 여러분의 설명을 다 들을 시간이 없다. 상사의 역할은 여러분이 오랜 시간 공을 들여 분석한 결과의 의미와 적용점에 관한 의사결정을 하는 것이기 때문이다. 여러분이 5일간 노력한 작업이 5분 만에 의사결정되어 마무리되는 이유가 바로 여기에 있다. 조금 과장해서 표현하자면, 의사결정자의 5분 급여가 나의 5일 급여와 비슷할 수 있는 이유다.

특정 모델을 사용할 계획이라면 간단한 파일럿 모델을 만들어서 상사에게 미리 보고하고 어떤 식으로 결괏값이 나올지 예측 가능하도록 안내해주는 것이 좋다. 백문이 불여일견이기 때문에 이론적인 복잡한 설명보다 시각화된 예제 하나를 보여주면 금방 이해한다. 그리고 실무자가 생각했던 것보다 더 나은 인사이트를 줄 때도 있다. 그들은 비즈니스 분야에서 어떤 것이 통할지 정확히 알고 있기 때문에 그 자리에 있는 것이다.

최종 결과에 대해 상사와 확실한 합의가 생긴 후에는 여러분만의 시간이다. 주어진 시간 동안 다양한 튜닝과 방법으로 결과를 보여주면 된다. 결과가 나오면 노력한 과정들의 나열이 아닌, 이 결과가 실무에서 가져올 이점 위주로 보고서를 작성한다. 여러분이 만든 모델의 수학적, 통계적 지식보다는 그것이 의미하는 것에 대해 예시 위주로 작성하면 된다.

여러분이 제품을 만드는 사람이라면, 여러분의 상사는 더 윗 상사 혹은 여러 이해관계자에게 당신이 만든 상품을 파는 사람이다. 즉 상사가 여러분이 만든 제품을 이해하지 못하거나 그 가치를 인정하지 못하면 판매로 이어질 수 없다. 상사가 비전공자라고 하더라도 같은 이해관계를 가지기 때문에 당신이 하는 어려운 설명을 귀 기울여 듣는 것이다. 상사를 이해시키지 못하면 일반 대중을 이해시키는 것은 더욱 힘들다. 상사의 피드백을 귀담아 들어야 하는 이유다.

4.1.2 타이밍이 중요한 이유

상사의 기준에서 내 보고가 꼭 필요한 순간이 있다. 당신의 보고는 유효기간이 정해져 있는 '우유'라고 생각하면 된다. 유효기간이 지나기 전에는 신선한 우유라서 당신의 상사에게 건강을 제공하지만 유효기간이 지난 순간 신선함이 떨어져 가치를 잃는다. 당신 기준에서는 더 완벽한 보고를 위해 시간을 조금 미룰 수도 있다고 생각하겠지만, 상사에게는 보고가 필요한 시점이 있다. 그 시점 이후에 보고하면 당신의 모든 수고가 의미 없어질 뿐 아니라 오히려 부정적인 피드백을 받을 수 있다.

잊지 말라. 당신이 일하는 곳은 연구소가 아니다.

문제의 본질을 정확하게 알고 문제를 해결하려 해도 시간이 걸리는 경우가 있다. 예를 들어 적절한 데이터가 없어서 추가 데이터 수집을 위해 설문조사를 해야 하거나 새로운 시스템 도입이 필요하거나 적절한 결과가 나오지 않아 다양한 분석 도구를 시도해보며 시행착오를 겪고 있는 상황이다. 여러분은 연구소에서 한 가지 주제만을 다루는 연구원이 아니라는 점을 기억해야 한다. 주어진 기간이 있고 그 기간 내 결과를 내야 하는 것도 직장인으로서의 중요한 역량이다. 그러므로 주어진 기간에 원하는 추가 데이터 수집이 어렵다면 주어진 데이터를 활용해 나에게 익숙한 분석 툴로 분석한 결과를 우선적으로 보고한 후, 상사로부터 추가 분석이 필요하다는 요청을 받았을 때 처음 생각했던 방식으로 접근하는 것이 좋다. 이것이 여러분이 분석가로서 신뢰도를 높일 수 있는 방법이다.

4.2 데이터 드리븐 커뮤니케이션 구성 요소

4.2.1 메시지

보고의 생명은 메시지다. 메시지가 없는 보고는 앙꼬 없는 찐빵과 같다. '너무 당연한 말 아닌가요?'라고 반문할 수 있지만, 이렇게 당연한 말임에도 '보고를 위한 보고'를 할 때 실제로 보고에 메시지가 빠져 있는 경우가 정말 많다. 메시지 없는 보고는 문서의 서식(자간, 행간, 글꼴 등)이나 문서의 분량에 신경 쓰게 되고 영혼을 갈아 넣어 만들지만 정작 상사에게 아무런 메시지도 줄 수 없다.

> 과거 함께 근무했던 L 부장님이 계셨다. L 부장님은 결재받기가 까다롭기로 소문 난 분이었다. 이 분이 유명해진 이유가 재밌는데, 그 이유는 이랬다.
>
> C 차장이 열심히 보고서를 만들어서 L 부장님께 보고하러 간 날이었다. 내용도 탄탄히, 문서 서식도 예쁘게 만들어 평소처럼 부장님께 보고서를 보여주며 추진 배경부터 목적을 순서대로 설명하려고 하는데, 갑작스레 부장님께서 보고서를 덮으며 이렇게 말씀하셨다고 한다.
>
> "뭘 하겠다는 건지 한마디로 설명해주겠습니까?"
>
> 머릿속에 보고서에 대한 여러 가지 생각으로 가득 차 있던 C 차장은 그 이후부터 뭐라고 답했는지 기억이 안 날 정도로 우물쭈물대다가 부장님의 날카로운 질문 세례를 받고 '다시 정리해서 보고드리겠습니다'라고 하며 자리로 돌아갔다고 한다.

여러분이 만든 보고서를 한마디로 정리할 수 있는가? 메시지가 없는 보고서라면 애초에 보고할 이유가 없다.

4.2.2 시각화

메시지가 중요한 만큼 메시지를 전달하는 방식도 중요하다. 텍스트로 전달하는 메시지보다 이미지로 전달하는 메시지는 그 효과가 훨씬 크다. '보기 좋은 떡이 먹기도 좋다'란 속담이 있듯이 보고할 때 나의 메시지를 한 눈에 이해할 수 있게 하는 시각화 자료가 있다면 똑같은 메시지라도 훨씬 효과적으로 전달할 수 있다.

다음 내용은 시각화의 힘이 얼마나 강력한지 연구한 결과물의 요약인데, 만약 이 결과물들을 인포그래픽으로 시각화한다면 이 또한 텍스트보다 훨씬 각인될 것이다.

- 인간의 뇌는 텍스트보다 6만 배 빠른 속도로 이미지를 처리한다. – 3M, Zabisco
- 뇌로 전달되는 정보의 90%는 시각적 정보다. – 3M, Zabisco
- 이미지가 포함된 트윗은 이미지가 없는 트윗보다 150% 더 많은 리트윗을 받는다. – Buffer
- 이미지가 포함된 게시물은 텍스트만 포함된 게시물에 비해 참여도가 650% 더 높다. – Adobe
- 다른 유형의 콘텐츠보다 인포그래픽을 3배 더 공유하고 '좋아요'를 누른다. – Meta

[그림 4-1]에서 5가 몇 개인지 세기 위해서 왼쪽과 오른쪽 그림 중 어떤 것이 편리한가? 이렇게 복잡한 개념 혹은 설명을 머릿속에서 간단하게 정리할 수 있게 도와주는 것이 바로 시각화의 힘이다.

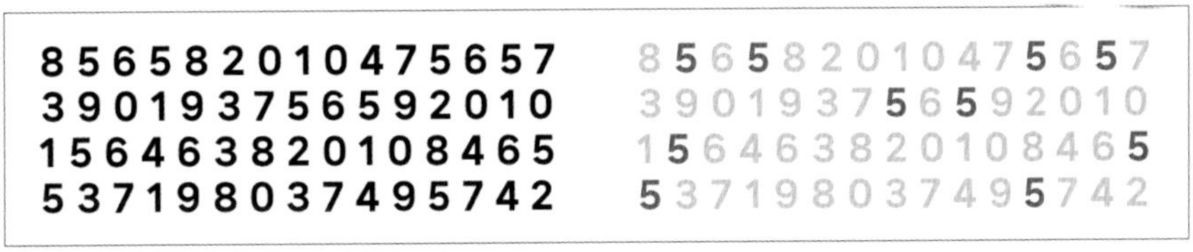

```
8565820104755657     8565820104755657
3901937565 592010     3901937565592010
1564638201 08465     15646382010 84655
5371980374 95742     5371980374 95742
```

그림 4-1 숫자 5 찾기

4.2.3 스토리

4.2.1절에서 메시지의 중요성을 살펴봤지만, 실제로 그 메시지가 설득력을 갖기 위해서는 스토리가 필수다.

스토리를 고민한다는 것은 청중, 즉 내가 보고하는 대상의 니즈가 무엇인지 고민하는 것이다. 즉 메시지는 동일하더라도 스토리는 청중에 따라 매번 달라질 수 있다. 내가 보고하는 내용이 나에게는 가장 중요하고 다른 프로젝트보다 비중이 크다고 느끼지만, 상사에게는 수많은 프로젝트 중 하나일 것이다. 그렇기 때문에 왜 이것을 진행하게 됐고, 지금 어떤 단계인지 스토리를 풀어서 설명한 다음 본론으로 들어가는 방식이 적합하다. 일반 고객이나 대중에게 하는 발표도 마찬가지다. 대중들은 이 프로젝트가 왜 중요하고, 어떤 의미가 있는지 전혀 와닿지 않을 것이다. 이 부분을 그들의 니즈에 맞게 설명해주지 않으면 그 뒤의 메시지가 아무리 강력하더라도 청중들과 어떠한 관계도 맺지 못하고 발표 시간이 끝나버릴 것이다.

또한 스토리를 고민한다는 것은 정보의 조합을 고민하는 것이다. '구슬이 서 말이라도 꿰어야 보배다'라는 말이 있다. 보고서를 작성하기 위해 수많은 정보와 통계, 분석 결과를 수집하며 당신의 시간과 뼈를 갈아넣겠지만, 보고 대상에게 효과적인 메시지를 전달하기 위해서는 결국 필요한 정보만 선택적으로 넣어 논리적 흐름을 만들어야 한다. 낸시 두아르테는 『데이터 스토리』(2021, 한빛미디어)에서 '무슨 일이 일어났는지 설명하려면 데이터의 힘을 빌려야 하고 그 일이 어떤 의미를 지니는지 설명하려면 이야기의 힘을 빌려야 한다'고 했다.

학교에서 에너지를 절약하고 전기요금을 줄이려고 한다. 다음 A와 B 중 어떤 방법이 효과적일까?

- **A**: 학교에서 에너지 절약 캠페인을 진행하며, 수업이 끝난 후에도 불을 끄지 않고 나간 교실을 확인한다.
- **B**: 한 교실의 불필요한 조명을 꺼봤더니 전기 사용량이 감소해서, 전기요금 절감액만큼 교실에 필요한 물품을 살 수 있었던 실제 경험을 공유한다.

에너지 절약과 전기요금 절감이라는 메시지를 학생들의 행동으로 끌어내기 위해서는 B와 같은 스토리텔링 방식이 효과적일 것이다.

4.3 데이터 드리븐 커뮤니케이션 방법

데이터 드리븐 커뮤니케이션을 위한 전달 방법에 관해 본격적인 이야기를 시작하기에 앞서 시각화 관련 웹사이트를 소개하려고 한다. MakeoverMonday[1]는 시각화를 전문적으로 하는 사람이라면 한 번쯤 들어가봤을 사이트다. makeover는 '화장'이란 뜻과 화장을 통해 '변신'한다는 뜻이 있다. 우리가 흔히 말하는 '월요병'을 극복하기 위해 변신해보자는 의미로 매주 월요일마다 시각화 관련 새로운 데이터셋이 업데이트된다.

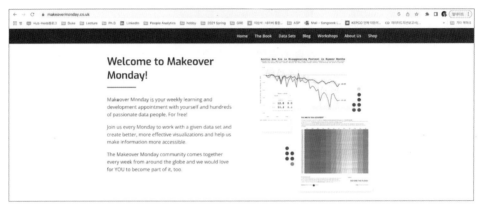

그림 4-2 MakeoverMonday 웹사이트

해당 데이터셋이 올라온 주간에 시각화 올림픽에 참가할 수 있고, 그 주의 베스트 결과물을 선정해 웹사이트에 게시해준다.

---

1 https://www.makeovermonday.co.uk

그림 4-3 MakeoverMonday – Week 10

매주 월요일 누구나 참여할 수 있는 MakeoverMonday, 여러분도 참여하면서 월요병도 극복하고 정기적으로 시각화를 연습하는 기회를 가져보길 바란다.

4.3.1 어떤 차트가 효과적인가

어떤 차트가 눈에 잘 들어올지를 고민하는 것보다 중요한 것은 x축, y축, 단위, 제목과 같이 차트에 반드시 들어가야 하는 요소를 챙기는 것이다. 너무나 당연한 얘기지만, 당연하기 때문에 데이터 분석가들도 가끔 x축과 y축이 무엇인지 표시하지 않는 경우가 많다. 본인은 그 데이터를 하루 종일 분석했으니 축을 표시하지 않고도 알겠지만, [그림 4-4]처럼 x축과 y축이 비어 있다면 그래프를 처음 보는 사람에게는 어떠한 의미도 줄 수 없다.

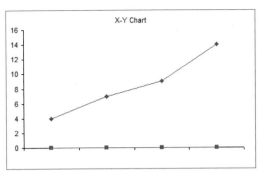

그림 4-4 x축과 y축이 비어있는 차트

제목의 중요성도 무시해서는 안 된다. 제목이 있는 차트와 없는 차트는 그 차이가 매우 크다. 제목이 없는 차트는 독자 입장에서 어떤 것을 나타내는 건지 한 눈에 파악할 수 없다. 차트가 보여주는 내용을 간결하게 나타내는 것이 좋은 차트 제목이다.

또한 x축과 y축 단위가 달라짐에 따라 서로 다른 메시지로 해석할 수 있다. [그림 4-5]와 [그림 4-6]에서 1번부터 4번까지의 변화 흐름을 비교해보면 변화 수치가 동일함에도 [그림 4-5]의 y축 단위 때문에 그 변화 흐름이 [그림 4-6]보다 더 크게 느껴진다.

여러분은 어떤 그래프를 선택할 것인가? 상황에 따라 두 그래프를 유연하게 선택할 가능성이 높다. 예를 들어 여러분이 어떤 학교의 교장이고 학교 내 폭력 신고 수치가 지속적으로 상승한다는 내용을 언론에 보도해야 하는 상황이다. 이때 [그림 4-5]와 [그림 4-6] 중 선택해서 내보낼 수 있다면 어떤 그래프를 택하겠는가? 반대로 여러분의 성적이 분기가 지날수록 향상되고 있다는 것을 보여주는 그래프라면 무엇을 선택하겠는가?

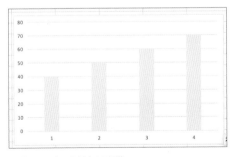

그림 4-5 차트 흐름(10 단위)

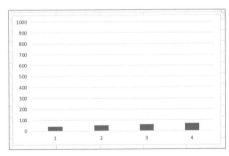

그림 4-6 차트 흐름(100 단위)

다음 그림은 연도별 이자율의 추이를 시각화한 그림이다. 왼쪽과 오른쪽의 수치는 동일하지만 y축의 시작점이 왼쪽은 3.14%, 오른쪽은 0%인 것을 볼 수 있다. 당연한 말이지만 [그림 4-7]의 왼쪽과 오른쪽 그래프를 사용했을 때 청중의 반응은 완전히 다를 것이다.

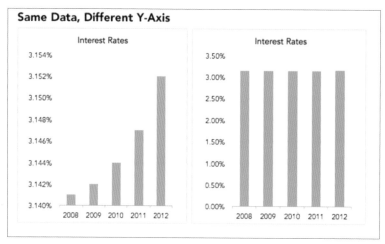

그림 4-7 같은 데이터, 다른 y축 값

다음 그림은 대선 후보 지지도 여론조사 결과다. 편집자의 단순 실수인 해프닝으로 넘어갔지만, 윤석열 대통령의 지지도가 26%임에도 빨간색 막대가 y축의 30을 훨씬 넘긴 상태로 표시된 것이 보인다. 얼핏 보기에는 이재명 후보와 윤석열 대통령의 지지도가 비슷해 보인다.

그림 4-8 대선 후보 지지도(출처: YTN 방송)

바 플롯

바 플롯^{bar plot}은 데이터 드리븐 커뮤니케이션을 할 때 핵심적인 시각화 방법 중 하나다. 어떤 그래프가 가장 설득력이 높은지 실무자들에게 물어보면 대부분 다음과 같이 대답한다.

"막대 그래프(바 플롯)보다 복잡한 그래프를 사용하면 상사를 설득하기 쉽지 않습니다."

실제로 의사결정자에게 보고할 때 바 플롯보다 복잡한 그래프를 사용할 경우 많은 설명이 필요해지는데, 설명하는 것만으로 시각화의 목적인 '직관적으로 이해하는 힘'이 약해진다고 생각하면 된다. 다음 그림을 보면 바 플롯은 이해도, 기억도, 관심도 부분에서 다른 그래프보다 더 효과적이라는 것을 알 수 있다.

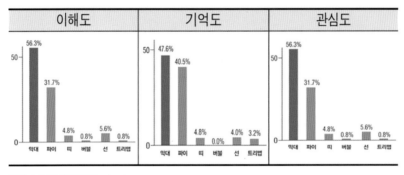

그림 4-9 바 플롯의 힘

특히 색상의 조합이 중요하다. 강조하고 싶은 가장 큰 비율을 차지하는 부분은 눈에 띄는 색으로 지정하고 나머지 항목은 눈에 띄지 않는 모두 같은 색을 사용함으로써 시각화를 극대화할수 있다. 필자의 경우 강조하려는 항목은 진한 파란색 혹은 빨간색을 사용하고 나머지 항목은 회색으로 처리하기도 한다.

[그림 4-10]의 왼쪽과 오른쪽 그래프 차이를 살펴보자. 내가 설명하려는 도시가 'Edmonton'이라는 도시일 경우 오른쪽 그래프처럼 해당 부분에만 색상을 넣는 방법으로 시각화하면 원하는 부분에 집중시키는 효과를 낼 수 있다.

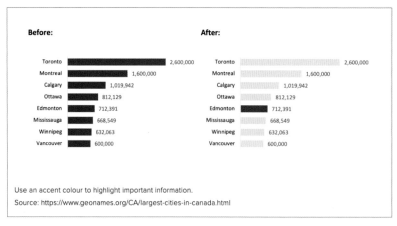

그림 4-10 도시별 인구수를 나타내는 바 플롯

라인 플롯

라인 플롯line plot과 기준선 조합도 많이 쓰이는 방식이다. 주로 시계열의 변화를 보여주거나 흐름을 표현할 때 많이 사용한다.

다음은 라인 플롯으로 월별 불량률을 나타낸 것이다. 라인 플롯으로 시간의 흐름을 보여주는 것은 효과적일 수 있지만, 의사결정자 입장에서는 불량률이 항상 0일 수는 없기 때문에 불량률이 어느 정도 선이면 괜찮은 수준인지 궁금할 수 있다. 이 경우 오른쪽처럼 불량률 전체의 평균을 기준선으로 표시해주면 기준선 대비 월별 불량률의 수준을 가늠할 수 있다.

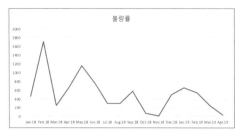

그림 4-11 라인 플롯

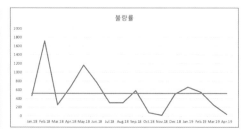

그림 4-12 라인 플롯과 기준선

지도

지리적인 통계 수치와 관련된 정보는 지도에 표시하는 것이 가장 효과적이다. 대표적으로 활용되는 지도 시각화 방법은 코로플레스 지도choropleth map다. 도시, 주, 국가, 대륙은 일정한 경계를

갖고 있기 때문에 점이 아닌 영역을 표시하여 데이터를 표현하는데, 이렇게 지도에 영역별로 색상을 구분하여 나타내는 그래프를 코로플레스 지도라고 한다.

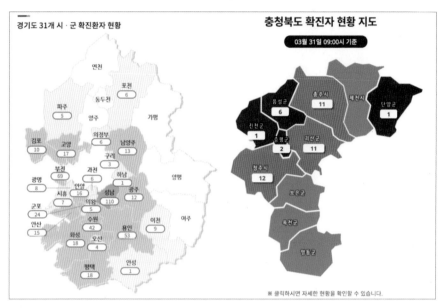

그림 4-13 지도 시각화

지역이 명확하게 나뉘어지진 않지만, 지도에서 분포를 표현하고 싶을 때는 다음 그림처럼 히트맵 형식으로 표현하기도 한다.

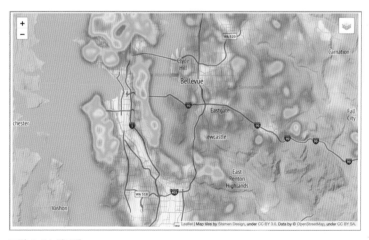

그림 4-14 히트맵

데이터잉크

데이터잉크$^{\text{data-ink}}$[2]란 차트, 그래프 또는 다른 시각화에서 데이터를 나타내는 데 사용되는 잉크를 의미한다. 데이터를 직접적으로 전달하지 않는 장식 요소나 기타 시각적 구성 요소인 비데이터잉크$^{\text{non data-ink}}$ 사용을 최소화하는 것이다. 데이터잉크 비율을 최대화함으로써 데이터의 효과적인 시각적 표현을 달성할 수 있다. 식으로 나타내면 다음과 같다.

$$\text{data-ink ratio} = \frac{\text{data-ink}}{\text{data-ink} + \text{non data-ink}}$$

그림 4-15 데이터잉크 식

비데이터잉크를 설명하기 위해 사례를 하나 들어보겠다. [그림 4-16]의 왼쪽 그래프는 어떤 것을 강조하는 것인지 보이지 않고 3D 입체형 바 플롯을 사용한 명확한 목적도 없어 보인다. 이렇게 데이터에 대한 통찰력을 전달하기 어렵게 시각화된 것을 비데이터잉크라고 부른다. 반면 오른쪽 그래프는 강조하고 싶은 부분이 명확하게 보이기 때문에 비데이터잉크가 상대적으로 약하다고 볼 수 있다.

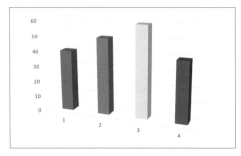 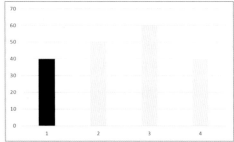

그림 4-16 비데이터잉크(좌)와 데이터잉크(우) 그래프

그러므로 우리가 데이터를 기반으로 시각화할 때는 데이터잉크에 대한 개념을 생각하며 데이터잉크를 최대화하는 방향을 고민해야 한다.

---

2 에드워드 투프트가 책 『The Visual Display of Quantitative Information』에서 제시한 개념이다.

4.3.2 어떤 도구를 써야 하는가

시각화 도구는 사용자 경험, 데이터 종류, 프로젝트 요구 사항에 따라 가장 적합한 것을 선택해야 한다. 도구별 장단점은 다음과 같다.

도구	장점	단점
엑셀	– 널리 사용되고 접근성이 좋음 – 기본적인 차트 및 그래프를 쉽게 생성 가능	– 고급 시각화와 협업에 제한적 – 대용량 데이터 처리가 어려움
파워포인트	– 널리 사용되고 접근성이 좋음 – 기본적인 차트 및 그래프를 쉽게 생성 가능 – 정확한 숫자가 아닌 러프한 그래프 작성 시 유용	– 대용량 데이터 처리가 어려움 – 손으로 일일이 작성 필요
태블로	– 사용이 직관적이고 쉬움 – 다양한 차트와 그래프 옵션, 협업 기능 제공 – 대용량 데이터 처리 가능	– 높은 비용 – 학습이 오래 걸릴 수 있음
D3.js	– 다양한 시각화 옵션 제공 – 웹 기반으로 쉽게 배포 가능 – 오픈소스로 무료 사용 가능	– 자바스크립트에 익숙해야 함 – 협업에 제한적 – 대용량 데이터 처리가 어려움
파이썬	– 코드 기반으로 고급 시각화 가능 – 대용량 데이터 처리 가능	– 비개발자에게 러닝 커브가 있음 – 협업에 제한적
R	– 코드 기반으로 고급 시각화 가능 – 다양한 시각화 라이브러리 옵션 제공 – 대용량 데이터 처리 가능 – 오픈소스로 무료 사용 가능 – 통계 및 데이터 분석에 특화	– 비개발자에게 러닝 커브가 있음 – 협업에 제한적
Gephi	– 네트워크 시각화에 특화 – 대용량 네트워크 데이터 처리 가능 – 오픈소스로 무료 사용 가능 – 다양한 레이아웃 및 스타일링 UI 제공	– 네트워크 이외의 시각화에 제한적 – 러닝 커브가 다소 길어질 수 있음

표 4-1 시각화 도구별 장단점

Gephi라는 도구는 다소 생소할 수도 있을 것 같아 다음 그림을 덧붙인다. 기존 개인의 특성을 고려하는 일반 분석과 달리 네트워크 분석은 개인과 개인 간의 관계에 초점을 둔 분석이다. 최근에는 텍스트에도 네트워크 분석 방식을 적용하여 단어와 단어 간 관계를 시각화해서 보여주기도 한다.

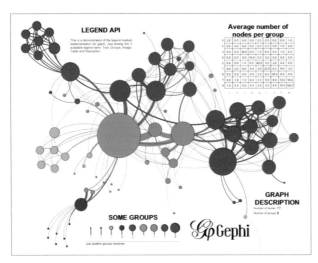

그림 4-17 Gephi 샘플

4.3.3 어떤 전달 방식이 적합한가

시각화를 효과적으로 표현했더라도 어떻게 전달하느냐에 따라 임팩트가 달라질 수 있다. 데이터 드리븐 커뮤니케이션의 관점에서 상황에 맞는 전달 방식을 살펴보자.

슬라이드(스크린)

슬라이드는 데이터 시각화 결과를 전달할 때 일반적으로 사용하는 방식이다. 프레젠테이션, 회의 등에 사용되며 한 화면에 하나 또는 몇 개의 시각화 차트를 나타낸다. 예를 들어 월별 매출 추이를 보여주는 바 플롯을 슬라이드에 배치하면 관련 정보와 함께 설명할 수 있다. 슬라이드로 표현할 때 가장 중요한 점은 하나의 슬라이드에 한 가지 메시지만 전달하는 것이다. 한 슬라이드에 너무 많은 메시지가 들어가면 오히려 아무것도 기억에 남지 않을 수 있다.

인쇄(출력물)

일반적으로는 데이터 시각화 결과물을 슬라이드로 전달하지만, 시각화한 내용의 글자 크기가 너무 작거나 스크린 속 슬라이드에 그림을 충분히 담지 못할 때는 출력물을 사용한다.

다음은 필자가 실무에서 실제로 사용했던 시각화 그래프다. 무엇을 나타낸 것처럼 보이는가?

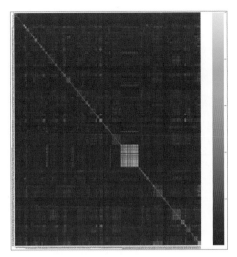

그림 4-18 직무 적합도

필자가 속한 회사의 직무기술서 1739개 문장 간 유사도를 나타낸 것이다. x축과 y축이 각각 회사 전체 직무기술서이고, 각 직무기술서가 1:1로 매칭됐을 때 유사도를 계산한 결과를 히트맵으로 표현했다. 탄착군이 형성된 것처럼 보이는 사각형이 같은 부서 내 직무기술서 그룹이다. 생각해보면 당연히 한 부서 내의 직무는 서로 비슷할 테니 유사도도 높을 것이다. 이런 내용을 자세히 보여주기 위해 B4 용지에 해당 그래프를 인쇄하여 의사결정자에게 보여줬다. 세부 내용을 설명하기도 전에 우리의 진행 방향에 대한 동의를 얻을 수 있었다.

노트북

데이터 시각화 결과를 주피터 노트북이나 R 마크다운과 같은 코드 실행 환경에서 보여주는 방식이다. 분석 과정을 기록하고 결과를 동시에 시각화할 수 있어 공유하거나 협업할 때 사용한다. 예를 들어 주택 가격에 대한 회귀분석을 진행하면서 코드와 함께 다양한 변수를 실시간으로 적용해보고 다양한 결과를 살펴보며 의사결정자와 함께 결정할 수 있다는 것이 장점이다.

대시보드

여러 개의 시각화 차트를 한 화면에 모아 보여주는 방식이다. 웹페이지나 애플리케이션으로 제공되며 실시간으로 데이터를 업데이트할 수 있다. 또 인터랙티브한 시각화가 가능하여 의사결정자가 데이터를 쉽게 이해하고 파악할 수 있도록 돕는다. 예를 들어 웹 트래픽 정보를 보여주는 대시보드에는 실시간 방문자 수, 페이지뷰, 이탈률 등 다양한 지표를 시각화할 수 있다.

4.4 스토리텔링

스토리텔링은 다양한 데이터를 논리적으로 배치해 다른 사람을 설득하는 기술이다. 객관적인 데이터를 기반으로 논리적인 설득이 가능한 의견을 '인사이트'라 하고, 주관적인 견해와 논리적으로 빈약한 의견을 '편견'이라고 부른다. **데이터 드리븐 보고가 의사결정자의 설득을 위한 것이라면 데이터 드리븐 커뮤니케이션의 핵심은 바로 인사이트가 있는 스토리를 전달하는 것이다.**

4.4.1 스토리텔러의 핵심은 속임수?

여러분은 다음 그림의 채용 분석 결과를 통해 어떤 인사이트를 말하겠는가? 배경을 설명하자면 A기업의 채용 단계는 기본적으로 NCS라고 하는 직무역량평가 필기시험 단계와 직무면접 단계, 종합면접 단계 이렇게 세 가지 단계가 순차적으로 이루어진다.

⊙ NCS점수, 직무면접 점수, 종합면접 점수 상관관계 매트릭스
   ◦ NCS점수, 직무면접, 종합면접은 **상관관계가 없음**(상관계수 0.6 이상 유의미함)

	NCS 점수	직무면접 점수	종합면접 점수
NCS 점수	1.0000	-0.0314	-0.1022
직무면접 점수	-0.0314	1.0000	0.1046
종합면접 점수	-0.1022	0.1046	1.0000

【의견】 現 채용 방식은 지원자의 **역량**(NCS), **지식**(직무면접), **인재 적합성**(종합면접)을 **단계별로 중복 없이 독립적으로 평가 가능한 구조**

* Multiple Hurdle Approach[1] : 회사에서 우선시 하는 역량을 중복없이 허들(채용단계)로 배치하고 허들 이후 다른 허들로 평가하는 채용방법, 대량 인원 채용에 유용

그림 4-19 채용 단계별 상관관계 분석

이 분석 결과를 보고 누군가는 세 단계 절차에 상관관계가 없으므로 좋은 인재를 선발하기 어렵다고 주장할 수도 있고 또 누군가는 상관관계가 없기 때문에 오히려 단계별로 잘 설계된 채용이라며 전혀 다른 판단을 할 수도 있다.

여러분은 데이터 분석가로서 두 개 중 어떤 것을 선택할 것인가? 판단은 여러분의 몫이겠지만, 어떤 결정을 하든 둘 다 데이터 기반 분석이라고 할 수 있다. 단지 어떤 '스토리'에 이 데이터 분석 결과가 쓰이는지에 따라 달라질 것이다. 만약 의사결정자가 현재 채용 현황을 알고 개선하

고자 한다면 전자의 메시지를 주기 위한 자료로 활용될 것이고, 반대로 경영 평가를 받는 상황에서 회사의 장점을 어필하려는 상황이라면 후자의 메시지를 전달하기 위한 자료로 활용될 수 있다.

갑자기 속임수처럼 느껴지는가? 실제로 데이터 분석을 통한 문제 해결은 어떻게 '해석'해서 '설득'하는지에 핵심이 있다. 1장에서 언급한 바와 같이 '파는 것이 인간'이기 때문에 그렇다. 필자는 이렇게 다시 표현하고 싶다.

"데이터는 거짓말을 하지 않는다. 사람이 거짓말을 할 뿐."

4.4.2 스토리 만들기

필자는 스토리를 만드는 것을 좋아한다. 내가 전달하고자 하는 내용을 청중이 어떻게 하면 가장 쉽게 이해할 수 있을지 고민하면서 청중의 시각으로 스토리를 평가해보기도 한다. 스토리를 만들기 위해 파워포인트부터 열고 첫 표지부터 작성하는 방법도 있지만, 스토리를 만드는 목적과 흐름을 텍스트로 먼저 써보는 것이 우선이다. **데이터 드리븐 커뮤니케이션의 핵심은 '전달'이 핵심이 아니라 '설득'이기 때문이다.** 설득을 목표로 한다는 것은 상대방과 대화하는 나의 목적이 분명하다는 것이다.

스토리텔링을 위한 첫 시작점은 **상대방을 설득하여 내가 얻고자 하는 결론**이 무엇인지 한 문장으로 정리해보는 것이다. 예를 들어 이 책의 판매량을 늘리기 위해 상사를 설득해야 한다고 가정한다면 내 목적은 '상사에게 이 책 100권을 팔겠다'가 된다.

두 번째는 **Why**에 대한 부분을 정리하는 것이다. 이 결론이 왜 이렇게 나오는지 그 근거를 생각해본다. 나에게는 너무나 당연한 결론일 수 있지만, 상대방은 다를 수 있으니 상대방의 입장에서 생각해보는 것이 필요하다. 여기서는 두 가지로 정리할 수 있다. '왜 100권이 필요한가?' 또는 '상사에게 왜 이 책이 필요하지?'이다. 첫 번째 질문에는 '직관이나 감에 의한 의사결정이 아닌 데이터 기반의 의사결정이 중요해지고 있으므로 직원들의 데이터 드리븐 보고 능력을 향상시키기 위해 이 책이 필요하다' 정도로 답할 수 있다. 두 번째 질문의 답으로는 승진 평가가 얼마 남지 않은 상사가 데이터 기반으로 의사결정하는 방식을 알기 위해 이 책으로 배우려 노력한다는 것을 어필하며 주변에 책을 선물하는 것을 추천할 수도 있다.

각 질문에 답을 하다보면 그 대답 안에 또 다시 Why가 생기기도 한다. 예를 들어 첫 번째 질문의 대답에 대해서는 '데이터 기반 의사결정이 왜 중요해지고 있지?'라는 질문을 할 수 있다. 이렇게 꼬리에 꼬리를 물어 질문하다보면 어느덧 여러분의 스토리가 연결되어 청중에게 공감을 얻을 스토리가 만들어져 있을 것이다.

세 번째는 데이터 드리븐 커뮤니케이션에서 반드시 필요한 **What**에 대한 부분이다. '데이터 기반 의사결정이 왜 중요해지고 있지?'에 대한 답을 찾고 이유를 보여주기 위해서는 다양한 데이터와 그래프를 사용해야 할 것이다. 세계적인 기업들이 데이터 기반 조직을 만들어가고 있는 흐름을 보여주면서 데이터 기반 의사결정의 중요성을 강조할 수도 있고, 최근 주요 기업의 CEO들이 한결같이 데이터 기반 의사결정의 중요성을 강조하며 그에 따른 수익이 향상됐다는 것을 지표로 보여줄 수도 있겠다.

어떤 자료가 됐든 절대 인터넷 혹은 발표에 쓰인 자료를 있는 그대로 사용하지 말자. 그 자료는 원래 쓰인 문서에서 다른 목적으로 이용됐을 가능성이 높고 단순히 그래프만 보여준다고 해서 청중들이 직관적으로 이해할 수 있는 것이 아니기 때문이다. Why를 해결하기 위해 그래프를 제시했다면 What에 대해 명확하게 시각화하는 것이 필요하다.

4.5 데이터 드리븐 커뮤니케이션 체크리스트

"나도 알아. 그럴 줄 알았어."

보고를 마친 후 상사에게 많이 듣는 말 중 하나다. 분명히 분석 보고를 요청했을 때의 니즈는 명확했는데 결과 보고를 받을 때는 마치 이미 모든 결과를 예상했다는 것처럼 말한다. 화장실 들어갈 때 다르고 나올 때 다르다는 것이 이런 경우다. 이런 태도는 사후확신 편향hindsight bias 혹은 후견지명後見之明으로 인해 발생한다. 즉 일어날 일을 원래 모두 알고 있었다는 듯이 말하거나 생각하는 것이다. 일어날 사건을 예측할 수 있다는 것을 과시하기 위한 이런 태도는 주로 상사에게 많이 보인다.

실제 비즈니스 상황에서 이런 사후확신 편향 이외에도 직관이나 감에 의한 결정들이 발생하는데, 이를 줄이기 위해서는 어떻게 해야 할까?

4.5.1 내가 이해하는 만큼 상대방도 이해한다

미국에서 석사 과정으로 있을 때 몇 살이냐는 질문을 받으면 종종 '한국 나이로는 34살인데 미국 나이로는 33살'이라고 대답했다. 그러면 항상 'Why?'라는 질문이 따라왔다. 한국 나이와 미국 나이가 왜 다르냐는 것이다. 사실 나도 한국 나이 계산법을 이해하지 못했기 때문에 '영어로는 설명 못할 것 같아'라고 얼버무리는 경우가 많았다. 마치 스피킹 실력이 부족해서 설명을 못하는 것 같지만, 실제로는 내가 그 주제에 대한 완전한 이해가 없기 때문에 모국어인 한국어로도 설명을 못하는 것이다. 기술도 마찬가지다. 화려한 분석 도구를 적용하고 보고서에 온갖 어려운 말을 다 넣었지만, 실제로 그 기술 혹은 분석 결과에 대한 이해가 없으면 여러분이 많은 시간 공들여 분석한 보고서는 상사에게 큰 임팩트를 주지 못한다. 상사의 기술에 대한 이해도가 떨어지는 것이 아니라, 오히려 나의 기술에 대한 이해도가 정확하지 않기 때문에 설득의 힘이 약할 수도 있다는 것이다. 내가 이해한 만큼 상대방도 이해할 것이고 이해도가 높을수록 분석 결과의 임팩트는 클 것이다.

보고를 멋지게 끝났다고 가정해보자. 상대방으로부터 아무런 질문이 없고 적막한 순간이 왔다. 이는 두 가지 상황으로 해석할 수 있는데, 너무 명확하게 설명했거나 무슨 말인지 하나도 모르겠는 경우이다. 훌륭한 보고자는 청중에게 질문이 생기도록 만들고 그 질문들을 하나씩 해결해 가는 방식을 택한다.

StatQuest with Josh Starmer[3]라는 유튜브 채널이 있다. 통계와 머신러닝, 딥러닝 등의 개념을 10분 이내로 아주 쉽게 풀어서 설명하는데, 실제로 데이터 사이언스 석사 과정 때의 학교 수업보다 이 영상을 더 열심히 들었던 것 같다.

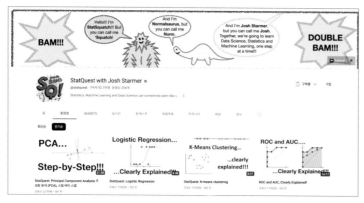

그림 4-20 StatQuest with Josh Starmer 유튜브

이 유튜버의 강의를 보고 있으면 설명하는 주제에 대한 개념을 완벽하게 이해하고 있다는 생각이 든다. 추상적인 단어가 아니라 구체적인 예시를 들며 왜 이 개념이 나왔고, 어디에 꼭 필요한지를 명확하게 설명한다. 이처럼 보고자 스스로 보고 주제와 결과를 명확하게 이해하고 있어야 상대방도 똑같이 이해할 수 있다.

4.5.2 보고는 내가 하고 싶은 이야기를 전달하는 것이 아니다

보고는 보고를 받는 사람의 의사결정을 위해 존재한다. 내가 말하고 싶은 것이 아니라 보고받는 사람이 궁금해하는 것 위주로 설명하는 것이 중요하다. 2.7.2절에서 언급한 OREO 전략으로 보고하는 것이 중요한 이유가 여기에 있다.

---

3 https://www.youtube.com/@statquest/featured

상사

보고하는 대상이 상사인 경우 일반적으로 전문 용어 사용을 최대한 피하는 것이 좋다. 하지만 전문 용어 사용이 꼭 필요하면 용어 설명 내용을 별도로 준비할 필요가 있다. 필자는 전문 용어를 한두 개 정도 섞어서 설명하는 것을 선호하는 편인데, 그 첫 번째 이유는 매번 똑같은 보고를 받는 상사에게 새로운 지식 혹은 개념을 던짐으로써 여러분의 보고를 특별하게 기억할 수 있도록 만들 수 있기 때문이고, 두 번째 이유는 내 전문성을 상사에게 각인시키는 데도 도움이 되기 때문이다. 물론 상사가 새로운 개념을 받아들이는 것을 선호하는 사람인지에 따라 결과는 달라질 수 있다.

데이터 분석 관련 지식이 있는 사람

보고 대상이 엔지니어 혹은 데이터에 대한 분석 지식을 가진 연구원일 경우 커뮤니케이션하기가 훨씬 수월하고 적극적인 피드백을 받을 수 있다. 내가 진행한 연구 절차가 합당한지, 적용한 분석 방법이 적절한지 해석할 수 있을 뿐 아니라 전문 용어에 대한 부연 설명 없이 소통할 수 있으므로 원활하고 적극적인 논의를 이어갈 수 있다. 단지 우리가 보고하는 목적이 부서 내 협조를 얻기 위함인지, 타 부서와의 협업을 위함인지 명확하게 정의할 필요가 있고, 이에 따라 보고 후 결과도 달라질 것이다.

대중

보고 대상이 일반 대중일 경우를 살펴보자. 사실 일반 대중에게는 보고하는 개념이 아니라 강연 혹은 결과 발표에 대한 이야기가 될 것이다. 보통 이런 강연의 목적은 청중의 행동 변화 혹은 대외 발표용으로 나뉜다. 상사에게 보고하는 방식과 유사하지만, 가장 큰 차이는 여러분이 발표하는 주제에 대한 지식이 거의 없다는 것과 당신이 중요하게 생각하는 만큼 이 주제의 필요성을 못 느낀다는 것이다. 그렇기 때문에 도입부에서 이 주제가 왜 중요한지 몰입하게 만들고, 배경과 기본적인 개념을 실생활과 관련된 예시로 친절하게 설명해주는 것이 좋다. 대중이 성공적으로 몰입했다면 그 다음부터는 자연스럽게 보고 주제에 흥미를 갖고 결론까지 도달할 수 있을 것이다.

4.5.3 나보다 보고 주제를 더 잘 아는 사람은 없다

여러분이 상사에게 보고하는 순간만큼은 부하 직원이 아닌 전문 컨설턴트라고 생각해야 한다. '나보다 보고 주제를 더 잘 아는 사람은 없다'는 마인드로 보고 자리에 서는 것이 중요하다. 그러기 위해서는 보고 전에 다음과 같은 사항을 탄탄히 준비해야 한다.

- 보고서에 등장하는 중요한 수치와 지표 암기하기
- 분석 보고서에 사용된 데이터, 방법론, 결론을 스스로 충분히 이해하고 있는지 철저히 검토하기
- 처음 보는 사람의 입장에서 질문 생각하기
- 불분명하거나 질문이 나올 만한 부분, 보고서에서 설명되지 않는 부분 파악하기
- 이해하기 쉬운 간단한 용어로 복잡한 개념, 아이디어 설명하기

특히 중요한 수치와 지표는 반드시 암기하고 질문이 나왔을 때 확실하게 알려주는 것이 좋다. 상사로부터 신뢰도가 올라갈 뿐 아니라 철저하게 준비했다는 인상을 줄 수 있다.

4.5.4 보고의 성패를 가르는 사전 준비 질문

상사에게 보고하기 10분 전이다. 당신은 10분 동안 무엇을 할 수 있을까? 보고에 들어가기 전 다음 내용을 확인하길 바란다.

현재 보고 상황은 어떠한가

- **상사가 보고 내용을 잘 알고 있고 동의할 경우**

  상사가 이미 보고 내용을 잘 알고 있는 경우는 이전에 여러 번 중간 보고한 적이 있거나 상사의 지시로 보고가 진행되는 상황일 것이다. 심지어 상사가 이 보고를 긍정적으로 생각하여 무조건 추진하라는 피드백이 있었던 상황이라면 보고의 깊이보다는 명확한 해결책을 제시하는 방향이 좋다. 대충 분석하라는 것이 아니라, 분석 결과 통한 인사이트와 해결책을 명확하게 보여준다면 당신의 보고는 프리패스처럼 통과할 것이다.

- **상사가 보고 내용을 잘 알고 있으나 동의하지 않았을 경우**

  상사가 이미 보고 내용을 잘 알고 있는데 보고에 동의하지 않았고, 그래서 다시 보고하는 경우는 나의 결론 혹은 해결책이 그의 생각과 일치하지 않거나 상사가 아닌 당신이 꼭 진행하고 싶은 방향의 업무일 것이다. 이때는 데이터 분석도 깊게 하면서 논리적으로 탄탄한 스토리를 만들되, 보고서 형식에도 허점이 있어서는 안 된다. 그들의 눈에 허점이 하나라도 보이는 순간 당신의 아이디어보다 그 허점을 계속 지적하느라 시간이 다 지나가버릴지도 모른다.

- **상사가 보고 내용을 처음 접할 경우**

  상사가 보고 내용을 처음 접하는 경우는 현안과 관련하여 문제 해결이 필요할 경우 혹은 상사의 문제 제기로 검토가 필요한 경우일 것이다. 문제 해결이든 문제 제기의 상황이든 중요한 것은 현재 상황에 대한 분석이다. 성급한 해결책보다는 데이터 기반으로 현재 상황을 보여주고, 문제 해결 방법은 상사가 방향을 설정할 수 있도록 열린 결말을 가져가는 방식이 필요할 수 있다. 너무 오랫동안 보고서 작성에 시간을 쓰는 것보다 상황 이해가 가능할 정도의 문서가 준비됐다면 빠르게 보고하는 것이 효율적이다. 빠른 보고를 통해 상사가 이 주제를 어느 정도 수준으로 생각하고 있는지 판단하여 분석의 깊이를 결정할 수 있기 때문이다.

나의 보고는 수렴될 것인가 확장될 것인가

보고를 끝냈는데 보고 내용과 관련해 기대하지도 않던 추가 업무가 생긴다면 좋은 신호가 아니다. 특히 프로젝트를 진행하는데 추가 조사가 필요하다거나 방향 설정에 의견 차이가 있다는 것은 보고 이전에 스터디가 부족했거나 상사와의 의사소통이 충분하지 않았다는 뜻이다. 다시 말해 일의 방향성에 대한 확인을 받거나 일을 마무리하기 위해 보고에 들어갔는데, 일을 매듭 짓지 못하고 추가로 보고해야 할 새로운 업무가 생겼다는 것은 상사의 니즈를 완벽하게 해소하지 못한 것이다. 보고에 들어가기 전 어떤 결과를 얻어서 나올 것인지를 명확히 하자.

그래서 결론이 무엇인가

4.1.1절에서도 언급했듯이 상사와 나의 연봉이 다른 이유는 시간에 대한 가치의 차이다. 나에게는 지금 이 보고가 가장 중요하겠지만 의사결정자는 하루에도 나 같은 사람을 수십 번 만나서 의사결정한다는 사실을 기억해야 한다. 그리고 보고를 시작한 지 5분도 채 지나지 않은 상황에서 '그래서 결론이 뭐야?'에 대한 답으로 의사결정해야 하는 상황이 올지도 모른다. 예기치 못한 상황에 대비하여 내가 준비한 보고의 결론을 한 문장에서 세 문장 정도로 말할 수 있도록 연습하자.

내가 의사결정자라면 무엇이 궁금할까

보고하기 위해 상사와 대면했을 때의 시나리오를 떠올려보자.

> "첫 번째 시행 배경은 OO입니다. 그래서 목적은 이거고요, 2번 본론을 보시면…."

설마 이렇게 딱딱하게 읽을 생각인가? 대부분의 보고자는 안 그래도 재미없는 보고서를 위에서부터 쭉 읽어나가고, 당신이 보고서를 읽고 있을 때 의사결정자는 당신의 이야기에 집중하기보다는 보고서에서 자신이 궁금한 것에 대한 답을 찾는다. 이제는 당신이 의사결정자라는 가정하에 그들이 가려워하는 부분이 무엇인지 찾아내야 한다. 당신은 보고를 하기 위해 많은 시간을 투자했고 확실히 이해한 상태이기 때문에 디테일에 집중해서 설명하고 싶을 수 있지만, 세부적인 내용은 보고서에도 있기 때문에 큰 그림만 설명해도 만족할 만한 보고가 될 수 있다. 4.4.2절에서 설명한 Why와 What에 대한 부분을 다시 한번 정리해보면 도움이 된다. 내 시각이 아니라 상대방의 시각에서 보고서를 읽어보자.

 참고

예제 – 상대방의 시각에서 언론 보도하기

전기요금이 인상된다는 뉴스를 보면 어떤 기분이 드는가? 전기요금 인상은 우리 생활과 밀접한 관련이 있기에 약간의 변화만으로도 피부에 크게 와닿는 느낌이다.

그림 4-21 전기요금 인상 뉴스 보도

그런데 만약 여러분이 한국전력공사(한전)의 전기요금 실무 담당자이고 전기요금 인상 건에 대해 정부와 국민을 설득하는 보고 자료를 작성해야 한다면 어떻게 할 것인가?

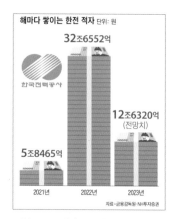

그림 4-22 전기요금 인상 논리

> "이대로라면 한전은 30조 원의 적자를 기록할 것입니다. 전기요금 인상이 필요합니다."

한전 입장에서는 전기요금 인상의 명백한 원인으로 30조 원으로 예상되는 적자를 들 수 있지만, 국민의 시각에서는 여전히 이해하기 어렵다. 단순히 [그림 4-22]와 같은 자료만 제시하면 분명 정부와 국민의 질타를 받을 것이다. 적자를 개선하기 위해 자구책을 마련하지 않았다는 비판과 함께 방만 경영에 대한 논란으로까지 이어질 수 있다.

그렇다면 30조 원의 적자 상황을 보여주는 것이 아닌 30조 원의 적자가 발생한 원인을 밝히는 것에 분석의 목적을 두어야 한다.

이와 관련해서 김종갑 전 한전 사장은 '두부 값이 콩 값보다 비싸다'는 위트 있는 스토리텔링으로 전기요금에 대한 기존 국민의 인식을 깨고 국민을 설득하는 데 큰 기점을 마련했다. 콩을 가공해서 두부를 파는 두부 공장에서 당연히 콩보다 두부가 비싸게 팔려야 하는데, 콩 가격이 높아짐에도 두부 가격을 올리지 않다보니 두부 가격이 콩 가격보다 저렴해졌다는 것이다. 즉 김종갑 사장의 주장은 전기를 생산하기 위해 필요한 원료 가격(국제 유가, 유연탄 등)을 콩 가격에 비유하고, 전기요금을 두부 가격에 비유하면서 한전의 현재 상황을 표현했다.

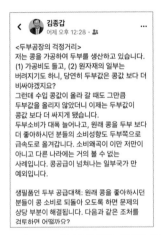

그림 4-23 김종갑 전 한전 사장의 페이스북 글

또 국민들의 인식을 제고하기 위해 한전에서는 다음 그림처럼 한국의 전기요금이 OECD 국가 중 낮은 수준에 속한다는 것을 알렸다. 이것이야말로 스토리텔링으로 데이터 드리븐 커뮤니케이션을 잘 풀어낸 사례라고 할 수 있다.

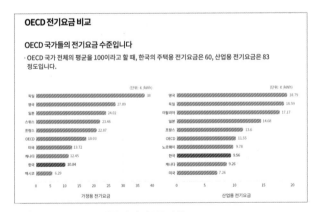

그림 4-24 OECD 국가들의 전기요금 수준

4.5.5 보고가 끝났다고 모든 일이 끝난 것은 아니다

준비한 대로 보고를 잘 마쳤다면 가장 큰 목표를 달성한 셈이다. 하지만 데이터 분석가 혹은 직장인 특성상 한 번의 보고로 모든 일이 마무리되는 경우는 많지 않기 때문에 이후에 필요한 조치를 적절하게 취해야 의사결정자에게 신뢰를 줄 수 있다.

추가 보고가 필요한지 확인하라

보고 유형에 따라 보고 한 번으로 끝나지 않고 추가 보고가 필요한 프로젝트일 수도, 마무리된 프로젝트일 수도 있다. 보고 중 의사결정자로부터 추가적인 질문을 받았지만 즉각적인 대답을 할 수 없었다면 추후 추가적인 보고가 필요한 상황이다. 의사결정자의 질문과 의도를 파악해서 회의 직후 정리를 해둬야 다음 보고를 준비할 때 의사결정자의 가려운 부분을 정확하게 긁어줄 수 있다. 상사로부터 별도의 요구 사항이 없었다면 이 보고로 프로젝트를 공식적으로 마무리하면 된다. 프로젝트가 끝나는 경우에는 가능하면 의사결정자로부터 공식적인 서명 혹은 결재를 받아두는 것을 추천한다.

보고 결과를 공유하라

최종 의사결정자에게 보고하기 위해 거쳤던 중간의 결재권자들에게도 보고의 결과를 빠른 시간 내 공유해야 한다. 여러분의 상사뿐 아니라 부서원 혹은 여러분과 협업했던 구성원에게도 공유하는 것이 필요하다.

대면하기 어렵다면 간단한 메시지를 보내는 방법도 괜찮다. 최종 의사결정자가 어떤 결정을 내렸는지, 어떻게 마무리됐는지 등의 피드백을 명확하게 공유해야 여러분의 모든 보고 절차가 끝나는 것이다. 공유를 통해 여러분의 전문성과 협업 능력을 확장할 수 있고 해당 보고와 연결할 수 있는 새로운 프로젝트 발굴의 잠재적인 기회가 될 수 있다.

최대한 빨리 데이터를 정리하고 포트폴리오에 업데이트하라

대부분 보고를 끝내면 정리할 겨를도 없이 바로 다른 과업에 몰입한다. 하지만 최종 의사결정을 받은 직후가 해당 프로젝트에 대한 지식이 가장 가득한 상태이기 때문에 시간을 만들어서라도 여러분의 포트폴리오를 업데이트해두는 것이 필요하다. 깃허브 또는 노션 등의 웹 기반 포트폴리오도 추천한다. 특히 분석에 사용한 로우 데이터셋은 시간이 지나면 다른 데이터에 묻혀 찾기 힘든 경우가 많은데, 폴더를 구분해서 저장해두면 나중에 포트폴리오를 만들 때나 해당 결과를 다시 확인하고 싶을 때 아주 유용하다.

지금까지 데이터 드리븐 보고의 화룡점정이라 할 수 있는 데이터 드리븐 커뮤니케이션에 대해 알아봤다. 이 장에서는 데이터 드리븐 커뮤니케이션의 중요성을 깊이 이해하고, 성공적인 커뮤니케이션을 위한 다양한 전략과 도구를 소개했다. 이 장에서 소개한 체크리스트는 다양한 유형의 상사 혹은 고객과 커뮤니케이션할 때 효과적인 가이드라인이 될 것이다. 숫자를 좋아하는 상사에게는 데이터 시각화, 모든 과정을 알고싶어 하는 상사에게는 통합적인 스토리텔링이 중요하다.

이제 우리가 해야 할 것은 이론을 현실에 적용하는 것이다. 분석의 목적이 결국 의사결정에 도움을 받기 위한 것이라면, 그 결정을 내릴 사람에게 어떻게 정보를 전달하느냐가 결국 성패를 좌우한다. **단순히 분석 결과를 전달하는 것이 아니라 보고받는 이가 그 가치를 인지하고 활용할 수 있게 만드는 것, 그것이 바로 데이터 드리븐 커뮤니케이션의 진정한 목표다.**

보고가 끝났다고 해서 관련된 모든 일까지 끝난 것은 아니다. 피드백을 통해 계속해서 개선하여 다음 보고를 너욱 효과적으로 준비해야 한다. 데이터 드리븐 커뮤니케이션은 지속적인 과정이며, 분석의 끝을 장식하지만 동시에 새로운 시작이라는 것을 기억하길 바란다.

부록

개발 환경 설정

A.1 구글 콜랩 시작하기

이 책에서는 컴퓨터 사양과 상관없이, 웹에서 사용하기 편리하며 파이썬과 R 분석이 가능한 구글 콜랩으로 설명했다. 콜랩은 구글에서 무료로 제공하는 클라우드 서비스 기반의 파이썬 개발 환경이다.

검색창에 '구글 콜랩' 혹은 'Google Colab'으로 검색하여 가장 상단에 있는 링크 또는 아래 URL에 접속한다.

- https://colab.research.google.com

다음 그림에서 팝업창 하단의 '새 노트'를 클릭하여 새로운 작업을 시작한다.

그림 A-1 콜랩 초기 화면

그러면 다음과 같이 새 프로젝트 화면을 볼 수 있다.

그림 A-2 새 프로젝트 화면

파일명(노트명) 변경

[그림 A-2] 상단에 '연습.ipynb'라고 되어 있는 부분이 노트의 파일명이다. 그리고 'ipynb'는 확장자다. 즉 확장자가 ipynb인 파일을 콜랩에서 열어볼 수 있다는 뜻이다. 마우스로 파일명을 클릭하면 자유롭게 파일명을 바꿀 수 있다. 단, 확장자인 ipynb는 그대로 두어야 파일이 손상되지 않는다.

여러분이 사용하는 컴퓨터에서 여러 개의 새로운 노트를 만들 수는 있지만, 하나의 노트에 학습시킨 내용을 다른 노트가 그대로 학습할 순 없다는 점을 기억하길 바란다. 또 노트는 가르쳐준 것은 곧이곧대로 실행에 옮기고 하나를 가르치면 하나만 한다.

기본 단위: 코드 셀과 변수

회색 음영 처리된 네모 박스가 바로 코드를 작성하는 부분으로 셀^{cell}이라고 부른다. 콜랩에서는 셀을 기준으로 코드를 실행하므로 노트가 학습하는 기본 단위라고 생각하면 된다. 새로운 셀을 추가하기 위해서는 다음 그림에서 '+ 코드'라고 써 있는 부분을 클릭하면 된다.

그림 A-3 노트 셀과 변수

2+3을 입력하고 ⌈ Shift ⌋ + ⌈ Enter ⌋ 키를 눌러보자. 다음 결괏값에서 숫자 5가 나타난다. 여기서 알 수 있는 점은 ⌈ Shift ⌋ + ⌈ Enter ⌋ 는 코드를 실행시키는 기능이 있다는 것이다. 또 다른 방법은 재생 버튼(▶)을 클릭하는 것이다.

> ▶ 2+3
>
> ⊏ 5

그림 A-4 숫자 연산

'hello'라는 영어를 입력하면 어떨까? 다음 그림처럼 에러가 발생한다. 코딩할 때 특정 명령어가 아닌 텍스트는 모두 변수^{variable}로 인식한다. [그림 A-5]에서의 오류 메시지에 'name 'hello' is not defined'라고 되어 있다. 'hello라는 변수에 어떤 것도 들어있지 않은데 어떤 내용을 출력하라는 거야? hello라는 변수에 내용을 입력해줘'라는 뜻으로 받아들이면 된다.

```
[6] hello

       ---------------------------------------------------------------
       NameError                         Traceback (most recent call last)
       <ipython-input-6-f572d396fae9> in <module>()
       ----> 1 hello

       NameError: name 'hello' is not defined
```

그림 A-5 변수

다음 그림처럼 hello라는 공간에 1을 넣고, 다시 hello만 실행시켰을 때 아까와는 다르게 '1'이 출력된다. hello라는 빈 박스에 1이라는 숫자가 들어있는 것이다. 다시 정리해보면 숫자가 아닌 텍스트를 입력할 때는 특정 명령어(검은색 이외의 글자)가 아닌 경우 변수로 인식한다. 즉 숫자는 입력한 그대로 인식하지만, 문자는 변수로 인식한다.

```
[8] hello = 1

[9] hello

    1
```

그림 A-6 변수 텍스트

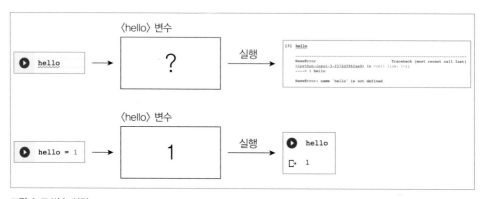

그림 A-7 변수 설명

그러면 hello라는 변수에 1이 아닌 2를 넣으려면 어떻게 해야 할까?

```
[8]  hello = 1

[9]  hello

     1

[10] hello = 2
     hello

     2
```

그림 A-8 변수 덮어쓰기

밑에 그대로 'hello=2'라고 덮어쓰면 된다. 즉 이미 변수를 지정했더라도 이후 셀에서 그 변수에 새로운 값을 넣으면 변수 입력값이 바뀐다.

hello라는 단어 자체를 출력하게 하려면 " "(큰따옴표) 또는 ' '(작은따옴표)를 텍스트 양쪽에 붙이면 된다.

```
[3]  "hello"

     'hello'
```

그림 A-9 콜랩 hello

텍스트를 그대로 변수로 넣고 싶다면 'hello'와 같이 텍스트를 따옴표 안에 넣고 abc라는 변수에 저장한다. abc를 출력해보면 abc가 아닌 hello가 나타나는 것을 알 수 있다.

```
[6]  abc = 'hello'

[7]  abc

     'hello'
```

그림 A-10 콜랩 hello를 다른 변수로

A.2 라이브러리 설치하기

기본 설치 방법

파이썬 라이브러리를 설치하는 방법은 간단하다. 콜랩에 'pip install + 원하는 라이브러리 이름'과 같이 입력하고 Shift + Enter 로 실행한다.

```
pip install konlpy
```

비정형 데이터인 한국어를 분석할 때 유용한 라이브러리 중 하나인 KoNLPy라는 라이브러리를 설치했다.

```
[2] pip install konlpy

    Collecting konlpy
      Downloading konlpy-0.6.0-py2.py3-none-any.whl (19.4 MB)
         |████████████████████████████████| 19.4 MB 5.6 MB/s
    Collecting JPype1>=0.7.0
      Downloading JPype1-1.3.0-cp37-cp37m-manylinux_2_5_x86_64.manylinux1_x86_64.whl (448 kB)
         |████████████████████████████████| 448 kB 63.7 MB/s
    Requirement already satisfied: numpy>=1.6 in /usr/local/lib/python3.7/dist-packages (from konlpy) (1.21.5)
    Requirement already satisfied: lxml>=4.1.0 in /usr/local/lib/python3.7/dist-packages (from konlpy) (4.2.6)
    Requirement already satisfied: typing-extensions in /usr/local/lib/python3.7/dist-packages (from JPype1>=0.7.0->konlpy) (3.10.0.2)
    Installing collected packages: JPype1, konlpy
    Successfully installed JPype1-1.3.0 konlpy-0.6.0
```

그림 **A-11** KoNLPy 라이브러리 설치

설치가 완료되면 파일을 불러오는 코드를 입력한다. 'import + 원하는 라이브러리 이름'으로 파일을 노트에 이식시킨다.

```
import konlpy
```

라이브러리 설치 방법을 정리하자면 다음과 같다.

- pip install + 라이브러리명 → 설치 후 import + 설치된 라이브러리명

데이터 분석 필수 라이브러리 : 판다스

판다스는 데이터 분석 시 가장 많이 쓰는 라이브러리다. 'Panel Data System', '파이썬 Data Analysis'의 약자로 주로 사용되며 쉽게 생각하면 파이썬에서 엑셀처럼 데이터를 다룰 수 있게

만들어주는 툴이라고 할 수 있다.

다음 엑셀 이미지에서 주황색 부분이 행^{row}, 초록색 부분이 열^{column}이다. 이런 방식으로 되어 있는 표를 판다스에서는 데이터프레임^{dataframe}이라고 정의한다.

그림 A-12 행과 열

그리고 데이터프레임 안에 있는 수치 혹은 문자들을 값^{value}이라고 부른다. 데이터프레임 안의 값들을 판다스에 일일이 입력할 수도 있지만, 대부분 외부에서 데이터프레임 형식의 파일을 불러온다. 데이터프레임 형식으로 읽어줄 때 판다스에서 주로 사용되는 형식 중 여러분에게 친밀한 형식은 엑셀 확장자인 xlsx와 xls, 텍스트 형식인 csv와 txt가 있다.

그럼 판다스를 사용하는 이유는 무엇일까? 엑셀을 사용하는 이유와 비슷하지만 엑셀에서 처리하기 힘든 빅데이터를 불러와서 복잡한 기능들을 간단하게 사용할 수 있고 처리 속도가 아주 빠르기 때문이다. 데이터 전처리$^{data\ preprocessing}$와 차트 그리기에도 아주 유용하다. 판다스는 이미 콜랩에 내장되어 있는 라이브러리이기 때문에 불러오기만으로 노트에 판다스를 바로 이식한다. 다음과 같이 pandas 뒤에 as pd를 붙이는 이유는 판다스 라이브러리를 사용할 때마다 pandas라고 길게 쓰지 않고, 편의상 pd라고 줄여서 쓰기 위함이다. 판다스를 사용하는 대부분의 사람은 pd라고 쓰지만, 여러분이 편한 방식으로 줄여서 사용해도 전혀 문제는 없다.

```
import pandas as pd
```

A.3 데이터 훑어보기

A.3.1 외부 데이터 불러오기

데이터 분석을 위해 데이터를 외부에서 가져오는 방법을 알아보자.

콜랩 샘플 데이터

콜랩에서 연습용으로 제공하는 샘플 데이터를 가져와보자. 다음 그림에 표시된 폴더 모양의 아이콘을 클릭한다.

그림 A-13 폴더 아이콘 클릭

다음 그림에 표시된 'sample_data' 폴더를 클릭한다.

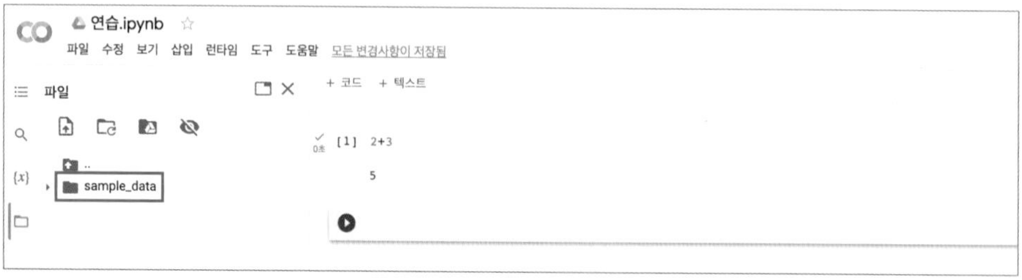

그림 A-14 sample_data 폴더 클릭

세 번째 파일 'california_housing_test.csv'를 읽어보자.

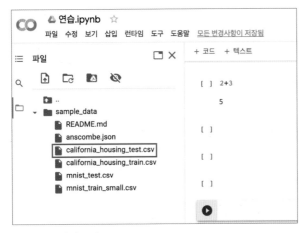

그림 A-15 파일 클릭

새로운 셀에 pandas.read_csv(파일 경로)를 작성해보자. 코드에 나오는 판다스는 우리가 불러온 판다스를 가져온다는 것이고 판다스 안에 있는 세부 모듈 중 read_csv가 csv 파일을 읽는 기능을 한다. 여기서 파일 경로를 어떻게 넣어줘야 할까? 앞에서 찾은 경로에서 california_housing_test.csv 파일을 우클릭한 후 경로 복사를 클릭한다.

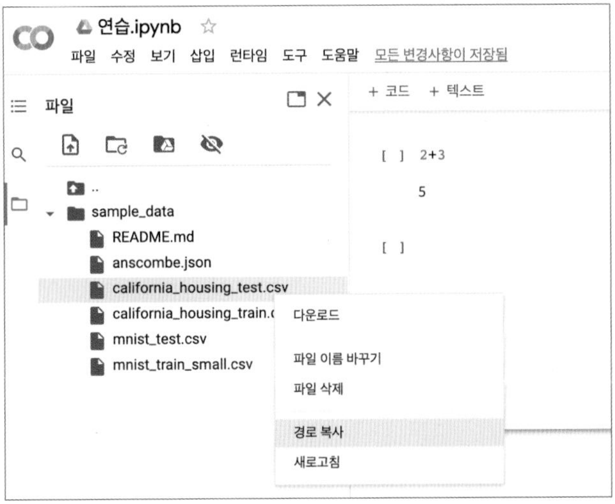

그림 A-16 경로 복사

이제 pandas.read_csv('')라고 쓰인 곳에서 ''(작은 따옴표) 사이에 커서를 올리고 붙여넣기 하면 pandas.read_csv('/content/sample_data/california_housing_test.csv') 이렇게 빈 칸이 채워질 것이다.

다음과 같이 작성되는 것을 확인하고 실행하면 [그림 A-17]과 같은 화면이 보인다. 데이터프레임 형식의 데이터를 볼 수 있다.

```
pandas.read_csv('/content/sample_data/california_housing_test.csv')
```

```
pandas.read_csv('/content/sample_data/california_housing_test.csv')
```

	longitude	latitude	housing_median_age	total_rooms	total_bedrooms	population	households	median_incoı
0	-122.05	37.37	27.0	3885.0	661.0	1537.0	606.0	6.60
1	-118.30	34.26	43.0	1510.0	310.0	809.0	277.0	3.59
2	-117.81	33.78	27.0	3589.0	507.0	1484.0	495.0	5.79
3	-118.36	33.82	28.0	67.0	15.0	49.0	11.0	6.13
4	-119.67	36.33	19.0	1241.0	244.0	850.0	237.0	2.93
...	...	...	...	...	...	...	...	

그림 A-17 pandas read_csv

참고로 이 테이블은 캘리포니아 집값을 예측하는 데 사용하며 구글에서 머신러닝용 연습 데이터로 제공하는 예제 중 하나다. longitude, latitude, housing_median_age라고 쓰인 부분이 칼럼명이고 0, 1, 2, 3으로 쓴 부분을 인덱스[index]라고 한다.

로컬 파일 데이터

로컬 파일에서 데이터를 가져오는 방법은 두 가지가 있는데 첫 번째는 단순 업로드, 두 번째는 외부 링크를 통해 가져오는 방식이다. 단, 단순 업로드의 경우 일정 시간이 지나면 업로드한 파일이 자동 삭제되므로 일회성 작업을 위해서는 괜찮지만, 지속적인 작업 혹은 대용량 파일의 경우 추천하지 않는다.

다음 그림에 표시된 폴더 모양의 아이콘을 클릭한다.

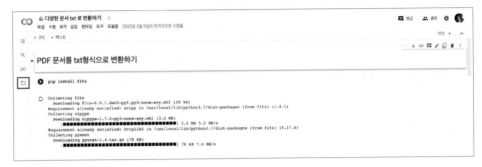

그림 A-18 폴더 모양 아이콘 클릭

그림 A-19 업로드 아이콘 클릭

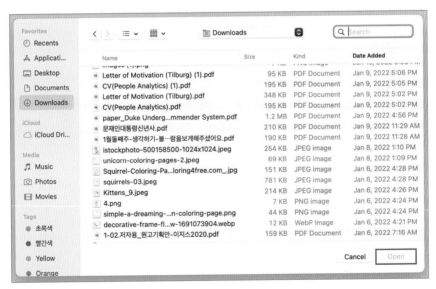

그림 A-20 파일 열기

다음 그림처럼 좌측에 해당 파일 제목이 생성되면 제대로 업로드한 것이다.

그림 A-21 업로드 완료

외부 링크 데이터

다음 코드를 실행하면 3장에서 다루는 모든 파일을 가져올 수 있고 앞에서 단순 업로드한 것처럼 내가 작업하려는 폴더의 하위로 파일이 연결된 것을 볼 수 있다.

```
!git clone https://github.com/sangsucki/DataDrivenReport.git
```

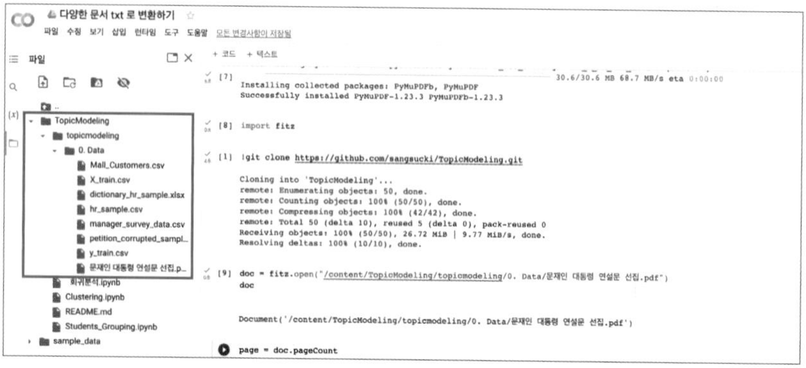

그림 A-22 외부에서 데이터 가져오기

A.3.2 불러온 데이터 확인하기

첫 번째 5개 행 읽기(데이터프레임.head)

데이터가 클 경우 파일을 읽는 것만으로도 실행 시간이 많이 소요되기도 한다. 우리는 전체 데이터를 보는 것보다 데이터가 어떻게 생겼는지가 궁금하기 때문에 [그림 A-17]에서 읽은 테이블(DataFrame)을 변수로 지정한다. df라고 하는 빈 박스(변수)에 테이블 전체를 넣어준다고 생각하면 된다.

```
df = pandas.read_csv('/content/sample_data/california_housing_test.csv')
```

여기에 df.head()라고 입력하면 테이블에서 상위 5개의 행을 보여준다.

[9] df.head()

	longitude	latitude	housing_median_age	total_rooms	total_bedrooms	population	hous
0	-114.31	34.19	15.0	5612.0	1283.0	1015.0	
1	-114.47	34.40	19.0	7650.0	1901.0	1129.0	
2	-114.56	33.69	17.0	720.0	174.0	333.0	
3	-114.57	33.64	14.0	1501.0	337.0	515.0	
4	-114.57	33.57	20.0	1454.0	326.0	624.0	

그림 A-23 상위 5개 행 읽기

head(10)처럼 괄호 안에 숫자를 넣으면 그 숫자만큼의 행을 보여준다. 즉 df.head(10)을 입력하면 상위 10개의 행을 보여준다. 괄호 안에 아무 숫자를 넣지 않으면 기본값으로 5개(0~4) 행을 보여주도록 되어 있다.

df.head(10)

	longitude	latitude	housing_median_age	total_rooms	total_bedrooms	population	hous
0	-114.31	34.19	15.0	5612.0	1283.0	1015.0	
1	-114.47	34.40	19.0	7650.0	1901.0	1129.0	
2	-114.56	33.69	17.0	720.0	174.0	333.0	
3	-114.57	33.64	14.0	1501.0	337.0	515.0	
4	-114.57	33.57	20.0	1454.0	326.0	624.0	
5	-114.58	33.63	29.0	1387.0	236.0	671.0	
6	-114.58	33.61	25.0	2907.0	680.0	1841.0	
7	-114.59	34.83	41.0	812.0	168.0	375.0	
8	-114.59	33.61	34.0	4789.0	1175.0	3134.0	
9	-114.60	34.83	46.0	1497.0	309.0	787.0	

그림 A-24 첫 번째 10개 행 읽기

특정 열 읽기(데이터프레임['칼럼명'])

특정 열에 있는 데이터만 쭉 가지고 오고 싶을 때 사용하는 방식이다. 실제로 **데이터프레임.칼럼명**이란 방식도 있으나 추천하지 않는 이유는 칼럼명에 공백이 들어가거나 한글 이름 열일 경우 오류가 발생하는 경우가 있기 때문이다. 명확하게 구별하기 위해서 대괄호([ ])를 씌워준다. 분석 시 특정 열만 별도로 리스트 혹은 넘파이로 변환할 때 주로 사용된다. 예를 들어 현재 데이터프레임에서 population 열만 선택하려고 할 경우 df['population']으로 지정해준다.

```
df['population']
0       1537.0
1        809.0
2       1484.0
3         49.0
4        850.0
        ...
2995    1258.0
2996    3496.0
2997     693.0
2998      46.0
2999     753.0
Name: population, Length: 3000, dtype: float64
```

그림 A-25 특정 열 읽기

특정 열에서 그룹별 개수 구하기

[그림 A-25]에서 population 열에 대한 수치를 구했지만, 인덱스 기준 몇 개씩 분포되어 있는지 확인하려면 value_counts를 사용한다. **데이터프레임['칼럼명'].value_counts()**를 활용해 **df['population'].value_counts()**를 입력한다.

```
df['population'].value_counts()
870.0    7
697.0    6
753.0    6
881.0    6
1211.0   6
         ..
1415.0   1
1916.0   1
803.0    1
767.0    1
46.0     1
Name: population, Length: 1802, dtype: int64
```

그림 A-26 특정 열 그룹별 개수 구하기

A.3.3 프로파일링 라이브러리

프로파일링 라이브러리로 EDA 절차를 한 번에 해결하고 별도의 코드 없이 효과적으로 진행할 수 있다. 기존 판다스 프로파일링이라는 이름에서 ydata-profiling이라는 이름으로 사용되고 있는데, 아래 코드를 실행해보자.

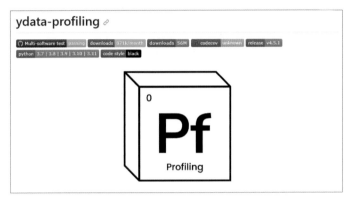

그림 A-27 프로파일링 라이브러리[1]

먼저 ydata_profiling 라이브러리를 설치한다.

```
!pip install ydata_profiling
```

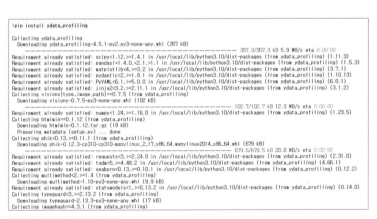

그림 A-28 프로파일링 설치

---

1 https://github.com/ydataai/ydata-profiling

```
import ydata_profiling
from ydata_profiling import ProfileReport
from ydata_profiling.utils.cache import cache_file
```

pandas_profiling 라이브러리와 ProfileReport와 cache_file을 불러온다.

```
df = pd.read_csv('/content/sample_data/california_housing_train.csv')
```

콜랩에 내장된 샘플 데이터셋을 가져와서 실행해보자. ProfileReport(df)를 하면 간단히 실행된다.

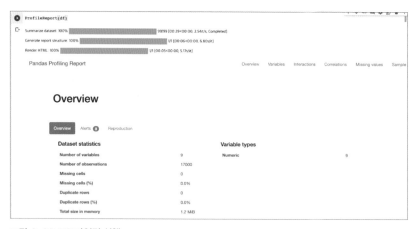

그림 A-29 프로파일링 실행

내용들이 길게 보이기 때문에 웹에서 별도로 오픈하고 싶다면 다음과 같이 입력한다.

```
pr = ProfileReport(df)
pr.to_file('./pr_report.html')
```

다음 그림처럼 왼쪽 디렉토리에 pr_report.html 파일이 표시된다.

그림 A-30 프로파일링 리포트

다음 그림처럼 마우스 우클릭하여 'Download'를 클릭한 후 해당 폴더에 가서 확인해보면 pr_report.html 파일이 있는 것을 확인할 수 있다.

그림 A-31 프로파일링 리포트 다운로드

그림 A-32 프로파일링 리포트 다운로드 파일 실행

해당 파일을 실행하면 별도의 웹페이지가 열린다.

찾아보기

찾아보기

찾아보기